U0142583

芬蘭　德國　俄羅斯
義大利　土耳其　烏茲別克　哈薩克
吉爾吉斯　烏魯木齊
希臘　伊朗　塔吉克　蘭州　西安
中國
印度　北海　廣州
越南
斯里蘭卡　馬來西亞
肯亞

South - South Cooperation and Cross - Strait Integration

南南合作與兩岸融合

汪明生・許綿延・溫在春・孫榮平 著

五南圖書出版公司 印行

　　2016年台灣地區的大選，由長期主張「台獨」的民進黨再度從國民黨手中奪回政權。由於蔡英文政府不承認「九二共識」的「一中原則」，使得兩岸的關係降到了冰點，負責兩岸關係的國台辦、陸委會和海協會與海基會的協商機制都陷入了停擺。隨著蔡政府挾著美日打壓中國崛起的戰略鬥爭，更加有恃無恐地抗中、反中，並且修改島內的兩岸政策，從國安、經濟、文化、學術、宗教、醫學、科技各方面，竭力地砍除親中的統派勢力，使得台灣島內談統一成了禁忌的話題。

　　2017年中國大陸「南南合作」金融中心在「南南合作」報告中提出了《邁向2030：南南合作在全球發展體系中的角色變化》，其目的是響應聯合國在2030年對終結貧困、保護地球及確保人類共享和平與繁榮的共同呼籲。「南南合作」通常是指開發中國家之間的政治、經濟、技術和文化的合作，儘管這些合作關係當初是由對殖民主義的反應而塑造的，並且在冷戰時期由意識型態推動，但是隨著時間的演進，逐漸超越了最初政治的意圖，不再僅僅只是意識型態，也不再限於政治和政府的領域，而是以區域合作的經濟發展為戰略目標。此種以經濟發展為戰略目標的構想正符合了中國創新設計的「一帶一路」倡議。「一帶一路」是中國在2013年APEC峰會上提出的一項全新構想，構建一條「海上絲綢之路」，得到了沿線上50多個國家支持。這種跨地域、跨國家、跨政府、跨種族的合作關係，正是「跨域治理」架構的基礎，而在互利雙贏的基礎上所進行的「南南合作」，有一條核心的原則，就是「不干涉」；所指的是在保持互利與平等關係的同時，不對伙伴國家的內政進行干涉。換句話說，指導原則是不干涉他國內部事務，尊重伙伴國家的法治和政治主權。

　　回顧經濟史的發展，其實公共企業家的精神就是經濟發展的主角，此與社會結構的轉型及公共事務管理架構所談到的群體現象面，其中經濟是社會運作的關鍵機制，可促進社會的繁榮，並確保政權之獲得與鞏固，同樣都是屬於公共事務管理的科學範疇。

當兩岸學者正在為冰封的兩岸關係尋求解套的新思路時，大陸中國社科院台研所與全國台研會邀請了台灣孫文南院，於2017年1月12日在廣西柳州召開「首屆兩岸南南合作論壇」，邀請兩岸產學的智庫和學者試圖為兩岸關係的和平發展探索新思路和新的解決方法。按照法理（兩岸憲法）與現實（美台關係），由南台灣民間產學團體建構推進的兩岸城市試點合作，在大陸最近提出兩岸經濟社會融合發展的背景下，已是可行必要的努力方向。兩岸「南南合作」，在台灣方面的意義是半世紀來高雄發展的住民自覺，在兩岸關係的意義是當前兩岸困境僵局的突破口，在大陸對台灣的意義是經濟社會融合發展的摸著石頭過河與實踐檢驗真理。

為了解決兩岸關係良性互動及和平發展的困難，本書中闡明了淡化主權、關注民生經濟發展，以民間產學的「第三部門」對接，並以地區／城市為試點項目的必要途徑，而以地區／城市為試點既是摸著石頭過河，也是以實踐檢驗真理的經驗法則。試想中國在2200年前戰國時代的都江堰水壩和近代的浦東開發區、深圳開發區都是偉大的經濟建設，也是摸著石頭過河的試點工程，但都獲得巨大的成就，這也說明了實踐檢驗真理的重要性。同樣的，兩岸「南南合作」以兩岸大局的癥結與關鍵地區是在南台灣的高雄，與大陸南方城市的廈門作為試點建議，除了考量兩地的地理、人文、語言、風俗習慣相似外，還有同胞和血緣的親情，相對具有比較容易融合的優點，對於兩岸「南南合作」的新猷，應是比較容易突破的關口。

國際上的「南南合作」並不是排斥北方為代價，也涵蓋了「同一個世界和全球公民」，這一更廣泛的概念在凸顯尋求合作方面的包容性，並不僅是地域的限制。因此兩岸之間的「南南合作」，也是反映了兩岸發展合作的多重難度，我們會發現在談兩岸「南南合作」，總是會把國家主權和國家對等關係的議題排在優先的地位，因此有關民生發展和社會融合的議題就無以為繼了，顯然這與「南南合作」聚焦在民生經濟發展上的精神是相悖離的。

2018年11月24日，台灣地區「九合一」的地方選舉，代表中國國民黨參加高雄市長的選舉的韓國瑜，在沒有政黨資源和派系奧援的情勢下，以打破台灣選舉的政黨動員、布樁拉派、賄選分贓的土豪方式，改以「一瓶礦泉水、一碗滷肉飯」的清廉平民方式，獲得大眾的喜愛，造成一股「韓風」，而且效應外溢，席捲全台，也抬舉了國民黨其他各地低迷的選情，士氣大振，居然一舉拿下了15個縣市。從選舉的結果來觀察，2018年的高雄市長選舉，韓國瑜支持「九二共識」、推動兩岸「南南合作」，以民生經濟發展為主題的競選政見普獲民心，並在當選高雄市長後，積

極推動兩岸「南南合作」；在2019年3月以城市交流模式親自拜訪了大陸廈門、珠海、澳門和香港四座南方城市。其實，顧好肚皮、過好日子、拚民生經濟的發展，仍是生活上現實的問題，因此以兩岸「南南合作」為框架的兩岸交流，聚焦於民生經濟發展為目標的區域對區域、城市對城市的兩岸交流合作，除了給台灣同胞有機會認識大陸的眞實發展現況，也是給高雄人許下了拚經濟的願景，更是給兩岸交流開啓了新的挑戰。

在本書中介紹的跨域治理架構（Cross Domain Governance, CDG）、社會結構與階層（Social Structure & Class, SSC）、社會判斷理論（Social Judgement Theory, SJT）和互動管理理論（Interactive Management, IM），都是公共事務的研究方法，適用於兩岸關係複雜問題的探討，可以提供關注兩岸關係發展的產官學界參考和啓發，並祈各位先進們不吝賜教。

本書係由作者在南台灣觀察20多年的經驗沉澱和教學心得，以及我的三位博士學生共同完成。值得一提的是溫在春、許綿延、孫榮平三位作者，都是海軍官校培養的職業軍官，他們三位對於兩岸關係的看法和未來發展的期盼，正好貫穿了60、70、80年代的傳承，對於國軍軍官在「九二共識」、「和平統一」的思想和兩岸關係的認知上也具有一定的代表性。很可惜，在本書付梓之前，溫在春將軍因罹患腦瘤而去世，我們謹以本書的出版作為對溫將軍的紀念。

汪明生，許綿延
於孫文南院，高雄
2021年5月24日

參考文獻

附錄

第一篇

南南合作與社會發展

第 一 章　從南南合作到兩岸南南合作

「南南合作」是指開發中[1]國家之間的政治、經濟、技術、社會和文化的合作關係，儘管這些關係最初是由於殖民主義時代而塑成的，或是在冷戰時期由意識型態而形成的，隨著時間的發展，這些關係也跟著發生了演變。「南南合作」關係逐漸實質化，超越了最初政治宣言的意圖，不再僅僅是指意識型態，也不再僅僅是政治和政府的領域，這些戰略夥伴關係最明顯的改變就是更強調平等、互利和政治無干涉即拒絕附加條件，這些新的原則和價值正主導著夥伴關係國家邁向實踐化的發展。

中國大陸雖在1955年就參加了萬隆會議，但在2008年趁著金融危機和已開發國家的經濟收縮，轉型供應內需的開發和基礎建設，獲得了高度的經濟成長，並在2013年組建了亞洲基礎設施投資銀行（AIIB）支持中國的「一帶一路」經濟大戰略，發展出金磚國家（BRICS）的合作，以促進中國、亞洲和歐洲之間的互聯互通與合作。

國民政府自1949年遷台迄今已閱73年（2022），由於在遷台初期尚存有穩定政經局勢的考量，因此台灣地區自1949年5月20日起進入戒嚴時期，直至1987年7月14日始宣告解除戒嚴。在戒嚴時期（1949-1987），雖然人民的政治權力受到局限，但因政治局勢的逐漸穩定，所以也奠定了台灣經濟向上發展的厚實基礎。

在這段期間，雖然國民政府戮力於各項經濟計畫與經濟建設的推展，但由於一直以來台灣領導當局的決策機關集中於台北一隅；此種「重北輕南」的政治與經濟長期發展下，台灣其他地區的發展與建設相較之下，有著倍受忽略之感。因此，台灣的地區發展中不僅呈現出城鄉發展不均的問題，甚且出現了所謂「東西差距」與「南北失衡」的憂患。究其根本原因，乃在於自戒嚴時期以來中央與地方政府所推動的地方經濟發展政策偏誤，而產生京畿以外地區的建設遲緩、產業結構失調與人

---

[1]　Developing countries：「開發中國家」，亦翻譯成「發展中國家」；developed countries：「已開發國家」，亦翻譯成「發達國家」；undeveloped countries：「未開發國家」，亦翻譯成「未發展國家」。

口素質難以提升等流弊所致。加諸解嚴以後以李登輝主政的「戒急用忍」的西進政策，造成閉關自守和黑金政治的崛起，使得台灣政治不再清廉，而經濟的發展形成了吃老本和人民貧富差距越趨擴大的現象。

　　有鑑於台灣地方發展所面臨到的諸般問題，本書乃引介汪明生（2003，2004，2005，2006）所提出之公共事務管理（Public Affairs Management, PAM）意涵，並配合架構深刻探究「跨域治理」（Cross-Domain Governance, CDG）的理論內涵與案例實證，期藉由PAM的觀點，針對不同面向進行剖析，以對今日台灣地方發展，尤以高雄案例為主的盲點全盤掌握，俾提供未來地方發展實質可行建議。

　　而城市對城市合作治理的重要性，在於公民參與社會發展能夠增加能見度。因此，超越政府的合作治理模式，將是未來的趨勢。Emerson, Nabatchi & Balogh（2012）在探討合作治理的整合框架，可能運用在不同尺度的分析，在不同的政策領域，以及不同層次的複雜性。合作治理框架探索跨域治理系統的組成部分，範圍從政策或方案為基礎的政府間合作，至以地方為基礎的區域合作，結合與非政府組織（Non-Government Organization, NGO）多方當事人至政府與「第三部門」（The third section）的夥伴關係。

第一節　國際間的南南合作

　　從十八世紀工業革命以後，全世界的產業升級，經濟結構改變，以市場經濟引導的資本主義興起，造成社會結構發展的不平衡。地球上發展中的國家，大部分都位於南半球和北半球的南部。這些開發中國家之間的政治、經濟、技術、社會和文化關係，最初是由於對殖民主義的反應而塑造的，並且在冷戰期間由意識型態推動。在冷戰時期，發展中國家不論在經濟上還是文化上，很大的程度還是要依附他們被殖民時期的宗主國，而且這些發展中國家彼此間的關係，相對於他們原來的宗主國的關係較為薄弱。開發中國家在聯合國框架下的關係，形成了「南南合作」的雛型。

一、1955年萬隆會議

　　當時聯合國成立了亞非小組，希望能夠讓非洲國家和新獨立的亞洲國家走到一起。1955年4月舉辦的萬隆會議，是「南南合作」的起源。萬隆會議又稱「第一

屆亞非會議」，共有29個亞非民族獨立國家參加。萬隆會議廣泛討論了反帝反殖民主義、促進世界和平與團結等問題，透過了包括經濟合作、文化合作、人權和自決權、附屬國問題、促進世界和平與合作等內容的《亞非會議最後公報》。會議第一次提出了亞非開發中國家經濟合作構想，建議與會國在互利和互相尊重國家主權的基礎上實行經濟合作。會議的《經濟合作決議》提出了開發中國家在資金和技術方面合作的建議，為開發中國家的互助合作開闢了道路。

二、1964年聯合國貿易發展會議

新世界經濟秩序的第一次激盪發生於1964年6月15日召開的聯合國第一屆貿易和發展會議（UNCTAD），以及77國集團。作為聯合國系統內最大的發展中國家政府間組織，77國集團一直致力於加強開發中國家在經濟領域內的互助合作，維護發展中國家的共同經濟利益，提高其在聯合國系統內重大國際經濟問題上的談判能力，成為推動「南南合作」發展的重要力量。但是這一階段的「南南合作」關係在實質上主要還是政治性的。

三、1973年石油輸出國組織

在1973年石油危機和資源卡特爾（Cartel）[2]崛起的餘波之下，一個新的、自信的南方集團——石油輸出國組織（OPEC），以直接對話的方式創造了國際經濟新秩序的環境。由於資源卡特爾在發展中世界快速興起，產生了邊際效益，因為開發中國家試圖利用商品作為獲得更好的貿易條件。

四、1986年《哈拉雷宣言》[3]

「南南合作」的77個開發中國家在1986年第八屆不結盟運動高峰會發表了所謂的《哈拉雷宣言》。此次會議上，77國集體提出了關於國際經濟關係、貿易與發展

---

[2]　卡特爾（英語：Cartel；德語：Kartell），或稱獨占聯盟、獨占利益集團、企業聯合、同業聯盟、行業聯合會等等，是一種壟斷集團，很容易發生在少數資源被數個企業完全掌握的情況下，為了避免過度競爭導致的整體利益下跌，由一系列生產類似產品的企業組成的聯盟，是卡特爾獨占組織的一種表現形式。維基百科，https://zh.wikipedia.org/wiki/。

[3]　不結盟國家首腦會議為不結盟運動國家最重要的會議，自1970年起，不結盟運動首腦會議會期制度化，每三年舉行一次。1986年9月1日至7日，第八屆首腦會議在哈拉雷（Harare，辛巴威首都）舉行。會議通過了《政治宣言》、《經濟宣言》、《關於南部非洲特別宣言》和《哈拉雷裁軍呼籲書》等文件。https://baike.baidu.com/item/。

的整套主張，旨在提升開發中國家於國際社會重大經濟事務上的整體談判能力。同時，會議提出了開發中國家之間的技術合作，和以貿易及金融為主的經濟合作概念。77國集團的形成為後來的「南南合作」奠定了組織基礎。

五、2010年金磚國家

直到2010年，開發中國家之間商品貿易的出口占了全球總出口的23%，並且每年以30%的速度增長。這些國家主要是引領開發中國家的中國、印度、南非和巴西等（BRICs），向亞洲、非洲以及拉丁美洲等地區的發展中國家提供了大量的對外直接投資。另外，開發中國家在捐贈和優惠貸款方面的資金合作也大大加強。此後，開發中國家之間的新技術合作蓬勃發展，其中中國、巴西和印度等自身不斷提高的科技投入和科技實力，增強了開發中國家間技術合作的能力。目前新技術合作已成為「南南合作」項目的主要形式之一，涉及可再生能源、工程建設、生物科技、電子、半導體和資訊通訊技術等多方面的大量合作。中國、巴西、印度和南非等新興國在「南南合作」中的領導和樞紐作用越來越重要。這些國家曾是國際合作中的接受援助者，在取得了一定的技術和經濟發展後，已具備了國家技術合作政策、完備的協調中心、資料庫和預算資源，且具有政治意願開展援助支持、技術轉讓、政策交流和籌資等「南南合作」活動。此時，「南南合作」的關係才超越了最初的政治意識型態。

六、2012年南南合作日

由於區域內和區域間「南南合作」進一步加強。越來越多的開發中國家將「南南合作」視為實現發展目標的有效框架，因此，各級政府、多邊組織和捐助機構及其他合作方也不斷建立或支持區域內和區域間的「南南合作」推動地區發展。聯合國對於「南南合作」的關注，應該可以追溯到1970年代開發中國家積極推動「國際經濟新秩序」（New International Economic Order）的主張，並以聯合國為主要論壇，1974年聯合國憲章中增加了〈各國經濟權利與義務憲章〉（Charter of Economic Rights and Duties of States），之後聯合國在發展計畫署之下設置「南南合作」辦公室（United Nations Office for South-South Cooperation）來推動相關工作。其主要見解包括：「南南合作」是南方國家之間在政治、經濟、社會、文化、環境和技術等領域的合作，政府扮演主導的角色，公民營部門、非政府組織和個人的積

極參與、尊重國家主權、國家所有權與獨立、平等、無條件性、不干預國內政治與互惠[4]。因此，國際社會中的「南南合作」機制，係指開發中國家之間的經濟技術合作，而聯合國於2003年倡議「南南合作」，以協助這些經濟弱勢的國家，發展區域性的經濟合作；並在2004年通過「南南合作以達到千年發展目標」，2012年決定9月12日為「南南合作」日[5]。

七、南南合作是國際經濟戰略夥伴關係

Shaw, Cooper & Chin（2009）研究指出從全球治理的角度來看，「南南合作」模式的出現促使參與國家分享共同的目標，往前推進各自國家經濟與提高其外交地位，進而轉變成為新興的「全球化的中產階級」，這種多層次的國際秩序的出現，挑戰學者所推廣的世界秩序、多極化和相互依存的概念。巴西和中國參與非洲農業的「南南合作」，重要關鍵的長期特徵即是非洲從中的經驗學習，有逐漸成長的機會，造就非洲農業的發展，進而形成新型的發展主義（Scoones, Amanor, Favareto & Qi, 2015）。而2003年印度、巴西和南非（IBSA）之間建立的三邊夥伴關係，其長期可持續性取決於與其區域合作夥伴實質上的參與（Vieira & Alden, 2011）。利用不發達國家之間的優惠貿易，作為促進工業化和減少對北方市場的貿易依賴的手段之原則仍然是合理的，如果全面貿易優惠制度的利益要超越最大的、最強有力的簽署國的利益，就必須更加重視讓較小的國家進入這一進程，並使「南南合作」的概念付諸實施。Scott（2016）認為只有能夠加強團結規範，全球貿易優惠制度才能具有經濟意義，對所有參與者都有益。「南南合作」的演變，注入了國際發展合作這一方面的方法，更充分地開拓其固有和日益增長的潛力，實現發展中國家數十年來致力於實際和系統目標的成就，努力進行南北發展對話和談判（Gosovic, 2016），加強這些國家在世界事務和全球治理中的影響和角色。

透過國際戰略夥伴的團結合作，巴西所發展的「南南合作」，Aoki Inoue & Vaz（2012）認為為了確實追求政治、經濟和商業利益，並且同時在受援國取得了積極的成果，達到國家經濟或政治利益的目的，但它不能完全從國家、次國家或部門利益中脫離，更不能置廣泛的外交政策目標之外，是不能被分別看待的。巴

---

[4]　What Is South-South Cooperation?, United Nations Office for South-South Cooperation, ebruary 10, 2015, http://ssc.undp.org/content/ssc/about/what_is_ssc.html.

[5]　南南合作_互動百科www.bauke.com。

西「南南合作」政策的建設以及在農村和農業發展的雙重模式對計畫項目識別的影響，存在政策解決方案的轉移邏輯，以及策定公共政策倡議的貢獻（Milhorance, 2013）。鄧中堅（2015）研究顯示，大陸對拉丁美洲「南南合作」，其中展現成果指標顯示，拉丁美洲民眾對於大陸的形象、經濟權力、影響力等方面，維持著相當正面的評價與好感。中央資本主義及其支持機構失去了力度，不再能夠在沒有世界秩序發生實質性變化的情況下調節世界經濟，包括在更廣泛的地緣政治範式中與區域強國合作。需要的是從美國霸權轉變為聯合霸權（美國仍然是中心），一個在更多的社會所發展可持續的修正概念，國家在地方組織的更強有力的角色，國家和世界經濟體，與基於第三世界體制重生的更強大的南南關係體系，以及超越歐洲中心觀點的文明、哲學和政治框架（dos Santos, 2011）。

八、區域合作發展

　　就區域合作發展而言，Abdenur（2014）研究指出，大陸在「南南合作」所扮演的角色，除了提供一個具體的機會使中國多邊主義的戰略合法化之外，並使大陸成為一個負責任、支持改革的全球參與者，積極投資促進減輕貧困的銀行計畫項目，而不只是投資基礎建設。例如：中非關係中有關促進減輕貧困的「南南合作」（互利、不干涉），這種「投注未來」的戰略，其成就乃建立於長期的總體發展（Grimm, 2014）。大陸和巴西在發展農業方面的經驗程度，產生了農業發展於品質上的新典範，創造新的空間，而重新定義發展政策和實踐。此外，南南發展合作不僅加強了全球經濟自由化帶來的資本積累的動力，反映了新興國家為農業技術、投入、服務和新的原物料來源獲得新市場的戰略（Amanor, 2013）。

　　「南南合作」國際貿易促進中心在2013年8月成立之初就宣告其目的在：促進世界和平、保護自然環境資源、加強科技交流、增進經濟往來、實現共同區域經濟利益。因此，共同目標、經驗分享、團結規範、創造經濟效益乃是「南南合作」成功的核心價值。de Oliveira（2010）研究指出：從「南南合作」的觀點理解參與國當前戰略夥伴關係，是中國經濟繁榮後對於國際責任的一種承擔；其是比國際合作關係更具競爭力的戰略夥伴關係。而由此衍生所謂兩岸「南南合作」在多方當事人、複合領域專家、政府等相關單位的積極參與，旨在促進跨域經濟的整合與地區發展。在達到更高層次的區域性之前將會有很好的結果：形成區域社區或區域制度化政治。使兩個社會並不分享明確的身分或相同的價值，也可以發生以經濟為導向

的區域化。一般來說，應採取措施以促進兩個城市居民的交流、互動和相互了解（Luo & Shen, 2012）。「南南合作」的精神在於互利、不干涉、發展新政策、獲得新興市場戰略、著眼未來發展以及永續經營，上述觀點正對接本書探討兩岸「南南合作」的價值。

九、2017年廈門金磚會議

2017年9月3日至5日在廈門舉行金磚五國新興市場國家與發展中國家對話高峰會，中國國家主席習近平主持對話會並致辭，就世界經濟大勢及合作前景，提出建議，其中：「透過金磚國家及77國集團之類機制，展開更大規模『南南合作』，以應對全球各種挑戰，培育連動發展鏈條，實現聯合自強」。習近平亦宣布，中國將在「南南合作」援助基金項下，提供5億美元，以助發展中國家應對飢荒、難民、氣候變化、公共衛生等挑戰；中方還將利用國際發展知識中心及「南南合作」與發展學院之類平台，與各國交流發展經驗，達成能力建設合作，並在未來一年為此等發展中國家，提供4萬個名額[6]到中國培訓。

金磚國家智庫合作中方理事會祕書長欒建章表示：「金磚機制是『南南合作』的典範，也是促進『南南合作』的重要平台。」儘管金磚國家在政治制度、經濟狀況、文化傳統等多個領域存在差異，金磚五國的共同利益遠遠大於分歧，而且都是發展中國家，差異性不是金磚國家之間溝通協作的障礙，反而恰恰成為一種動力，在攜手並進中「求同存異」或者「求同化異」[7]。因此，「南南合作」存在差異性是國際現實的現象，大陸有能力與自信解決此差異，其引領「南南合作」風潮的態勢越趨明顯。

第二節　南南合作在全球發展的貢獻

2021年2月23日中國大陸南南和平發展研究院籌備工作委員會在上海正式成立，首先設立南南公共關係工作組、南南數字金融工作組、南南環境保護治理工作組、南南中醫中藥工作組、南南綠色產業發展工作組，以中國的既有實力與未來潛

6　【金磚峰會】〈習近平：中國將提供5億美元予「南南合作」援助基金〉，https://www.hk01.com/兩岸/116953/-金磚峰會-習近平-中國將提供5億美元予「南南合作」援助基金。
7　欒建章：金磚機制是「南南合作」的典範和重要平台，https://kknews.cc/world/68qjk8l.html。

能，作為南方國家合作共贏的領頭羊，應該是大勢所趨。「南南合作」所涉及的範圍非常廣泛，本節僅就南方國家中的貿易、對外直接投資和國際合作領域三方面列舉有關實例來說明「南南合作」的貢獻。

一、貿易

根據IMF數據統計，從2010年以來在「南南合作」體制下的國家貿易量成長快速，其中進口額比重已有43%的增長，出口額在全球總出口額也有38%的增長。數據顯示：在「南南合作」的國家中，以亞洲新興國家對其他開發中國家的貿易增長最快，而以中國的貢獻最大。中國是143個南方國家中的主要貿易夥伴，其中有33個南方出口貿易國，中國的出口貿易額占第10位。

目前，中國也是東協第一大貿易夥伴，同時也是非洲重要的合作夥伴和新興投資的來源地。同時，非洲也是中國中藥的進口來源地，第二大海外承包工程市場和新興的投資目的地。

二、對外直接投資

全球投資報告顯示：開發中國家的對外直接投資（FDI），主要來自亞洲國家，香港、中國、新加坡向開發中國家直接投資最多。數據顯示，中國是最大的對外直接投資的開發中國家，中國的對外投資在亞非拉的10個發展中國家居前5位。此外，中國對東協國家投資的比例中又高於「一帶一路」沿線國家的直接投資，占中國對外投資總額的10%。

由此可見，原有主導全球的南北經濟結構隨著南方國家的興起正在發生激烈的變化，南方國家的政治獨立在其經濟發展以後真正得到了加強，南南經濟合作成為全球經濟合作的重要組成部分，這一合作開始真正改變全球經濟合作的秩序和結構。

三、國際合作

「南南合作」最顯著的實例就是以「金磚國家」為代表的新援助國家（New/Emerging Donors）的出現，仍然是以中國為最大的援助國家提供者，遠超出印度、巴西和南非。根據中國對外援助的白皮書顯示，對外援助金額從2010年的893.4億人民幣，還不斷地逐年成長，而中國提供對外援助的國家是以非洲和亞洲為最多，

基礎設施、醫療、教育和訓練、環保與氣候變化則是中國的主要國際發展合作領域。而印度是「金磚國家」中第二大的對外援助國，其主要地區還是在環印度的亞洲國家，諸如：不丹、孟加拉、尼泊爾、斯里蘭卡、馬爾地夫和阿富汗等。

（一）基礎建設

基礎建設是中非雙方傳統合作項目，重點在於：

1. 鐵路、公路和港口。
2. 區域航空。
3. 電力。
4. 通訊。
5. 人才和研發。

在基礎建設方面，中國為南南發展合作提供了最大的貢獻。目前為止，中國對非洲建設有3條鐵路、16個機場、20座橋梁、12個港口、68個電站、77座體育場、16座議會大廈、38座政府辦公大樓、9個國際會議中心等。

（二）醫療

包括援建綜合性醫院、流動醫院、保健中心、專科診所、中醫中心等，派遣醫療隊或培訓醫護人才以厚植非洲的醫療人力資源。

（三）教育與培訓

教育與培訓通常有兩種型態：一是邀請非洲國家的官員來華研修，內容涉及經濟管理、多邊貿易談判、政治外交、公共行政、職業教育、非政府組織等；二是培訓專業的人才，涵蓋了：農業、衛生、通訊、工業、環保、救災、文化、體育等項目。

（四）環保與氣候變化

在於清潔能源、環境保護、防澇抗旱、水資源利用、森林持續發展、水土保持、資訊氣象服務項目。

雖然「南南合作」實現了前所未有的國際合作願景，但是也面臨著一些挑戰，諸如：「南南合作」的提供援助國家之間缺乏協調機制，尚未能建立統一的標準、

「南南合作」缺乏獨立知識體系的支持、「南南合作」缺乏統計數據的系統、「南南合作」缺乏監測評估的方法、「南南合作」沒有系統化，沒有固定的合作支持計畫，影響世界銀行系統作用的發揮。這都是「南南合作」的未來挑戰。此外，南方國家之間的內部分化也是一大挑戰，由於彼此的地緣政治、自然條件的差異，一直以來都有開發中大國和小國、島國的區分。有學者（Gray & Grills, 2016）提出，南方國家特別是新興國家，尤其是中國的崛起，可能形成一種新的不平等關係和依附條件的產生。因此，如何避免出現新的霸權，需要南方國家堅持「南南合作」最初的精神，共同促進南方國家發展經驗的知識共用平台的完善，以及實踐平等互利的宗旨。

第三節　兩岸南南合作倡議與回顧

　　兩岸關係的發展隨著台灣地區政黨的輪替而乍暖還寒，2016年民進黨再度執政後，兩岸的關係即刻進入的險峻的情勢。其實，台灣對於大陸的政策不能因為執政黨的政治意識不同而單向思考，還要考慮國際關係和兩岸同胞的輿論。「武統」輿論的發生，是因為台灣當局的作為讓大陸民眾感覺和平統一的希望渺茫，自然會對台灣的容忍失去耐性，而產生另一種選項。民進黨執政後，兩岸正陷入「民意（自然統與天然獨）、政黨（民進黨與共產黨）、路線（統一與獨立）、政策（融合與分離）、國際空間（邦交國及聯合國）」等五層面對抗，且未來對抗只會更加升級[8]。當台灣政府認為美國會介入兩岸問題，或是美國企圖「以台制陸」，都會因為兩岸綜合國力差距增大，而台灣這顆棋子會逐漸顯得無力與危險。

　　從宏觀的角度來看兩岸關係，我們可以歸納大陸學術機構大概存在三種想法：其一是「消極現實主義」，認為兩岸最終靠實力解決問題，台灣要怎麼折騰隨他去，等到大陸自身發展起來，國際勢力也沒法干預，到時候再去收拾；主張保持戰略定力，但沒打算在和平發展過程中積極創造條件以降低將來統一的代價和治理成本。其二是「盲目樂觀主義」，認為兩岸只要堅持大交流大合作，自然會水到渠成邁向和平統一。其三是「積極現實主義」，一方面堅持打鐵還需自身硬，但同時主張把不斷成長的實力透過各種管道機制轉換成對台灣的影響力和控制力，最近大陸

8　中時電子報，http://www.chinatimes.com/newspapers/20180130000079-260301，2018年1月31日。

強調的「融合發展」與「反對任何形式的台獨」，就是這種思想的具體實踐[9]。因此，從上述言論，大陸對一個中國的堅持，不容許台獨的主張，也更加強與社會經濟融合發展的措施，具體落實在對台灣民眾的準國民待遇政策。

一、歷史背景

本書探討兩岸「南南合作」跨域治理，何謂兩岸「南南合作」？研究國際情勢的學者，對「南南合作」也許不陌生，但對兩岸「南南合作」，可能是第一次聽到。兩岸「南南合作」是指台灣南部與大陸南方，依據法理與現實，在不談主權、擱置疆界的情況下，透過兩岸城市地區與民間產學團體的寬面合作，以增進青年就業與基層融合。主要肇因於目前兩岸政府官方溝通機制停擺、僵局無法化解。因此，為打破此一困境，倡議兩岸「南南合作」並研究其可行性與作法。

自1990年代開啟的全球化思維，淡化主權、模糊疆界的城市／國家交流早應崛起，而跨域治理的多中心治理特性，乃至去中心化已成趨勢。回顧高雄發展狀況，1990年代為求把握香港九七回歸後的經濟發展，其中的高雄深水港計畫（全市1/3面積），因李登輝「戒急用忍」的兩岸政策而胎死腹中。2001年謝長廷市長提出「一個國家的兩個城市（高雄、廈門）」，也因未獲主管單位支持而不能推進。高雄30年來連番錯失了國家建設六年計畫、亞太營運中心、多功能經貿園區，以及自由經濟示範區等重大發展際遇。使得高雄曾經是全球第三大貨櫃港，如今跌到第13位。高雄亦曾經是台灣的第二大城市，現今已被台中超過。就上述而言，高雄已錯失了發展的契機，但是，高雄應該如何展望未來，尋回失去的30年？

2016年12月高雄市議會召開「兩岸城市試點合作公聽會」，所有與會的行政部門、民意部門及產業界代表皆表態支持。2017年1月大陸在廣西柳州召開兩岸「南南合作」發展論壇，倡議台灣南、高、屏、澎與大陸廈、滬、穗、寧等城市地區寬面合作。2017年7月上海舉辦「2017上海、台北城市論壇」，台北市長柯文哲出席論壇，會中並與上海市簽署四項交流合作備忘錄，以及26項交流合作協定。與大陸的交流合作，柯市長要求市政府分析大陸的「十三五規劃」，以規劃台北因應對策，並以「經建牌」擴大西進規模。2017年8月台北市主辦台北「世大運」，中華

9　廈門大學台研中心副主任暨兩岸關係和平發展協同創新中心經濟平台執行長唐永紅近日接受《旺報》專訪。旺報官網，http://www.chinatimes.com/newspapers，2018年1月31日。

隊創下參與「世大運」佳績的26金、34銀、30銅，讓國人感受到體育競技的強大影響力，連帶激勵了民心與士氣。而台北申請「世大運」的時空背景，乃在於馬英九執政時期兩岸關係穩定，在沒有大陸的阻撓之下，才得以順利獲得舉辦世大運。

　　按照法理（兩岸憲法）與現實（美台關係），由南台灣民間產學團體建構推進的兩岸城市試點合作，在大陸最近提出兩岸經濟社會融合發展的背景下，已是可行必要的努力方向。兩岸「南南合作」，在台灣方面的意義是半世紀來高雄發展的住民自覺，在兩岸關係的意義是當前兩岸困境僵局的突破口，在大陸對台的意義是經濟社會融合發展的摸著石頭過河與實踐檢驗真理。

　　因此，高雄如果要脫胎換骨般地發展，高雄應喚醒民眾自主意識，所謂高雄自主，對於作為城市的高雄而言，應是以自身經濟社會發展作為主體，無須背負台北在兩岸事務中的主權重擔。對高雄市民而言，政治上已有的民主選舉，基於國際現實與大陸方面惠台的政策，不應受兩岸政治關係最終安排的影響。尤其是目前兩岸官方溝通機制停擺，高雄要想突破現況必須靠自己。

　　本書所探討兩岸「南南合作」，所指的大陸南部是泛指東南沿海地區[10]，台灣南部按相關主管部門對縣市的劃分[11]，將台灣本島及離島分為北、中、南、東四個區域[12]，高雄市、台南市、嘉義市、嘉義縣、屏東縣及澎湖縣等6個縣市歸入南台灣。大陸對南台灣認識不夠與重視不足，還是從政治層面理解或認識南台灣，認為南台灣本土意識強烈，是綠色大本營，而且又是民進黨執政縣市，而對於與南台灣交流合作，存在著政治與心理的顧忌。其實，現今已出現南台灣局部地區在兩岸交流合作中邊緣化的現象，南台灣的經濟產業特性與結構，決定了南台灣的階層結構與社會結構，南部的產業結構決定了就業者以社會中、下層與藍領群體為主體（王建民，2017）。而南台灣在經過初次現代化、區域發展中的非核心地位，促使南台灣有著不同於核心地區的自我意識、價值思維與發展期待，因此這種特質，也影響著南台灣對於藍綠政治與兩岸政治的選擇與回應（辛翠玲，2014）。

　　兩岸往來政策與實際互動，在軍事對抗時期（1949-1978）後，自1979年以來可概略分成下列幾個階段，分述如後：

---

[10] 大陸與南台灣交流合作，大陸尚未將南部省市地方作為與南台灣交流合作的主體或重點，並沒有針對性的開展兩岸「南南合作」交流。有學者提出討論兩岸「南南合作」的問題，對於大陸南部概念並未統一，可以說廣義大陸南部地區可指長江以南地區，狹義南部地區指東南沿海地區。
[11] 《都市及區域發展統計彙編》，2012。
[12] 中華民國包括台灣地區和福建省，金門縣與連江縣隸屬福建省，故不在劃分範圍內。

（一）1979-1987年兩岸和平對峙時期

1979年之前，兩岸都曾試圖採取軍事手段達到各自的目的，其間曾歷經了1954年「一江山戰役」及1958年「八二三炮戰」，兩次台海危機軍事衝突，以及聯合國席位的保衛戰，在這些年兩岸是處於敵對的狀態，直到1979年1月，中共全國人大常委會發表《告台灣同胞書》，強調兩岸應進行三通四流，宣布共軍停止自1958年「八二三炮戰」以來對金門等島嶼的炮擊之後，兩岸自始進入和平對峙時期[13]。但這個時期，政府仍然堅持「漢賊不兩立」的大陸政策，表面上停止了軍事武裝衝突，但仍然處於敵對狀態，兩岸並沒有實際的交流互動。

（二）1987-1998年兩岸民間交流時期

在開放兩岸探親之前，政府基於不接觸、不妥協、不談判的「三不政策」，從大陸來台灣的「外省人」是無法返鄉探親的。1987年11月故總統蔣經國有感於兩岸之間的親人分離太久，決定讓在大陸有三親等內血親、姻親或配偶的民眾，准許登記赴大陸探親。此一政策開放，結束了海峽兩岸38年的隔絕，200多萬的「外省人」得以返大陸探親，重聚天倫，也為台灣奠定開放性社會的基礎，更開啓兩岸交流與合作的新紀元。從此，兩岸經貿、學術、文化開始交流，海基會與海協會從1992年起不斷交流協商。1996年9月，李登輝總統提出「戒急用忍」主張之後並明確界定：「高科技、五千萬美金以上、基礎建設」三種投資應對大陸「戒急用忍」，以免台灣喪失研發優勢以及資金過度失血[14]。因此，「戒急用忍」政策不但終止了台灣高雄「亞太營運中心」計畫的推動，許多關於兩岸交流的管制也應運而生，不僅使得台灣廠商無法發揮其鄰近、語言與血緣關係的優勢，更眼睜睜看著外國競爭對手趨之若鶩地赴大陸投資，以致經濟實力逐漸超前台灣。

（三）1998-2008年政黨輪替後的兩岸關係

故總統李登輝1999年7月9日接受《德國之聲》專訪時表示：台灣和中國大陸的現狀是「特殊的國與國關係」，又稱之「兩國論」，而「兩國論」主張「一個中國」是過去式和未來式，但不是「現在式」；這些主張在堅持中華民國主權獨立基礎上，強調兩岸關係的「對等性」。2000年台灣首度政黨輪替，2002年8月時任總

---

[13] 維基百科，告台灣同胞書，https://zh.wikipedia.org/wiki/，2018年1月15日。
[14] 維基百科，請參見戒急用忍：http://zh.wikipedia.org/wiki/戒急用忍。

統的陳水扁先生於世界台灣同鄉第二十九屆聯合年會時，視訊致詞時提出「一邊一國」論述，「台灣跟對岸中國，『一邊一國』要分清楚」。在這10年間，民進黨政府在不承認「一個中國」的情況下，兩岸關係急轉直下，海基會、海協會間的協商機制停滯，使兩岸處於意識型態對抗時期。但因應民意與台商的需求，仍然於2001年1月開始實施定點定時的貨客運通航，俗稱「小三通」。2008年6月馬英九執政後，擴大金門與廈門、馬祖與福州的「小三通」，自此兩岸往來交流全面開放[15]。

在經濟方面，自2000年以來，台灣經濟成長的力道快速萎縮，經濟成長率從原先每年8%掉到陳水扁時代的4%左右，在此同時，台灣的薪資呈現長期停滯，伴隨而來的卻是物價的高漲，經濟活動也呈現停滯，包括企業投資減緩，外資流入有限，民間消費也同樣減弱[16]。1990年代初期，台灣在許多方面都比香港及新加坡更有優勢；可惜的是，10年過去，當區域中其他國家經濟快速發展時，台灣卻逐漸失去活力，原因就是政治因素。此「失落的十年」讓台灣原本應該是亞洲最具活力及經濟體之一，但卻陷入停滯不前的經濟困局。

（四）2008-2020年南台灣與兩岸交流

2008年國民黨重新經過政黨的再度輪替執政，提出地區對地區的「一國兩區」定位台灣與大陸的關係。兩岸ECFA、直航三通、旅遊開放、交流互訪，由2010年的地方選舉過程與結果、2012年的全台選舉結果，以及藍軍後續的執政不斷遭受綠軍的杯葛及抹黑、抹紅，造成2016年政黨又一次的輪替。

2008年以來，全球經濟形勢深刻變革，新產業技術革命到來，兩岸經濟轉型升級，經濟下行壓力，使得兩岸貿易與投資動能減弱。近年來兩岸貿易、投資增長趨緩甚至負增長，進入轉型「陣痛期」。兩岸經濟關係由高度互補走向競合，部分製造業領域出現競爭性發展，台灣島內民進黨炒作「紅色供應鏈」威脅，產生不良政治社會效應。另外，兩岸之間的融合發展，其目的就是透過交流增加互信、創造良性互動、和平發展，但是兩岸利益的分配趨於複雜，卻容易被執政黨私偏地流於政治利用。

曾任高雄市長的陳菊於2009年與2013年兩次訪問大陸，其前倨後恭的態度，使

---

[15] 維基百科，請參見小三通：https://zh.wikipedia.org/wiki/小三通。

[16] 當前台灣的問題，資料來源取自遠見，https://www.gvm.com.tw/article.html?id=22271，2018年1月15日。

得兩岸地區交往的政策依舊不明，方向調整更是「只見樓梯響未見人下來」。五都改制後高雄面積屬全台灣各縣市第一大、人口第三多，產業發展則繼以「自由經濟示範區」與地方的「亞洲新灣區」等政策擘劃，中央亦給予高雄大力的支持，但其成敗關鍵仍然取決於市場能否大幅開放，與民進黨顧及選票操作，和保守反對勢力之間的角力。

2014年六都及地方的「九合一選舉」中，民進黨結合「反服貿勢力」，激化了台灣內部反馬（英九）、反商、反中的氣氛，進而把台灣所有的問題，比如：南北失衡、貧富不均、世代失序等問題，都歸罪於馬政府的施政不力；民進黨非常擅於使用網路新媒體，比如：Facebook、「批踢踢」（PTT）和Line，來拉攏年輕族群，並將台灣積久的問題及沉痾的原因也都歸結於馬政府的治理不善。而國民黨處於這種輿論的氛圍，也沒有扭轉的能力，導致國民黨在「九合一」的地方性選舉中慘敗。雖然，兩岸議題的關聯度不大，但選舉的結果對兩岸關係以及兩黨的兩岸政策卻產生了嚴重的影響。

大陸涉台學者對於民進黨於「九合一選舉」的勝選，大致歸因於國民黨執政不力、台灣民眾對現狀的不滿等狀況，與國民黨或民進黨的兩岸政策無關。其所持理由為「九合一選舉」為地方基層選舉，與兩岸關係無太大關聯；另台灣目前正處於政治重組、社會激化、世代變遷的年代，貧富差距不斷擴大，中小企業、中低階層、中南部民眾，以及青年世代對失業狀況、薪資低落、高房價的苦悶，完全反映在選票上，才是國民黨慘敗、民進黨勝選的主因。

美國國會針對台灣2014年「九合一選舉」過程、結果、變項、大陸的反應等提出觀察報告，認為國民黨的潰敗，意味多數選民對執政黨的施政不滿，包括薪資、房價與食安等議題，而非針對馬政府的兩岸政策[17]。但美國觀察台灣選舉則認為台灣年輕選民對中國的疑慮逐漸增加，並藉由投票表達對國民黨的不信任（Southerland and Rosier, 2014）。2018年「九合一」地方公職選舉，縣市長為兩黨獲取勝利的重要指標，除了代表民進黨執政成效的首張成績單，也是2020年的總統大選的前哨戰。民進黨的黨內初選已經完成，檯面下的選舉活動已經展開。反觀國民黨至2018年3月尚未推出候選人，而高雄市國民黨市黨部主委韓國瑜，突然去登記台北

---

[17] 美國國會美中經濟暨安全審議委員會（U.S.-China Economic and Security Review Commission）（以下簡稱USCC）於2014年年底公布《2014年台灣地方選舉對兩岸的意涵》（Taiwan's 2014 Local Elections:Implications 「兩岸南南合作」for Cross-Strait Relations）報告。

市長國民黨黨內初選，儘管最後撤銷登記，但是這件意外插曲，凸顯國民黨推不出參加競選高雄市市長候選人，韓國瑜與國民黨黨主席不合，其高雄市黨部主委位置不保，才轉而參加選舉。因此，國民黨面臨民進黨執政優勢之外，黨內高層的不合，更顯現國民黨在此次選舉中缺乏從政人才的困境。可以理解，此次高雄市市長選舉，國民黨如果沒有一位「強棒」出現，高雄市以後將仍由民進黨繼續執政，高雄市的未來發展是值得觀察與探討。

「中國因素」成為2014年「九合一選舉」的變數。可以回溯自「太陽花運動」，馬前總統2008年上任後，兩岸藉由擴大貿易及投資，簽訂經濟協議以深化經濟關係。其中最重要的為「兩岸經濟合作架構協議」（以下簡稱ECFA），包括早期收穫、服務貿易、貨品貿易與投資保障等協議，提供未來經濟整合之基礎[18]。但是ECFA的成效與影響在台灣內部仍具有爭議性。反對者認為ECFA僅有利於大企業，比如服務貿易雖有益於台灣金融業在中國設立分公司，但也擔心協議將為台灣當地產業帶來不公平的競爭。究其深層原因，或許是選民擔憂兩岸經貿進一步深化可能損害台灣在經濟與政治上的自主性，並有利中國實現統一之目標[19]。但背後原因一方面是來自於選民認為兩岸經貿進一步深化可能損害台灣在經濟與政治上的自主性；另一方面是台灣民眾對中國的身分認同逐年降低（張執中，2015）。2014年台灣情勢逆轉，藍綠政治版圖結構重新洗牌，牽動選民在2016年的總統大選，影響未來兩岸關係與政策。

2018年11月24日，台灣地區「九合一」[20]的地方選舉，代表中國國民黨參加高雄市長選舉的韓國瑜，以「愛與包容」的溫情喊話希望高雄人能夠接納他，並抓住高雄市這個歷經民進黨20年治理，但仍然是貧窮與落後的城市，以「東西賣得出去、人進得來、高雄發大財」的口號震撼了高雄人長久的期盼，再以「北漂」青年返鄉工作的人才流失現象，喚醒了子女異地而居的親情辛酸，獲得廣大群眾的認同與支持，都願意給這個有創意、有理想而又了解高雄人心情的外地郎一個機會。

韓國瑜在沒有政黨資源和派系奧援的情勢下，以打破台灣選舉的政黨動員、

---

[18] ECFA官方網站，http://www.ecfa.org.tw。

[19] U.S.-China Economic and Security Review Commission, http://www.uscc.gov/Annual_Reports/2014-annual- report congress.

[20] 本屆選舉由台灣地區之直轄市（6都）選出新一屆的直轄市長、直轄市議員、里長、山地原住民區長及區民代表；並在台灣省（11縣3市）及福建省（2縣），選出新一屆的縣市長、縣市議員、鄉鎮市長、鄉鎮市民代表、村長和里長。當選人於2018年12月25日就職。

維基百科，https://zh.wikipedia.org/wiki/2018。

布樁拉派、賄選分贓的土豪方式，改以「一瓶礦泉水、一碗滷肉飯」的清廉平民方式，獲得大眾的喜愛，造成一股「韓風」，而且效應外溢，席捲全台，也抬舉了國民黨其他各地低迷的選情，士氣大振，居然一舉拿下了15個縣市。但是甫當選市長的韓國瑜，挾著「韓風」乘勝追擊，參加2020年的台灣地區領導人大選，卻又以265萬票慘敗給追求連任的蔡英文。

從選舉的結果來觀察，2018年的地方市長選舉，韓國瑜支持「九二共識」、推動兩岸「南南合作」，以民生經濟發展為主題的競選政見普獲民心，但是在2020年初的台灣地區領導人大選中，蔡英文抓住「恐中」議題不斷主打「護主權」、「愛台灣」、不承認「九二共識」、反對「一國兩制」，卻贏得有史以來的高票而勝選。顯見民進黨的策略成功，台灣同胞聽信了台灣的安全來自中國大陸的威脅，寧願選擇安全優先於經濟的發展。但在選舉以後所有的政治熱情回歸平靜，台灣人民還是要過日子，顧好肚皮、過好日子的拚民生經濟的發展，仍是生活上現實的問題。因此以兩岸「南南合作」為框架的兩岸交流，聚焦於民生經濟發展為目標的區域對區域、城市對城市的兩岸交流合作，除了給台灣同胞有機會認識大陸的真實發展現況，也是給高雄人許下了拚經濟的願景，更是給兩岸交流開啟了新的挑戰。1979-2020年，兩岸政治互動重要關係的演變彙整如表1.1。

表1.1　1979-2020年兩岸政治互動重要關係演變

階段	時間	兩岸指標性互動	意義	關係指標
1979-1987	1979	停止炮擊金門	進入和平時期	趨緩
	1987	開放探親	進入民間交流時期	趨緩
1987-1998	1991	海基、海協兩會代表北京事務性會談	首度半官方代表談判	緩和
	1992	兩岸達成「九二共識」（九二精神）	取得官方高層談判基礎	趨好
	1993	第一次新加坡辜汪會談	首度官方高層代表會談	良好
	1995	李登輝總統訪美，中共表示不滿	停止兩會協商	轉壞
	1995	中共軍演向台灣東方海域發射飛彈	軍事威嚇	惡化
	1998	海基、海協兩會恢復對話	重啟協商大門	趨緩

階段	時間	兩岸指標性互動	意義	關係指標
1998-2008	1999	李登輝總統發表「特殊國與國關係」	停止兩會協商	轉壞
	2000	政黨輪替，民進黨執政	停止兩會協商	轉壞
	2002	陳水扁總統「一邊一國」論	停止兩會協商	惡化
2008-2016	2008	政黨再次輪替，國民黨執政	重啟協商大門	良好
	2015	新加坡馬習會	首度兩岸領導人會面	極好
	2016	民進黨再次輪替執政	停止兩會協商	惡化
2016-2020	2020	民進黨繼續執政	官方關閉協商大門	惡化

資料來源：孫榮平，2020

二、兩岸南南合作論壇的形成

2015年廈門大學台灣研究院李非、林子榮在「閩南與台灣西部縣市經濟引力測算及閩台『南南合作』研究」，引用汪明生等「南台灣與平潭綜合實驗區共同發展研究──基於互動管理的實證分析」，首次提到兩岸「南南合作」為大陸與台灣南部各縣市開闢了廣闊的空間，提供交流溝通，緩解台灣南北失衡，實現兩岸全面性的交流[21]。

2016年3月9日，習總書記指出：「在持續推動兩岸關係和平發展過程中，將持續推進兩岸各領域交流合作，深化兩岸經濟社會整合發展，增進同胞親情和福祉，拉近同胞的心靈距離。揭示出兩岸關係和平發展的經驗，在於要將對台工作重心往下沉，加強社會基層面的連結，構築兩岸民眾直接的、真實不虛的心靈之橋。大陸政府也應調動全社會力量，帶動大陸人民成為推動兩岸關係的主體。而台灣任何政黨，為其政黨形象和政治前途，都須以民眾的要求為依歸。」因此，兩岸交流是持續的工作，我們要把兩岸「南南合作」深化到兩岸融合發展是兩岸交流的新趨勢。

兩岸「南南合作」指的是兩岸南方區域之間的合作，可視為在2016年以後台灣的蔡英文政府在不承認「九二共識」、拒絕「一國兩制」下，兩岸交流陷入冷凍期間，考慮以地理位置相近、風俗文化類同、氣候相似、農業種植類似，主要是族群同根同源的兩岸南方／南部地區為試探；尤其是台灣大部分的居民，其祖先來自福

---

[21] 福建行政學院學報，2013年3期。

建省南部，均為閩南語系，語言相同，溝通無礙，因此在人文、地理上可能有較大的合作空間。在兩岸官方交流停擺之際，以「兩岸一家親」的呼喚，引導兩岸民間的各界、組織、社團，即：所謂的「第三部門」多方參與合作，推動兩岸經濟社會融合發展的兩岸「南南合作」。

兩岸「南南合作」與發展論壇於2017年1月12日在廣西柳州召開。由大陸中國社科院台灣研究所與全國台灣研究會邀請台灣孫文南院共同舉辦。全國台灣研究會常務副祕書長楊幽燕主持，中國社會科學院台灣研究所副所長張冠華、台灣孫文南院院長及中山大學永久聘任教授汪明生、廣西自治區柳州市政協副主席羅銘出席開幕式並致辭（首屆兩岸南南合作論壇與會人員，如表1.2）。兩岸「南南合作」是指大陸南方地區與南台灣地區的交流合作。會議中就兩岸交流路徑的選擇、「南南合作」的政治基礎分析、兩岸城市試點交流、未來的挑戰、兩岸經貿交流的南方觀點、未來前景、兩岸戰略下的「南南合作」等，與會專家學者就議題發表演講，共同就如何推動台灣南部縣市與大陸南方城市之間的交流與合作，促進兩岸「南南合作」與發展研究進行了深入探討。

表1.2　首屆兩岸南南合作論壇兩岸學者專家名單

姓名	職稱
汪明生	孫文南院院長、中山大學教授
黃柏霖	國民黨高雄市黨部主委、高雄市議員
蕭引鳳	孫文南院新創部主任、兩岸暨港澳協創論壇台灣工作站站長
辛玉蘭	孫文南院學務長、台南大學教授
屠益民	孫文南院學務長、中華系統動力學會理事長
鄭博文	孫文南院區科部主任、屏東大學教授
鄭詩詠	孫文南院網調部副主任、原中廣公司高雄台台長
鄭彥信	孫文南院祕書長、原高雄市政府人事處處長
羅銘	廣西省自治區柳州市政協副主席
張冠華	中國社會科學院台灣研究所副所長、研究員
楊幽燕	全國台灣研究會常務副祕書長
彭維學	中國社會科學院台灣研究所助理、研究員
程紅	中國社會科學院台灣研究所科研合作處處長

姓名	職稱
曾潤梅	中國社會科學院台灣研究所政治研究室主任、研究員
陳先才	兩岸關係協創中心平台執行長、廈門大學台灣研究院教授
王建民	中國社會科學院台灣研究所選舉研究室研究員
石勇	中國社會科學院台灣研究所《台灣研究》編輯部副研究員
熊俊莉	中國社會科學院台灣研究所經濟研究室副研究員
鄒夢瑩	中國社會科學院台灣研究所社會與文化研究室助理研究員
鄭育禮	中國社會科學院台灣研究所綜合研究室助理研究員
李傑	中國台灣網記者

資料來源：許綿延，2017

　　中國社會科學院台灣研究所副所長張冠華在開幕致辭中指出，當前兩岸經濟關係進入轉型陣痛期，需要促進兩岸經濟社會融合發展讓更多人受益，而民進黨不承認「九二共識」，導致兩岸官方聯繫溝通和協商機制停擺，民間交流成為兩岸經濟社會融合發展的主要途徑和平台，而加強兩岸「南南合作」，共同打造的促進兩岸南方交流與合作的新平台，主要是聚集兩岸專家學者智慧，探討兩岸南方／南部合作的方式創新與路徑創新，可成為創新兩岸民間交流與合作的嘗試[22]。

　　2018年7月25日在青島舉行的第二十七屆海峽兩岸關係學術研討會（三台會），《聯合報》以「台學者：兩岸『南南合作』突破僵局」[23]為標題報導此次研討會台灣學者的建言，建議「南南合作」（大陸南方地區與南台灣合作），以地區試點、民間產學對接的兩岸「南南合作」，或許是當前兩岸僵局的突破口。中山大學公共事務管理研究所教授汪明生指出，過去20年間，高雄市產業停滯、人口外移、地方政府賣力選舉無視發展。汪明生說：「以地區試點、民間產學對接的兩岸『南南合作』，或許是當前兩岸僵局的突破口。」他認為：台灣所處的真正困境並非表象看到的產業不振及藍綠政治爭鬥，而是「三中一青」群體因社會發展不均衡所產生的深層結構問題。成功大學社會科學院副院長丁仁方舉例指出：農漁業在南台灣的產業結構中扮演重要角色。近一段時間以來，包括鳳梨、香蕉等農產品出現

---

[22] 取自中國社會科學院台灣研究所副所長張冠華在首屆兩岸「南南合作」與發展論壇上致辭內容，http://big5.taiwan.cn/xwzx/la/201701/t20170112_11677163.htm。

[23] 聯合報，2018年7月27日，星期五，A10版。聯合新聞網，https://udn.com/news/story/11323/3275009，2018年7月29日。

「兩岸南南合作與發展論壇」召開　探索民間交流新路

大陸新聞中心／綜合報導-2017-01-13 09:19:05

首屆「兩岸南南合作與發展論壇」在廣西柳州開幕。

首屆『兩岸南南合作與發展論壇』12日上午在廣西

圖1.1　首屆兩岸南南合作論壇（廣西柳州）

資料來源：孫文南院資料庫，2017

價格崩跌狀況，相關部門未能妥善處理，引發民眾不滿。如果大陸能適時進行調節性採購，同時放寬檢驗通關流程，對南台灣農漁產品的供銷秩序將有極大幫助。

　　推動兩岸經濟社會融合發展，需要更深程度的制度合作，所謂的融合發展，一可以促進兩岸經濟整合，為兩岸經濟注入新動能；二可以避免不必要競爭，充分實現兩岸優勢互補；三可以透過經濟交流與合作，擴大交流、擴大參與，讓更多的台灣人群收益。大陸的各項產業發展，台灣參與進來，透過嵌入式合作，實現兩岸融合性發展。由於民進黨執政後，導致國台辦和陸委會的聯繫溝通機制、海協會與海基會的授權協商和聯繫機制停擺，從而使得民間社團組織、私人企業等交流成為未來推動兩岸經濟社會融合發展的主要途徑和平台，而兩岸「南南合作」，可成為創新兩岸民間交流與合作的嘗試。

　　而「一帶一路」的全球經濟宏觀戰略，為兩岸「南南合作」提供了良好的基

礎與環境，特別是「海上絲綢之路」，主要著眼在以上海、天津、廣州和福州為代表的沿海城市。至於廣西因特殊地理位置，使之成為銜接「一帶」和「一路」的重要門戶。「一帶一路」願景與行動強調要發揮海外僑胞，以及香港和澳門特別行政區獨特優勢作用，應積極參與和助力「一帶一路」建設。當中也特別提及台灣地區可適度安排參與「一帶一路」建設。而福建自由貿易區計畫，其背後政策目的係要「面向台灣」，把福建自由貿易區作為深化兩岸經濟合作的新基地。由於福建也被定位為推動「海上絲綢之路」建設核心地區，未來台灣即可運用福建自貿區的優勢，並透過兩岸經合會平台，來推動兩岸在政策溝通、道路聯通、貿易暢通、貨幣流通、民心相通的「五通」，促進閩台社會經濟率先整合、創新合作機制等路徑參與「海上絲綢之路」（趙永祥等，2016）。而這些都是開創兩岸「南南合作」先試先行穩紮穩打的基礎。

其實兩岸「南南合作」的新思路是秉持著推動兩岸關係和平發展的持續工作，並不因為一時情勢的變化而有所改變。因此，致力於把兩岸交流深化到兩岸社會的融合發展，就是符合致力於兩岸和平統一的精神表現。

第四節　本章小結

本章係以探討兩岸「南南合作」為課題案例，而其背景和動機就是從2016年起，台灣的民進黨再度執政後，不承認「九二共識」，造成兩岸、兩會官方交流機制的停擺，但在各方學者的集體智慧創新發展下，冀以兩岸「南南合作」的新探索，透過兩岸人民團體保持繼續的交流和維繫既有的成果，是符合兩岸人民期盼的。

本章開宗明義就指向兩岸大局關鍵的區域是南台灣，而兩岸問題的癥結就是台灣青年就業的難題和基層百姓對民生經濟發展的渴望。把南台灣視為兩岸關係的關鍵與癥結地區，不僅是當前兩岸分離分治的狀況下的重要議題，也適用於未來兩岸統一後，「一國兩制──台灣方案」下的跨域治理和兩岸社會融合發展的實例驗證方法。

高雄市是台灣南部第一大城與台灣第二個直轄市，而所轄高雄港則是貨櫃輸送量高居全台之冠的台灣第一大港，地區發展條件優良。但長期以來一直著重在第二

級產業的建立，如高汙染重工業及低回饋性工業等，可說既有的產業結構爲基礎性產業，如石化及製造等產業產品以外銷至外地爲主，而非基礎性產業，如金融業等消費者服務業往往只占極小的比例。這種「重製造業輕服務業」的產業發展失衡現象不僅影響地方環境品質的提升，也因長久以來較少對地區產業進行規劃調整，促其轉型，以致在今日面對全球其他城市的激烈競爭時，鮮少有效引進充裕資金進行地方建設。就在此缺乏資金與高等人力進駐的情形下，高雄地區不僅難以提升本身競爭條件，甚至連想維持原有的競爭地位也力有未逮。

至於在高雄港的營運發展方面。自2002年5月間，行政院通過「國際商港管理委員會設置要點」後，高雄港管理委員會成立，使得高雄港市發展更趨密切。高雄港位居亞太轉運樞紐，港口本身發展條件優越，歷年來不僅進出口貨櫃總量高據全台第一位，亦曾於1993-1999年間，連續七年蟬聯全球第三大貨櫃轉運港的榮銜。然近年來因遭逢全球經濟情勢的轉變與兩岸相繼於2002年加入世界貿易組織（WTO）的影響，高雄港不僅喪失原有優勢轉運地位，2004年起全球第五大轉口貨櫃港的地位亦已不保，將其拱手讓給深圳港（汪明生、馬群傑，2004）。

面臨到都市與港口競爭優勢持續流失的情況，雖然高雄早於1994年即由地方各界提出採用「地區行銷」（place marketing）理念來進行企業性地方發展規劃，但囿於傳統以來高雄的地區發展多著重於由上而下的政府單向決策行動，因此除了民眾的需求常受地方政府決策部門忽略之外，也導致民眾對地方發展事務冷漠以對，毫不關心，從而造成地方發展共識未能有效凝聚，地方發展的盲點亦無法加以釐清，予以化解（汪明生、馬群傑，2003，2004，2005；蕭元哲、馬群傑，2004）。

在兩岸相繼加入WTO後與2009年世界運動會舉辦前，高雄地區除了將直接面臨到國際與大陸地區的嚴峻挑戰外，是否能藉由世界運動會的籌辦，化解地方發展困境、再創地方發展優勢，值得予以深入研究。由於地區行銷兼重「市場經濟」、「多元社會」、「民主政治」、「效能政府」、「公共政策」，以及「公共管理」的多元地方發展理念，其強調藉由對外行銷招商來吸引高附加價值產業進駐地區，藉以調整地方產業結構、創造充裕就業機會，有活絡的經濟環境，進而吸引專業高級人才與白領中產人口投入地方建設，轉化地區人力素質（王文誠、馬群傑，2005）。因此在地方推展行銷招商之時，如何尊重地方民意、凝聚多元共識進行策略研議，從而達成吸引高素質人力進駐，即值得進一步探討。而在地方發展與行銷的過程中，除了有必要先行了解不同群體的認知形式與決策差異，期更清楚掌握對

問題的感知外，亦須藉由適宜地方民眾參與的集體決策輔助模式以建立起地方發展共識、標的、目標與策略的形成（汪明生、張寧，2001）。

　　台灣在戒嚴時期的社會主角是政府與政策，計畫管制、威權統治，當時主政風格中間偏左，有社會主義的影子。政府高效廉明、勵精圖治，全民上下一心、奮發向上，當然也談不到太多的民主與自由。解嚴以來的社會主角是經濟與產業，試圖解除管制、市場開放，緊跟美國而更多是資本主義。

　　1996年李登輝總統上任後先後提出「戒急用忍」主張，對於赴大陸投資的台灣高科技業、基礎建設產業及五千萬美金以上的投資個案需加以設限。然而1996年以來的「戒急用忍」，導致市場開放徒具形式，去中國化也使得風氣人心丕變。北部民間力量尚足以抗衡逆流，然而南部急轉直下，全面衝擊傷筋動骨，成為特定政黨的禁臠。其代價即為主政者只求勝選不求發展下的失血竭澤，南台灣30年來約有3/4大學畢業人口北漂，造就北部加碼建設，南北差距逐漸加大，南部社會發展倒退，如同拉丁美洲國家。同一塊土地，同一種制度，因為人口結構與階層意識的不同，南部成為制約全台的關鍵癥結，藍軍處置是全面棄守，而北部菁英則外求向上，驀然回首卻不時喟嘆南台灣是怎麼了？

　　其實，台灣在1990年中期後，南台灣地方各縣市逐漸由民進黨取得政權，例如：高雄縣（1983年）、台南縣（1993年）、台南市（1997年）、屏東縣（1997年）、高雄市（1998年）、嘉義縣（2001年）、雲林縣（2005年）、嘉義市（2014年）等，民進黨於南台灣地方執政期間封閉百姓思想，愚民以逞，玩弄民粹，僅著眼於選舉而無視實際的發展問題。

　　2000年陳水扁總統上任後，挾「兩國論」基礎稱兩岸是「一邊一國」並發展「南向政策」，儘管當時世界經濟處於不景氣時期，台灣政府提出「積極開放，有效管理」與「積極管理，有效開放」大陸投資政策，許多台商仍積極赴對岸與海外尋找發展機會。然而，鼓勵發展「南向政策」的目的，藉此降低台灣對大陸經貿依賴度，台灣人從此認同自己是中國人的比例也開始下降（汪明生，2014）。

　　2008年選舉中，白領中產階級的意識價值在反貪腐風潮下，已經明顯質變成為

量變。然而馬英九總統的清廉守法、謹小慎微，終於未能促成兩岸市場積極開放，不足以扭轉20年累積的沉痾積弊。以致2016年又再次換黨執政，民怨所透露的是對於經濟社會現況的不滿，卻被贏得選戰、志得意滿的蔡英文錯誤解讀為可以變本加厲改革鬥爭。

2018年地方選舉即由弱點的南台灣斷裂爆發，所反映的是10年前就該下定決心而卻錯過的撥亂反正。借助西方學界術語，90後世代的社會人口多已文化移轉，由物質而後物質，就像大陸也已積極闡明社會主義核心價值，對台則也提出較高標準的心靈契合，兩岸存在直奔後現代社會與社會主義社會的可能契機。近代中國與半世紀來的兩岸，在傳統社會政府主導的規劃統治，與現代社會經濟市場的經營管理之間已探索許久，眼前已到了百尺竿頭、鯉躍龍門的時刻，能否得以更進一步地跨入以後現代社會、後物質價值的跨域治理，正是公民自發組織管理，成為兩岸交流與產學連結的重要方式，來化解兩岸僵局深化融合，共同攜手邁向中華民族偉大的復興。

第一節　大陸：現代資本主義與後現代社會主義

許多研究中國（China Studies）的學者一開始都會存在一個類似的問題：在中國歷史上有沒有西方意義下的自由主義、資本主義、民主、科學或者哲學等等？從共產主義學說或共產黨理念和中共「社會主義」實踐的角度來看，現在的中國共產黨已不再是馬列共產主義的共產黨。一般的社會主義是主張財產公有的，大陸自從改革開放以後，引進了資本主義體制中的財產私有觀念，這樣的改變主要反映在經濟層面上。C.J. Atkins[1]將這項舉措與列寧的新經濟政策比較，一些馬列主義者、毛澤東主義者、霍查主義者、托洛茨基主義者認為，中國特色的社會主義本質上就是資本主義，理由是中國社會目前的經濟生活各個方面都符合資本主義的特點。

按照馬克思的理論，社會主義制度本身不過是從私有經濟朝向理論上的公有經濟過渡的階段，因此社會主義制度更多的是一種社會組織型態，而非經濟型態，所

---

[1] C.J. Atkins is the managing editor at People's World. He holds a Ph.D. in political science from York University in Toronto and has a research and teaching background in political economy and the politics and ideas of the American left. In addition to his work at People's World, C.J. currently serves as the Deputy Executive Director of Proud Politics.

以中國共產黨理論界認爲「計畫經濟」和絕對「公有制」的制度並不是社會主義的特點，而僅僅是其理論上的下一階段即共產主義的特點，而目前必須先實行達成社會主義階段，共產主義階段的遠期理想目前條件還不成熟。

在此基礎上，曾經提出社會主義初級階段的想法，實際上承認私有制和市場經濟（稍早被稱作「社會主義商品經濟」或者「有計畫的商品經濟」，後被「市場經濟」取代），鄧小平時代終於修正爲現在的中國特色社會主義。

一、中國特色社會主義現階段的特點：

（一）社會組織形式上是中國共產黨對於國家的主導，具體手段是透過民主的人民代表和中國人民政治協商會議使各個階層的要求合法化。

（二）以國家的手段控制國內的要害經濟部門和大量的企業，透過「國有資產」的概念以股份或者非股份形式保護國民經濟相當重要的部分。

（三）允許私人資產和私有經濟的存在，理論上私有經濟主體和國家控制的國有經濟主體按照普遍接受的市場經濟形式共同存在，特定情況下兩種所有制的經濟主體可以相互轉化。

依據中共的理論，儘管中國特色社會主義經濟也是混合經濟模式，中國特色社會主義經濟比西方社會主義市場經濟（即南斯拉夫聯邦、匈牙利的模式）更完善和具有操作性，而中國特色社會主義建基於民主集中制和人民民主專政等基本理念之上，較於西方民主觀念更科學和民主。

二、現代化與後現代化的區分

眾所周知，現代化理論分爲兩派：其一爲馬克思主義者的看法，認爲由於經濟發展決定了一個社會的政治和文化特徵，因此經濟、政治和文化是緊密相關的。另一種則爲韋伯主義[2]者的看法，認爲文化形塑了經濟和政治生活。儘管上述兩派爭論已久，在一個重點上卻是相同的：就是認爲社會經濟變化其實遵循著可預期且一致的模式。這表示社會、政治和文化各層面之間並非隨機相關的，而且由於其密切

2　馬克西米利安·卡爾·艾彌爾·韋伯（德語：Maximilian Karl Emil Weber，1864年4月21日—1920年6月14日），小名馬克斯·韋伯（Max Weber），是德國的哲學家、法學家、社會科學家，他被公認是現代社會學和公共行政學最重要的創始人之一。維基百科，https://zh.wikipedia.org/wiki/馬克斯·韋伯。

的關聯性，只要了解其中一個層面，想要預測其他各層面的現況就比較容易了。

（一）現代化和後現代化植基於假說

1. 不同的文化要素會趨向一致的模式。例如：強調宗教的社會是否會比較傾向大家庭（或比較尊重權威或有其他特別的態度）？如果每一個文化各自發展，這些文化要素就沒有關聯，也無法找到一致的制約模式。

2. 文化不但有一致的模式，而且其形式與經濟和科技有關。例如在西方歷史中，工業化將伴隨著教育通俗化（從宗教中分離）。有些人指出某些回教國家如伊朗和利比亞，雖然富裕起來，卻沒有發生教育通俗化的現象。這樣的看法忽略了所謂的現代化，其實是與工業化密切關聯的文化、經濟及科技改變所帶來的種種現象，而非僅是龐大的石油財富而已。這種現象伊朗和利比亞並未經歷過，而且肯定會與教育通俗化有關。

3. 在過去數十年內，普遍存在於高度工業化社會中的公眾基本價值觀，經歷了一個逐漸在世代間的轉變。儘管不同國家的轉換速度不同，但在這些國家中大體上經濟和技術上的轉變對這些國家都有著相似的影響。如同後現代主義理論指出，這些歷程普遍適用於高度工業化的社會。

4. 在1970年我們假設西方公眾的優先價值觀從物質主義的價值觀轉變到後物質主義的價值觀——從對肉體上、對食物的需求跟安全感到更加強調歸屬感、自我表現和生活品質（Inglehart, 1971）。經過許多年後關於世代之間價值變遷的預測，還不能被證明，而且是否有發生則一直被激烈地爭論著（Boltken and Jagodzinki, 1985; Thomassen and Van Deth, 1989; Trump, 1991; Clarke and Dutt, 1991）。只有在最近幾年才有足夠的時間來檢驗預測的可靠性，結果顯示出一個對後現代主義的價值觀清楚而且統計上顯著的趨勢，我們現在有了更精細的時間序列在這段時間測量了幾乎全部的社會。這些價值觀如同「價值改變理論」（value change thesis）所言，呈現出隨著通貨膨脹跟失業而有短暫的變動。但是長期趨勢的變動似乎是受到世代交替影響。

（二）後物質主義的現象：橫跨時間逐漸形成

　　許多後物質主義的文獻在探討，是否它是一個根深柢固的現象長時間影響著政治行為，抑或是短暫的現象。我們將會依照最近的證據來重新檢驗這個問題。假如

一個社會的基本價值觀移轉大部分經由世代人口的交替，我們會預期它們的轉變是以一種緩慢逐漸的方式進行。儘管短期的變化可能很少，但是藉由接近社會檢驗場域可以提供一個對長期內涵有價值的洞察力，與一些觀察者（Kesselman, 1979）的假設相反地發現，縱然面對經濟和物質上安全的衰退，後物質主義仍不會衰減，而且在大部分的國家成長很多，在很多方面政治的影響比過去1、20年來得大；但是它的特性跟手法很顯著地改變了。

　　一個最重要的改變來自於一個簡單的事實，今天，後物質主義者比起當初在1960年代他們開始成為主要的政治議題時老了許多。最初，顯然地主要是經由學生反對運動開始，現在他們最重要的影響是則是透過菁英的活動。因為學生已經變老，而後物質主義者已經擴散到專業者、公僕、經理人、政治家這些身分的人（Inglehart, 1990:ch.9）。它已經成為西方社會「新階級」形成的一個主要的因素——一個受過教育且高收入，對他們的社會持反對立場的年輕政治專家評論者（Ladd, 1978; Gouldner, 1979; Lipset, 1979）。對於在經濟成長對環境主義生活品質的爭論，反映出彼此堅持的價值觀的分裂。

　　這些1960年代持反對意見的後物質主義者，進到學術領域、大眾傳播媒體、非營利的基金會的人比物質主義者多：這些工作提供比較大的機會在自我表現上。相對地，物質主義者比較會進入一些最大化賺錢能力和經濟安全的發展途徑，例如商業、工程和工業的領域。

　　有一個結果是，隨著他們變老以及變到成年的歷程，後物質主義者在大部分的大學中已經成為占優勢的勢力。在1960年代時，他們是反對運動的學生，到了1990年代，他們已是系主任或院長。合時宜的現象的出現反映在大學中占優勢的文化的改變。在1960年代受爭議的價值觀已經在1990年成為主流價值觀。儘管一些價值觀整體而言在社會中仍受到爭議，但在大學中遵守它們是有壓力的。

三、中國共產黨社會主義的演變

（一）馬列主義學說與毛澤東思想

　　馬克思的共產主義學說和列寧的暴力革命與專政理論的基本宗旨是：消滅資產階級和其他剝削階級，消滅階級差別，廢除剝削與不公平制度，反對勞動的物化，反對資本的集中和壟斷，走共同富裕的道路，以階級鬥爭和暴力革命的方式來推翻

資本主義等剝削制度，建立無產階級專政，最終實現共產主義等等。

　　作為實現共產主義的過渡階段或社會型態的「社會主義」則主張：生產資料的公有制，全民各種福利（如健康、教育和養老等）的保障，根除階級和貧富差別，強調平等、公正和社會成員的團結等基本價值，建立公平社會等等。簡單地說，社會主義的目標是：廢除資產者的資本關係，解放社會，建立一個無強制及以人和人的需求為中心的共同體社會。

　　中國共產黨建黨初期及獲得執政權之前的理念和訴求，曾與馬列主義學說和理念基本一致，即：在中國消滅地主和資本家階級及其剝削制度，「反專制」、「爭自由」和「要民主」，透過其所謂的「新民主主義革命」來建立一個沒有剝削和壓迫的公平社會等等，這可以從中國共產黨歷來的各種文件和宣傳資料中找到說明。

　　中共在其建國後的毛澤東時代，基本上廢除了私有制，建立了以公有制為主的計畫經濟體制，消滅了資產階級和封建地主階級，將生產材料收歸國有或集體所有，產品、資源和社會財富的分配相對達到「平等」（但卻存在著嚴重的城鄉、行業和地區等差別），大幅縮減貧富差距或貧富懸殊，建立了中央集權式的「無產階級專政」，大搞階級鬥爭和政治運動，搞一言堂、文字獄和政治迫害，導致生產力大幅下降甚至停滯，人民生活處於貧困狀態。在這一時期，中共的政治行為部分地遵循了共產黨理念和其「社會主義」的原則。

（二）鄧小平理論、江澤民思想、胡錦濤發展、習近平社會觀

1.鄧小平

　　由於毛澤東時代（特別是「自然災害」和文革時期）中國經濟衰落和生產停滯的狀況。鄧小平在1978年中共的十一屆三中全會後開始推行其所謂「具有中國特色的社會主義」的改革新政，容許市場經濟或私有經濟融入社會主義經濟體制，在經濟上實行對外開放，引進外資和私人產業。

　　鄧小平經濟理論的核心是：解放和發展生產力，以發展生產力和經濟建設為中心，以「提高人民的生活水準為標準」，「消滅剝削和兩極分化」，而最終達到所有人的「共同富裕」。鄧小平認為，社會主義並不意味著貧窮，但共同富裕卻不能同時實現，所以應允許和鼓勵一部分人先富裕起來，然後再逐漸地帶動更多的人實現富裕。在政治上，鄧小平卻聲稱，要以馬克思主義為指導，要堅持四項基本原則，防止國家和平演變為資本主義，要反對資產階級自由化思想，並強調中共是工

人階級的先鋒隊組織，共產黨是社會主義事業的領導核心。

2. 江澤民

　　繼鄧小平之後，江澤民提出了所謂的「三個代表」思想，要求中共要「始終代表中國先進社會生產力的發展要求」，「始終代表中國先進文化的前進方向」，和「始終代表中國最廣大人民的根本利益」。江澤民的「三個代表」於2004年被寫入中華人民共和國憲法，中共官方稱：「三個代表」的提出，「標誌著中國共產黨開始從無產階級政黨向菁英執政政黨進行轉型」。江澤民的「三個代表」思想，基本上是鄧小平理論的翻版，即：強調發展生產力和經濟建設。至於對發展中共文化和代表人民利益的提法，則只不過是為鄧小平的「新政」找理由和做宣傳而已，沒有多大的實際意義，但江澤民的提法說明了一個事實：中共不再是一個無產階級的政黨，而是一個代表少數既得利益或黨魁財閥族群的所謂「菁英執政黨」。

3. 胡錦濤

　　中共第四代領導人胡錦濤則提出了所謂的「以人為本的科學發展觀」，注重經濟發展和人口、資源及環境的相互協調，強調發展的可持續性等，將西方現代資本主義國家的管理和思維方式引入中共治國的實踐中。與江澤民的「三個代表」不同的是，胡錦濤的「科學發展觀」主要是對改革開放後所出現的一些問題做出的反應，表明中國已面臨經濟發展與其他發展（如政治、社會、文化、資源和環境等）之間的嚴重矛盾和衝突。與「三個代表」思想相近的是，胡錦濤的「科學發展觀」同樣是鄧小平「四個現代化」等思想的繼續和延伸，在方向和路線上沒有什麼新意和改變。

4. 習近平

　　交到第五代中共領導人的時候，中共已不是馬列主義理念上的共產黨，不是中共執政前和毛澤東時代的共產黨，也不是中共現實自我標榜的共產黨，而是變成一個民主、自由、均富的理想社會主義的共產黨。

　　2018年3月11日大陸全國人民代表大會第13屆會議，投票表決中華人民共和國憲法修正案草案，有關刪除中國國家主席任期不得超過兩屆的條文全案高票數通過。此次修憲，只是將國家主席的職位「比照」總書記跟中共中央軍委主席辦理，但事實上，習近平早已是黨政軍三位一體的國家統治者。取消任期制帶來最大的好處，是習近平的領導更為集中統一，對國家未來的發展更能有長遠的規劃。此舉革命性的改革，對於「解決台灣問題」與「中華民族偉大的復興夢」是劃上等號的。

2019年1月2日的《告台灣同胞書》發表40週年紀念會時，於北京人民大會堂發表。習近平針對台灣問題，重申「海峽兩岸同屬一個中國，共同努力謀求國家統一的九二共識」，並延伸鄧小平在1983年提出的《鄧六條》，提出探索一國兩制的「台灣方案」，更進一步罕見公開批評「制度不同，不是統一的障礙，更不是分裂的藉口」。

繼在2019年9月20日提出對台工作綱領性講話強調以下的五點：[3]兩岸統一的民族意義、一國兩制的台灣方案、中國人不打中國人、兩岸融合發展及心靈契合，並說統一不損外國在台經濟利益。

習近平說：「70年來，我們把握兩岸關係發展時代變化，提出和平解決台灣問題的政策主張和『一國兩制』科學構想，確立了『和平統一、一國兩制』基本方針，進而形成了堅持『一國兩制』和推進祖國統一基本方略。」

70年來，我們秉持求同存異精神，推動兩岸雙方在一個中國原則基礎上達成「海峽兩岸同屬一個中國，共同努力謀求國家統一」的「九二共識」，開啓兩岸協商談判，推進兩岸政黨的黨際交流，開闢兩岸關係和平發展道路，實現兩岸領導人歷史性會晤，使兩岸政治互動達到新高度。

第一，攜手推動民族復興，實現和平統一目標。

• 廣大台灣同胞都是中華民族一分子，要做堂堂正正的中國人。

• 台灣前途在於國家統一。

• 共圓中國夢。

• 台灣問題因民族衰微而產生，必將隨著民族復興而終結。

第二，探索「兩制」台灣方案，豐富和平統一實踐。

• 「和平統一、一國兩制」是實現國家統一的最佳方式。

• 制度不同，不是統一的障礙，更不是分裂的藉口。

• 鄭重倡議，在堅持「九二共識」、反對「台獨」的共同政治基礎上，兩岸各政黨、各界別推舉代表性人士，就兩岸關係和民族未來開展廣泛深入的民主協商，就推動兩岸關係和平發展達成制度性安排。

第三，堅持一個中國原則，維護和平統一前景。

---

3 《習五條大陸對台工作綱領性講話》，中央社，記者林克倫，北京，https://www.cna.com.tw/news/acn/201901020149.aspx，2019年9月20日。

- 中國人不打中國人。
- 不承諾放棄使用武力，保留採取一切必要措施的選項，針對的是外部勢力干涉和極少數「台獨」分子及其分裂活動，絕非針對台灣同胞。

第四，深化兩岸融合發展，夯實和平統一基礎。

- 打造兩岸共同市場。
- 提升經貿合作暢通、基礎設施聯通、能源資源互通、行業標準共通。
- 可以率先實現金門、馬祖同福建沿海地區通水、通電、通氣、通橋。

第五，實現同胞心靈契合，增進和平統一認同。

- 親人之間，沒有解不開的心結。
- 熱忱歡迎台灣青年來祖國大陸追夢、築夢、圓夢。

四、堅持社會主義核心價值就是後現代的社會主義[4]

習近平強調：「文化自信是一個國家、一個民族發展中更基本、更深沉、更持久的力量。必須堅持馬克思主義，牢固樹立共產主義遠大理想和中國特色社會主義共同理想，培育和實踐社會主義核心價值觀。」把握這一中國特色社會主義基本方略，首先要深刻認識堅持社會主義核心價值體系的重要性和必要性。什麼是社會主義的核心價值？就是：富強、民主、文明、和諧、自由、平等、公正、法治、愛國、敬業、誠信、友善等十二項源自中華傳統文化的基礎。

第一，堅持社會主義核心價值體系，是鞏固全黨全國各族人民團結奮鬥的共同思想道德基礎的迫切需要。共同的思想道德基礎，是一個政黨、一個國家、一個民族賴以生存和發展的根本前提。中國經濟正處於轉型升級的關鍵時期，改革進入攻堅期和深水區，各種社會思潮此起彼落，各種社會力量競相發聲，傳統思想觀念與現代思想觀念相互交融，本土文化與外來文化相互激盪，社會思想意識呈現多元多樣多變的特點。越是社會思潮紛繁複雜，越需要主旋律鮮明昂揚，越需要用黨和國家一元化指導思想引領多樣化社會意識，不斷增強意識型態領域主導權和話語權。堅持社會主義核心價值體系，特別是堅持馬克思主義指導地位、牢固樹立共產主義遠大理想和中國特色社會主義共同理想，培育和踐行社會主義核心價值觀，在多元

4　《習近平在共產黨十九大報告，有關「堅持社會主義核心價值體系」》，摘自人民網，http://cpc.people.com.cn/BIG5/n1/2017/1201/c415067-29680040.html。

多樣中立主導，在交流交融中謀求共識，才能形成既解放思想又統一思想、既弘揚主旋律又包容多樣性的生動局面，才能鞏固全黨全國各族人民團結奮鬥的共同思想道德基礎。

第二，堅持社會主義核心價值體系，是推進國家治理體系和治理能力現代化的迫切需要。推進國家治理體系和治理能力現代化，根本途徑是全面深化改革。改革方向的把握、改革方案的設計、改革路徑的選擇都內含價值問題。改革必然動干戈、破藩籬、涉險灘，必然涉及利益調整。堅持什麼？反對什麼？追求什麼？捨棄什麼？都檢驗著人們的價值取向，需要正確的價值體系引領。「改革不能改向，變革不能變色」和「全面深化改革不能犯顛覆性錯誤」等要求，都體現了社會主義核心價值體系對中國要建設什麼樣的國家、建設什麼樣的社會、培育什麼樣的公民的價值引領。社會主義核心價值體系在所有社會主義價值目標中處於核心地位，牢牢堅持社會主義核心價值體系，才能加快構建充分體現崇尚法治、維護權利、注重程序、科學規範等現代治理理念的價值體系，順利推進國家治理體系和治理能力現代化。

第三，堅持社會主義核心價值體系，是增強文化自信、提高國家文化軟實力的迫切需要。在五千多年文明發展中孕育的中華優秀傳統文化，在共產黨領導著人民的鬥爭中，共產黨的志業孕育的革命文化和社會主義先進文化，沉澱著中華民族最深層的精神追求，代表著中華民族獨特的精神標識。今天，中華文化在世界上得到更廣泛的傳播，同時西方思想文化對中國的滲透和影響也在不斷加劇。堅持社會主義核心價值體系，用以愛國主義為核心的民族精神和以改革創新為核心的時代精神鼓舞鬥志，充分挖掘和弘揚中華傳統文化的價值，不斷從時代的火熱實踐中汲取新鮮養分，有利於中華文化保持民族性、時代性、先進性，展現中國特色、中國風格、中國氣派，切實增強中國特色社會主義文化自信。

五、改革開放後的中國崛起

中共在1978年的十一屆三中全會上提出了「對內改革、對外開放」的政策，開啟了中共自1949年後對外封閉的情況，經過40年的改革開放，大陸的經濟發展快速崛起，國家經濟實力顯著提升，軍事實力大幅增強，國際地位受到重視，影響力也越形重要，社會意識型態也逐漸多元化；習近平接任國家主席後的官僚體制改革、社會經濟改革、文明的改革，景象一片大好，走出了中國特色的社會主義路線，行

穩而致遠。

改革開放後的中國，在1980年代面對世界自由進步的經濟體制，1990年代參與世界自由經濟市場，2001年加入世貿組織，開始融入全球的經貿市場。從此，中國跟著世界的脈動並駕齊驅，社會的發展也是與時俱進的與西方世界互動融合，促進了中國社會的發展從「傳統社會」向「現代社會」轉型（許綿延、鄭彥信，2018）。

綜觀，中國大陸社會的發展基本上是三根支柱：第一根支柱是政治要素的社會主義、第二根支柱是經濟要素的計畫經濟加上自由化的市場、第三根支柱是社會要素的中華文化，這三根支柱撐起中國改革的成功崛起。在政治建設方面，堅持社會主義，但不反對依法治國為基礎的民主政治；在經濟建設方面，以民生經濟發展為重點，以「一帶一路」為區域合作、以創新科技為服務；在文化建設方面，以中華文化為根，作為社會主義的核心價值，推動民族的大復興；也就是建設一個具有中國特色的社會主義為核心價值的現代化社會[5]。短期目標是在2021年建黨100年全面建設小康社會，長期目標是在2049年建國100年實現中華民族偉大復興的中國夢，達到所謂「兩個100年」的目標。

據觀察，中共從1949年建政開始，中國的社會結構經過了翻天覆地的改變，如以社會發展階段做區分，大概可以說1949-1978年改革開放前，將近30年是停留在傳統社會階段；從1978-2017年，改革開放後的40年，可以說是向現代化社會轉型的階段；而十九大以後中國的社會發展，將有北、上、深、廣等一線的城市率先跨入後現代化的社會發展階段，也就是以十九大為里程碑（中國社會發展階段的比較如表2.1）。由於中國的地理幅員廣袤達9,600餘萬平方公里，高山、河流、沙漠、丘陵等地形交錯其中，切割成多元文化、方言各異，自成一體，所以要普遍化地衡量社會結構的發展是有一定的困難度。本書係以政府的政策和實踐作為所突出的前沿地區或城市來做觀察，自有其政權交遞，跨越時代的政治意義（許綿延、鄭彥信，2018）。

---

[5]　《對中國社會發展階段性特徵的深刻把握——論科學發展觀的精神實質》，北京日報，辛鳴，2012年6月18日。

表2.1　中國社會結構發展階段的比較

中國大陸社會發展階段			
流量＼現象面	傳統社會 （改革開放前， 1949-1978）	現代社會 （改革開放後， 1978-2017）	後現代社會 （十九大之後， 2017-）
經濟　經濟結構	公司+員工	平台+個人	匠心獨運
經濟動力	計畫	市場	需求
經濟型態	個體	裂變（整合）	聚變（協作）
經濟移向	珠、長三角洲	環渤海	南方
產品鑑定	眼見為憑	網路瀏覽	虛擬實境
企業發展	剝削	僱傭	協作
企業結構	橫向發展（多中心）	廣而深（多層次）	求同存異（多角色）
企業關係	秩序	利害	規則
產業結構	重組建設	互聯網	智慧科技
產業流向	生產業	經銷商	消費者
商業本質	產品	媒體促銷	以人為本
商業競爭	地段（房地產）	流量（互聯網）	影響力（粉絲）
工業邏輯	標準化	為需求服務	客製化（滿足需求）
互聯網	無	跨界	壟斷
網路型態	個人對接	效率對接	資訊共用、需求分配
電子商務	B2B、B2C	C2C、C2B	C2F
行銷業態	媒體為主	技術為主	產品為主
社會　個人	背景、學歷、人脈	外求（求人）→ 內求（求己）	知識、個性、獨立、理想
人才	關係	規則	創新（新知識分子）
社會細胞	政府	企業	個人
媒體型態	集中分散	統一制衡	參與公共事務決策
職業發展	短板（增益己所不能）	做自己	長板（發揮己長）
工作態度	被動	主動	創新
財富分配	共貧	貧富懸殊	小康
財富形式	存款	房產	估值（虛擬財富）
文明改變	物質	創新	精神

中國大陸社會發展階段			
流量　　　現象面	傳統社會 （改革開放前， 1949-1978）	現代社會 （改革開放後， 1978-2017）	後現代社會 （十九大之後， 2017-）
政治　進步邏輯	商業	經濟	科技
政治　治理本質	人治	法治	內儒外法、黃老之治（制衡）
政治　城市格局	上海、廣州	北、上、廣、深	北、上、杭、深
政府　信任邏輯	威權、規則	秩序、道德	信仰、契作
政府　國家發展	經濟	創新	文化

資料來源：許綿延，2017

第二節　台灣社會發展的兩極化

　　從1998年台灣的地方選舉觀之，高雄是民進黨第一個翻轉藍綠，贏得執政的城市，這也是民進黨在地方上深耕、搏感情、固票源的結果。民進黨除了每逢選舉的兩岸議題激化與扭曲外，其施政亦多以選票考慮取代正常的發展，例如：編列大幅預算提供老人年金、老人免費裝假牙、嘉年華活動、煙火秀與小型基礎建設等，綁住基層樁腳討好選民，即使造成舉債施政的赤字預算現象，也因為平時的施小惠、造成堵嘴巴的鄉愿心態；而高雄捷運、軟體園區、巨蛋場館與遊艇碼頭等，在基本市場需求並不具備的條件下硬生上馬，結果不是倉皇落幕，就是成為蚊子館，擴大財政黑洞。然而，民進黨卻能以選戰布局與選票算計掛帥的執政下，在傳統社會結構下的高雄地區，其歷次的選舉可謂是所向披靡，包括自1998年後的2000年、2002年、2004年、2006年、2008年、2010年、2012年、2014年、2016年乃至2020年的選舉。民進黨在高雄縣執政了30年，在高雄市執政了20年，高雄縣、高雄市是在2015年12月25日合併為直轄市的大都會區[6]，但在2018年「九合一」的地方選舉，國民黨推出的高雄市長候選人韓國瑜，以「韓風」的魅力翻轉了高雄，使得綠軍在高雄地區長期執政的魔咒被打破，但在2020年1月台灣地區領導人的大選，南台灣民眾再度回到綠軍的懷抱，綠軍並乘勝追擊地發動罷免新選上才七個月的韓國瑜市長。

---

[6]　高雄的政治，https://zhidao.baidu.com，2016年5月6日。

如果說兩岸關係就是台北、北京與華盛頓的三方角力，那麼南台灣的高雄地區，從2018年11月地方選舉和2020年1月台灣地區領導人選舉到2020年6月高雄市長的罷免，連續的從綠轉藍，再從藍轉綠的大翻轉來看，高雄儼然已經成為制約兩岸大局的關鍵地區。

自2010年高雄縣市合併以來，高雄與台北人口概同約270萬，然高雄市所轄面積約3,000平方公里，是台北的10倍，也是台灣面積最大的城市，對照於北台灣的地狹人稠，南台灣可謂是地廣人稀。而且南台灣的自然地理條件優良，擁有機場、港口、濱海，風景優美，城市基礎建設大體具備、房價物價較為低廉，故以城市發展與民生需求而言，可謂大異於北台灣和大陸南方的其他城市，極有潛力成為新生產業與創業人才的新天地，所欠缺者僅為兩岸地區合作的政策支援。

根據統計，台灣地區在2016年大學生的失業率達6%[7]，平均月薪新台幣2萬9,427元[8]，實質平均薪資已倒退16年，薪資成長追不上物價漲幅，「低薪低就」成為年輕人就業最大的痛，「青貧、窮忙」更是時下多數薪水階級的寫照，大學畢業生失業率攀高的主因，是台灣在1994年實施教育大改造，其中一項是「廣設高中、大學」，使得大學畢業人數從1994年的6萬7千餘人到2016年的22萬8千餘人，進入大學門檻日漸下降，18歲以下的年輕人不學職業技能，選擇升學，因此不斷湧入大學，時至今日是「大學生滿街跑」的現象，間接反映出大學學歷的貶值，對於市場而言是供過於求，所以工作機會就大量減少，而失業率最主要的原因是沒有工作機會，有過工作機會的失業主因則是薪資過低。失業族群分布的主要區塊在高學歷的20-24歲的人口最多，也就是說大學畢業後的這段期間，職場探索期結束後，失業率也就逐漸下降。

這種現象對於南台灣的高雄而言，可以說是感受最為強烈，因為民進黨已經執政20年的高雄市，產業、經貿商業長期蕭條，可謂已是民不聊生，年輕人就業看不到機會，因此留不住人才，北漂青年高達50萬之多，顯示高雄經濟發展的落後[9]，對比台灣北部真是南轅北轍。

---

[7]　〈用資料看台灣—探討大學生高失業率之原因〉，https://www.taiwanstat.com/statistics/unemployed-rate，2017年8月8日。

[8]　〈低薪惡化薪資中位數3年來首下滑「應培養跨領域專長」〉，蘋果日報，https://tw.appledaily.com/headline/daily/20170330/37600601/，出版時間：2017年3月30日。

[9]　〈大政治大暴卦，無色覺醒：北漂青年有家難歸〉，中時電子報綜合報導，https://www.chinatimes.com/realtimenews/20180925002257-260407，2018年9月25日。

　　2017年汪明生等在台灣《都市與計畫》期刊發表〈城市管理複雜系統的治理結構〉論文[10]，提出公共事務（Public Affairs Management, PAM）跨域治理架構及台灣30年來發展所形成的社會發展現象，從1990年代迄今已經形成了四種社會結構（如圖2.1），其中就指出南台灣的經濟和知識多呈均貧的原始社會。並就當前台灣城市治理觀點下的PAM整合參考架構、社會發展階段的社會條件、社會組成結構以及治理結構的跨域分析，提供了本書對兩岸「南南合作」的跨域治理的理論研究基礎及研究方法的參考。

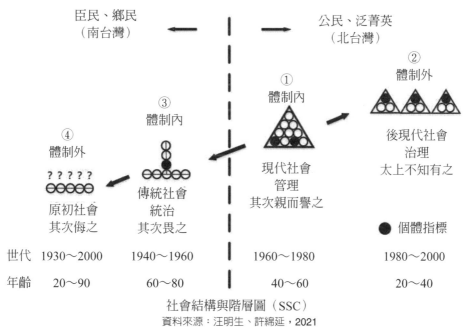

社會結構與階層圖（SSC）
資料來源：汪明生、許綿延，2021

圖2.1　30年來台灣發展所形成之四種社會結構

一、社會結構

　　30年來的台灣發展變遷，因群體、個體與流量、存量之間的往復消長，形成了四種社會結構（如圖2.1）。以濁水溪為南北分界，新竹以北的體制內（如政府），大致對應三角形金字塔結構的現代社會，而體制外（民間團體）則為複合多

---

[10] 汪明生、潘昭榮、賴奕志，2017。〈城市管理複雜系統的治理結構〉，《都市與計畫》，第44卷，第2期，頁149-169。

中心結構的後現代社會（台北市）如圖2.1中的①與②；至於濁水溪以南，其體制內（如政府）較接近倒丁字型的傳統社會，而其體制外（民間基層）則爲多數底層的原初社會，如圖2.1中的③與④。

　　台灣的地理概念大致是以濁水溪[11]分爲南與北，參考圖2.1虛線表示爲濁水溪，在濁水溪的右邊乃係北台灣，在濁水溪左邊乃係南台灣。

　　北台灣的社會結構以等腰三角形爲例：圖2.1中的①爲體制內（如中央、地方政府、菁英和基層民衆）結構完整的三角形，可視爲現代社會結構；圖2.1中的②係爲體制外（如第三部門、民間社團、企業）的多個三角形，各個三角形結構也是完整的，但所呈現的是較體制外先進開放的後現代社會多中心結構。

　　南台灣的社會現象，仍保持傳統和原初的社會結構，圖2.1中的③以倒丁字形呈現傳統社會的結構，係因政府長期施政的「重北輕南」，造成產業結構的不健全，導致經濟衰弱、人口流失，只有地方的管理階層，缺乏中層的白領階級和社會菁英，而形成了基層人口絕大多數是農、工、漁民爲主的社會結構，基本上欠缺穩定成熟的理性民主，因此只剩下地方的管理階層和基層人口，無法形成完整的三角形結構。至於圖2.1中的④體制外的社會，尤其是偏遠山區的原住民部落，更是仍停留在長老領導、農耕、漁獵的原始社會，年輕男女缺乏教育，出外謀生困難，實在是台灣現代社會管理的一大問題（汪明生、許綿延，2017）。

　　社會發展階段由原初社會、傳統社會、現代社會而至後現代社會。其中領導者與政府介入的管理角色與方式，可大致對應老子《道德經》第十七章：「太上，不知有之；其次，親而譽之；其次，畏之；其次，侮之。」[12]以此對應台灣社會的發展變遷，恰似群體、個體與社會正、負流量間的往復消長，所形成的四種社會結構（汪明生，2019）。若以社會發展階段的條件觀察台灣城市地區的發展結構，台灣地區社會發展南與北的差距，可以說是政府長期施政的疏忽，也就是說台灣對於發展公共事務的需要性與迫切性，都是值得政府管理階層、複合領域的學者專家和基層民衆應該關注的問題。

　　跨域治理是公共事務的核心價值，所謂的跨域不僅是空間與部門，更有時間的

11　濁水溪，位於台灣中部，全長約186.6公里，是台灣最長的河川。流域面積達3,156.90平方公里。濁水溪名字是因其溪水夾帶大量泥沙，長年混濁，因而得名。維基百科，https://zh.wikipedia.org/wiki/。

12　王弼《老子道德經注》是《老子》一書最重要的注釋之一。維基文庫，https://zh.wikisource.org/zh-hant。

概念，因此公共事務所涉及的治理，經常要以長時間的觀察做驗證，台灣50年來的社會發展，大體上是與世界接軌同步的，都具有世代交替的跨域特徵。在歷經二戰與之後出生成長的嬰兒潮，即1940-1960年代的人們（參圖2.1）是處於傳統社會的型態，經濟發展以計畫經濟為主，社會面重視穩定、秩序、和諧、公平、保守的價值，政治面是以人治為主；而1960-1980年代，大體為眼前40-60歲者，則是歸屬現代社會，主要的面貌是發展與開創，經濟面從計畫經濟轉型到市場自由化，因此也產生了貧富懸殊現象，社會面是凸顯個體、菁英領導、重視規則化，政治面是以法治代替了人治；從1980-2000年後的新人類，則是進入了後現代化的社會型態，重視個體自主、多元發展，經濟發展是以協作為主，商品是講究匠心獨運、客製化，政治面是以公民導向的多方參與，包容多元觀點，治理面講究公共管理的制衡。而1990年代的內部解嚴與外部接軌，是台灣從現代社會轉型進入後現代社會的關鍵，亦是公共事務跨域治理濫觴發揚的階段。

　　在此期間，遺憾的是台灣的「戒急用忍」政策自我設限，兩岸不開也就對外不開。未能大力向外開創之下，北台灣的繁榮進步幾以磁吸南台灣作為代價，而長期以來造成的經社結構與政治版圖，以及南北社會人口與發展階段的差異不均，已經成為台灣自身脫胎換骨的最大制約，乃至跨海牽動兩岸以及台美關係。多數南台基層不分年齡，幾乎普遍與市場脫節、知識貧窮，仍停留在傳統原初的發展階段。

　　社會發展現成的案例，可以南台灣的高雄市為例：由於長期處於產業落後、經濟衰退、人才流失的情況下，終於在2017年8月3日，台中市宣布人口已經超越高雄，取代了高雄成為台灣第二大城市，在高雄執政了12年的民進黨籍市長陳菊只淡然地說：「這是台灣地區施政不公平的結果。」

二、人類社會演進的軌跡

　　社會結構中的個體，在各個發展階段中，個體認知因居處不同位置與階層而有各自觀點意識。而載體條件制約個體認知，個體認知基本決定群體行為，形成正負流（存）量的往復相互影響。而當今台灣社會的亂象，即是載體條件面的負流量累積大於正流量。究其原因，主要是在個體的認知面被誤導，而表現在群體的現象面只關心政治和政府，而以民粹和地方保護主義的情結，寧可犧牲經濟的發展也要爭取政治上的利益，而兩岸對於主權上的爭執和操作，更是忽視了「以人為本」的社會面。

陝西歷史博物館研究員高小麗在2015年9月中國社會科學院首屆唯物史觀與馬克思主義史學理論論壇，所發表的〈社會型態學說豈能否定〉文章中就提出，人類社會的演進是以一種社會型態爲單元由低級向高級作拋物線式運動的「人類社會演進軌跡圖」（如圖2.2）[13]，其中所呈現的重點是：

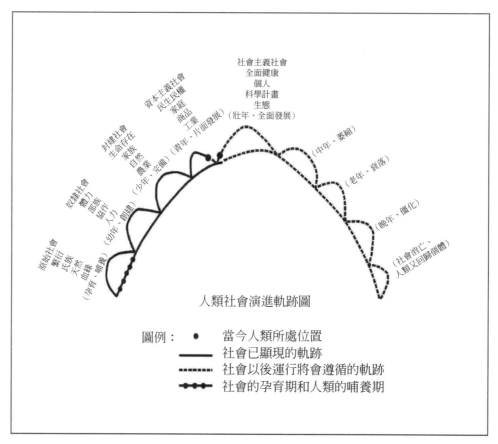

圖2.2　人類社會演進軌跡圖

資料來源：高小麗，2015

（一）人類社會演進軌跡圖呈現的重點

1. 人類社會是人與人相關的一切組成，是人類存在的形式，是一個有機的統一體。
   人類社會由低級向高級作拋物線式運動，存在及演進都以社會型態爲單元。

13　〈中國古史分期問題有結論〉，西汶藝術網，高小麗，http://www.artx.cn/artx/lishi/114856.html，
　　2012年2月13日。

2. 每一種社會型態都是社會存在過程中一個特定的階段，也是由低級向高級作拋物線式運動，每一條拋物線軌跡，也就是一種社會型態存亡的過程。

3. 人類社會迄今已顯現五種社會型態，每一種社會型態也是人類成長的一個階段。原始社會是社會的孕育階段，是人類的哺養階段；奴隸社會是社會的創建階段，是人類社會的幼年時代；封建社會是社會的完備階段，是人類的少年時代；資本主義社會是社會的片面發展階段，是人類的青年時代；社會主義社會是人類社會的全盛時代，是人類從成熟到鼎盛的時代。

4. 社會主義社會目前還未全面形成，其中還有濃厚的封建殘餘和大量的資本主義因素，所以目前人們看到的還不是社會主義社會真正的面貌。工業革命時代的資本主義社會，是在工業革命完成後，資本主義才全面形成，也就是說資本主義社會是工業文明的面貌才清晰展現。社會主義社會的文明型態是生態文明，生態革命完成後，社會主義的真正面貌才會清晰展現。

5. 今天社會主義社會的積累已經完成，面臨著進行生態革命的任務，其實人類的存在及發展向來都是以人為本，但在不同的階段，以人為本的內容和任務不同。原始社會是血緣文明，以增加族群的人口為本，所以崇拜生殖；奴隸社會是人力文明，以發展力為本；封建社會是農業文明，以發展農業為本；資本主義社會是工業文明，以發展工業為本；社會主義是生態文明，是以人與生態的和諧為本。

　　簡而言之，人類的發展任務，原始社會是以增加族群的人口為本，奴隸社會是以發展人的體力為本，封建社會是以人的生命存在為本，資本主義社會是以民生民權為本，社會主義社會是以人的全面健康為本。

　　上述這種說明的社會發展規律，其概念已經與本章第二節「一、社會結構」所談到的「社會結構與階層」（SSC）相當接近（如圖2.1）。也就是強調社會的發展在人類最高峰的時候是追求社會層面的全面發展，甚至勝過資本主義的民生和民權的片面發展。

　　兩岸「南南合作」治理的關鍵在於社會文化，南台灣的高雄自1990年代以來外部全球化與自身民主化下的產業轉型終究不成，受制於台灣政府在兩岸交流的「戒急用忍」與「一邊一國」政策，也有著地方政府無須拚經濟，僅靠選戰技巧就能持續勝選的無奈糾結。長期下來地方財政益形惡化、產業招商乏善可陳、就業困難所得偏低、人口外流失血竭澤，就算是以節慶煙火與城市美學的表面化宣傳，當然也無補於一直以來的文化沙漠，與眼前有如拉丁美洲般的停滯不前。

　　自從錯過1990年代的發展際遇，加上1998年早於全台的政黨輪替，高雄的基本格局幾已隨之框限；縱使2008年曾經希望有所改變，終因配套不足再度錯失良機。眼前已至2022年，全面的停滯倒退民心思變，又在考驗著多數的中間選民。其實應由之徑不外兩岸，只是大陸崛起快速，物質建設與科技硬體早已領先全球，甚至核心價值與傳統文化也已搬上政策議程，由教育、宣導、科普、傳播、文創等全面鋪開，對於全台尤其南台，當然同時形成難得際遇與嚴峻考驗。

　　2017年1月，兩岸曾於廣西柳州共同舉辦兩岸「南南合作」發展會議，倡議兩岸可以台灣南部的高、屏、澎與大陸南方的廈門、上海、兩廣等城市地區，以民間產學方式、聚焦民生議題，共謀經濟社會的融合發展。同年5月，並於高雄師大舉辦「一帶一路下的高廈民間合作」會議，再於11月在高雄舉辦「一帶一路與科學傳播論壇」，地方積極參與、各界迴響熱烈。如此似乎已為兩岸的困境僵局走出一條「官冷民熱」的摸著石頭過河與實踐檢驗真理。

　　民生發展是真理，偉大復興是康莊大道；近代中國的摸索辯證，已經大致有了方向與答案。眼前兩岸的共同挑戰，即在於攜手翻轉台灣先行嘗試所遺留的種種問題，化荊棘為滋養、將負債變資產，而連結的紐帶與堅實的基礎，當然就是歷久彌新的中華文化。

　　南台灣的社會氛圍，在公共事務所謂不確定的情境條件，經30年來已整理出較為完整清晰的「公共事務」跨域治理架構與程序，可以作為以上各項任務工程的參考指引。當然這些力行實踐的具體工作，本來應該就是吾輩責無旁貸的使命。

三、發展階段

　　社會發展階段由原初社會、傳統社會、現代社會而至後現代社會。其中領導者與政府的介入角色與方式，可大致對應《道德經》第十七章：「太上，不知有之；其次，親之譽之；其次，畏之；其次，侮之。」以下參照大陸學者楊鵬《老子詳解》之解析，說明中西社會對政府治理之觀點。

（一）後現代社會：太上，不知有之

　　後現代（後物質主義）社會是較為先進文明的社會，其多數個體在經濟所得與知識教育等私領域已獲充實確保，得以主動積極關注參與公共事務。社會結構趨於扁平，呈現複合多中心形狀，多中心的小三角頂端之領導者彼此之間個體認知差距

不大，能相容並蓄、相互尊重。而其多數個體成員在認知判斷上具事實判斷所需的理性（講道理、打算盤）、價值判斷所需的善意（利己利人），以及群體人際判斷所需的倫理與節制（自我約制、相互尊重），較能和諧相處達成共識。

「太上，不知有之。」指的是最好的狀態，最高的境界，多數個體成員不感覺有政府或領導者的存在，都能自動自發、自立自主、自由自在地做自己的事，過自己的生活。

（二）現代社會：其次，親之譽之

現代社會係經過市場開放與體制建構為主的現代化過程的社會。「經濟」由政府以計畫與市場將初級產業升級為次級產業；「社會」由長老家族走向菁英領導的階層分工；「政治」由氏族派系走向政黨競逐、投票選舉為表徵的民主體制；「政府」再造為民意導向的效能政府；「公共政策」為政黨協商與派系共治；「公共管理」為重視績效、任用專業、選票考量的地方競爭。

對照《道德經》：「其次，親而譽之。」次好的治理狀態就是管理，就是愛戴而讚美政府。但管理為什麼不是最好而只是次好呢？因為受愛戴和讚美是政府行德政仁政，給百姓好處和恩惠的結果。也就是說，本應屬於民眾所有的社會資源和財富已經被當權者掌控。人們對政府「親而譽之」，著眼都在政府，政府成為社會財富資源分配的中心，民眾要靠經營關係歌頌讚美來換取機會生存，也就可能失去自主生存能力，此與「民貴君輕」的距離總是還有差距。

（三）傳統社會：其次，畏之

傳統社會呈現穩定和諧而不求發展。「經濟」以初級產業為主；「社會」為長老領導、階級（族群）分明的封建階層；「政治」為威權專制的氏族政治；「政府」為單極集權、指揮型萬能政府；「公共政策」囿於集權專制，有政策無公共，或有決策而無政策；「公共管理」但求穩定掌控，不重實質程序。

「其次，畏之。」為再次一等的介入，是人民畏懼權勢，不得不從，所謂敢怒不敢言，當然並非心悅誠服，這是較治理與管理更低一層的統治。就如同2013年屏東老農對於黑心油的檢舉，是在地方政府屏東試過檢舉兩年未果下，繞過了高雄，到了台中才投訴檢調，好不容易有偵辦結果。

（四）原初社會；其次，侮之

原初社會的多數個體成員懵懂初開，領導者似有似無或呈無政府狀態。形式上與後現代社會之扁平結構好像近似，然而本質內裡實有天壤之別。原初社會的人們汲汲於溫飽、渾渾噩噩度日，而較易被鼓動誤導。

《道德經》描繪的「其次，侮之。」即指底層低等人民與政府之間的關係。

四、兩岸南南合作人去政息

2018年11月韓國瑜當選高雄市長後，積極推動「南南合作」，在2019年3月以城市交流模式親自拜訪了大陸廈門、珠海、澳門和香港四座南方城市，隨後被民進黨政府抵制是「親中賣台」的行為。蔡英文政府為了打壓兩岸的交流，不斷透過修法，禁止曾經從事國安工作的官員和退休的將領訪中，並在2019年12月31日立法通過反滲透法[14]，以防範所謂境外敵對勢力透過所謂「中共代理人」的民間企業及人民團體干預台灣的競選活動或破壞國家安全，更嚴屬禁止民間企業及人民團體與中共的政府機關接觸及交流。但是國台辦在2019年8月1日起，搶先對大陸人民全面暫停申請及核發赴台自由行通行證[15]，就在大陸暫停了自由行觀光簽證後，高雄最有名氣的老字號等大小旅遊酒店與餐飲業，如：老振興江浙菜館、華王大飯店、大八大飯店、松江庭日本料理、金閣屋日本料理，都相繼不堪虧損而歇業。

高雄這2、30年來，由於受到民進黨的操弄民粹及反中的洗腦，造成不願與大陸交流的現象，無論在經濟、社會、文化和政治上的發展都相當本土化，其社會結構顯現的是經濟落後、貧富懸殊、文化沙漠。而南台灣菁英的出走、白領階級的流失、青年學子的北漂，使得南台灣形成了地方派系和部落長老領導的現象；尤其對於貧窮落後的地區，譬如：山區的原住民、離島的漁民，由於教育資源不足而造成選民的民主素養無知和盲從，而民進黨以其草根化的性格，很輕易地打入基層，利誘選民、綁樁村長、操縱選舉，屢屢成功。因此高雄地區曙光乍現的生機在2020年6月隨著韓國瑜的被罷免，以民生經濟為發展的兩岸「南南合作」和城市對接的新希望也就曇花一現。兩岸大局的癥結在南台灣的沉痾又回到原點。

---

[14] 「反滲透法」惹三爭議，《天下雜誌》，聯合新聞網，https://www.cw.com.tw/article/，2019年12月31日。

[15] 〈禁自由行原因？國台辦回應了：民進黨不斷推進台獨〉，聯合報，記者許依晨，https://udn.com/news/story，2019年8月1日。

　　台灣的民主政治其實就是選舉政治，而選舉是「以人為本」，選舉是憲法賦予公民的權利，但是法律規定公民是以成年人為條件，並不是以文化水準為基礎，即使是未經民主教化的公民，在民主選舉投票的機制下也享有投票的權利，而且選票的價值都是相等的。所以民主政治的自由為人人所嚮往，殊不知當民主政治被操控時，所形成的地方保護主義、動員民粹、族群對立、階級矛盾、政商勾結、黑金氾濫的亂象出現時，也非人民之福。

　　南台灣人民熱情善良，然而對世界的認知不足，以致於對外部情勢變化的因應普遍被動而遲緩。30年來從民主解嚴到憲政改革的過程中，漏掉的訓政[16]環節，無論是喚起民眾覺醒、菁英導引、還是科學傳播，都是同樣需要強化的；也就是公共事務管理所強調的，在現代化社會或現代化社會發展完成，即將邁入後現代化社會的階段，才是公共事務最能發揮所長，最能對社會做出最大的貢獻。

第三節　兩岸融合的關鍵在於社會

　　2017年1月，兩岸於廣西柳州共同舉辦「首屆兩岸南南合作發展論壇」會議，倡議兩岸可以台灣南部的高、屏、澎與大陸南方的廈門、上海、兩廣等城市地區，以民間產學方式、聚焦民生議題，共謀經濟社會的融合發展。同年5月，並於高雄師大舉辦「一帶一路下的高廈民間合作」會議，再於11月在高雄舉辦「一帶一路與科學傳播論壇」，地方積極參與、各界迴響熱烈。如此似乎已為兩岸的困境僵局走出一條官冷民熱的摸石過河與實踐檢驗的新思路。

　　民生發展是真理，偉大復興是康莊大道；近代中國的摸索辯證，已經大致有了方向與答案。眼前兩岸的共同挑戰，即在於攜手翻轉台灣先行嘗試所遺留的種種問題，化荊棘為滋養，將負債變資產，而連結的紐帶與堅實的基礎，當然就是歷久彌新的中華文化。得益於沁潤其中隨處感知的南台灣氛圍，與外務不多得以專注構思的情境條件，30年來已整理出較為完整清晰的公共事務跨域治理架構與程序，可以作為兩岸融合發展各項任務工程的參考指引。

---

[16] 訓政時期是國民政府制訂的臨時憲法，旨在對國民實施民主訓練。1931年5月由南京國民政府制定，1947年國民政府憲法實施後廢止。參考維基百科，https://zh.m.wikipedia.org。

一、汪道涵86字箴言力倡平等

　　1993年兩岸於新加坡舉行第一次辜汪會談後，兩岸關係即陷入起伏跌宕。當年下半年起，經歷台灣爭取參與聯合國活動、千島湖事件、李登輝前總統前往康乃爾大學演講、台海危機、戒急用忍等波折；直至1998年，辜振甫才應汪道涵的邀請到上海及北京，創下兩岸隔絕近50年來，我政府授權高層登陸的先例。

　　在1998年重啟的辜汪會晤中，最受到兩岸及國際關注的是，汪道涵發表了86字箴言。他提出了：「世界上只有一個中國，台灣是中國的一部分，目前尚未統一，雙方應共同努力，在一個中國的原則下，平等協商，共議統一。一個國家的主權和領土是不可分割的，台灣的政治地位應該在一個中國的前提下進行討論。」[17]有關於大陸加台灣等於一個中國，兩岸在談判中政治地位是平等的，雙方一起努力共同締造一個統一的新中國觀點，成為當時中共對台第一線，最有「創意」與「空間」的論點。

　　汪道涵並接受辜振甫邀請訪台，不過正當兩岸積極籌備汪道涵訪台事宜時，李登輝前總統提出的「兩國論」，終止了他的訪台之旅，之後民進黨執政，陳水扁前總統雖受辜老的囑託呼籲汪道涵來台，但兩岸氛圍，早已遠去。

　　相較今日，辜汪二老的共識，在兩岸關係發展進程中，仍具最高度的視野以及前瞻性。2005年，辜、汪先後辭世，惟汪道涵在對台工作上的豁達與客觀，在大陸至今仍無人能超越。

　　汪道涵無畏大陸內部壓力，與辜振甫開創的兩岸應基於現實進行客觀對話的境界，留給他的是遺願，汪道涵胸中的那盤棋，與他訪台的夢想，早隨歷史春秋，成為幻影。

二、高雄產業人口失調

　　針對台灣經濟與產業發展現況，屏東大學不動產經營學系副教授鄭博文接受中評社訪問表示[18]，台灣除了被排除於《區域全面經濟夥伴關係協定》（Regional Comprehensive Economic Partnership, RCEP）與《全面與進步跨太平洋夥伴

---

[17] 汪道涵86字箴言，工商時報，賀靜萍，https://readers.ctee.com.tw/cm/20130429/a03aa3/420367/share，2013年4月29日。

[18] 〈產業與人口失調　高雄難逃衰敗危機〉，中評社，鄭博文，http://hk.crntt.com/crn-webapp/touch/detail.jsp?coluid=153&kindid=0&docid=105936511，2020年11月21日，00:30:08。

關係協定》（Comprehensive and Progressive Agreement for Trans-Pacific Partnership, CPTPP）之外[19]，最大的問題則是面對人口趨勢的問題，2020年有可能迎來台灣總人口首次出現衰退，這只是早或晚的問題，只要台灣人口少掉一百萬人，房地產就可能崩盤，傳統產業又無法成功轉型，那產業與人口失調下，高雄就可能就難逃衰敗危機。根據「國發會」發布的人口推估報告（2018-2065）來看，從2,300萬人減為2,200萬人，時間點約在2045年左右。

鄭博文表示，RCEP重要的原因就是因為東南亞有廣大人口，譬如越南9,600萬人、菲律賓1億人、印尼2.6億人，且經濟正在起飛，中國又可以適度滿足其需求，將不同經濟水準的國家，垂直整合在一起。針對台灣地區受到RCEP影響，傳統產業多數在南台灣，譬如美國過去的工業大城匹茲堡和底特律，當發展的產業開始衰退的時候，就會極度地衰敗，整個市政府跟著破產。台灣經濟照這樣子發展下去，可能也會碰到類似當初美國城市衰敗的情形，只是目前台灣還有高科技產業在撐著，所以要趕快轉型。

此外也表示，經濟就算好，只要人口減少，也會有可能發生經濟泡沫化，所以連日本都已經開始警覺，日本目前約1.265億人口，模擬2050年會跌破1億人口，因此鼓吹生小孩，設法保住1億人口。

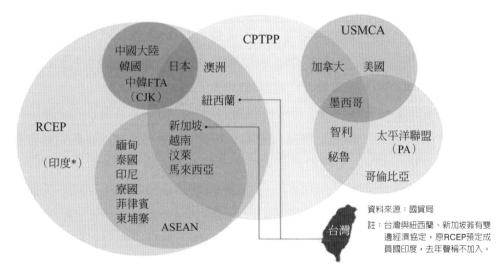

圖2.3　RCEP與CPTPP關係圖

資料來源：遠見，2020

---

[19] 〈RCEP懶人包〉，《遠見》，何晨瑋，https://www.google.com/search?q=cptpp懶人包，2020年11月16日。

三、新冠疫情衝擊台灣政情

在2019年12月8日於中國湖北省武漢市首次發現的「嚴重特殊傳染性肺炎疫情」（COVID-19），隨後在2020年初迅速擴散至全球多國，逐漸變成一場全球性大瘟疫。截至2021年7月4日，全球已有百個國家和地區累計報告疫情感染確診逾1.83億例個案，其中逾397.1萬人死亡，是人類歷史上大規模流行病之一。世界各國對該病死亡率的估計值差異甚大，至2021年2月8日，多數國家對新冠疫情病死率的觀測在0.5%-5.0%之間，全球初步修正病死率約為2.9%。

而台灣在這波新冠疫情的初發階段，一直保持著很好的防疫成績，感染案例僅有個位數字的發生，而且是從境外移入的感染，所以台灣在不需要普篩的情況下，即使不限制人民的群聚和不禁止人民正常的生活，一樣不會造成疫情擴大，真是得天獨厚的世外桃源，全世界豎起大拇指稱讚台灣是個防疫的模範生。就在台灣沾沾自喜的良好感覺中，到了2021年1月，衛生福利部桃園醫院爆發群聚感染事件，讓台灣社會陷入恐慌，政府也提高了防疫的警覺性，但是對於全民普篩和全民接種疫苗的政策仍然不認為是緊要的措施。同年4月，桃園機場諾富特飯店出現群聚感染，其後宜蘭縣羅東鎮、新北市蘆洲區以及台北市萬華區先後出現群聚感染，本土感染情況快速擴大。5月19日，台灣宣布全面進入第三級防疫警戒，但是仍然爆發大量的感染，甚至死亡，每日都有上百例的確診，同時每日也有兩位數字的死亡，迄6月24日即使是接受了疫苗接種後死亡的人數也有193案例，新冠肺炎累計確診14,634人，累計死亡632人，死亡率4.31%高居世界之最。截至2021年7月8日，官方統計已有15,149案例確診，累計死亡達718例。

原本許多國際媒體對台灣沒有積極作為的防疫行動卻有著優異的成效感到好奇，而2021年5月中旬，新冠疫情在台灣本土大規模爆發後，國際媒體對於台灣防疫的評價也急轉直下。BBC標題直接寫下：「自滿的故事：台灣」，彭博社也批評台灣：「自滿滲透台灣唯一防線」，《紐約時報》更直接稱：「這一天遲早會來」。

台灣在2021年5月中旬，終於遭遇了新冠疫情大爆發，台灣新冠疫情大爆發後，整個社會對於政府籌購新冠疫苗的措施開始檢討，原來國家團隊採購了2,981萬劑，美日捐贈為374萬劑，總數量為3,355萬劑，但是國家團隊採購實際到貨為111.66萬劑，美日捐贈為374萬劑，總到貨量為485.66萬劑。這種疫苗採購到貨率不足的困局，加劇了台灣疫苗需求恐慌的情況，然而台灣誓死不接受大陸的援助，

並且聲稱：「中國人打的疫苗，我們台灣人不敢打。」這是一個多麼灰暗揪心的景象，表明台灣海峽兩岸的長期矛盾有多麼根深柢固，即便是全球突發公共衛生事件也不能緩解雙方相互不信任的程度。隨著新冠病毒感染在台灣蔓延，大陸國台辦代表指責台灣領導人拒絕中國生產的疫苗的援助，是把政治置於健康之上。

事實上，台灣是另有盤算，台灣的自製「國產疫苗」正積極地趕製，準備推出讓台灣人民接種，但是尚未進入第三期實驗之際，有關盡速取得德國輝瑞（BioNTech）及牛津／阿斯利康（台灣稱AZ）、美國莫德納（Moderna）等疫苗成為台灣的燃眉之急。

隨後，台灣國際宗教組織佛光山、鴻海集團創辦人郭台銘、學者張亞中以及台灣孫文南院院長汪明生也發起民間團體與大陸台商攜手防疫等，都陸續表態願意協助採購或捐贈國際及中國大陸疫苗贈送台灣同胞施打，是為人道關懷救濟的善行義舉。

郭台銘在6月1日由其妻曾馨瑩代表前往衛福部遞交採購疫苗申請書，表示正與德廠BioNtech接洽，希望能購買500萬劑BNT新冠疫苗舒緩台灣的疫情。

佛光山代表趙怡則告訴台灣媒體，該機構願意將過去透過Covax「全球疫苗取得機制」訂購的強生（Johnson and Johnson，台譯嬌生）疫苗轉送給台灣，數量約在20-50萬劑。

張亞中則說，透過北京及大陸台商可以確保為台灣採購500萬劑中國大陸生產的國藥疫苗，不過台灣目前法令仍禁止中國大陸生產的任何疫苗進口。

台企聯台商們發起「疫無反顧、送愛回鄉」活動，以捐款購買輝瑞BNT疫苗捐給政府，希望全民能施打疫苗，盡快終結疫情。台企聯表示，在大陸的台商與台幹眼看台灣疫情快速擴散，而台灣現況疫苗短缺一劑難求，為了台灣的家人朋友跟鄉親的健康安全，紛紛透過台企聯，表示願意一起捐款，購買經過世界衛生組織認可的疫苗，送回台灣捐給政府，加快幫國人打疫苗，產生防護網，助台灣對抗疫情。

台灣孫文南院等民間團體希望與大陸台商攜手防疫，孫文南院院長汪明生在7月8日發出聯署啟事，表示：「台灣地區在2021年5月中旬防疫破口，迄今已有700多位染疫者不幸身故。台灣民眾苦等沒有疫苗接種，惶惶不可終日，而以青年基層等經濟弱勢群體尤然。海峽兩岸一水之隔，大陸台商心繫家園，已經多次表示願意捐助疫苗，而今年起的疫情又出現變種病毒肆虐，雖有部分民眾完成疫苗接種，但離群體免疫最低要求之7成（最新研究報告為8成5）及每人接種3劑所需之劑量仍然

相差甚遠，希望促成大陸疫苗入台，讓台灣同胞早日渡過疫災。」

圖2.4　我要活命，給我疫苗

資料來源：許綿延，2021

四、公共衛生事務變成政治事件

　　台灣政府將疫苗視作「戰略物資」，民間組織或個人的採購計畫需符合「八項公文」，涉及接洽單位以及運輸計畫等，引起民間組織及輿論批評。譬如，台媒《聯合報》連日多篇文章抨擊蔡英文政府稱：「這一舉措是在故意延宕郭台銘外購疫苗的努力和有保護主義之嫌，意在變相幫助台灣國產疫苗上市。」面對各方批評及民意反彈，蔡英文宣布建立政府與民間對話機制，稱其政府會盡速協助包括行政流程、原廠資料等疫苗安全等審查工作，讓民間不用再自己想辦法。

　　事實上，在這之前，台灣社會也因為疫情控管得宜，對於疫苗接種不積極，即便行政院長蘇貞昌及台灣防疫總指揮陳時中都率先接種疫苗，並廣為推廣，但仍見效不大。5月之前僅有1%的民眾接種新冠疫苗，台灣正面臨2020年新冠肺炎爆發以來最嚴峻的挑戰，但政府公布的開放民間、地方政府採購疫苗指引，竟然比現行法規還嚴格，事實上以國內疫情惡化狀況，政府應該要開放綠色通道，在安全從嚴的前提下簡化法規流程、加速開放疫苗進口。

整體看來，一連串關於民間各界想盡辦法找疫苗所引發的種種爭議，問題的答案不難釐清：各界應有申請輸入疫苗的空間，但負責審查的中央則藉口各種行政程序遲遲拖延，不予配合，被民間指責：「政府在做商人的事，商人在做政府的事。」其目的是在護航國產疫苗，這種刻意炒作疫苗股票行情，被民眾所痛恨。其實，多數民眾沒有特定政治傾向，要政府幫忙的也不多，既然專家學者都認為疫苗才是唯一解方，在國產疫苗尚未上市前，包括佛光山和鴻海等民間團體都慨然捐贈疫苗，政府就應盡力協助讓美事成真。

台灣的問題是，類似以色列總理政商勾結、利益輸送的作法，在台灣可能會被以圖利罪起訴，但也說明在應對危機管理時，法規程序讓台灣政府很難靈活應對緊急災難事件。前台綜院院長劉泰英說，發展生技與進口疫苗並不衝突，尤其人命關天，民眾健康永遠是政府最優先的考量，期盼政治人物秉持「無緣大慈、同體大悲」的同理心，感受染疫者的痛苦及家屬的哀傷，莫忘從政初心，更要記得身在朝廷逢亂世正是修行好時機。

隨著大陸新冠疫苗加快生產並開始大規模接種，並且開放台灣同胞可以免費在大陸接種新冠疫苗。大陸確實收到很多台灣同胞的反映，希望能在台灣接種大陸的疫苗。國台辦發言人朱鳳蓮指出問題關鍵：「但是大家都知道，台灣防疫部門負責人多次表示，不會使用大陸疫苗。所以，在這個問題上確實是存在障礙，主要是政治障礙。」

五、南台灣發起新冠疫苗聯合勸募

台灣地區在2021年5月新冠疫情大爆發以來，本土病例正在快速增加逾萬例，這起本土疫情危機，再次凸顯台灣辯論已久的疫苗問題，人心惶惶，遲遲等不到疫苗，許多同胞赴大陸、或赴美國施打疫苗。尤其台灣地區的大陸籍配偶紛紛攜家帶眷返回故鄉注射免費疫苗，並且向大陸政府請願給台灣捐贈疫苗，以「人溺己溺」的人道精神，關懷台灣同胞，援助台灣的防疫作戰。

有鑑於此，政府既然不能及時解決疫苗短缺問題，孫文南院在2021年5月30日，發起民間社團的請願活動，已經聯署93個民間團體共同呼籲向大陸國台辦申請捐助台灣疫苗1,000萬劑，大陸國台辦收到聯署申請後即表達對台灣疫苗捐助的意願強烈，但也提醒：執政的民進黨一定會阻擋，那也沒有關係，大陸要捐，台灣要擋，是非分明，兩岸同胞自有公斷。

　　隨著鴻海、台積電和慈濟捐贈疫苗成功的前例，孫文南院發起的南台灣勸募疫苗活動，係以弱勢團體的姿態向握有權力的政府發出挑戰。雖然可以踏著前賢的足跡循例前進，然而迄本書截稿前，本事件仍在發展中，但也可以預判諸多的挑戰橫亙於前，政府對行政程序的蹉跎與審查的延宕，正是對基層人民參與公共事務社會治理的考驗。無論成功與否，都是南台灣公民自覺，參與社會治理，認識公共事務寶貴的一課。

　　孫文南院近日並邀集台灣公衛專家、律師、藥商、志工等組成「新冠疫苗捐助小組」，將適時向台灣相關部門提出申請，期許能為大陸台商捐助疫苗入台，盡速渡過難關，融入「後免疫」的內外社會活動之中，做出貢獻。

　　從這個新冠疫情的案例，可以檢討本書所論述的公共事務乃是現代社會，甚至是人類邁入後現代社會型態裡社會治理科學範疇的學問。台灣終究還是一個民主的社會，社會治理階層的菁英領導是靠著「一人一票，票票等值」的公民選舉而產生，縱有專制獨裁的執政機關所謂「多行不義必自斃」，一旦遭到人民的痛恨與唾棄，就是權力垮台的時刻。因此，民進黨再蠻橫的執政態度，當遇到人民爆發群體不滿的時候，權力鞏固的壓力自然出現，政策的調整也要隨著民意和社會的流量而從善如流。所以，「水能載舟，亦能覆舟」，社會的流量改變，從量變到質變，也就決定了社會的型態和發展的面相。

　　在現代社會結構裡，一個具有公權力的政府，一旦失去人民信任後，就是具有公信力的民間力量登場，充分顯示了公共事務是「以人為本」的民有、民治、民享的思想，是以社會為基礎的治理結構，不再是以往權威、統治的獨裁專制作為，而是結合個體與群體，重視人民與政府形成和諧與互動的政治面為主體條件。因此，兩岸長久以來的交流互動，主要的目的就在促進兩岸社會的融合，並以公共事務核心價值的跨域治理為解決的手段和方法。

　　兩岸同胞是同文同種的中華民族，都是以中華民族傳統文化為修身、齊家、治國、平天下的準繩。不論是大陸所標榜的中國特色的社會主義或是台灣所奉行的三民主義，都是以中華傳統文化作為社會的核心價值，這不但是兩岸同胞共同擁有的文化遺產，也是兩岸融合發展的最大共識，抓住兩岸社會面的交流，透過所謂跨域治理的手段與方法，積極推進兩岸的良性互動及和平的發展，完成中華民族歷史上偉大的復興和統一，既是摸著石頭過河，也是實踐檢驗真理，正是這一代兩岸中國人的使命。

第四節　本章小結

對於台灣多數的中低階層與南部同胞而言，30年來的兩岸議題就有如《哈利波特》中的「佛地魔」般成為禁忌魔咒；而且真正付出的慘重代價，就是在政府領錯路、企業目光淺之下，錯過了一連串全世界最好的機會。兩岸議題與纏繞多年制約根本的核電、少子化等議題，基本上是能以理性善意心態方式，來釐清複雜爭議，暢所欲言據理力爭，尊重包容不同意見，權衡協商利弊得失，來進行公共事務的跨域治理。

中國特色社會主義的發展現象強調民族主義，不講階級鬥爭，但講社會主義民主，以習近平為領導核心的菁英政治群，並無政治犬儒主義，而有目的論（如中華民族偉大復興、中國夢、全面建成小康社會）；不談大理論，但講「中理論」（middle-range theory），如「社會主義初級階段論」；並無信仰危機，反而對中國特色社會主義充滿信心，共產主義風格（如「學雷鋒」）雖式微，但以中國儒家文化價值規範為回歸。後社會主義的中國，已由原來極權政治轉為威權政治，且以漸進主義全面發展市場社會主義外，其餘各點皆不適宜解釋後社會主義中國。

「後社會主義」不同也不等於「後共產主義」，但卻是後現代理論的邏輯範疇之一，如果要對後社會主義中國做出完整解釋，可能需要有新的社會主義模式。以中國在社會主義中的異軍突起，這種社會主義的新學說正是方興未艾。

第二篇

跨域治理

跨域治理（Cross-Domain Governance, CDG）是公共事務管理的核心價值，所謂治理就是在連結兼顧個體與群體，然而要視載體條件（自然、社會、實質）係爲助力抑或阻力；所謂跨域，則應包括複合領域的知識專業、觀察範疇的私公（效率、公平），與發展階段（傳統統治、現代管理、後現代治理）的差異與適應（汪明生，2017）。

兩岸「南南合作」是因應兩岸關係發展的新變局和新形勢下的新探索。其最大的利基可以體現在：①以所謂「第三部門」的民間社團對接，②只談民生經濟合作和兩岸社會融合發展，③切中南台灣是兩岸大局的癥結與關鍵所在之問題。在北京高層的支援下，從建立「兩岸南南合作發展論壇」到設立「兩岸南南合作發展機構」，是理論（知）與實踐（行）的基礎和保障，要在「兩岸一家親」的體認上落實對台灣的優惠政策，包括「一代一線」的就學、創業、購屋、投資。

汪明生從2006年起以判斷與決策分析理論爲基礎，參酌歐美等先進國家公共事務課題經驗與觀點，並加上1991-1998年間實際推動都市行銷的心得與觀察，發展出公共事務管理（Public Affairs Management, PAM）整合參考架構。闡釋了PAM是以人爲本的公民治理，具有群體行爲的現象面、個體角色認知的本質面與載體基礎條件面的三維特性。PAM的詮釋與建構由簡而繁區分爲PAM1-PAM5[1]（汪明生，2013）。本章僅就PAM2及PAM5的跨域治理部分作一簡介，讓讀者容易從公共事務的角度來思考兩岸「南南合作」的可行性、適應性和接受性。

第一節　個體與社會的跨域治理

自二十世紀初歷經兩次大戰而至1960年代，以美國爲主的民主國家，由傳統官僚行政進入現代的行政科學，政治與行政分立運作，政府主要呈現對效率價值的

---

[1] 汪明生，2013。《公共價值與跨域治理》，台北：智勝出版社，頁33-64。

追求，繼之則爲1960-1970年代社會發展變遷的分水嶺。其前係以開創精神的個體意識與菁英領導的社會結構爲主，其後則在因應面對境外與境內的反戰運動、族群衝突、科技移轉、環保意識、解除管制、產業轉型與都會調整下，而逐漸形成菁英結構與開放多元的社會結構。而自1990年代全球化趨勢與網路科技下，日漸影響社會發展的理性個體動機與群體行爲，以及2000年代「新公共服務」崛起，Denhardt B.R.& Denhardt J.V.[2]、Yang & Pandey[3]、汪明生等學者提倡在面對社會轉型變遷下與政府間逐漸走向水平對等，所需的科際整合與量化分析，以實證的、詮釋的、批判的與後現代的知識研究途徑，乃至建立與滿足公、私部門及非營利機構聯盟的協同合作需求[4]。

一、跨域治理的意義

　　一般所謂的「跨域」，常以具體有形的空間、區位與部門間的水平協調與合作爲主，如流域治理、區域（縣市、都會）治理、府際合作、公私協力等，大致對應公共事務管理中的自然、社會與實質等載體條件面。然全球化下的區域與社會接軌所呈現的傳統、現代乃至後現代發展階段之間的交錯融合與變化的現象，更多的係發生於主體的群體，以及瞬息萬變不易捉摸的本體的個體（人心），而明顯對應公共事務管理架構中群體行爲現象面的經濟、社會、政治，政府、政策、管理等，以及個體認知本質面的價值、事實、人際等判斷分析。而跨域治理尤其關注社會發展階段的跨域，表3.1是有關社會發展階段的邏輯結構，有助於跨域治理的分析。

　　而「治理」是指公共管理者、多方當事人與複合領域專家等個體與其他個體間，爲達群體之共同目標所進行的以水平協商爲主的活動過程，一般與去中心化（decentralization）及複合中心（polycentric）等概念相對應。所以在公共事務管理學上，跨域的概念是要打破本位主義、超越行政疆界、發揮集體智慧、同心協力解決問題。此有三種模式：

（一）管理者、當事人與複合領域專家等個體角色之知識專業領域。

2　Denhardt B.R.& Denhardt J.V. The New Public Service: Serving Rather than Steering. [J]. *Public Administration Review*, 2000, 60(6): 549-559.

3　Yang & Pandey S. K. Further Dissecting the Black Box of Citizen Participation: When Does Citizen Involvement Lead to Good Outcomes? [J]. *Public Administration Review*, 2011,71(6): 880-892.

4　汪明生、邱靖蓉，2012。〈從心理認知途探討政治領域之寬恕態度衡量〉，[J]，北京：清華大學，《公共管理評論》，第13卷，頁3-16。

（二）觀察與關注的範疇。

（三）社會的發展階段。

表3.1　跨域治理分析—社會發展邏輯結構

結構 地區	載體	個體	群體
後現代	單中心（金字塔）→多中心 社會連結（體制）→人際互賴（倫理）	多方當事人：價值 效率→公平、物質→後物質、私→公 公共管理者：人際菁英 →多元層級→水平 複合領域專家：事實 社會＞經濟＞政治	經濟科技→社會文化 菁英領導→導引菁英 黨派動員→認知動員
現代	正淨存量的社會條件： 鐘型結構 力爭上游 出人頭地	公共管理者： 方案→情境→結果 多方當事人： 情勢→標的（問題）→目標 複合領域專家： 結果→屬性→目標	政府→政策→管理 經濟→社會→政治
傳統 （有待破繭的傳統地區，如大陸的大同市，第52屆金馬獎最佳紀錄片[5]）	溫水青蛙[6] 蟹桶理論[7] 埋首耕耘 不問收穫	公共管理者： 誘之以利（經濟） 威之以勢（政治） 複合領域專家： 訴之以理（事實） 多方當事人： 動之以情（社會） 誘之以利（經濟）	政府→政策 民間→管理 經濟→社會 V：價值 C：能力 S：支持

資料來源：許綿延，2019

二、跨域治理架構

其實，跨域治理就是公共事務管理的核心價值。參閱PAM2的架構圖（圖

---

[5]　〈大同市長耿彥波卸任紀錄片，曾奪金馬獎〉，聯合報，記者林庭瑤／即時報導，https://udn.com/news/story/7331/3596630，2019年1月16日，13:54。

[6]　煮蛙效應，維基百科，https://zh.wikipedia.org/zh-tw/。

[7]　螃蟹效應，MBA智庫百科，https://wiki.mbalib.com/zh-tw/。

3.1），從群體行為的現象面來看，經濟、社會、政治和政府的多層次；從個體認知的本質面來觀察，涉及多方當事人的價值判斷、複合領域專家的事實判斷和公共管理者的人際判斷，就是多角色的意義；從載體條件面來看，社會的發展階段可分為傳統社會、現代社會和後現代社會的多中心結構。說明了公共事務管理是具備多角色、多中心和多層次的跨域治理特性。

　　在PAM2中，把三維系統的架構內涵及互相連結的關係說明得至為清楚，也是PAM中最典型的圖例，通常對於圈外人和初學者，能夠把這張圖搞清楚，就能明白何謂公共事務管理。PAM載體條件面的存量是整個社會客觀的能量，而個體認知的本質面是主觀的流量，群體行為的現象面是客觀的流量，三者之間互為支援也互為影響。其實質的內涵和作用說明如下圖：

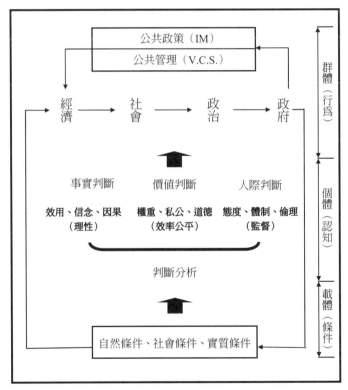

圖3.1　公共事務管理架構（PAM2）

資料來源：汪明生，2012

　　載體的條件面包括自然條件、社會條件與實質條件。自然條件是上天賦予的山

川、地理、氣候等，不易改變；社會條件是人為的社會風氣，但需要長期的累積沉澱而成；實質條件也是人為的硬體設施，若需要大幅的提升，就需要投入大量的財力和人力資源。載體條件面的自然條件、社會條件與實質條件，影響傳統社會、現代社會與後現代社會階段的發展，但是三者之中又以社會條件的影響最大，並決定整體系統的流量與存量（汪明生、許綿延，2107）。

個體認知也是架構中的本質面，包括價值判斷、事實判斷與人際判斷。價值判斷係以心理權重為理論實證、效率公平為實務對應、道德為理想規範，乃當事人以個體偏好所為的「為善」判斷；事實判斷係以效用為理論實證、理性為實務對應、專業為理想規範，乃複合領域專家學者，以客觀事實所為的「為真」判斷；人際判斷係以治理為理論實證、政策為實務對應、共識為理想規範，由公共管理者兼顧個體與群體所為的「為美」判斷。

群體行為的現象面，主要表現在經濟、社會、政治與政府，而經濟實為社會運作的關鍵機制，可促進社會的繁榮，並確保政權之獲得與鞏固；社會是以文化為體，科技為用，施政為果，所發展出不同的社會結構；政治是以人為本的生活和文明需求，主導著政府的管理政策；而政府是權力組織的結構，產生政策、施政與管理。實則，政治與政府之間形成一體兩面，不可分割的表裡關係。

以PAM觀點研究「經濟、社會及政治」生活的基礎組織架構，不能忽視條件面（Conditional Dimension），條件面可概略區分為「實質條件」、「社會條件」與「自然條件」（Natural, Social and Physical Conditions）三部分。

此外，人類社會之間互動的複雜性，也會產生系統演化的不可預測性（賴世剛、韓昊英，2014）。當代美國社會學者Coleman（1990）的《社會理論的基礎》（*Foundations of Social Theory*）一書中亦提出微觀與宏觀間轉移的理性選擇理論概念架構，以個人行動理論為基礎來解釋社會現象，其由三部分所組成：①宏觀到微觀的轉變及個體的行為方向如何受到社會環境或他人的影響；②個人層次的行為及個體行為方向如何影響自身的行為；③微觀到宏觀的轉變及個體行為如何影響社會結果的解釋。在此運用Coleman的理論架構來詮釋公共事務課題的分析途徑（參圖3.2），以公共事務課題的本質結構為主，再以宏觀觀點來描述及解釋公共課題時，運用以個體為主的方法論，並以群體為仲介，提供描述、解釋及化解公共事務課題的分析途徑及思考邏輯（汪明生，2013）。

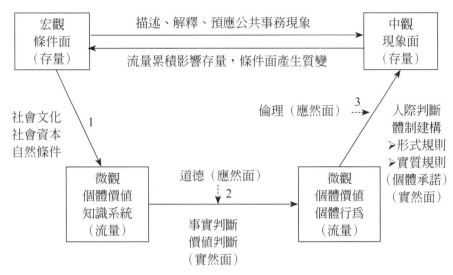

圖3.2　公共事務課題分析途徑
資料來源：潘昭榮修改自Coleman，1990

三、社會發展階段與跨域治理結構

　　兩岸「南南合作」跨域治理結構具政治性考量之複雜因素，具多角色（multiple role）、多中心（polycentric），以及多層次結構（multi-layer structure）之內涵。包括政府、地方政府、企業、民間社團、機構、非營利組織等，形成多個獨立決策中心，彼此目標、功能亦相互交迭、互相對應，生成複雜的網絡關係。跨域治理模式的構建，更是提升和改善地方政府治理能力，確保公民參與的重要途徑，體現了對於高效、開放、民主和負責的政府建設之追求。總之作為一種回應現實問題與需求的治理模式創新，跨域治理的前瞻性和戰略性也進一步增強了其治理的有效性和正當性（張成福、李昊城、邊曉慧，2012）。

（一）載體的條件面

　　PAM中的載體條件包括自然、社會、實質條件，其變數為空間、區位、產業、人口、開創精神、社會資本、教育及基礎設施等。其中社會條件尤可對應由PAM加上時間軸而衍生的社會發展矩陣（SDM）。

（二）個體的認知面

　　跨域治理的核心課題即為當事人個體的價值判斷及個體與群體間的人際判斷。價值判斷在傳統社會的規範標準為層級、道德，在現代社會的普遍適用則為水平私公。在強調追求效率開拓之現代化發展歷程中，事實判斷為價值判斷的基礎，係由專家根據其專業經驗與見解，將數據與資訊轉化為知識與智識，提供給選擇與決策的當事人；價值判斷與人際判斷則係多元當事人運用公共（時、空與公開）辯證，經個體釐清與確認，及群體公評（個體相互檢視）彼此價值，以謀求共識之形成。其中個體事實判斷所需的理性（講道理、打算盤）、個體價值判斷所需的善意（利己利人），與群體人際判斷所需的倫理（自我約制、相互尊重）為關鍵。

1. 群體的現象面

　　在傳統社會的群體行為現象中，則「經濟」係以初級產業（農林漁牧礦）以及順天應時的自然經濟為主，少有市場或計畫運作，由供給方（生產者）主動，需求方（消費者）被動，以達自給自足。在「社會」則呈現長老領導、階級（族群）分明的封建層級，菁英主動、非（準）菁英被動。在「政治」則多威權體制、家族政治，受權者（候選人）常藉氏族或一黨獨大優勢，主動操弄被動的賦權者（選民）。在「政府」則係中央集權、指揮型萬能政府，政務官（主動）要求事務官（被動）貫徹、民眾（被動）接受其政令。「公共政策」往往囿於集權專制而乏善可陳，而「公共管理」則但求穩定掌控，不重實質內涵和程序。

　　由傳統社會而至現代社會的過程（即現代化），是由「經濟」以計畫或市場模式，將初級產業升級為次級產業；「社會」由長老部族走向菁英領導、優勝劣敗的階層分工；「政治」轉變為政黨競逐、投票選舉為表徵的民主體制；「政府」再造為以民意為導向的效能政府；「公共政策」為以政黨協商與派系共治，及形式公聽會、公共論壇為主；「公共管理」則為重視績效、任用專業、鼓勵地方競爭。

　　後現代社會的群體行為中，「經濟」由市場經濟（供需競爭）的次級產業為主的型態，升級為以高科技產業與三級產業（服務業、文教業）為主的後現代經濟；「社會」由菁英領導、階層分工的理性自利現代社會，移轉為導引菁英、功能分工的多元成熟後現代社會；「政治」由兩黨制衡、黨派動員的現代型態，轉化成為多黨協商、認知動員的後現代型態；「政府」由科層體制、地方分權，及顧客導向的現代效能政府，再造為公私協力、政策參與及公民社會導向之後現代服務型政府；「公共政策」由黨派協商、形式論壇，提升為政策參與、批判多元的後現代公共政

策：「公共管理」由重視績效、任用專業、部門分工及實質任務的現代管理，轉型為主動預應、任務分工及創造公共價值的後現代公共管理。

2. 社會發展結構與跨域治理對應

　　政府處理公共管理議題時，須考慮不同社會發展階段，並將個體層面的角色功能與意識價值納入治理結構的分工操作與詮釋解讀，方可避免低效、不公、爭議與無感的政府施政，跨域治理發展階段與載體、個體、群體對應（如表3.2）。20年來民主解嚴後的整體台灣發展與變遷，可以兩個主要的趨勢予以根本概括：一是群體層面的人口結構（尤其凸顯在南北差異上），二是多數個體層面的民情意識（自覺強、我心重）。

表3.2　社會發展結構與跨域治理對應

	正常合理的現代地區發展邏輯結構	先進文明的後現代地區發展邏輯結構	有待破繭的傳統地區發展邏輯結構
載體	正淨存量的社會條件：鐘形結構；力爭上游、出人頭地。	單中心（金字塔）→多中心；社群連結（體制）→人際互賴（倫理）。	溫水青蛙、蟹桶理論；埋首耕耘、不問收穫。
個體	公共管理者：方案→情境→結果；多方當事人：情勢→標的（問題）→目標；複合領域專家：結果→屬性→目標。	多方當事人：價值；效率→公平、物質→後物質、私→公；公共管理者：人際；菁英→多元、層級→水平；複合領域專家：社會＞經濟＞政治。	公共管理者：誘之以利（經濟）、威之以勢（政治）；複合領域專家：訴之以理（事實）；多方當事人：動之以情（社會）、誘之以利（經濟）。
群體	政府→政策→管理；經濟→社會→政治。	經濟科技→社會文化；菁英領導→導引菁英；黨派動員→認知動員。	政府→政策、民間→管理；經濟→社會；VCS。

資料來源：許綿延，2018

第二節　現代社會向後現代社會轉型

　　PAM5對應自現代社會轉型至後現代社會的過程與階段。（如圖3.3）

■群體現象面的經濟由次級產業而三級產業，社會呈現開放多元，政治多元認知動員，政府為公民導向，政策乃為政策參與，管理具公共價值。

■個體本質面的資訊呈現客制共用、知識皆由理性論辯、價值為水平私公、人際為個群融合。

一、主體的現象面：

檢驗PAM5的主體包含了「行為」與「角色」兩大現象面，而兩者之共同意義說明如下：

（一）群體的行為

PAM架構中的群體現象面，表現的是群體的行為，這是因為公共事務管理的領域為較廣泛之學科，傳統上公共事務管理研究領域與發展局限於政府部門，因此了解政府與人民的互動行為，成為公共事務的重要課題。一般而言，群體行為面涵蓋了經濟、社會、政治、政府等四大層面，彼此之間的邏輯關係，即經濟面影響社會面，社會面決定政治面，政治面牽動政府面，而政府再透過公共政策與公共管理來促進經濟與社會的發展，形成了公共事務管理整合架構的系統性迴圈，並得以解釋公共事務管理之關聯性。

1. 經濟

自1776年亞當史密斯出版《國富論》（*The Wealth of Nations*）問世後，市場效率與資本主義漸漸受到重視，而發展中的國家也發現一國財富之增加，不是決定於領土的大小或殖民擴張的能力，而是決定於經濟的發展或市場的競爭力，使得各國政府紛紛重視經濟的發展。經濟基礎的良窳將影響政府的施政能力，例如：一個經濟基礎較為穩固的國家，其人民所得必然較高，而政府的總稅收亦會較高，使得政府擁有較多的經濟資源，政府可以發展更好的經濟基礎建設，可使人民的所得提升。如此，社會條件面影響本質面，再支持群體行為的現象面，形成良性的循環。

因此，各國政府無不從計畫經濟轉而重視市場經濟，且從原本的分配管制轉移到市場供需競爭的能力；又為了要厚植經濟基礎，各國政府將大部分的權力下放到地方，使得地方政府得以自由發展地方經濟。更由於1980年代社會發展的快速改變，產生了「新公共管理」[8]的概念，使得地方政府皆將「廠商」視為顧客，透過

8　新公共管理（New Public Management, NPM），1980年代，由於傳統的公共行政已經不能適應快速變化的社會發展，而產生的新概念。它是一種試圖取代傳統公共行政學的理論，又指一種新的公共行政模式。MBA智庫百科，https://wiki.mbalib.com/zh-tw/。

「地區行銷」的方式，就像大陸各城市、地方透過「招商引資」的地方保護及優惠政策，得以吸引特定的廠商進駐，進而改變特定的產業結構，並且透過創新發展，除了能帶動地區經濟外，還能帶來更多的就業機會，使得地區脫貧、人口增加，如此的良性循環，造就經濟的繁榮，提升人民的福祉。

2. 社會

《論語‧子路》：「子適衛，冉有僕。子曰：庶矣哉！冉有曰：既庶矣，又何以加焉？曰：富之。曰：既富矣，又何以加焉？曰：教之。」可知，社會的發展是以人為本，充沛的人力資源就是創造財富的優勢，當國家經濟基礎穩定後，就必須教化人民，社會文明必會改善，其原因在於「衣食足而後知榮辱」的人類基本心理。公民社會從菁英社會轉變為多元社會，使得公共事務參與的模式，從菁英領導轉為導引菁英的模式，進一步使原本的階級族群之對立，轉化為功能分工之水平協商合作，得以落實現代化的公民社會，進而提升公民素質與社會治理的能力。

3. 政治

孫中山先生說：「政治就是管理眾人之事。」[9]因此，在政治體制上，為了因應多元化的社會結構，必須從威權體制轉變以人為本的政治體制。由於政治的基礎來自於人民的參與互動，但人民的參政必須具有能力與資源，才能使人民當家作主的政治理念得以實現。而經濟的發展即在於提升人民的資源，而教育即在於提升人民的能力，進而促使社會文明的發展。

4. 政府

政府的存在價值，不在於統治人民，而是在組織菁英的人才為人民服務。傳統的政府組織與公共行政，已無法支持現代社會的需求與管理，取而代之的是創新的科際整合、以人為本的「公共事務管理」。此管理的特色在於水平協商、對等尊嚴，而政府的施政必須要爭取人民的認同，透過議會的監督，可有效地提升政府的效能，而績效的管理更可提升政府施政之滿意度。政府的組織結構必定要從垂直而層層節制的結構，轉為扁平化的結構，減少指揮管制的層級，授權以水平協商、重視效率為主的治理型組織，且原本的依法行政之流程，也必須變更為以人民為導向之流程，使人民得以參與政策制定，促進政府的政策形成、執行規範和成效監督與考核更為完善，達成社會進步與繁榮的目標。

---

[9] 語出《孫中山選集》。

　　公共事務管理整合架構中，「政府」是群體行為現象面之一，但也是整個群體現象面重要的運作機制，因為所有的群體行為現象面運作皆須透過政府的政策與法令才能使所有的群體行為現象面得以產生連結互動，所以政府的優劣決定了其他群體行為現象面的良窳。一個有效能的政府，即是在授權與集權間取到有效的平衡，使得管理政策得以有效抑制人性的負能量，激勵人性正能量之發揮，導致整體社會能更加進步與完善，得以提升國家的競爭力。

（二）角色

　　心理學對角色的定義為：「某個體在某群體的某個位置上，被所期望的行為的集合」，故角色的本質是行為的現象面，且在心理學的學科分類上，是屬於群體行為中的個體行為，即角色的本質是個體認知與態度的行為，但受到「他人期望」所影響，因此行為的好壞除了決定於個體本身的因素外，還須考慮環境所帶來的影響。

　　就公共事務管理領域而言，把政府視為一群體，則每個人在此群體當中就會有其角色與行為需要的扮演，但若將政府視為一個體，且將廣大的民眾視為一群體，則政府亦有其角色與行為需要扮演之。在公共事務管理整合架構中，可看到角色的涵蓋範圍跨越個體與群體，即是角色的意義。然而政府的本質為組織，且構成其組織的要素為「人」，故若將政府視為一個體時，則民眾的需求即為政府的認知，而政府的行為即是透過認知而來的。由於個體的行為是透過態度所引起的，而態度則是透過認知所引發的，故認知影響態度，態度導致行為，所以認知與行為之間有其關聯，若以整體民眾之認知為其政府之認知，則政府之行為即為整體民眾之行為，所以民眾與政府有其密不可分之關係，是故公共事務為人民與政府共用。因此作為一國之公民，不可不知公共事務之內容與領域，透過深入的了解與認識，才能進一步改善公民治理。一般而言都將行為分為兩大類，分別是：「主動」與「被動」，隨著立場的有所不同，故主、被動之分類，往往決定於當時的情況，或決定於問題探討的分類，因此了解行為即是在了解立場，而不同的立場有不同的角色與行為。

二、本體的本質面

　　在現代自由主義與理性自利趨勢下，人的因素逐漸受到重視，所謂的人權意識，即是在說明個人的重要性與獨特性，且就公共事務管理領域而言，由於探討的

是社會的公共事務，而社會本身即是以「人」作爲主要的構成因素，因此可以發現公共事務管理之基本分析單位爲「人」，但若要能有效運作公共事務，還需探究個人之認知，方能全面掌握PAM架構之內涵。在公共事務管理整合架構中，將認知的本質面分爲四大類：「資料、資訊」，「知識、智識」，「道德、智慧」，「倫理、協和」，且四大類之組成要素各有其提升的機制，分別是：「傳播、教育、辯證、節制」，各個分類說明如下：

（一）資料、資訊（機制：傳播）

隨著網際網路的蓬勃發展與資訊科技的創新突破，使得資訊的流通管道越來越多，資訊的取得越來越方便，以致於在日常生活中，我們所接觸到的資訊遠比以前來得更多，因而造成了今日資訊氾濫的時代。資訊氾濫的根本原因乃是傳播媒體的發達所致，且由於傳播媒體除了可以傳遞資料與資訊外，更可以透過資料與資訊來影響民衆的認知與態度，進一步改變民衆行爲，因此傳播媒體的好壞，也間接地影響民衆行爲的好壞，所以各國家與地方政府無不全力發展傳播媒體業，其目的即是在於當民衆有資訊的需求時，能快速又正確地給予民衆，使民衆能在最短的時間內，做出最正確的判斷。然而傳播快速又正確的資訊固然是正面的，但若民衆本身的認知有偏差時，則將導致資訊被誤解，使得民衆無法做出最正確的判斷，因此好的傳播媒體還必須要搭配好的認知，才能使資訊無誤地傳遞與解讀，否則即使有好的傳播媒體，也無法改善公民社會的缺失，使得社會無法朝向多元化的方向發展，所以提升公民教育才是改善公民認知的唯一法門，也唯有發展經濟、提升公民教育，才能使社會邁向多元化的社會前進，逐漸向後現代社會前進，擺脫傳統社會表公裡私的缺點。

（二）知識、智識（機制：教育）

教育是邁向多元化社會的重要因素，在PAM架構中，教育是重要的啓動關鍵。傳遞正確的資訊固然重要，但若民衆本身的知識或智識不足，則將導致認知有誤差，使其行爲產生偏差，爲了使民衆能有正確的認知，以教育來提升知識也是唯一的方法。由於教育除了可以被當作傳遞知識與智識之管道外，更可以被當作提升公民素養之機制。因此良好的教育除了能教導與傳遞知識外，更重要的是還要能提升公民素質與增進個人道德，這樣才能使社會結構朝向多元化發展，進而建立一個有

效能的政府，使公共價值得以實踐。

(三) 道德、智慧 (機制：辯證)

在道德沉淪的現代社會裡，道德的因素將逐漸地受到重視，其原因乃是由於現今的社會面臨競爭激烈且快速變動的時代，使得人們對結果的預期大於對過程的了解，導致有些人寧願採取不道德的手段來達到目的，所以提升公民道德素養，就成了政府的要務。

然而增進道德的方法，除了可以透過教育外，還可以採取辯證的方式，以使合乎民情與社會發展的道德價值，可以被辯證出來。由於不同的風俗民情有不同的社會價值，因而導致社會期望有所不同，故使得道德有不同的認知，因此好的道德除了要合乎法律之外，還要能合乎民眾認知，才能使民眾樂意接受，進而改善社會價值缺失，提升公民治理。

(四) 倫理、協和 (機制：節制)

符合道德的倫理價值逐漸地呈現出來後，可使社會變得多元而協和。改善傳播機制、增進教育品質、提升公民道德之最終目的，即是在改進公民倫理，使經濟、社會、政治，政府皆能有效且穩定地發展，進而提供有用的公共價值。

此外，提升公民倫理，必須使民眾皆能知道「小我」與「大我」的密切關聯，進而使個人行為能有所節制，只有當民眾能意識到本身與社會有密不可分之關係時，才能知道其行為的嚴重性。即民眾本身的行為付出，最終都將回饋到民眾本身，故良好的公民倫理除了需要靠教育外，更重要的是，民眾本身的倫理節制之認知，才能使社會呈現多元的協和。

三、載體的條件面

載體的條件面可包含三部分，分別是：「實質條件」、「社會條件」、「自然條件」。實質條件，指的即是國家或地方之硬體基礎設施，例如：住宅、水電、交通等；社會條件，指的即是國家或地方之軟體條件，例如：產業、人口、組織等；自然條件，指的即是國家或地方之自然基礎設施，例如：環境、空間、土地等。而這三個面向構成了公共事務管理中最基礎的面向，也間接地決定與協助公共事務管理之推動，因此若要改善，必須改變基礎條件，好的政府除了能制定卓越的公共政

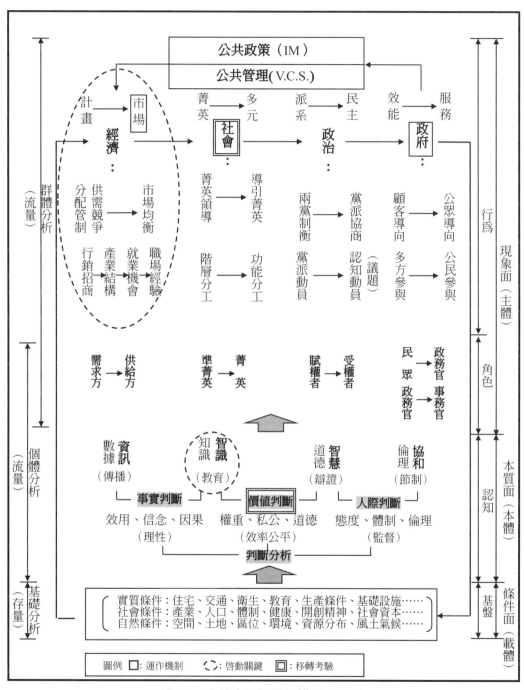

圖3.3：公共事務管理架構（PAM5）

資料來源：汪明生，2012

策外，更能改善基礎條件的缺失，使其公共事務的推動與管理能更順利，進而產生多元的公民社會（劉麗娟，2008）。

　　載體的條件面為公共事務管理的基礎，尤其是攸關群體行為的社會條件面，所有的現象面均受到社會條件面的影響，因此社會條件面的好壞將間接地影響公共事務管理中的各個要素，在探討公共事務管理時，皆需考慮社會現象面，方可使公共事務管理之探討能更為精確。

第三節　跨域治理多元結構

　　兩岸「南南合作」跨域治理結構具政治性考量之複雜因素，具多層次（multi-layer structure）、多角色（multiple role）以及多中心（polycentric）結構之內涵。包括政府、地方政府、企業、民間社團、機構、非營利組織等，形成多個獨立決策中心、彼此目標、功能亦相互交迭、互相對應，生成複雜的網絡關係。跨域治理模式的構建，更是提升和改善地方政府治理能力，確保公民參與的重要途徑，體現了對於高效、開放、民主和負責的政府建設之追求。總之作為一種回應現實問題與需求的治理模式創新，跨域治理的前瞻性和戰略性也進一步增強了其治理的有效性和正當性（張成福、李昊城、邊曉慧，2012）。

　　跨域治理是多層次治理，可分為高層次、中層次、低層次，高層次意思可為政策制定層次，例如：以北京和廈門為高層次，北京中央針對台灣制定政策，而假設以廈門為兩岸「南南合作」先行先試的對接城市，由廈門與南台灣的高雄推動合作，此為一跨域治理之高層次治理。再者，賦予廈門與高雄合作之政策任務，例如：產業、觀光等各項合作等，而廈門和高雄為城市對接層次，此為跨域治理之中層次治理。而南台灣產學團體接續對接大陸南方城市的廈門，所制定的政策，例如：增加赴台觀光名額、提供台青就業創業優惠補助等；而南台灣產學團體，係以民間力量推動兩岸各項交流合作，促進兩岸經濟社會進步與成長，因此，此合作專案推動層次係為跨域治理之低層次治理。

　　跨域治理是多角色的參與，以兩岸「南南合作」跨域治理而言，就有公共管理者、複合領域專家、多方當事人等在各層次各有其不同的角色。公共管理者，包括兩岸政府領導人、對接城市領導人、政府兩岸相關業務領導等；複合領域專家包括

研究兩岸和熟悉研究兩岸議題的專家、學者、產學團體、私企、國企等；多方當事人包括南台灣青年、南台灣產學團體、非政府組織的「第三部門」（例如孫文南院協會、中華公共事務管理學會、南台灣產學聯盟、華夏創意文化交流協會等）、台灣企業、大陸國企、私企等。因此，兩岸「南南合作」跨域治理的價值在於促進公共管理者、複合領域專家及多方當事人之間的互動，進而形塑互信、共用資訊與延續價值，並提供公共管理者合理、可行的計畫方案。

跨域治理的結構也是屬於多中心的模式，每一中心代表其各有不同的目標與作法，就本課題案例而言，在兩岸「南南合作」下的跨域治理，其多中心治理包括北京（國家主席）、廈門（市長）、台北（台灣領導人）、高雄（市長）、南台灣產學團體（理事長）、南台灣青年等多中心。每個中心從上到下，各有其戰略、政策、計畫、執行等方式。例如大陸最近推動的惠台措施：逐步為台灣同胞在大陸學習、創業、就業、生活，提供與大陸同胞同等的待遇，即為爭取台灣的民心，必將會獲得青年人的歡迎，但是台灣青年對於是否前往大陸就業、創業各有其考慮與判斷。因此，不同的群體所形成社會多中心的結構，也就是跨域治理的多中心模式。

在跨域治理研究架構中探討兩岸「南南合作」，首先要研究課題案例，釐清確認跨域治理的內涵，其實係為多層次、多角色、多中心的架構（汪明生、許綿延，2017）。

一、多層次

多層次（multi-layer structure）的概念意指各會員國政府體系都應建構出包含垂直與水平互賴關係的治理體系，同時此體系應使納入其中的公部門、私部門，以及非營利組織間，能共同形成「政策網絡」（policy networks），以相互支援來解決共同問題（Bache & Chapman, 2008: 398）。另外，可依問題特性與目標，區分為「類型一」（Type I）與「類型二」（Type II）二種，前者著重於不同層級間政府權責的重分配；後者則是基於問題或目標導向，尋求各利害關係最適互動模式，而不拘泥於現有體制架構（Bache & Flinders, 2004: 39; Bache & Chapman, 2008: 399）。

多層次結構意指政府意義上的改變，是治理的新過程或規則的改變情境，或者是社會治理的新方法（Pierre & Peters, 2000）。政治與行政參與者並非單一，而係一種多元的模式，針對不同的議題而有不同的結構方式和參與者。一般而言，凡是

跨國際、跨疆界、跨層級的運作都可謂是一種「多層次」的結構，除了正式政府體制（歐盟、國家、區域、地方政府）之外，尚有WTO、國際貨幣基金、世界銀行等國際組織實質上涉入了公共政策的決策或傳遞。但是，隨著多層次治理在政治制度和權威政治控制與分責之間所產生的影響力，將成為民主政府的關鍵指標（Ian & Flinders, 2004）。

　　治理的理論最初是廣泛地關注在社會協調的社會模式，而非社會組織的狹隘政治模式（Jessop, 2002）。「多層次治理理論」凸顯治理是系統地介入跨國家的、國家的，以及次國家的制度與行動者之間協商式的交易行為；強調溝通與網絡作為界定制度關係的屬性；它關注衛星組織的角色，它可以用來彌補科層體制的官僚無能，所衍生出來的一種重要協調工具；換言之，多層次治理乃著力於不同層級政府之間及公私部門之間的夥伴關係，提供一種用來解決公共議題過程中，調和供給與需求出現差距的機制，跨域治理納入多層次治理理論，可以豐富跨域治理的理論內涵，惟多層次治理和夥伴關係，不應該被視為治療所有地方問題的萬靈丹（林永吉，2009）。在全球化的趨勢下，由於國家與國家之間的相互依賴，使得國家內部的權力向上轉移；同時又在地方化的浪潮中，由於國家紛紛採取行政與政治分攤，因此，國家內部的權力亦向下移轉。在上述雙重壓力下，整個國家內部的多層次治理（multi-layer governance）便逐漸形成（李長晏、陳衍宏，2006）。

　　多層次治理協力夥伴關係的發展，可以運用資源互享、功能整合模式的創新合作方式，解決許多不同的機關、部門間的合作與處理的跨域問題（李長晏、鄧怡婷，2004）。而林永吉（2009）認為在不同的制度層次上各個治理系統之間協商式的交易行為。多層次治理的出現是用來彌補以層級節制或命令控制為基礎的官僚無能，所衍生出的一種重要協調工具。

　　E. Ostrom以Olson的群體行動理論為基礎，建構發展體制分析及發展架構（Institutional Analysis and Development, IAD），是目前國際學界普遍熟知且可用以對應治理結構的理論架構。該架構建構多重概念地圖，以個體角色為主體，探討體制（規則、規範或策略）如何適配理性個人的行為，其以正式及非正式的行動場域為焦點，並將行動場域區分為憲法層次、群體層次以及操作層次等。

　　公共政策理論，無論是微觀型或宏觀型政策過程理論觀點，在加入全球治理的系絡後，確實存在相當的拓展空間。然而，正如同原本運用在傳統國內政策範疇時一樣，有時間空間的限制，如何妥適運用應視所在國家、政策範疇以及時間系絡而

定（吳得源，2006）。宏觀層次的研究著眼於憲法的結構，經由對集體決策而影響公民日常決策；微觀層次的研究則著眼於操作層次的決策，而依序被集體選擇以及憲法選擇層次的規則所影響。對所有的體制分析理論學者而言，如何促進這些不同層次之間的溝通或跨域整合，係一大挑戰。

多中心治理需要多層次及不同類型組織的複雜組合，包括公、私及自願部門，彼此間責任及功能相互交疊（Wright, Bradley E., ed. 2011）。台灣方面較少有類似美國的法定自治組織，但仍有如「國家安全情報協調會報」及「治安會報」等跨域任務性的組合。在全球化治理思潮下，國際上的多層次組合的「南南合作」，結合南半球和北半球南方的發展中國家，發展民族經濟，開展專門的經濟合作，如非洲、南美洲的高峰會。

兩岸「南南合作」在公共事務管理中，因涉及經濟、社會、政治、政府等跨域的政策和管理，加上以人為本的多方當事人、複合領域專家、公共管理人的價值判斷、事實判斷以及涉及認知衝突的人際判斷。而南台灣社會不均衡的發展結構，形成了多中心治理的型態，實在需要多層次及不同類型組織的複雜組合，包括公、私及自願部門，彼此間責任及功能相互交疊。在沒有雙邊政府機關參與下的架構，如何促進這些不同層次之間的溝通或跨域整合，必須以「第三部門」的民間社團作為橋梁。在兩岸僵局長期難解下，南台灣能否真正脫胎換骨，是兩岸問題的關鍵所在，因此運用現代化的跨域治理方法來探討兩岸「南南合作」的新思路更具有適應性、接受性與可行性。

二、多角色

決策是與人非常相關的事（Zeleny, 1982）。基本的治理結構中至少應包括三方個體的多角色（multiple role）：多方當事人、複合領域專家與公共管理者（E. Ostrom, 1990；Jorgensen, 1993；Frederickson, 1997；汪明生，2011）。

針對決策利害關係人分析（stakeholder analysis）的研究，Weible（2007）整理相關文獻後指出主要強調的問題有：(1)這些利害關係人是哪些人？(2)他們的利益及信念為何？(3)誰控制了重要的資源？(4)和哪些利害關係人結盟？(5)使用何種策略及場域（venue）以達到目標？此外，利害關係人分析聚焦在描繪多元場域中，運用多元策略之多元利害關係人的活動；此種觀點對於多元參與的政治系統至關重要，單一政策的輸家有充分的機會與贏家相抗衡（Weber, 1998）。

在人際連結方面，治理結構的精神應在於個體角色間的水平協商，相對於原本管理中傳統的統治、現代的管理與後現代的治理，應並非基於政治威權與法制公權力，而係個體角色間基於自知之明（理性）與開誠布公（善意）的自我約制與相互尊重。以個體角色的認知判斷來詮釋，則治理結構應具備結構系統的事實驗證，與價值偏好的衡量呈現，亦即公共管理者須主持課題案例中情勢結構、個體角色、問題標的，與目標屬性的釐清界定，並獲取多方當事人主見定見下的價值判斷，與複合領域專家基於知識專業所作的事實判斷。此外，特定課題案例是否適於或需以治理結構檢視因應，則須考量其所位處之發展階段與社會條件。

公共事務管理的核心即為公民治理，其中包括個體層面價值判斷的私公與道德，以及人際判斷的體制與倫理（汪明生，2015）。而對應社會條件發展階段，面對處理城市課題在傳統社會的主要方式係為統治，其個體角色之結構依序係為：①掌握權力資源之公共管理者，②擁有知識專業亦常係為上層菁英之複合領域專家，③無權無勢亦無資源之平民百姓與小商小販。在現代社會面對處理城市課題的主要方式係為管理，其個體角色之結構依序係為：①開放競爭、顧客導向與績效評比態勢之公共管理者，②作為服務對象與問責主體之市民大眾與傳播媒體，③以知識專業輔助支援施政決策之複合領域專家。在後現代社會面對處理城市課題的主要方式係為治理，其個體角色之結構依序係為：①主動積極關注參與、作為城市主人之多方社群公民，②倡議人性客製服務乃至低民一等之公共管理者，③功能分工與跨域整合之複合領域專家。而藉由個體角色與社會條件發展階段於治理結構中之對應，城市管理複雜系統所涉之公共管理者、複合領域專家、多方當事人等當可透過水平協商的機制，以對等尊重、公開透明的方式，促使雙方相互、多方共同的理性溝通，並以理性、善意、水平的協商對話來有效地整合政策過程中的各種建議，化解政策過程中的各種矛盾，取法乎上，以作為跨域治理變革的驅動和路徑，並打破兩岸合作跨域治理一直滯留於理念辨識、缺乏可操作性和可擴散性的困局，進而提高制定政策過程中的效能。

兩岸「南南合作」是一個跨域治理的架構，基本的治理結構中至少應包括三方個體角色：公共管理者、多方當事人與複合領域專家（E.Ostrom, 1990；Jorgensen, 1993；Frederickson, 1997；汪明生，2011）。而群體行為的經濟、社會、政治、政府的政策和管理，是以人為本的機制，在兩岸合作的平台上所進行的論壇、商業合作、學術交流等都應以「對等尊嚴、公開透明」的方式建立互信。

三、多中心

傳統的單一治理模式已不適應兩岸合作公共事務管理的要求，而多中心（poly-centric）治理的基礎是改變政府在行政上的管理和控制，讓社會內部的自主性力量在公共事務領域充分發揮基礎性作用。以降低政府直接控制社會的成本，減少政府管不勝管所帶來的失效問題。多中心是借助多個而非單一權力中心和組織體制治理公共事物，提供公共服務，強調群體參與者的互動過程和創立治理規則、治理型態，其中自發秩序或自主治理是其基礎（孫莉莉、孫遠大，2007）。

Ostrom（2000）指出多中心治理有三個顯著的特徵：選擇多樣性、減少搭便車行為，以及合理決策，因此多中心服務和治理體制更靈活治理機構，關注決策以多層次，微觀的個人決策以群體和憲政層次的決策為基礎，而群體的和憲政層次的政策需要尊重受其影響的大多數人的意見，以鼓勵民間社團組織和公民的參與。而合理決策的制定在於有效利用地方性的時間、地點與所獲得資訊。因此，多中心治理為動員群眾與公共事務提供了空間。群眾是社會公共事務的擁有者，更是社會公共事務的治理主體。

治理是對應後現代社會處理城市課題的主要方式，強調網絡關係，Ostrom等人（1997）所提出的多中心論述被認為是最早對民主社會的網絡治理概念，也就是形式上存在彼此獨立的許多決策中心，在某種程度上，他們在競爭關係中考慮到彼此，並利用各種契約、合作模式，或者利用中央機制來解決衝突，以尋求一致且可預測的互動模式（Wright, Bradley E., ed., 2011）。Ostrom（1990）曾指出，多中心治理的制度安排需要以下實質要素：清晰界定邊界、占用和供應規則與當地條件保持一致、集體選擇的安排、監督、分級制裁、衝突解決機制、對組織權力最低限度的認可、分權制度對企業的效能。

第四節　本章小結

公共事務是要關心人民及社會，並反映民意提供決策參考，越來越多的研究顯示，透過「第三部門」的跨域治理精神，以水平協商的機制可以淡化政黨的對立，聚焦於民生和經濟，適應於兩岸「南南合作」的推進；而跨域的分析不只是地區的跨越，還要兼顧跨越社會發展階段的觀念和思考，而本書介紹的跨域治理尤其關注

社會發展階段的跨域。恰如台灣現階段社會發展結構南北不同，所應為的因地制宜的對照和連結。所以透過「第三部門」參與的現代化跨域治理是可以滿足水平協商、對等尊嚴和公開透明的公民治理精神。

　　兩岸「南南合作」跨域治理的範式建構推進，在公共事務領域中是複合領域專家的事實判斷，也是個體的「知」和群體的「行」；而兩岸「南南合作」的推進，可以持續在兩岸關係和平發展的階段，也具有跨域治理的體現。從十九大以後，我們可以看到兩岸「南南合作」的情勢正在醞釀，而「第三部門」的參與正是方興未艾，兩岸關切台灣問題的智庫、專家、學者也躍躍欲試地準備承接兩岸融合發展的大趨勢。

　　2016年5月台灣再度政黨輪替，由主張台灣獨立的民進黨取得執政後，中國國民黨在11月12日紀念孫中山先生150週年誕辰，在高雄成立「孫文南院」並舉辦「孫中山與公共事務論壇」，國民黨在面對兩岸關係的新變局，從回顧兩岸關係的過去，檢討當前兩岸關係的新發展，策勵未來的努力方向，希望能夠發揮集體的智慧，找到現階段兩岸關係嚴峻對峙的解決方案。

　　中國國民黨希望借重汪明生在公共事務與兩岸事務研究的專業，培訓高雄、屏東、澎湖、金門、馬祖等縣市的公共事務人才，並希望透過「孫文南院」這個智庫為國民黨與台灣找到出路。期許以現代的公共事務學術研究兩岸「南南合作」的跨域治理，對於未來兩岸城市／地區的協商治理和社會融合是重要的課題，而對於跨域治理人才的培養，希望透過學習互動管理（IM）的研究方法，能夠建立兩岸公共事務人才的共識，體認人文科學與社會科學上的經世致用價值，作為政府與人民之間溝通方法的參考，冀達「善治」之美。治理首重人才，培養公共事務各方面的專才與人才，為兩岸「南南合作」跨域治理厚植基礎，期能在良性互動、和平發展下創造互利雙贏的局面。

　　由於十八世紀的工業革命，給全球的產業結構和社會發展結構帶來了巨大的改變，也帶動著世界思想文明掀起了翻天覆地的改變，壟斷市場的資本主義和掠奪世界資產的殖民主義崛起，相對地造成社會的貧富懸殊、階級意識對立、社會主義興起；同時期的法西斯主義和軍國主義擴張，操縱著船堅炮利，強權欺侮弱小，侵略與掠奪殖民地資源，引發東西文明的對抗和人類的衝突，帶來了世界性的戰爭，對文明造成巨大的破壞，對人類造成殘酷的屠殺，種下了民族之間的仇恨。一直到了二十世紀的中葉，第二次大戰結束以後，全世界偃鼓息兵，休養生息，才開啓了現代社會的發展，以市場經濟、科技創新、全球貿易、民主政治，作爲現代社會結構的發展模式，取代了相對安定保守的傳統社會型態。亞洲地區的日本、新加坡與香港等，是領先其他亞洲國家轉型爲現代化社會的發展階段；而台灣在1974年推動十大經濟建設，也創造了經濟奇蹟，躋身「亞洲四小龍」之首，然而近20年來的民粹政治發展的偏差，卻形成了北重南輕社會結構的差異。而中國大陸亦在1978年代開始改革開放，歷經了快速的工業化、市場化與國際化，如今已是世界崛起的大國，「超英趕美」成了事實，躍居世界第二強國。

　　從社會發展的階段和社會結構的分析，就可以觀察社會發展階段在公共事務管理架構中的群體行爲的現象面、個體認知的本質面和載體條件面。在社會發展的階段中因爲時間軸的不同而有著現象面的不同，此係因不同發展階段的社會與地區，可能同時存在於人們對於有限的地理空間不同的價值觀，一方面彼此激盪衝撞爲向外開拓的動力與契機，另一方面也形成了本身內部穩定和諧的隱憂與挑戰。

　　社會發展矩陣（Social Development Matrix, SDM）即爲：社會發展階段的公共事務管理，由於社會發展階段的時間軸不同，可分爲跨越時空的：傳統社會發展階段、現代化社會發展階段、後現代化社會發展階段，當然不同的社會發展階段也有不同的公共事務管理型態。社會發展矩陣可用天、地、人的三合概念劃分爲（參圖4.1）：

天─傳統社會（前物質主義）、現代社會（物質主義）、後現代社會（後物質主義）；

地─基礎分析（存量）的條件面（載體），包含：「自然、社會、實質」；

　　個體分析（流量）的本質面（本體），包含：「資訊、知識、價值、人際」；

人─群體分析（流量）的現象面（主體），包含：「經濟、社會、政治、政府、政策、管理」（汪明生、許綿延，2017）。

	基礎分析（存量）			個體分析（流量）				群體分析（流量）					發展階段		
	條件面 →			本質面 →				現象面 →				現象面	國家、地區		
	自然	社會	實質	資訊	知識	價值	人際	經濟	社會	政治	政府	政策	管理	國外	台灣	大陸
後現代社會	天人合一	共建共享	多元多樣	客製共享	理性論辯	水平私公	個群融合	三級產業	開放多元	認知動員	公民導向	政策參與	公共價值	西歐、北歐	台北部分	上海、成都
現代社會	人定勝天	開創精神	供需均衡	公開流通	專業技術	實質效率	個體凸顯	次級產業	菁英領導	黨派動員	顧客導向	利益團體	績效問責	美國、日本	新竹以此	沿海、城市
傳統社會	物競天擇	穩定和諧	物質匱乏	管道較少	經驗直覺	形式公平	關係層級	初級產業	封建長老	氏族政治	集權萬能	寡頭決策	層級掌控	拉美、非洲	濁水溪以南	其他地區

（左側縱軸：社會發展階段─時間軸 ◎天；社會主義（後物質）、資本主義（物質）；地、人）

圖4.1　社會發展矩陣

資料來源：汪明生，2012

第一節　傳統社會

傳統社會的特徵是政府與統治，主要呈現係為穩定和諧，而非發展。此階段的條件面資源較少、積累緩慢、隨遇而安、聽天由命；在本質面資訊管道較少、對知識學習不積極、習於經驗直覺與形式公平、私公界線不明、群己講求關係層級；在現象面，經濟為初級產業、社會為封建長老、政治為威權家族、政府為集權萬能、政策由少數決定、管理為層級掌控、不重實質與程序。當前在亞洲的日本、新加

坡、香港除外，拉丁美洲與非洲及台灣濁水溪以南與大陸除沿海較發達省市外仍多數為此。

一、物競天擇

出自達爾文的進化論，主要有二意涵，一為對自然環境適應性較強的物種得以將較優勢的基因透過繁衍而傳遞，二為不易適應或未能演化的物種將逐漸淘汰滅絕，乃聽天由命不由人。

二、穩定和諧

由於條件較難、程序不易，傳統社會的主要意識價值在於維繫群體、抑制個體。其正面效應為秉持堅守穩定和諧下較易傳承延續，然其負面效應則為不利發展開創，以及表裡不一的複雜與扭曲。

三、經驗直覺

傳統社會決策判斷與知識傳遞的重心往往在於作為本質的人與作為條件的勢，包括人際關係與位階層級，以及當下的情境與階段，而不在於作為具體問題的課題事務。由於資訊量大、瞬息萬變、未經界定乃至形式與實質的落差，如此存乎一心的理解溝通應需豐富經驗的積累以求對事的心領神會，與高度默契的培養以求對人的意會言傳。否則感知多於理性、人治大過法治之下，模糊複雜事小、爭議醬缸事大。

四、層級關係

個體與群體間以及個體與其他個體間，經由往來互動而結交熟識本是合理常態。然傳統社會的人際關係與層級位階，主要是指會以私害公與形成特權的不正常不合理狀態：關係不夠與位階不高的一般普通人幾乎難以與政府交涉或在社會立足，反之具有特權關係或利益抵換者則可無視律法權錢交易、不公不義。此外，則是矯枉過正地對於體制設計與運作下的人性假設過於防弊不思興利，則不僅不利效率有害互信，甚至成為掌握公器排除異己的工具。

五、初級產業

初級產業係直接取諸自然或經由人工利用自然來提供物質財貨的產業。由於是對次級與三級產業提供原料及中間產品，故又有原始產業之稱。例如採礦業、農業、漁業、林業與牧業等。

六、封建長老

傳統社會以封建意識與階層領導以求穩定。長老係指群體中有具資歷與輩分者，可能因經驗見識而洞悉問題本質，亦可能老而不死而戒之在得。

七、氏族政治

傳統社會的群體建構莫過於以血脈親情爲穩固基礎的氏族政治。一方面清楚呈現內外親疏的統治階層互賴意識，一方面充分反映社會多數成員的鄉愿無知、無感無奈。

八、集權萬能

政府具有普遍性，所謂「普天之下莫非王土」，又具有強制性，然帝力又嘗於我何有哉，以發展開創爲主要意識的政府應是現代有限政府，尤其是在多數產業與民眾已習於市場和法治的地區與社會；而以穩定掌控爲主要意識的政府則是傳統萬能政府，尤其是在多數產業與民眾已習於指揮和管制的地區與社會。

九、寡頭決策

政策決策操控在少數階層，決策自上而下，少有政策討論，也不重實質程序。由特權主導政策，只會代表特定利益，是隱藏各種錯誤的粉飾政策，難以成爲有利多數民眾福祉的政策。

十、層級掌控

傳統社會講求關係層級，在管理執行力求穩定掌控。防弊思維大於興利企圖，指標制度成為工具，效率公平皆難實現，產業與民眾唯有自求多福。

第二節　現代社會

現代社會的特徵是市場與管理，主要面貌即是發展開創，其啓動與工業革命、地理發現、市場體制及重商主義等密切相關，由東方亞洲的角度看待，現代化亦大體等同西化。此階段在條件面強調人定勝天、開創精神與建設發展；在本質面資訊快速流通、重視知識專業、追求實質效率、凸顯個體意識；在現象面經濟爲次級產業、社會爲菁英領導、政治爲黨派動員、政府爲顧客導向、政策爲利益團體、管理爲績效問責。當前的國家與地區包括美國、日本、新加坡、香港，台灣的新竹以北，與大陸沿海發達城市多數爲此。

一、人定勝天

發展與開創首先表現在克服自然、改造環境。兩百年來由於知識與科技的進步發達，經驗與自信的培養建立，人類更加希望控制自然環境、利用各種資源。然其後遺症在二十一世紀的今天逐漸顯現，汙染耗能、氣候變遷、大地反撲、科技風險、分配失衡與人際疏離。

二、開創精神

現代社會發展與開創的主要驅動即是私，現代化其實可以簡單地歸納爲：私領域充實與滿足的過程，包括國家、地區、城市、社區等空間區位，及政府、企業、社團等體制建構，乃至於社會的基本組成單位個人皆然。開創精神當然對應效率、效能、市場、競爭，然亦與風險、耕耘、成本、代價密切相關。在現代治理結構中，財產權的界定與保障爲能兼顧民主及發展的重要指標與工作，然在傳統社會則形成體制與監督不足之下對於人心人性的重大考驗與挑戰。

三、供需均衡

實質條件硬體建設的提供與品質基本反映政府的規劃與執行效能，而在現代社會的發展階段對於基礎設施的需求亦已普遍增長，反映產業與人口對於未來前景的積極期待。

四、專業技術

科學知識與專業技術本即為發展開創的重要原動力，加以現代社會對於私領域效率追求的價值意識，及產權界定保障的體制建構等施用於研發創新，當更有利於專業技術的開發與應用。然而，科學知識與專業技術皆為手段，在現代發展私領域效率充實滿足後，即應由政府政策、社會體制或公共意識，及由科技學術社群自發關注公共領域諸多課題事務，包括科普與公平。

五、實質效率

實質係有別於形式，亦即裡與表的區別。現代社會發展開創的重要意義即是對於個體私領域的認定、尊重與保障，對於自己的事是沒有人會馬虎應付的，就像台灣經驗中的產業經營與選舉操作，及流於形式齊頭公平的政府政策與行政管理的對比一般。

六、個體意識

相較於傳統社會穩定和諧下的群體維繫，現代社會更多地鼓勵與保障個體為主的開拓創新，至於個體與其他個體及個體與群體間，則以體制建構與承諾監督來約束調和。其得以順暢運作的前提基礎，乃在於多數個體得以理性（懂道理、講道理）、善意（利己利人）與平等（個體群體）。兩百年來，先歐後美的人類發展歷史雖曾風光旖麗，然二十一世紀開始的歐債與金融危機刻正考驗，台灣以至兩岸皆應審慎參照務實檢視。

七、次級產業

次級產業係指將初級產業及其他次級產業的產品加工製造改變形式，增加用途價值的產業。包括製造業、營造業、水電業、能源產業等。一般而言，次級產業的經濟產值帶動較大、提供較多穩定就業，然對環境往往汙染耗能，對社會扁平化與提升助益有限。

八、菁英領導

菁英係指在教育、知識、資歷、地位等方面較為卓越突出的少數人士，足以成

為引領導向群體大眾的關注議題與投身方向者。成為領導者的主要意義在於其有無追隨者，然其考驗在於一方面其間的結構組織應實質重於形式、另一方面如此效率導向的思維意識是否得以穩定持續。

九、黨派動員

相較於英美的柔性政黨，自大陸的國共迄台灣的藍綠都比較剛性。台灣民主化以來藍軍的政黨轉型尚未成功，而綠軍由於支持者屬性似亦不易改造，皆仍係以勝選執政作為核心價值，政見僅供參考、缺少格局方向。

十、顧客導向

此點清楚說明選民與社會才是決定政府施政方向與效能的檢驗基礎。然內部顧客係具有投票權的在地選民，外部顧客係帶來投資與就業的產業與企業，兩者應該透過政策行銷與公民教育予以兼顧。南台灣高雄長期以來係以內部顧客為主要對象，國際招商中的參與者常為前來免費吃喝的在地民眾，當然持續執政而發展有限，或謂原本以發展城市為主要方向的行銷高雄成為了選舉考量下的促銷市府與市長。

十一、利益團體

民主政治人民結社企圖影響政府政策，以利群體與成員目標，然亦須築基於媒體開放、多元競爭、理性論辯、監督制衡等現代社會條件前提。在南台灣高雄即僅有選舉時的樁腳派系與酬庸換利，難有公共政策的討論辯論空間。

十二、績效問責

現代社會在新公共管理思潮下，朝向重視績效、任用專業及地方競爭發展。績效與問責係指公部門為實現其任務目標而有效輸出與接受監督，例如經濟系統的主要產出即為對應社會系統的就業及對應政府系統的稅收；社會系統的主要產出即為對應政治系統的人口結構與階層意識；政治系統的主要產出即為對應政府系統的民意選票與監督參與。

第三節　後現代社會

後現代社會的特徵是社群與治理，不再強調經濟效率、菁英領導、科層威權與科學理性，轉而重視個體自主、包容差異與多元發展的人性化社會。在條件面：天人合一、共建共用、多元多樣；在本質面：客製共用、理性論辯、水平私公、個群融合；在現象面：經濟為三級產業、社會為開放多元、政治為認知動員、政府為公民導向、政策為多方參與、管理為公共價值。當前的國家與地區包括西歐、北歐各國，台灣係台北部分，大陸係上海、蘇杭、成都等部分。

一、天人合一

據道家觀點，天是自然，而人是自然的部分，所謂「有人，天也；有天，亦天也」，「天地與我並生，萬物與我為一」（《莊子》）。其基本思想是人類的生理、心理與倫理皆是自然的直接反映，應在現代階段充實確保或個體修養提升建立後，不去逾越自然規律，追求調適融合。

二、共建共用

在多數個體財富所得與知識觀念具備滿足、基礎建設與社會體制完善提供下，共建共用或各盡所能各取所需成為可能。此階段的社會發展相當中國的小康社會以至大同社會（《禮記‧禮運大同篇》）。

三、多元多樣

基於科技進步發達、社會包容尊重、政府效能較高，在硬體建設上得以充分滿足多數個體的多樣化需求，亦能兼顧群體社會的和諧公平。如兩岸城市公共交通的收費標準與方式。

四、客製共用

如同實質條件硬體建設一般，現今的科技與政府或企業的實力能量已可兼顧個體需求與群體維繫。關鍵在於社會體制是否健全完備、價值意識是否包容尊重。

五、理性論辯

係指多數個體在面對處理公共事務時，能夠並習以獨立思考爲基礎，透過溝通和論辯來獲得最大共識。理性係指人類能夠運用理智分辨，經審愼思考與邏輯推理以獲致觀點結論。故涉及不易直接觀察的主觀認知，然其檢視驗證可以時間、空間與公開等方式，並爲社會發展是否文明的重要指標。

六、水平私公

公共領域課題事務的認定與關注，其前提在於對多數個體私領域的尊重與保障。而此條件階段則在於財富所得與知識觀念所界定劃分的社會結構是否達致扁平與水平，前者係指原本上位的有權者能否自我約制及政府能否自覺有限，後者係指多數個體成員間的互動相處與彼此對待。

七、個群融合

公共事務管理的核心課題即爲個體與群體的連結兼顧，而個體事實判斷所需的理性（講道理、打算盤）、個體價值判斷所需的善意（效率公平、利己利人），與群體人際判斷所需的水平（自我約制、相互尊重）爲關鍵。當社會地區多數個體成員與群體社群得以達致如此階段境界，即可謂爲後現代社會的公民治理。

八、三級產業

三級產業係指不以物質產品爲主、主要透過以人爲本的智力心力與行爲形式增加價值滿足需求的產業，主要包括生產生活服務部門、流通交易部門、文教科研部門、社會民間部門與政府部門等。第三產業的興旺發達是現代經濟的必要特徵。

九、開放多元

開放係指對外，多元係指對內。其前提係爲多數個體成員得以自我約制、相互尊重，並與《論語·衛靈公》中的和而不同、群而不黨近似。然此需以東方傳統的修養或西方現代的理性爲基礎，否則可能質變爲混亂複雜與扭曲偏差。

十、認知動員

相較於黨派動員的群體規則外在約束，認知動員主要在於獨立思考公民自發，是以教育養成（學校）與世代傳承（家庭），乃至氛圍包羅（社會）為重要基礎。經濟產業與社會人口共同指向的白領中產係為公民社會的外在客觀充分條件，而傳播媒體、第三部門與學校、家庭及社會共同塑造形成的價值意識，係為公民社會的內在主觀必要條件。

十一、公民導向

相較於計畫管制形式公平下的政府統治，與市場競爭產出效率下的顧客導向政府管理，公民導向的政府施政更多地係以社會地區公共領域課題事務所涉群體社群中，多數個體成員或效率、或公平的多元觀點，以及多樣需求的了解關注與充實滿足為主。然政府與民眾之間舟與水的結構關係已清楚表明，社會公民作為主體條件下或自律、或他律，以維「善治」的重要與必要。

十二、多方參與

現代社會的多方參與係以公共管理者主導，包括議題設定與方案選擇；後現代社會的多方參與更多係以當事人或公眾本身主導，包括議題設定與方案選擇。原本以地方社區與民生相關事務為主的公民自治，隨著例如網路科技的進展運用已可逐漸延伸擴大至更為廣泛的公共領域課題事務，關鍵則在於多數個體的價值意識與群體社群的體制建構。

十三、公共價值

依據Mark Moore[1]對於公共事務管理的策略，係以「價值—能力—支援」（value-capacity-support, V/C/S）架構為基礎，其中C（capacity）對應SWOT企業競爭態勢分析法中的S（strength）與W（weakness），為本身內部分析；S（support）對應SWOT中的O（opportunity）與T（threat），為外部環境分析；而V（value）則為

---

1   馬克‧摩爾（Mark H. Moore）是哈佛大學約翰‧甘迺迪政府學院的豪瑟非營利組織教授和豪瑟非營利組織中心的教授。他還是一本名為《創造公共價值》的戰略管理書的作者。維基百科，https://en.wikipedia.org/wiki/Mark_Moore。

SWOT中未包括的公共價值創造，是以更為適於治理結構思維下的政府施政。然其前提條件亦為現代西方理性下的他律，或東方傳統修養下的自律，以及個體與群體得以普遍兼顧連結的後現代公民社會，方達「善治」。

第四節　社會發展與跨域治理

從傳統社會、現代社會，以至後現代社會，公共事務管理的關切範疇已由表公裡私、水平私公而真正公共。呈現群體，抑制個體，強調個體轉而為兼顧群體與個體，適對應PAM架構中的價值判斷與事實判斷，而主要連結二者的即是人際判斷的跨域治理（表4.1）。

表4.1　社會發展階段的比較

社會型態	意識型態	社會價值	跨域治理價值
後現代社會（公群）	後物質主義	民眾一般具有後物質主義所重視的言論自由、環境保護等公共意識。	我們、個群、立足公平、社會主義。
現代社會（私個）	物質主義	民眾一般具有物質主義所重視的生理、安全需求等私意識。	自我、個體、效率、資本主義。
傳統社會（表裡）	前物質主義	自然經濟占主導地位，民眾一般具有前物質主義的思想、觀念和生活方式比較落後、生產力較低的前工業社會。	穩定、和諧、表群裡個、齊頭公平、中華文化、封建醬缸。
原初（混沌）		民智未開、化外之地。	

資料來源：許綿延，2017

一般而言，重視階級領導的傳統社會結構，乃是多數個體認知的價值判斷私公不分，也不重視體制外學者專家所為的事實判斷，更缺乏官民溝通的人際判斷。所以傳統社會的公共秩序係以官僚體系的政府管理為主，而公共政策也都以管理者的決策為之，缺乏官民之間的協商機制，也只有所謂的公共行政和公共管理，沒有公共事務。因此，我們所強調的公共事務管理所對應的社會發展階段，主要為已完成現代化的社會發展階段，而多數個體已經建立公共價值，開始自發關注公共利益，

參與公共事務，準備邁向後現代化社會的發展階段。

由於台灣30年來長期「重北輕南」的施政不公，造成南北兩地的社會發展結構不均衡，導致南台灣儼然仍處於傳統社會，大多數基層民眾的知識貧乏、意識型態偏狹，公民社會體制與監督力量建構闕如，或效果不彰。許多的公共管理和公共產品，亦因社會條件的現實落差，都需要政府投入較多的人力和財力，來宣導或協助推動解決方案、政策行銷、人才訓練、後勤保障，才能有效運作與推進各項公共事務的政策。因此，如何釐清界定問題情勢、標的、目標與屬性是必要的措施，其間所牽動經濟、社會、政治、政府系統的關聯、社會發展階段的社會條件，以及多方當事人之價值判斷、複合領域專家的事實判斷，以及互動連結個體與群體的人際判斷，都是公共管理者的角色；而為遂行有效的公共管理，如何化解個體的認知衝突，運用互動管理的研究方法、協調整合、尋求群體的共識，就是所謂的跨域治理。

是以初步的體制創新策略構想，即可由南台灣作為兩岸城市地區交流合作之試點，由理念相近長期投入的民間學術團體對接；大陸方面可由選定之城市地區作為操作試點，北京則由跨部門任務編組方式結合理念相近、長期投入之選任人員主持運作。以城市地區觀點而言，兩岸大局其實已是雙城格局，其關鍵癥結是在南台灣的高雄，而化解之鑰則在北京，台北既不是問題也難以成為解方。在兩岸特殊的政治格局與當前現實的交流合作下，建議兩岸可以逐步淡化主權走向共同發展，嘗試由兩岸關係與經濟發展的結構與建設思維，逐漸朝向城市、地區、環境、科技、社會、文教、地方政府經營管理等圍繞民生發展的公共領域課題事務的跨域治理，以能夠兼顧地方公私領域管理，以及關注如在ECFA簽訂後仍改善有限的台灣三中社會階層的兩岸合作新模式，方能增進兩岸互信、化解僵局，並創造和諧新契機。

第五節　本章小結

談兩岸關係，如只從台北的角度去看，其實很多事情沒有這麼嚴峻，但把南台灣的因素加入後就會發現，兩岸關係的分析就不能完全持一個樂觀的態度。另外，我們也不能單從南台灣這個面向來看兩岸關係的發展，因為這不是一個全面的觀察。同樣道理，也發現，要去探討南台灣對於中國大陸這個地區的政治傾向、民眾

看法，跟北台灣比起來是相當不同。未來兩岸交流，應考量台灣城鄉發展矩陣「條件面、本質面與現象面及地區性」會不同，以政治面與社會面為例，濁水溪以南為「傳統社會」（特點為封建長老與氏族政治）、中部（新竹至濁水溪）為「過渡各半社會」（特點為黨派動員與菁英領導）、台北地區為「後現代社會」（特點為認知動員與開放多元），其社會發展與條件有其差異性。綜言之，南台灣的觀點，將在兩岸未來發展進程中扮演舉足輕重的關鍵角色。

　　此外，兩黨政治在台灣已然成形，政黨輪替將成常態，未來兩岸交流，除「官方對官方的正式接觸與互訪」、「政黨對政黨的交流與接觸」，若能朝向「城市對城市交流合作」角度切入，以民間社會學術團體協助建構連結，爭取兩岸有效政策支持，促進產業企業與經貿合作，或可真正落實綜效。歸結兩岸合作發展瓶頸的突破在於以「點對點」、「區對區」與「城市對城市」交流方式，以深化全面交流與合作基礎。並以「政策溝通、道路聯通、貿易暢通、貨幣流通、民心相通」五通方式務實推動，以「三軌並行制」廣泛深耕社會各階層：

1. 官方對官方的正式接觸與互訪。

2. 政黨對政黨的交流與接觸與互訪。

3. 「大陸與台灣民間社會各類型點對點與區對區交流對話」，包括「科技、交通、經濟、社會、文化、藝術、體育、教育、宗教、海洋事務、醫療與生物科技」等。且不論台灣民主體制的好壞，但畢竟這個體制在台灣已經跌跌撞撞了70年，生活在這塊土地的百姓確實習慣了。中國大陸必須再深刻地體認了解台灣政治體制，從了解到務實則有很多兩岸事務的推動，就可以避免不必要的糾葛。

社會判斷理論（Social Judgement Theory, SJT）係Hammond（1975）等人以Brunswik（1955）的透鏡模式（lens model）為基礎所發展。SJT主要探討決策者的主觀認知與客觀環境間的差異所產生的「了解」問題（亦即「認知不清」），及群體對公共決策中，各決策者間因主觀認知差異所導致的「衝突」問題（亦即「認知不同」）。其個體與群體間的線索變數是物理性質，由於個體的認知衝突及價值判斷的偏好，產出的認知回饋，具有不明確的特性。因此，SJT特別強調對環境變數間的機率及交互關係的認知困難，提出解決的方法（圖5.1）。

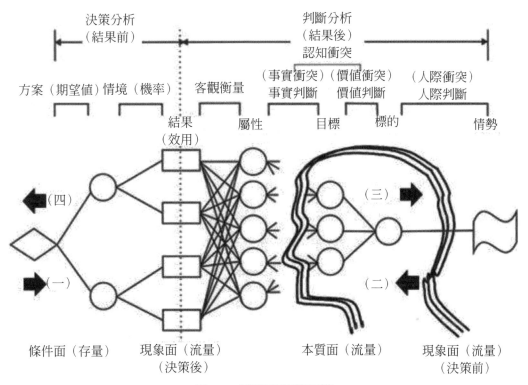

圖5.1　判斷與決策架構

資料來源：汪明生等，2016

　　判斷分析在於依據多方當事人的價值判斷、複合領域專家的事實判斷，連結個體和群體的人際判斷，以達成共識。判斷的過程，可應用統計分析，推論心理內在的主觀認知，作為多方當事人心智轉化過程的分析，用以實證理論的研究。

　　決策分析在於以判斷分析的結果效用，作為行動方案選擇的參考，從理論的規範及解釋、數學模式的應用計算，不需要再經過實例驗證，以邏輯推理，找出最佳的行動方案。

　　判斷與決策架構（Judgement and Decision Making, J&D）如圖5.1，對於公共事務管理而言，判斷分析與決策分析可視為一體的兩面，是形成政策的研究方法之一；而且是周而復始、持續不斷的工作，管理者對於公共政策施行後，還要追蹤考核效率與成果，並據以做出新的判斷和決策，才能益臻完善。

　　判斷分析必須結合社會發展狀況，以符合決策現實，判斷分析包含三個部分：價值判斷、事實判斷及人際判斷。整合後的判斷分析，可用以結合多方當事人之價值判斷與複合領域專家之事實判斷，以利公共管理者進行人際判斷，評選行動方案。判斷分析重在根據情勢如何適切界定問題目標，透過價值判斷、事實判斷和人際判斷的手段，化解認知衝突，達成群體共識；所以判斷分析可以概括為：「界定問題與目標，釐清所涉個體角色的認知並連結群體的互動結構，如何化解認知衝突，達成共識。」

　　決策分析重在考慮情境條件如何納入行動方案期望值的評估，提供決策者選擇；所以決策分析可以概括為：「考慮情境條件的干預，評估行動方案結果的期望值，如何建議替代方案，以利選擇。」（汪明生，2013）。

　　判斷與決策（J&D）的實證研究，主要在於探討如何將人類的心理值或謂價值與環境的事實相結合，提供決策者用以選擇適切的行動方案。兩者係以結果（效用）為仲介予以呈現，也就是判斷分析中的效用和決策分析中的結果一般，可視為整體狀態（holistic state）；判斷分析所呈現的效用是個體結合群體判斷的客觀衡量，而決策分析所呈現的結果是由選擇行動與情境條件所共同做出的決策。

　　在判斷與決策（J&D）的架構中，以結果作為仲介的虛線，呈現了結果後的判斷分析和結果前的決策分析，並分為結果前迄決策後、結果後至決策前、結果後至決策後、結果前迄決策前的四個操作區塊；整個系統中跨越了空間、時間、區位、個體與群體等的治理研究，所以判斷與決策分析架構可以說是一個跨域治理的研究架構，亦可謂是現代公共事務管理中最佳的研究方法之一。在本章第二節：「區位

解析與操作步驟」，我們將利用判斷與決策分析架構作為研究方法，提供兩岸「南南合作」跨域治理成功機率的參考。

第一節　判斷與決策的權重分析

　　公共事務管理（PAM）係以宏觀視野說明公共事務現象，以微觀的個體本質作為基礎，以判斷決策理論分析個體與群體；並以載體條件發展階段作為架構基盤，呈現個體與群體流量互動所累積形成之存量，這些存量條件支援或制約整體系統的運作並產生系絡效應（context effect），顯著地影響與決定本質面的個體認知與現象面的群體行為（圖5.2）。

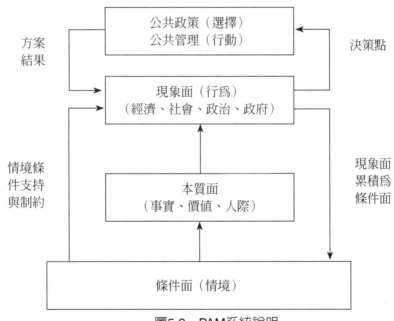

圖5.2　PAM系統說明

資料來源：汪明生、黃煒能，2016

一、判斷決策在社會判斷理論的運用

　　台灣面對解嚴後的社會變遷及全球化地區城市的轉型發展，汪明生經過20年對PAM的研究及SJT運用的經驗心得，於2000年開始彙整研究成果，此研究是以南

台灣公共事務管理的實證研析成果，歸納整理後的公共事務管理參考架構。PAM從「新公共管理」的思維途徑以經濟發展為啟動關鍵，繼而促進社會階層之能量流動，影響與形成人民當家作主的政治體制，政策的產出則為行動方案的選擇與管理的結果；實然面仍須視所涉判斷部分的個體角色公共意識，與決策部分的課題案例所處在的社會發展階段（PAM與判斷及決策的分別對應，參表5.1）。換言之，PAM檢視經濟（從計畫到市場）、社會（從菁英到多元）、政治（從威權到民主）、政府（從階層到效能）等各個層面所產生的群體行為與社會變遷過程，其內容涵蓋群體行為的「現象面」、個體認知的「本質面」、載體條件的「條件面」，三個子系統互為因果，交互影響整個系統。

表5.1　PAM與判斷及決策的分別對應

判斷分析	PAM		決策分析
	判斷部分	決策部分	
情勢（問題系統）	經濟、社會、政治、政府（事前）	政策、管理	決策點
1. 個體角色：公共管理者、多方當事人、複合領域專家 2. 人際判斷	倫理（道德）、體制（監督）	（視課題案例）	期望值
標的（問題）	（視課題案例）	實質條件、社會條件、自然條件、情境條件	
價值判斷	道德、權重、私公（效率、公平）	（視課題案例）	機率
目標	（視課題案例）	經濟、社會、政治、政府（事後）	方案結果
事實判斷	信念、因果、效用	（視課題案例）	效用
屬性	（視課題案例）		
結果、方案、目標物	經濟、社會、政治、政府（事後）		

資料來源：汪明生，2016

二、判斷決策問卷調查分析

在公共事務課題需要三個判斷分析來做解決。第一是價值判斷：係多方當事人

依據主觀經驗法則及科學訊息所獲得之社會價值判斷；第二是事實判斷：即由複合領域專家學者，依客觀衡量之科學資料或資訊，對各種可行方案進行的科學判斷；第三是公共事務管理者（決策者）結合多方當事人的社會價值判斷與複合領域專家的科學判斷，所形成整體之人際判斷。SJT優點在於可將複雜問題中所涉及之事實與價值釐清確認，做出有效的決策參考，並同時獲得權重、函數圖形及一致性等認知回饋參數，較能取得多方當事人之共識，化解衝突，有利管理者做出決策。而SJT亦可結合專家訪談、公共議題公聽會等事實判斷，及互動管理（IM）等人際判斷，進行公共事務議題之跨域分析。限制則在於操作上相對較耗時，且決策變數間可能存在顯著相關，對分析結果有影響（汪明生，2006）。

由於主宰思考的是人，而人在判斷事務時被個人的認知和個人的偏好影響，因此心理權重的變數是判斷的依據，也影響我們判斷品質的好壞，所以沒有權重（weight）的計算是不真實的判斷，因為權重會影響量變，而心理值不會影響質變。因此，SJT設計的問卷需要設計權重，其評準的結果，才有接受性、可行性。

在設計問卷時，採用隨機案例，決策參考的變數，亦稱線索（cue），通常採取影響案例最有關的2-5項（本研究採取3項），線索評準的尺度是10分，權重的尺度是1、4、7、10四個尺度；而權重評準的尺度是1-20分，僅顯示1、5、10、15、20五個尺度；至於問卷數量應是線索專案5的倍數，即3個線索需設計15個不同權重的問題。

函數圖形係指參考的變數與判斷分析間的關係，在線性分析中有兩種可能的函數圖形：正線性和負線性，每個函數均以迴歸係數的符號來表示，正的迴歸係數表示正線性函數圖形；負的迴歸係數表示負線性函數圖形。

三、POLICY EXC

POLICY EXC[1]是以透鏡模式（LM）與社會判斷理論（SJT）所發展出來，透過多元迴歸分析最小平方法（OLS），藉由Excel試算表軟體的統計功能，所設計的套裝軟體，目的在分析和改進人們如何做出判斷和決策。在功能上，POLICY EXC可以萃取（extract）參與公共事務的管理者或決策者（以下概稱管理者）的評估或判斷的心理傾向，可用電腦繪圖的方式，顯示管理者在作價值判斷時，各決策參考

---

[1] 有關POLICY EXC軟體資料，請參考網站：http://www.exedes.com/pexc/，2018年1月22日。

變數在管理者心目中的相對權重,以及各決策參考變數與決策目標間的函數關係,以比較不同管理者的決策或判斷結果和效用,因此可以針對特定個案預擬不同的問題評估或效用的判斷;而萃取(extract)、比較(compare)與預擬(specify),正好與透鏡模式及SJT主觀認知系統的表象化(explicate)、認知回饋的提供、以決策模式取代決策者(boot-strapping)等概念相吻合。本研究以POLICY EXC軟體三個線索(three-cue tasks pexc3.xls)模式進行認知一致性的分析,以檢測受測者對問題的認知是否穩定。

(一)決定係數R^2

統計學上的迴歸分析一般是利用數學模式來解決,迴歸模式是否有效及其詮釋能力的大小,通常是以「決定係數」(coefficient of determination, R^2)作為指標。

迴歸模式對預測判斷僅限於協助了解判斷原則之用,而迴歸方程式中的權數並不一定能反映線索對決策者的相對重要性,權數受線索衡量單位的影響很大,若線索以不同單位來衡量,權數並不能比較。預測的準確度須視迴歸模式對判斷原則的適合度及決策者應用判斷原則的一致性而定。

本研究以POLICY EXC軟體可以獲得受測者之迴歸分析之輸出結果,列出需要求計算的R^2值,R^2值高表示模式與判斷適合度高、決策者判斷的一致性高;但R^2值低並不一定表示決策者判斷不一致,也可能是線性模式與決策者判斷原則的適合度低所造成。

這個數學模式要求R^2值的範圍在0與1之間,當R^2值越接近1時,表示其詮釋能力越強,其所建立的迴歸模式為合適可接受。參考R^2值有兩個意義,第一是評估迴歸模式配適的良好性,第二顯示受測者對心理認知控制的穩定性,其資料可供進一步分析參考。社會科學研究對R^2值需0.67以上,在社會科學研究上,R^2值為0.5或0.6則是常見[2];另外R^2值須達0.6以上,視為在控制統計上具有穩定性的標準(黃慶源、高明瑞、汪明生,2004)。

(二)社會判斷理論正式問卷

社會判斷理論(SJT)問卷調查分析,於2018年4月2日利用在廣西桂林廣西師

---

[2]   〈決定係數R^2之判斷標準〉,中興大學官網,陳加忠,http://amebse.nchu.edu.tw/new_page_535,2018年1月7日。

範大學台桂研究中心與台灣孫文南院合辦的「第二屆兩岸南南合作論壇」的「跨域治理人才培養」互動研討會上，邀請與會的參與者和觀察者30位接受問卷調查，包含廣西師大桂台研究中心的師生、南台灣產學聯盟的會員、廣西省政府的官員等複合領域專家及多方當事人。

本問卷的主題是「兩岸南南合作範式建構與推進的可行性」（見附錄A），問卷設計了15個權重不同的狀況、3項決策參考變數（X1、X2、X3）、30位受測者（T1-T30），問卷共發放了30份，悉數回收。經過POLICY EXC軟體所計算，「兩岸南南合作範式建構與推進的可行性」的函數圖形狀態如表5.2。

表5.2　SJT決策參考變數圖形彙整

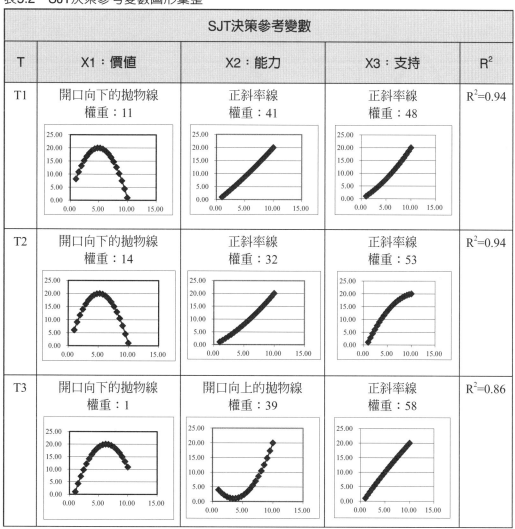

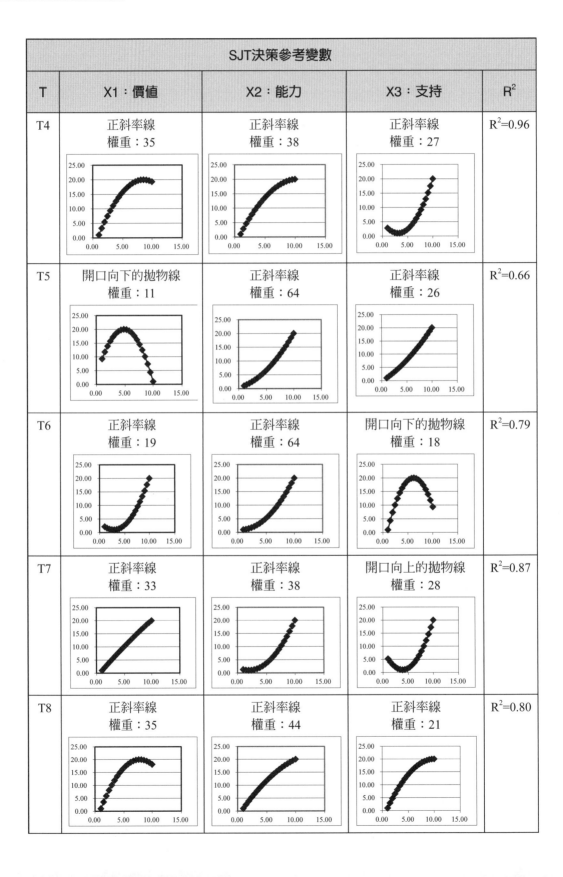

		SJT決策參考變數		
T	X1：價值	X2：能力	X3：支持	R^2
T4	正斜率線 權重：35	正斜率線 權重：38	正斜率線 權重：27	R^2=0.96
T5	開口向下的拋物線 權重：11	正斜率線 權重：64	正斜率線 權重：26	R^2=0.66
T6	正斜率線 權重：19	正斜率線 權重：64	開口向下的拋物線 權重：18	R^2=0.79
T7	正斜率線 權重：33	正斜率線 權重：38	開口向上的拋物線 權重：28	R^2=0.87
T8	正斜率線 權重：35	正斜率線 權重：44	正斜率線 權重：21	R^2=0.80

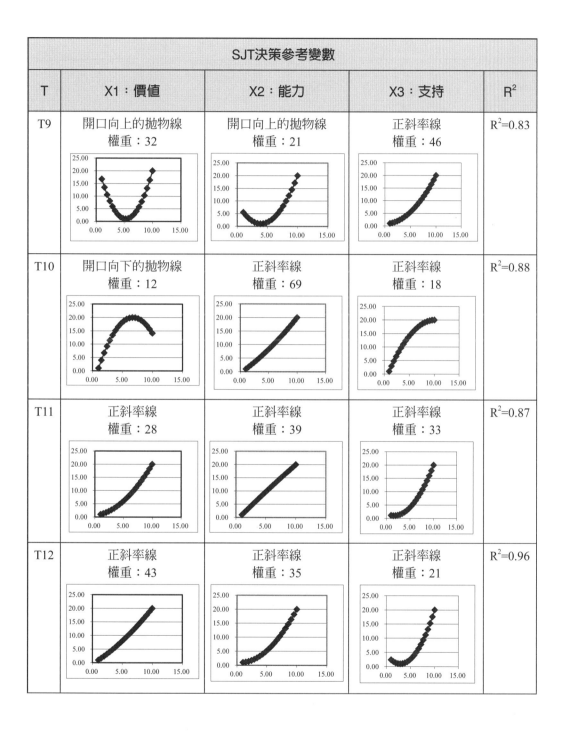

SJT決策參考變數			
T	X1：價值	X2：能力	X3：支持	R^2
T9	開口向上的拋物線 權重：32	開口向上的拋物線 權重：21	正斜率線 權重：46	R^2=0.83
T10	開口向下的拋物線 權重：12	正斜率線 權重：69	正斜率線 權重：18	R^2=0.88
T11	正斜率線 權重：28	正斜率線 權重：39	正斜率線 權重：33	R^2=0.87
T12	正斜率線 權重：43	正斜率線 權重：35	正斜率線 權重：21	R^2=0.96

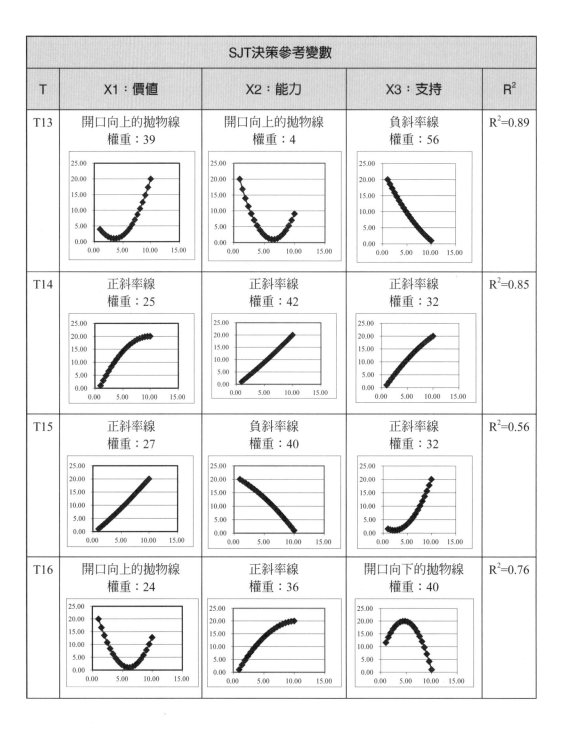

SJT決策參考變數			
T	X1：價值	X2：能力	X3：支持	R²
T17	開口向上的拋物線 權重：24	正斜率線 權重：75	開口向上的拋物線 權重：1	R²=0.96
T18	正斜率線 權重：22	正斜率線 權重：18	正斜率線 權重：60	R²=0.93
T19	正斜率線 權重：29	正斜率線 權重：34	正斜率線 權重：37	R²=0.89
T20	負斜率線 權重：22	正斜率線 權重：34	正斜率線 權重：34	R²=0.83

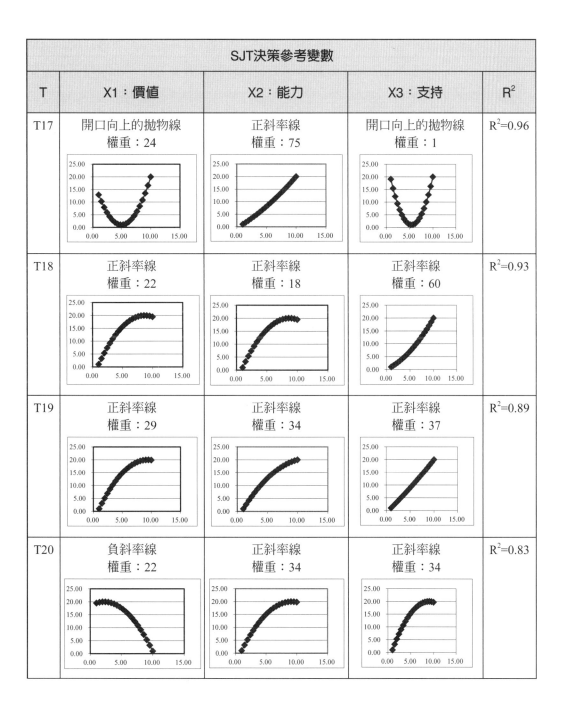

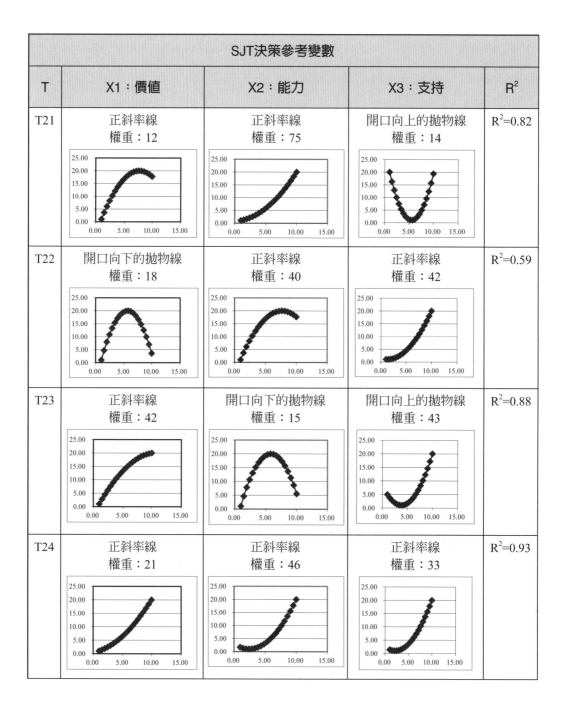

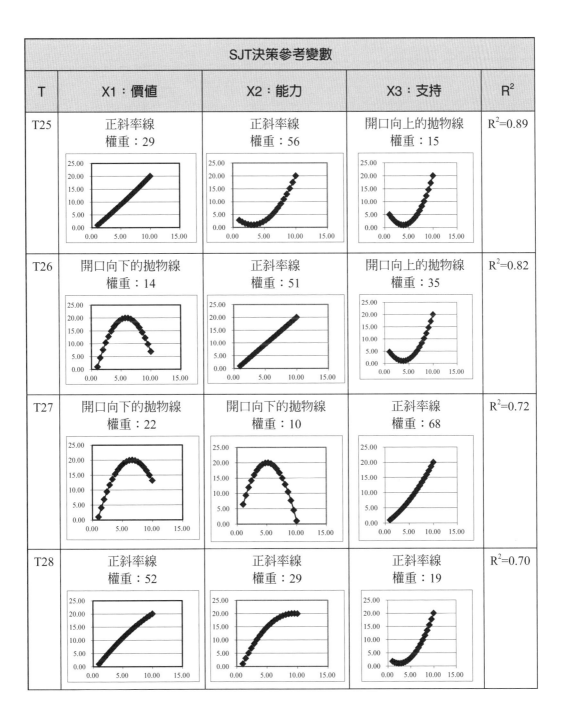

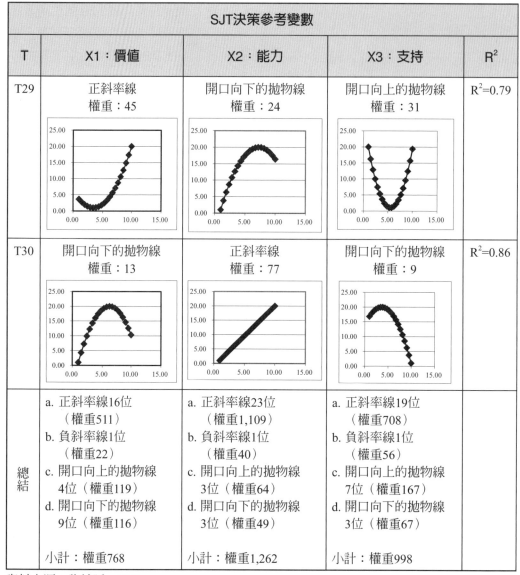

	SJT決策參考變數			
T	X1：價值	X2：能力	X3：支持	R^2
T29	正斜率線 權重：45	開口向下的拋物線 權重：24	開口向上的拋物線 權重：31	R^2=0.79
T30	開口向下的拋物線 權重：13	正斜率線 權重：77	開口向下的拋物線 權重：9	R^2=0.86
總結	a. 正斜率線16位 　（權重511） b. 負斜率線1位 　（權重22） c. 開口向上的拋物線 　4位（權重119） d. 開口向下的拋物線 　9位（權重116） 小計：權重768	a. 正斜率線23位 　（權重1,109） b. 負斜率線1位 　（權重40） c. 開口向上的拋物線 　3位（權重64） d. 開口向下的拋物線 　3位（權重49） 小計：權重1,262	a. 正斜率線19位 　（權重708） b. 負斜率線1位 　（權重56） c. 開口向上的拋物線 　7位（權重167） d. 開口向下的拋物線 　3位（權重67） 小計：權重998	

資料來源：許綿延，2019

四、社會判斷理論問卷結果之分析

　　社會判斷理論（SJT）問卷在廣西師範大學互動研討會現場實發30份，回收30份，其中2份的R^2分別為0.56及0.59，但並未視為無效，仍併入做整體分析，SJT問卷結果彙整如表5.3，並分析說明如後：

（一）以PAM策略的V、C、S（價值、能力、支援）做問卷設計的線索，從POLI-

CY EXC軟體所計算出的圖形狀態顯示，都出現了正常的函數圖型，沒有出現與問題無關的水平直線，而且正斜率曲線的出現高達50%以上，負斜率只有3%。顯示問卷設計用V、C、S作為線索是適當的，計算出的結果也符合預期。

（二）3個線索（cues），必須用5的倍數來設計問卷狀況，本研究採小樣本作問卷，因此設計了15種不重複的權重調配狀況。本研究權重評估的總數是3,028，其中X1「價值」的權重是768占25%、X2「能力」的權重是1,262占42%、X3「支持」的權重是998占33%。調查發現「兩岸南南合作範式建構與推進的可行性」，大家最優先的考慮是「能力」，其次才是希望能夠得到政府的支持或社會的奧援，而主觀的「價值」卻不是主要考慮的因素。顯示大多數的參與者只要有「能力」就願意為社會的責任盡力付出，如果又能得到適當的「支援」（如政府），那就如虎添翼了。

表5.3　SJT問卷結果

治理結構 角色	相對權重	V、C、S	X1價值 （百分比）	X2能力 （百分比）	X3支持 （百分比）
	函數圖形	圖形比例			
多方當事人、複合領域專家、管理者（廣西師範大學桂台研究中心師生及台灣孫文南院學者） $R^2 > 0.6$ 28份有效問卷 28/30 = 93%	相對權重	價值效益相對權重	768（25%）		
		能力效能相對權重		1262（42%）	
		支持效益相對權重			998（33%）
	函數圖形（型態）	正斜率線	16（53%）	23（77%）	19（63%）
		負斜率線	1（3%）	1（3%）	1（3%）
		開口向上拋物線	4（13%）	3（10%）	7（23%）
		開口向下拋物線	9（30%）	3（10%）	3（10%）

資料來源：許綿延，2019

（三）R²小於0.6的2份問卷，只有2份分別為0.56及0.59，有效問卷高達93%。R²小於0.6的2份問卷，可能顯示的是問卷對於權重的調配性欠佳，或者是受測者對於心理穩定性的控制欠佳。在本研究中僅是少數，所以在群體的行為面就被稀釋了。

（四）負斜率的函數圖型出現在V、C、S各一位，而且權重比例都相當高，顯示僅有一位參與者在問題中對於「價值」、「能力」和「支援」的三個「線索」，都有相當不樂觀的傾向。

五、對應兩岸南南合作範式建構與推進的效用

社會判斷理論（SJT）問卷的主題是「兩岸南南合作範式建構與推進的可行性」，從問卷分析的結果及函數圖形狀態表來看，本研究的參考變數（線索）是公共事務政策的V（價值）、C（能力）、S（支持），其結果分析顯示接受問卷者對於兩岸「南南合作」這個議題，從函數圖形上看V、C、S的平均值是64%，而在判斷決策架構中，R²的認知控制程度值超過0.6以上都表示模式與判斷適合度高、決策者判斷的一致性高；從整體權重的平均值觀察，其中V「價值」的權重是占25%，C「能力」的權重是占42%，S「支持」的權重占33%。調查發現兩岸跨域治理人才的培養，「能力」是最優先考慮的因素，其次才是「支持」的因素，而主觀的「價值」因素卻不是主要考慮的因素。顯示大多數的參與者對於社會責任的付出，不僅是道德的「價值」觀，其實「能力」還是成就責任最重要的因素。對應兩岸「南南合作」範式建構與推進而言，是具有鼓勵性的，顯示對於促進兩岸交流的兩岸「南南合作」新思維，是有市場的接受度，惟仍需要在論述上加強與普遍化，以期擴大政府或民間社會適應性的配合，並在多方的支持下達到可行性，也正符合「知」與「行」的目的與條件，逐漸產生深而廣、行而遠的效用。

第二節　區位解析與操作步驟

一、區位解析

公共事務管理（PAM）架構，在理論結合實例驗證的研究方面，所採用的判斷決策區塊解析與操作的程序與步驟可參圖5.3（許綿延，2017）。

（一）區塊1　情境條件評估

1. 羅列公共政策（決策）替代方案並釐清情境條件。

2. 評估結果效用、情境機率及政策方案期望值，以供選擇行動方案做出決策。

（二）區塊2　體制認知建構

1. 界定問題系統（情勢）。

2. 界定多方當事人與複合領域專家。

3. 界定問題與目標。

4. 界定目標與屬性。

（三）區塊3　互動操作應用

1. 區分個體部分之事實與價值，分別進行判斷。

2. 個體判斷合成，進行群體人際判斷。

3. 確認行動方案之成功等級。

（四）區塊4　淨流存量累積

1. 考慮治理結構與重新檢視情境條件後，採取最適當的行動方案做出決策，並檢視
   以確認行動方案之成功等級（Warfield and Cárdenas, 1994）。

   第一級：概略探索問題所涉部分結構與因素；

   第二級：進一步確認問題所涉結構與因素；

   第三級：確認釐清問題所涉整體結構與因素；

   第四級：找出化解問題之適切替代方案；

   第五級：確認化解問題之有效行動方案。

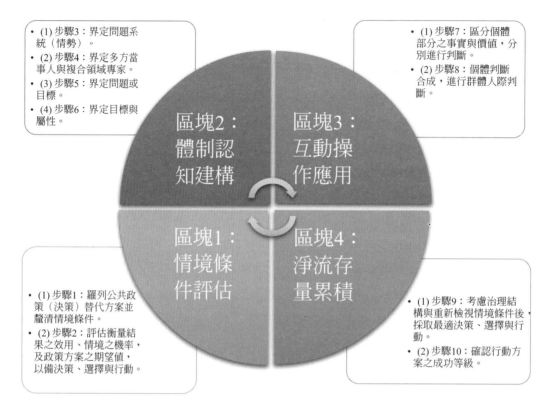

圖5.3　判斷決策區塊解析與操作的程序與步驟。

資料來源：許綿延，2017

二、判斷決策體制建構的界定

　　判斷決策分析架構之區塊解析操作步驟是公共事務管理針對每個情勢所發展的議題，以研究實證案例的重要方法之一。此架構中由個體認知的本質面、群體行為的現象面、個體與群體的互動結構、社會的條件面等，涉及多角色、多中心、多層次的解構分析，因此體制建構的界定是實施判斷決策分析過程中重要的一環（圖5.4）（許綿延，2017）。

（一）名詞解釋：

1. 情勢（situation）：經初步認定的問題系統，尚須釐清其中所涉問題結構、個體角色、認知偏好、人際連結乃至情境條件者。如：大陸一帶一路對台灣新南向困境、兩岸經貿停擺、兩會溝通中斷。

2. 標的（goal）：與問題形成一體兩面，視正面積極抑或負面消極界定，為最終深層的整體關注。由管理者界定（管理時）或由管理者徵詢當事人後界定（治理時）。如：社會經濟融合。

3. 目標（objective）：描述界定目標的指標，可對應指數（index），多為主觀，為決策者（管理時）或當事人（治理時）直接了解與關心者。如：群體行為面的經濟、社會、政治、政府。

4. 屬性（attribute）：描述界定方案結果、方案本身或目標物（object）的技術性指標（indicator），必為客觀，其界定衡量涉及專業知識。在方案結果時為風險決策，方案本身時為低風險決策，在目標物時為評估。如：三級產業、開放多元、菁英領導、黨派動員、權威家族等。

5. 方案（alternative）：替代方案須具備全括（all inclusive）與互斥（mutually exclusive）兩要件，包括零方案。如：兩岸南南合作、維持現狀。

6. 客觀衡量（objective measurement）：介於方案結果、方案本身或結果與屬性之間，由於不涉及爭議，僅需考慮需求及成本而為之。如：後現代社會、現代社會、傳統社會、原初社會等。

7. 事實判斷（factual judgement）：介於屬性與目標之間，與此二者形成知識系統或專家系統；由於所涉特性與問題結構，宜由具專業知識的複合領域專家為之。如：依據載體的條件面、理性分析效用、信念、因果推論和專業分析。

8. 價值判斷（value judgement）：介於標的與目標之間，與此二者形成價值系統或價值觀；由決策者（管理時）或多方當事人（治理時）為之，不涉及專業，然需有決策資格。此與前項在決策判斷時的先分後合正好對應孫中山在三民主義中所主張的權能區分。如：個體認知與個人偏好的權重、私公、道德。

9. 人際判斷（interpersonal judgement）：介於標的與情勢之間，在釐清界定時須知所涉個體角色與個體偏好（價值判斷），在其衡量操作時須知所涉個體的社會權重，由此即可得知群體決策的共識結果。如：態度、體制、倫理。

【人際判斷｜價值判斷｜事實判斷】

情勢　　標的　　目標　　屬性　　效用　方案　決策
　　　　　　　　　　　　　　　　　　　　（結果）

├──────▶ 客觀衡量 ◀──────┤

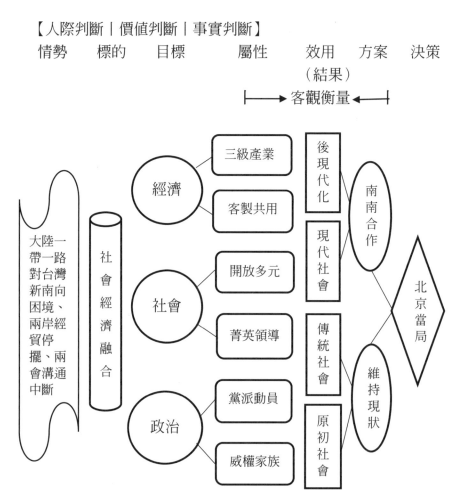

圖5.4　跨域治理判斷解析體制界定

資料來源：許綿延，2017

三、操作步驟

　　本書以兩岸「南南合作」為例，跨域治理區塊解析與操作步驟，係汪明生、許綿延於2017年9月30日在上海台灣研究所《台海研究》2017年第3期季刊，所發表的論文〈跨域治理初探──以兩岸「南南合作」為例〉，首次使用PAM跨域治理架構的區塊解析與操作步驟，適可提供讀者參考（汪明生、許綿延，2017）。

區塊一：情境條件評估

（一）步驟1：羅列公共政策（決策）替代方案並釐清情境條件

中國大陸對於兩岸的政策始終是以「九二共識」為基礎，強調「一個中國」的原則，並期望台灣方面能夠接受「一國兩制、和平統一」的方式，來進行兩岸交流，促進兩岸社會的良性互動、和平發展。但是國民黨執政的台灣政府，一直在「九二共識、一中各表」的思維上躊躇不前；民進黨執政後更是從「兩國論」到「一邊一國」、「維持現狀」，甚至在2016年以後更進一步地拒絕承認「九二共識」，並大膽地向「台獨」路線傾斜，這是兩岸關係最大不確定因素的情境條件。兩岸「南南合作」應擺脫傳統上以主權爭執的窠臼，強調民生經濟發展有較大合作空間的農業、傳統產業、觀光、文化、學術等方面，羅列多個可能的替代方案，經過判斷與決策分析後建議的行動方案不宜過多，也可以零選擇方案。以本研究為例，所提出的方案只有兩岸「南南合作」和「維持現狀」，而「維持現狀」是個了無新意而不求突破的方案，兩岸「南南合作」是在新變局下的新方案，經過分析與研究，值得嘗試，開創新局。

（二）步驟2：評估衡量結果之效用、情境之機率及政策方案之期望值，以備決策

選擇與行動南台灣問題在於經濟型態仍停留在傳統的社會結構，即是民眾以安居樂業的生活安定為主，不求創新發展。因此，以傳統的農、漁業和中小企業為主，缺乏與國際接軌的高科技和大型企業的帶動，所以經濟發展持續偏低，在2016-2019年南台灣平均失業率達4%。反觀大陸南方的廣東及閩南地區是屬於經濟比較發達的區域，尤其是大陸閩南地區與台灣都講閩南話，都有相同或近似的民間信仰、生活習俗，可以強化家族、宗親交流等活動；而廣東地區則可以強化兩岸客家人族群及社團的交流活動，這為「南南合作」提供了機遇，也就是我們建構和推進兩岸「南南合作」的利基。

區塊二：體制認知建構

（一）步驟3：界定問題系統（情勢）

當前兩岸關係陷入冷凍期，係因民進黨政府不承認「九二共識」的影響，導

致兩岸官方聯繫溝通和協商機制停擺。故此，為了因應兩岸新情勢的變化，持續兩岸經濟社會融合發展的交流合作關係，需要交給體制外的民間組織，即：「第三部門」將承擔兩岸經濟社會融合發展的主要途徑和平台，以兩岸「南南合作」的新思維，可成為創新兩岸民間交流與合作的新探索。

（二）步驟4：界定多方當事人與複合領域專家

兩岸「南南合作」的經濟發展或文化交流議題，應由兩岸「第三部門」替代體制內的政府機關對接，南台灣可以尋找理念相近的統派民間或學術團體擔綱。多方當事人應界定為南台灣地方各界，包含產業、學術、社團、宗教的代表；複合領域專家則以南台灣在地的各領域專家學者為主。

（三）步驟5：界定問題或標的

在目前兩岸關係陷入冷凍期，期以體制外的「第三部門」承接兩岸交流的備援角色，必須注意的是要針對兩岸南方／南部的特點、現狀，實事求是地合作。兩岸開放交流以來，很多兩岸交流活動是從上而下推動的，現在的狀況是既無交流政策，也無對接單位。所以，「第三部門」可以在沒有主權爭執的負擔下，更有彈性而自主的空間來推動多元化的廣泛交流；而大陸只要更主動積極地配合，以共同利益、共同發展為切入點，突破政治層面、聚焦經濟層面，向下扎根，注重基層，厚植兩岸關係發展的民意基礎和促進兩岸社會融合為標的。

（四）步驟6：界定目標與屬性

從微觀面向檢視南台灣社會發展結構，仍然是滯留在傳統社會的結構，甚至偏遠山區原住民部落，更是停留在原初的社會型態。但是民進黨執政的高雄市，地方政府主要關注目標係為產業轉型，顯然與高雄地方人民所關注的民生經濟發展相悖而行，而各界複合領域專家所提議的事實判斷也是束之高閣，說明了高雄地方的治理失靈。對於兩岸「南南合作」從複合領域專家的事實判斷和多方當事人價值判斷，應該是圍繞著民生經濟發展為界定目標，而針對地方需要和地理特性，促進兩岸產業合作和社會融合之發展的專案是必須把握住的屬性。

區塊三：互動操作應用

（一）步驟7：區分個體部分之事實與價值，分別進行判斷

對於兩岸「南南合作」議題的研究，有關個體的多方當事人的價值判斷，已在本章第一節中利用社會判斷理論的問卷調查（附錄A），統計得到的函數圖形和權重結果，發現「能力」是最重要的評量，其次才是社會或政府的「支援」，而「價值」的權重不及於使命感。說明了受測者對兩岸「南南合作」的使命與願景是強烈的，如果這份小幅度的問卷結果可以擴大解釋爲全中國或大陸南方地區的民意，則是相當樂觀的。有關複合領域專家所爲的事實判斷，也運用社會判斷理論在本章第一節的判斷分析與決策分析，參照了相關的資料和科學訊息進行判斷與分析，其實所獲的結果驗證了兩岸「南南合作」是符合預期值頗高的新課題。

（二）步驟8：個體判斷合成，進行群體人際判斷

兩岸「南南合作」研究，經過SJT的問卷調查和J&D（判斷與決策）分析，顯示了高度的期望值。因此就本研究案而言，個體與個體之間的認知衝突，或者個體連結群體的認知衝突，所存在的機率都不高，牽動著複合領域專家所爲的事實判斷也都符合了個體所爲的價值判斷，所以連結個體與群體的人際判斷，容易達成共識，有利於管理者的政策推動。但是不同的環境可能有不同的狀況，也就是說把兩岸「南南合作」這個問題搬到台灣來，即使個體認知面、群體行爲面達成了一致的共識，但是可能極不符合公共管理者的政策（執政黨的利益）；當進行管理者所爲的群體人際判斷時，可能面臨管理者粗暴的逆勢操作，強行推出一個不符合民意的管理政策。所以，目前的台灣在兩岸議題上是官冷民熱，蔡英文政府最後可能會找出不實的資料或資訊來欺騙人民，敷衍應付結案。

從研究上發現判斷與決策分析在公共事務的應用面，其實多方當事人對社會影響力較大，次爲公共管理者，複合領域專家再次之（邱靖蓉，2013）。以南台灣的高雄爲例的民主施政結果得知，高雄的社會管理結構仍是由長老領導與菁英領導並存的型態，政治尙由黨派動員結合家族影響力並存的事實，政府尙爲集權萬能，政策尙爲寡頭決策，因此公民參與的社會協商治理現代化社會結構，尙未實質形成（高煜雄，2016）。

其實，本研究的互動研討會已經做出了策略建議：大陸方面可以「兩岸南南合

作發展論壇」設立「兩岸南南合作發展基金」，支持兩岸交流持續的發展。建立機制化的合作平台，擴大社會影響力，推動兩岸南部青年交流與合作，建立兩岸南南青年合作聯盟，培養跨域治理人才及專才。而生態環保和農業領域的兩岸「南南合作」更是大有可為，可以建立兩岸「南南合作」中小企業合作策略聯盟與振興傳統產業，扶持生態環保創新發展的「南南合作」聯盟等行業性、特色性的產業聯盟，尋找合作商機，互惠雙贏。

區塊四：淨流存量累積

（一）步驟9：考慮治理結構與重新檢視情境條件，採取最適決策、選擇與行動

兩岸「南南合作」是一個跨域治理的結構，處於兩岸交流的中觀戰略層次，只要聚焦於民生經濟的發展議題，沒有談主權領土的政治負擔，是一種以「第三部門」為對接的、民間對民間的交流型態。參加這個機制的多方當事人就是各界、各黨派的人士。其所可能遇到的情境條件當然就是台灣政府方面的阻撓與干預，或者不支持，但這是違背自由民主憲法的精神，並且與人民意願背道而馳的政策管理，其可能的後果就是失去民心，進而失掉政權。儘管如此，在統一後的「一國兩制——台灣方案」的情勢需要下，兩岸「南南合作」的城市／區域試點合作，協商治理，社會融合發展，就不存在著上述的情境條件了。

因此，兩岸「南南合作」在樂觀可期的情勢下，許多台灣學界和在野黨派人士，正躍躍欲試。其實，兩岸「南南合作」新課題存在著預期的效用，在台灣有使命感、有能力的「第三部門」可以主動請纓，以捨我其誰的精神負重前行，搭起兩岸「南南合作」的橋梁。當然，還是需要大陸涉台研究機構對於台灣方面的關懷與支持，以落實兩岸「南南合作」新猷，絕不能讓妖風魔手掐滅了燃燒30年的兩岸交流的薪火。甚者，展望未來兩岸統一的時刻到來，透過兩岸「南南合作」的機制，正逢其時，可以為兩岸融合發展跨域治理做出貢獻。

（二）步驟10：確認行動方案之成功等級

以上步驟的分析可知，此操作結果在成功等級中，應為第四級：找出兩岸「南南合作」跨域治理問題之適切替代方案，亦即聚焦民生經濟議題，以兩岸「第三部門」對接兩岸城市／地區試點合作，並以南台灣的高雄作為「南南合作」與兩岸社會融合發展的突破口（汪明生、許綿延，2017）。

第三節　跨域治理判斷決策週期回合操作

PAM跨域治理的概念以及判斷決策分析的四個區塊與十個操作步驟的研究方法，爲一動態迴圈之週期回合模式，亦是藉區塊操作與解析以詮釋PAM跨域治理的內涵與理念。以動態環循而言，其四個階段，十個操作步驟儘管是依序操作，在每個操作區塊或步驟的過程當中，每一個新回合都可以隨時加入區塊與操作步驟，下一回合累積在上一回合，加入之時即開始另一回合之步驟，不同的回合同時存在，意即當個體針對某課題案例所做的判斷決策，情勢發展變化，標的隨之改變，目標也變了，屬性、結果亦不同了，亦即因任何一項因素的改變，影響了價值判斷、事實判斷、人際判斷，而又同時啓動了另一回合週期的操作，並且同時累積在舊的回合，與其他回合同時存在。此即跨域治理爲動態迴圈週期回合累積之概念。

圖5.5有四個區塊，以（一）、（二）、（三）、（四）標示，每個區塊各有其步驟，雖然有其程序與步驟，但不是單一回合或單一週期就能完成課題之分析，而是多回合週期之概念。跨域治理判斷與決策分析架構分爲四區塊，在PAM中的迴圈運作與操作概念說明如後：

第一區塊決策分析爲結果前迄決策後，亦即由載體到群體，載體條件包括自然條件、社會條件、實質條件，故在決策結果前（因爲在載體，評估衡量結果之效用），箭頭指向群體（亦即經濟、社會、政治、政府），亦爲決策後同時由公共政策、公共管理及政策方案指向群體行爲面。

第二區塊係由公共管理者將判斷解析中人際判斷、價值判斷與事實判斷等結構釐清，並界定多方當事人與複合領域專家之個體角色與認知觀點，並以個體的事實判斷與價值判斷，及連結個體與群體之人際判斷等作爲主要解析內容，此即治理結構之主要部分。此區塊爲自決策前至結果後的判斷分析，由群體（現象面）至個體（本質面），亦即從人際判斷至價值判斷再到事實判斷。

第三區塊爲目前的回合，在此區塊形成事實判斷、價值判斷與人際判斷。在PAM所顯示的現象面，即經濟、社會、政治至政府。亦爲判斷分析之結果前，自決策後，亦即從流量現象面之群體（人際判斷）至個體（價值判斷、事實判斷）。

第四區塊的回合經驗將作爲下一回合的投入，爲結果前迄決策前，由群體（採取最適切之決策方案）至載體（決策前之自然條件、社會條件、實質條件），本階段決策判斷完成，作爲下回合決策參考。

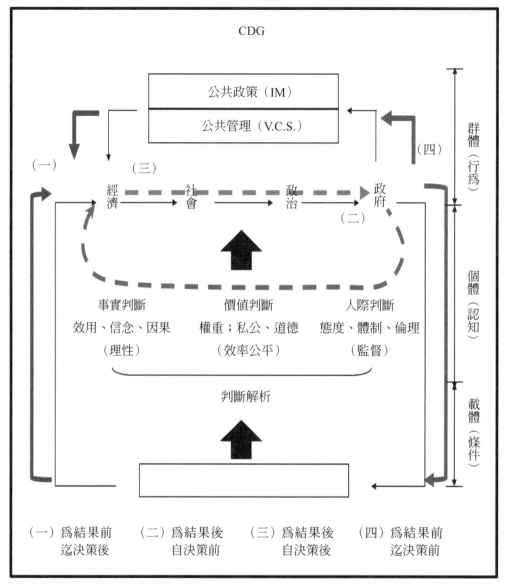

圖5.5　跨域治理回合週期操作

資料來源：汪明生，2016

第四節　SJT與IM的跨域整合

互動管理（Interactive Management, IM）係為因應當前全球化與區域化的社會複雜系統工程所需而發展，最大功能在於有效釐清與協助化解錯綜複雜問題的爭議

與沉痾。互動管理能充分尊重當事人，且能凝聚並合理化共識，具體實踐共和主義公民身分觀點，符合多元民主社會對公民參與公共事務問題的要求。

　　IM兼具直接互動、成果明確具體、豐富多元、兼顧公民與專家參與等優點，研究顯示互動管理方法能夠讓參與者受到尊重充分表達意見，並產生高度的學習效果，所以能有效地凝聚共識，可對地方重大爭議以及地方發展規劃提供策略，經驗證是有效的集體決策程序。在多元民主社會的公共事務問題上，若能採行如互動管理等良好有效的集體決策輔助方法，應有助於提升民眾積極參與地方公共事務之意願與素養，這也應是公共事務管理的理想（林鐘沂，1991）。

　　在個人利益與價值彼此歧異的多元社會中，如何使共同生活成為可能，是關係人類福祉之重大問題。以經濟角度觀之，利益互不一致者得以生活在一起之共同點為互惠；以文化角度觀之，利益互不一致者得以生活在一起的基礎是對於歷史傳統文化的認同；以政治角度觀之，能夠使利益互不一致者得以生活在一起之共同參考點則為「公民身分」。對於公民身分的解釋，向來存在著自由主義與共和主義兩種觀點，其中自由主義起源於對個人價值分歧的包容，共和主義則在分歧之情況下仍強調對於共識的追求。共和主義所指涉的「公民身分」是一種能力與權力之象徵，代表有參與公共事務能力及意願的社群成員（Wang, M.S., 2000）。

一、互動管理操作

　　互動管理（Interaction Management, IM）是一種可使多數參與者交流互動的方法，並能呈現複雜關係圖形結果的總稱。其理念係由John N. Warfield於1984年在美國維吉尼亞大學（University of Virginia）循統合方案規劃（Unified Program Planning, UPP）和詮釋結構模式（Interpretive Structural Modeling, ISM）等前身之基礎發展而來，在互動管理被視為一種體系之前，其各自的組成部分多已經開始進行實際應用。1994年，Warfield & Cardenas在總體設計科學（Science of Generic Design）為互動管理的應用提供了科學理論的基礎。

（一）IM三個階段

　　互動管理是一種連續經由一個或多個回合來達成的三階段式活動（汪明生、胡象明，2010），此三階段包括：（參圖5.6）

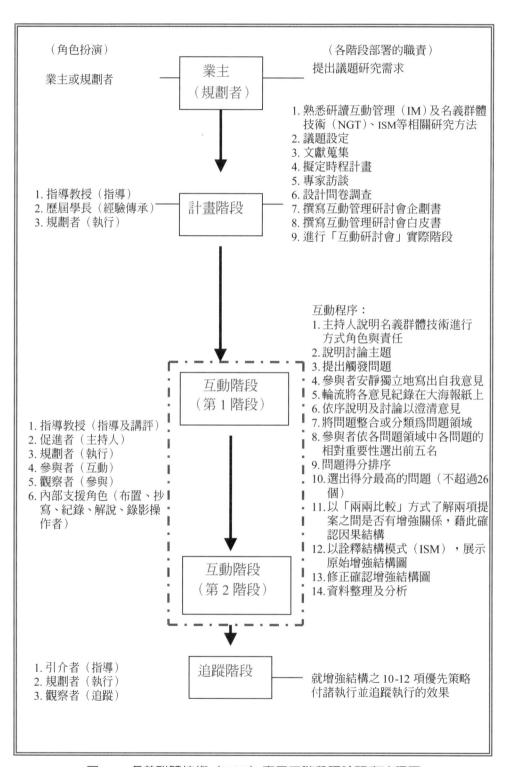

（角色扮演）   （各階段部署的職責）

業主或規劃者   ──── 業主　　　──── 提出議題研究需求
　　　　　　　　　　　（規劃者）

　　　　　　　　　　　　　　　　　　1. 熟悉研讀互動管理（IM）及名義群體
　　　　　　　　　　　　　　　　　　　 技術（NGT）、ISM等相關研究方法
　　　　　　　　　　　　　　　　　　2. 議題設定
　　　　　　　　　　　　　　　　　　3. 文獻蒐集
　　　　　　　　　　　　　　　　　　4. 擬定時程計畫
1. 指導教授（指導）　　　　　　　　　5. 專家訪談
2. 歷屆學長（經驗傳承）── 計畫階段 ──6. 設計問卷調查
3. 規劃者（執行）　　　　　　　　　　7. 撰寫互動管理研討會企劃書
　　　　　　　　　　　　　　　　　　8. 撰寫互動管理研討會白皮書
　　　　　　　　　　　　　　　　　　9. 進行「互動研討會」實際階段

　　　　　　　　　　　　　　　　　　互動程序：
　　　　　　　　　　　　　　　　　　1. 主持人說明名義群體技術進行
　　　　　　　　　　　　　　　　　　　 方式角色與責任
　　　　　　　　　　　　　　　　　　2. 說明討論主題
　　　　　　　　　　　　　　　　　　3. 提出觸發問題
　　　　　　　　　　　　　　　　　　4. 參與者安靜獨立地寫出自我意見
　　　　　　　　　　　　　　　　　　5. 輪流將各意見紀錄在大海報紙上
　　　　　　　　　　　　互動階段　　6. 依序說明及討論以澄清意見
　　　　　　　　　　　（第 1 階段）　7. 將問題整合或分類為問題領域
1. 指導教授（指導及講評）　　　　　　8. 參與者依各問題領域中各問題的
2. 促進者（主持人）　　　　　　　　　　 相對重要性選出前五名
3. 規劃者（執行）　　　　　　　　　　9. 問題得分排序
4. 參與者（互動）　　　　　　　　　　10. 選出得分最高的問題（不超過26
5. 觀察者（參與）　　　　　　　　　　　 個）
6. 內部支援角色（布置、抄　　　　　　11. 以「兩兩比較」方式了解兩項提
　 寫、紀錄、解說、錄影操　　　　　　　 案之間是否有增強關係，藉此確
　 作者）　　　　　　　　　　　　　　　 認因果結構
　　　　　　　　　　　　互動階段　　12. 以詮釋結構模式（ISM），展示
　　　　　　　　　　　（第 2 階段）　　 原始增強結構圖
　　　　　　　　　　　　　　　　　　13. 修正確認增強結構圖
　　　　　　　　　　　　　　　　　　14. 資料整理及分析

1. 引介者（指導）
2. 規劃者（執行）── 追蹤階段 ──── 就增強結構之 10-12 項優先策略
3. 觀察者（追蹤）　　　　　　　　　　付諸執行並追蹤執行的效果

圖5.6　名義群體技術（NGT）應用三階段理論研究流程圖

資料來源：汪明生，2010

1.計畫階段（planning phase）

此階段，最重要的概念就是「情境」（contingency），情境通常包含至少一個不確定因素，此情境會將所謂的「議題」包含在內，一般人可能稱之為「prob-lem」（「問題」或「麻煩」）。當議題已是沉痾卻一直無法找到成功解決方式時，則屬考慮應用互動管理的時機（張寧等，2008）。

2.互動階段（workshop phase）

在此階段，所有的參與者均須形成團隊，參與者的工作將由技術純熟的互動管理促進者（facilitator）根據互動計畫監督。其中包含三個主要概念，即背景、內容與過程：背景係於規劃階段中確認的範疇界定，內容由事先參考過白皮書的參與者提供，過程則由互動管理主持人完成。互動管理主持人須對於所有參與者解釋互動參與者、互動管理促進者以及互動管理引介人，其各自負責之角色與責任。

3.追蹤階段（follow up phase）

在此階段互動的結果會被執行或繼續進行下一回合。追蹤階段可能包括反覆討論、實施或兩者同時進行。

（二）IM角色

互動管理程序中的角色區分為三個類別：

1. 外部角色，係由業主單位組成，包括業主、贊助者（sponsor）、互動管理引介者（broker）、互動管理參與者（participant）與觀察者。

2. 內部專業角色，則由互動管理服務團隊組成，包括互動管理互動階段規劃者、互動管理促進者、模式解說員與報告整理員。

3. 內部支援角色，包含設備準備者、電腦操作員、抄寫員、陳設布置員與錄影設備操作者。

通常一個角色應由一人扮演，惟有時一人亦可能擔任多重角色，但促進者與參與者之角色不可重疊。

（三）IM成功等級

IM將操作的結果區分為五個成功等級，可以視為IM的五個功能，這五個功能也是多元社會中的公共政策問題所需的解答與程序，五個成功等級如下：

第一級：對問題開始著手時，能進一步了解其中所涉及之因素。

第二級：能對問題本身進一步了解。

第三級：能明確界定問題。

第四級：找出能化解問題的適切替代方案。

第五級：獲得能化解問題的有效行動方案。

（四）IM研究方法與結構應用

1.研究方法

互動管理屬於政策分析，有七種程序分析方法：NGT、ISM、德爾菲法、想法撰述、領域發展、剖面發展、交換分析（汪明生，2011）。

2.結構應用

互動管理活動的有形成果為說明圖，如組型（patterns）、結構圖（structural graphics）、關係圖（relationship maps）、圖表（maps）或詮釋結構模式（interpretive structural models），共計十三種。較常被應用的也有Delta表（Delta chart）、澄題結構（problematique structure）、增強結構（enhancement structure）、意向結構（intent structure）、進程結構（curriculum structure）、優先結構（priority structure）等六種，以下僅就本研究應用的結構說明：

3.澄題結構（problematique structure）

澄題結構為結構模式之另一種形式，在分析或解決複雜個案方面十分有效，澄題結構係一組以特定方式表現問題的圖形，這些問題組比單一問題具有更大範圍。澄題結構係在於定義複雜問題，表示一組問題如何劣化的關係，澄題結構中問題的因果關係表示其中某個別問題可能使其他個別問題劣化。

4.增強結構（enhancement structure）

增強結構是表示一組方案彼此如何改善的關係。增強結構之元素是行動方案，其關係是「將增強何者價值」，當其中一個方案完成，將會增加其他行動方案的價值，期望達到互動管理（IM）欲成功的第五級：獲得能化解問題的有效行動方案。

二、名義群體技術

所謂名義群體技術（Nominal Group Technique, NGT）是指各參與活動成員之間雖然共同出席，但其群體性僅為名義，實質則為獨立作業的一種群體作業程序。

本方法隨著時代演進而發展了多種改進模式，在增強獨立思考判斷之後容許互動討論，於完成會議提案排列重要性和順序之後，再進一步將提案間的因果關係以增強結構方式釐清補強。

（一）NGT操作步驟流程

操作步驟區分為兩階段。第一階段屬於典型的NGT流程，第二階段則再加上釐清共識提案間的增強結構關係（參圖5.7）。

（二）NGT的限制因素

使用以NGT為基礎的互動管理程序進行議題的討論時，在方法上受到參與人數的限制，若資源允許則可先予分組再合併討論。此外，增強NGT在進行ISM投票時，因所需時間較長，故宜有ISM之軟體協助，並備置舒適合宜的工作設備。由於互動管理會議較長且須穿插幕僚作業，為求會議進行順暢，每一回合之參與者應以前後一致為宜。相對於使用互動管理程序所產生的效益，上述的限制並非不可克服。

三、詮釋結構模式法

詮釋結構模式法（Interpretive Structural Modeling, ISM），此一名詞意指圖表理論基礎觀念的系統應用，以理論、概念與電腦的方法，有效針對一組元素間的複雜關係建構指引圖（digraph, directed graph）或網路代表（network representation）。換言之，有助於確認相關元素間的系統架構。這些資訊可以用一組箭頭或矩陣連接的指引圖表示。

ISM之程序是以二元矩陣與指引網路圖形代表一對一的機制為基礎。程序之基本觀念是「元素集合」與「遞移關係」。元素集合係指某些情勢的內容，諸如人、目標、變項、趨勢與活動。關係則是指具有組織重要性元素之間關係的可能陳述。ISM係提供小組於電腦協助下構成資料的方法，同時澄清構成要件之構想，亦容許在電腦協助下修改初步結構。其目的為協助群體建構所蒐集的知識，當群體在面對關於某些複雜系統與議題的互動學習和決策時，ISM能增進知識的使用效率。

在應用上，ISM提供構成與設計問題有關之要素類型或結構的方法。這些要素包括需要、限制、目標或各方面之選擇。例如：教育、公共設施規劃、市政預算削

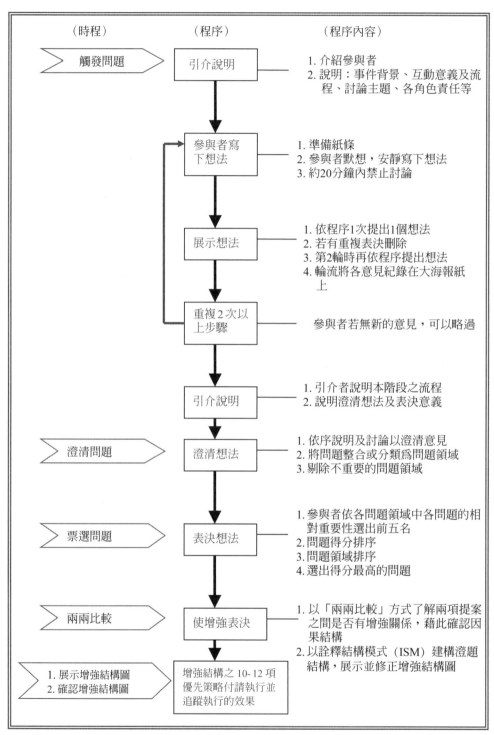

圖5.7　名義群體技術（NGT）互動階段操作步驟流程圖

資料來源：汪明生，2011

減或制度設計。此方法有利於研究複雜問題，而且在問題的各種要素間能夠產生互動。在發展一種以上的關係圖時，需要對於問題進行重點的小組討論。

　　在ISM的過程中，參與者被要求回答電腦所呈現之問題，而最後的答案以過半數之民主規則為依據。使用此一方法期間，參與人亦將被要求提供他們個人決定的理論依據，致使其他人可以得知不同觀點與資訊，然後才能夠有更好的依據對於考慮中的問題進行最後決策。大部分的學習即於此種觀點的交流中產生。

四、研究方法應用

（一）IM是公共事務議題最佳研究方法之一

　　IM作為公共事務的研究方法，對於參與者而言可以把握重點，把自己的策略建議使用少數的文字精確地表達出來，而且能夠對於自己的策略據理力爭，企圖說服其他的參與者給予支持。而且也可以針對其他參與者的策略提出質疑、建議、修改，能夠充分地表達自己的意見，並且能夠獲得主持人及其他參與者的尊重，是參與者非常滿意的感覺。IM會議的方式是參與者得以暢所欲言、據理力爭，而能誘導鼓勵獨立思考、深思熟慮後表達出與所討論議題相關的真實意見，透過不同階層多方當事人的參與，是直接面對面的互動，從會議過程中，更能相互了解，化解爭議。因此，針對重要議題，遴選觸發問題有關的專家、學者、當事人持續辦理IM會議，方能落實公共事務管理效果。

（二）公民會議之比較

　　互動管理在公民參與公共事務的模式中具備了主動積極、節省時間、掌握主題、優化品質、互相信任的優點。質言之，互動研討會就是一種發揮集體智慧的集體決策，通常集體的決策品質或其結果的接受度，都較個人決策為優。尤其實行互動管理的模式可以展現對等尊嚴、水平協商的民主政治的優良形象。從互動研討會中，也充分展現了沒有階級、暢所欲言的預期目的（表5.4）。

（三）適用非政府組織

　　「非政府組織」（Non-Government Organization, NGO）其實就是「第三部門」

表5.4　八種公民參與模式之比較

特性	方式	IM	公民會議	願景工作坊	公民陪審團	審慎思辯民調	法人公論壇	公聽會	一般民調
誰來參與	參與主體	多方當事人	一般民眾	民眾、利益團體、專家和政府官員	一般民眾	一般民眾	法人代表與民眾	民眾、利益團體、專家和政府官員	一般民眾
	主動參與的可能性	被動受邀或主動報名、選取後參加	可主動報名，經選取後參加	被動受邀	可主動報名，經選取後參加	被動受邀	被動受邀	被動受邀	被動受邀
	辦理實際參與人數	15-25人	20-30人	24-32人	12-25人	300-500人	50-80人	20-100人	1,000-1,200人
參與嘗試	討論機會與時間	高	高	中度	高	中度	中度	中度	無
	提供參與者資訊豐富度	高	高	高	較低	高	中度	中度	中度
	參與者設定議題的主控權	高	高	高	中度	低	低	低	無
參與目標	整合公眾價值	核心價值多數意見	核心價值	核心價值	核心價值	關鍵利益	價值差異	多數意見	價值研究
	提升決策品質	高度	增加資訊	整體性觀點	增加資訊	觀念創新	整體性觀點	增加資訊	整體性觀點
	解決衝突	高度	中到高度	中到高度	高度	低度	低度	低度	無
	建立對制度與公共機構的信任	高度	高度	高度	中到高度	中到高度	中到高度	低度	無
	告知與教育公眾	強	強	弱	強	強	強	弱	無
意見產出	是否需要形成書面結論	是	是	是	是	否	是	否	否

資料來源：汪明生，《互動管理與公民治理》，2010

（The third sector）[3]的概念，霍普斯金大學Lester M. Salmon[4]教授對「第三部門」的觀點認爲是現代民主社會多元發展的產物，並且強調政府本身應該要負責對社會提供公共產品和公共的服務，同時也要大力地支援非政府組織（NGO）提供的公共服務，因爲非政府組織的形成，必定是根據人民的需要，在政府職能未逮的情況下自救或彌補的方式，其目的也就是協助政府來達成爲人民服務的目標，正是公共事務管理的理想，也是民主政治重要的工具之一。

　　換言之，「第三部門」的理念不僅符合現代社會多元化結構的需要，甚至可以分擔政府爲人民服務的工作，能夠提升公共服務的品質與效率。因此，「第三部門」扮演著社會公益的積極角色，畢竟在一個多元化的社會中，人民的需求是多樣性的，唯有從建構多樣性的「第三部門」組織，和健全「第三部門」組織的發展，並加以配合政府好的治理模式，才能逐漸落實公民參與社會治理的理想，也就是公民社會的完善建構。

（四）菁英領導與導引菁英

　　IM會議以平等對話、民主協商，作爲跨域治理的推進操作程序與研究方法，基本上是對應導引菁英（elite directing）的後現代社會發展。但是會議中邀請學者、專家、政府官員和社團領袖作爲多方當事人的參與，並與基層民眾、大學研究生平起平坐、互相討論，亦係呈現符合現代社會的菁英領導（elite directed）。

（五）治理首重人才

　　人才是實現政治思想的基礎，爲政的要訣一在樹人、一在立法，立法和治事都以用人爲重點。對於跨域治理人才的培養，希望透過學習互動管理（IM）的研究方法，能夠建立公共事務人才的共識，體認人文科學與社會科學上的經世致用價值，作爲政府與人民之間溝通方法的參考，冀達「善治」之美。

3　第三部門，MBA智庫百科，https://wiki.mbalib.com/zh-tw。
4　Lester M. Salamon (born 1943) is a professor at The Johns Hopkins University. He is also the director of the Center for Civil Society Studies at The Johns Hopkins University. 1982 he is well known for writing *America's Nonprofit Sector: A Primer*, a book used commonly as a college textbook. https://thirdsectorimpact.eu/profile/salamon/.

第五節　本章小結

1990年代外部全球化與內部民主化下，所謂的跨域（cross-domain）已不僅是空間、區位、部門的跨域（cross-boundary）。現代社會的管理、後現代社會的治理，與傳統社會的統治，已必須完整全面地涵蓋納入載體條件面的自然、社會，以及實質的支援與制約，個體本質面的事實、價值與人際等判斷，以及群體現象面的廣義社會與廣義政府。

跨域治理理論探討取徑判斷決策觀點，微觀詮釋事實判斷、價值判斷與人際判斷，並以此為基礎建構以人為本宏觀的PAM參考架構。現代治理下，個體與其他個體，及個體與群體之間的互動體系所形成的治理結構，主要應係協商式民主的治理結構，具備個體認知層面對應事實判斷的理性（懂道理、講道理）與對應價值判斷的善意（利己利人），以及對應自個體而群體連結二者的水平（個體群體）所形成的互動體系。發展階段不具足成熟的社會條件將妨礙經濟發展，主要係協商型治理結構中公共管理者、多方當事人與複合領域專家等三方的個體角色，在發展階段多為傳統的地區，其中多方當事人的角色功能幾乎無法發揮，複合領域專家的角色功能發揮有限。

公共事務管理之關鍵本質取決於多方當事人「私公」價值觀之先後順序，而其核心課題即為多方當事人的個體價值判斷，以及個體與群體間的人際判斷（主觀流量），亦須納入以專家為主之事實判斷為考慮，即為延伸其個體認知的多元屬性與目標之特性，同時須一併檢視因時（社會發展階段）且因地而異的載體條件（客觀存量），及因課題而異的群體行為（客觀流量）。

簡言之，公共事務管理課題所涉及的範圍並非單一面向，較無法單獨檢視，唯透過跳脫以往僅著重空間、區位與部門間的水平協商、對話合作跨域治理，兼顧對應條件面與客觀存量的區域分析、認知面與主觀流量的判斷分析，及行為面與客觀流量的政策分析予以連結整合，方可使公共事務管理（研究）者更為深入了解課題的本質、所涉及之當事人與影響因素有系統性，進而見微知著、睹始知終，繼而整體掌握公共事務管理之微觀視角與宏觀視野。因此，如何有效率和有效果地解決區域問題，同時回應企業、非政府組織和公民社會不斷提出的參與需求，成為公共治理模式創新的挑戰和動力。跨域治理作為強調多元主體參與、注重夥伴關係構建、共用利益共擔風險的合作治理模式應運而生（張成福等，2012）。

　　互動管理會議是一種民主與科學的會議程序，其主要的目的是針對社會複雜議題的整合系統工程，是透過平等的對話、水平協商、公開透明的制度，進行個體與群體的連結，可有效釐清問題的癥結和化解認知上的衝突，而獲得共識。在程序上，分為規劃階段、互動階段、追蹤階段；在分工上，分為工作團隊、參與者、專家學者、管理者、觀察者；在體制內可促進組織學習、完善分工合作、改變組織文化；體制外可以提升公共關注，達成社會共識邁向公民社會；在方法上，運用「名義群體技術」（NGT）和「詮釋結構模式」（ISM）；在成果上，有形部分經電腦軟體計算出澄題結構或增強結構，無形部分則為組織學習後的群體共識與團隊默契。經過實例驗證，咸認為有助於社會的融合發展，是公民社會協商治理結構上，處理集體決策有效的研究方法。

　　儒家思想係爲中華文化主流，《禮記‧禮運大同篇》更是儒家思想在政治治理方面的最高境界。其內容如下：

　　「大道之行也，天下爲公。選賢與能，講信修睦。故人不獨親其親，不獨子其子；使老有所終，壯有所用，幼有所長，矜、寡、孤、獨、廢疾者，皆有所養；男有分，女有歸。貨惡其棄於地也，不必藏於己；力惡其不出於身也，不必爲己。是故謀閉而不興，盜竊亂賊而不作，故外戶而不閉，是謂『大同』。」（《禮記‧禮運篇》）

　　值此大陸大力宏揚中華文化，大步邁向中國夢實現的新世紀伊始，如何薈萃融合西方現代市場要素、中國特色社會主義，與傳統文化智慧精髓，已是政府治理更上層樓的主要功課。然而橫亙於前的兩岸議題顯係當務之急，需要有志之士關注面對，本書中的兩岸「南南合作」治理倡議，希望藉此拋磚引玉，獲得廣大的迴響。

第一節　兩岸南南合作係多層次的跨域治理

　　跨域治理取經於《禮記‧禮運大同篇》的善治精神，而兩岸「南南合作」具有多層次、多角色、多中心的特性，當前大陸在兩岸關係低谷的情勢中祭出的惠台31條措施，當然是由中央涉台事務的國台辦所發布，各省在既有的基礎上更加碼出台。可以說是表達了對台的極大善意。可以分高、中、低層次做說明（如圖6.1）。

　　高層次：左邊的北京國台辦已定調頒布惠台措施31條，右邊的廈門則據以擬定發布省市地方版本的惠台措施60條。

　　中層次：目前廈門的政策發布，似乎擬在直接面對南台灣青年。然而依據本書第二章圖2.1（30年來台灣發展所形成之四種社會結構）中左邊第④種社會結構所示，南台灣青年長期與外隔絕，尤其對於大陸普遍不了解乃至排斥。是以2017年1

月於柳州舉辦首屆「兩岸南南合作論壇」以來，台灣學者即曾經多番呼籲倘若能有
兩岸「南南合作」般的構想和倡議。則左邊的省市地區即可依據參照，並尋求對接
右邊的南台產學民間團體，較能得以在地攜手合作。

　　低層次：基於上述高層次與中層次的政策分析與詮釋解讀，左邊的南台產學即
可對接右邊的南台灣青年。

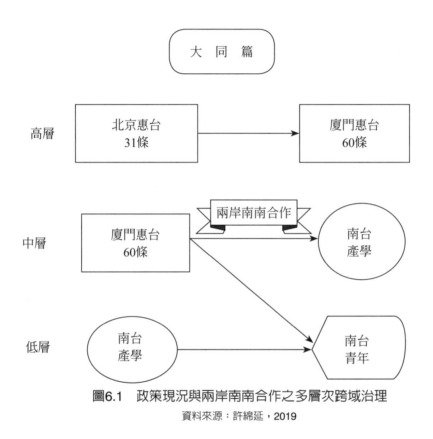

圖6.1　政策現況與兩岸南南合作之多層次跨域治理

資料來源：許綿延，2019

　　《禮記‧禮運大同篇》內容固然涵蓋經濟、社會、政治等層面，其中較為重要
的乃係社會層面。內容中的「講信修睦……故外戶而不閉」等，所描述的大致對應
西方學界所界定的後現代社會情況境界，對於已處傳統乃至原始的南台灣當然已較
陌生久不可得。然而倘若得以破格爭取、高層定調，經由上圖中層次的兩岸「南南
合作」，與低層次的入台對接操作，對於多數南部台青與所謂的「一代一線」，當
可指引明確方向、擺脫眼前困境泥淖，乃至擁有立即可見的獲得感。

　　其實，兩岸「南南合作」在兩岸關係中，以PAM架構中觀察是屬於中觀的層

次，由於兩岸事務的宏觀戰略高層次格局，已然穩定成型，不易打破現狀，眼前就是中觀層次結構格局的兩岸「南南合作」上場，這還需要兩岸共同關注，釐清界定，以形成方案。當然也需要一併考慮布局一些微觀低層的結構格局，亦即如何落實可行的策略，範式的建構，推進島內。

第二節　中華文化與跨域治理

　　中華文化博大精深，所涵蓋之政府治理相關論述當然非僅《禮記‧禮運大同篇》，舉例如下：

一、《六韜》：「天下非一人之天下，乃天下人之天下；同天下之利者得天下，擅天下之利者失天下」，反映「公天下」的政治意涵與戰略思想。

二、《書經》：「政在養民……正德利用厚生」，說明經濟發展與道德價值的呼應。

三、《老子》：「以正治國，以奇用兵，以無事取天下」、「無為無所不為」、「治大國如烹小鮮」（《道德經》），標示治國理政的最高智慧。

四、孔子《論語》：「為政以德，譬如北辰，而眾星拱之」、「遠人不服，則修文德以來之」，提醒道德價值與教育文化的重要。

五、《孟子》：「仁者無敵，暴政必亡」，分辨王道與霸道的區別。

六、《荀子》：「明分職，序事業，才技官能，莫不治理，則公道達而私門塞矣，公義明而私事息矣。」（《漢書》），揭櫫政府治理與公私價值的關聯與取捨。

　　中國傳統政治是道德與政治的緊密結合，形成了德治主義。德治主義的理論與實踐，適應了中國古代社會大一統中央集權君主專制政治制度的需要。德治主義的要求可以防範專制君主的恣意妄為，對維護統治階級的根本利益和維護社會秩序，發揮了特有的調控作用，成為中國傳統社會的一種治國方略（政治與心治）。

　　以上中國古代政府治理條列內容，皆可以公共事務跨域治理所涵蓋之載體條件、個體認知與群體行為，結合區塊解析操作步驟，以多層次、多角色、多中心，與淨純流量等予以分析，當可進行後續研究。

　　中華文化政府治理是經世致用之學，以王道思想為基礎，與西方霸道思想的政府治理有很大差異。中共總書記習近平：「未來是正直、正念、正能量人的天

下……心懷蒼生，善行天下……幫助別人成就自己。」充分闡釋了中華文化治國理政的眞正核心價值。

中華文化涵蓋儒釋道三家思想，而《禮記・禮運大同篇》是儒家思想的極致。跨域治理是公共事務管理的核心，以「跨域治理」應用架構解讀《禮記・禮運大同篇》，有其適切性、準確性、時代性與必要性。

第三節　治理結構與儒、釋、道、易

當前的重要工作乃係將就傳統階段的耽圖安逸、不思進取，與現代階段的急切功利、我執較重，藉由系統分析方法工具，以科學思維淺出解讀中華文化的經典思想，以後現代治理結構的觀念平台力行實踐、古爲今用。其用不僅於政府建議、企業經營與人才培養的淺層應用，而PAM中的多方當事人、公共管理者與複合領域專家間的協商治理工程，經過並完成釐清界定、驗證確認、衡量推估、觀察紀錄、詮釋解讀、視況呈現、協商調適、共識促進等工作。

南懷瑾於《老子他說》中對於中華文化的主體思想簡單比喻，有謂：儒家像是糧食店；釋家像是百貨店；道家像是藥草店。

一、儒家

判斷與決策中的三種判斷，事實判斷：屬性—目標，價值判斷：目標—標的，人際判斷：標的—共識。人性與人生的終極追求，事實部分即爲眞、價值部分即爲善、人際部分即爲美。

儒家思想核心的「仁」，則對應人際判斷的倫理，然需伴隨價值判斷的道德與事實判斷的因果，此即亦係孝悌（《論語・學而》）。

己立立人、己達達人（《論語・雍也》），與恕的己所不欲勿施於人（《論語・魏靈公》），則爲己（自我、個體）與人（他人、群體）的格局，亦即人際判斷。

「禮」（《論語・顏淵》）即態度，資訊整合理論（IIT）中的態度反應（Attitudinal Response）對應「表」，態度知識系統（Attitudinal Knowledge System）對應「裡」。

「誠」即心（認知）口（態度）如一，然需主見、定見，此即IIT中的目的性

（purposiveness）。此於公共事務中即係公的價值意識，並須經由時間、空間、公開的檢驗。

「信」即言（態度）行（行動）一致，於公共事務管理中此即開誠布公，包括打開個體層面的「認知黑箱」[1]，與揭開群體層面的「政策黑箱」[2]。另外，德即價值與是非；義即正當與信念；忠即盡己與從公。

中庸的「中」（喜怒哀樂之未發）與「和」（發而皆中節）皆可以IIT界定衡量、驗證確認。此外，德行即價值、言語即態度、政事即公眾、文學即和諧。

二、釋家

釋家中的「小乘」可大致對應判斷與決策（J&D），「大乘」則可大致對應PAM。以下說明：

活在當下，則前者對應個體心性，後者對應情境條件；

悟在當下，則前者對應個體心性，後者對應情境條件；

當下頓悟、明心見性，則前者對應情勢、結果，後者對應事實、價值。

引業→人身（個體、自我）；

滿業→貧富貴賤、吉凶禍福（情境、條件）；

親因緣、所緣緣、無間緣、增上緣（情境、條件）；

隨緣不攀緣（人心、個性；情境、條件）。

自性圓滿——創造發明；說明釋家的自信圓滿蓋過現今的創造發明，其亦大致對應孔子所說的述而不作、信而好古（敬天、法地）、真誠恭敬心，則前者大致對應事實、價值，後者大致對應人際。

圖6.2　釋家的因、果、緣

---

[1]　Wang, M. S. and J. S. Yang (1998), A Multi-criterion Experimental Comparison of three Multi-Attribute Weight Measurement Methods, *Journal of Multiple-Criteria Decision Analysis*, Vol.7, Issue6, pp.340-350, Wiley.

[2]　邱靖蓉，《跨域治理中互動結構及個體權重之研究》。中山大學公共事務管理研究所博士學位論文，高雄。

　　至於順勢（情勢）隨緣（情境）；善惡（價值）順逆（情境）；迷覺（標的）苦樂（心境）妄想（事實、價值）；分別（人際）；執著（條件），皆可大致對應。

　　此外，人定（靜安慮得）勝天（發展階段），仁者無敵（對立競爭）皆係強調修己功夫，亦即人心個性（標的、目標）的釐清界定、調適導引。

　　而經由教育傳承普及文化的慎終追遠、民德歸厚，當然成爲優美傳統（社會條件）：祠堂係爲倫理；孔廟係爲道德；城隍係爲因果。

三、道家

　　所謂道即在於微觀個體層面的內求、本質與本體，對應治理結構的事實、價值與人際。宏觀整體層面的外推、現象與主體，對應公共事務管理的群體、個體與載體，或謂其實應爲載體、個體與群體。

　　道家講究的道，所謂道生之、德蓄之、物行之、勢成之，可大致以SDM對應解釋，包括發展階段對應天，條件面對應地，本質面（個體認知）與現象面（群體行爲）對應人。《道德經》第一章的「道可道，非常道」，一般即在於歷經千帆後的清靜無爲。

　　諸葛亮的「非淡泊無以明志，非寧靜無以致遠」，大致對應後物質價值與後現代社會。

　　馮友蘭[3]的爲學與爲道，大致前者對應IIT的再生記憶（Recall Memory），主要在於知識與事實的博學；後者則對應IIT的功能記憶（Functional Memory），主要在於判定價值與方向的智慧。

　　而柔弱勝剛強、上善若水、水幾於道，或謂自然、柔弱等，即係一併考量判斷決策中的心性（標的）與情境（條件）。

四、易家

　　一陰一陽之謂道：
陰：地、退、隱；水南山北

---

[3]　馮友蘭（1895年12月4日—1990年11月26日），字芝生，中國河南南陽唐河人，曾爲大清、中華民國同中華人民共和國國民。他係哲學家、哲學史家，以儒人出名，後半生中華人民共和國時期，轉爲反儒。維基百科，https://zh-yue.wikipedia.org/wiki/馮友蘭。

陽：天、進、顯；山南水北，

道：無、意，

無：有、形，皆可大致對應解讀。

　　而創家主張的創造與創新，則可以：

西方的競，

儒家的敬，

道家的靜，

釋家的淨，予以說明。

　　現今的兩岸各自與共同發展，以至中華民族復興皆未至竟境，所謂的順勢隨緣乃係承上啟下與承先啟後，其實仍需力行實踐（參圖6.3）。

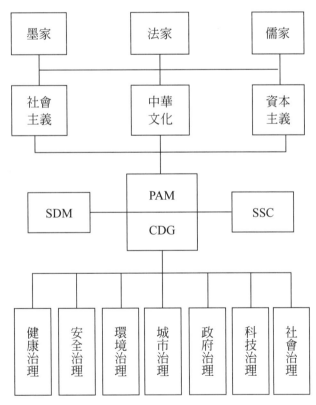

圖6.3　南南合作與公共事務跨域治理 —— 承上啟下與承先啟後

資料來源：汪明生，2019

　　儒家的立己敬上、道家的自然無為，與釋家的因緣果報，實則一體互通。曾國

藩《挺經》：大抵謂「天下事在局外吶喊議論，總是無益，終須躬自入局、請纓負責，乃有成事之可冀。」陶行之說：「行動是老子、知識是兒子、創新是孫子。」

　　以上中國古代政府治理條列內容，皆可以公共事務跨域治理所涵蓋之載體條件、個體認知，與群體行為，結合區塊解析操作步驟，以多層次、多角色、多中心與淨純流量等予以分析，當可進行後續研究。作者本務乃在教育、專業公共事務管理，縱使大局不容樂觀，然亦持續努力克盡本分。

第四節　本章小結

　　中國傳統政治是道德與政治的緊密結合，形成了德治主義。德治主義的理論與實踐，適應了中國古代社會大一統中央集權君主專制政治制度的需要。德治主義的要求可以防範專制君主的恣意妄為，對維護統治階級的根本利益和維護社會秩序，發揮了特有的調控作用，成為中國傳統社會的一種治國方略（政治與心治）。

　　台灣先行先試的民主試煉，已清楚說明西方經驗制度的照搬移植不適合我們。大體上社會發展的啟動關鍵與應由之徑不外經濟與教育，然而市場開放仍需政府調節，並且儒家君子與現代公民可能殊途同歸。台灣尤其南台灣如何導正翻轉，已成當前兩岸主要課題。兩岸南南合作當然尚需定調摸索，未嘗不能成為融合發展與心靈契合的GPS與探討路徑。

　　中國大陸正積極全球布局，推行「一帶一路」的經濟宏觀戰略。除基礎建設、產業規劃、資源配置、大國博弈、合縱連橫等可見操作外，社會文化與宗教信念等所反映的核心價值與深層關切亦不可或缺。兩岸事務應為中國治理的組成部分，何時解、如何解、解得好，當可一掃陰霾大快人心，兩岸有志有心之士攜手同心，為配合大局的中華民族偉大復興共同努力。

第三篇

地區行銷

第（七）章　兩岸城市合作

第一節　行銷高雄

一、高雄地區自然與實質條件

（一）光復後的高雄地區發展（1945-1994）

依據《天下雜誌》2003年8月所公布的「台灣二十四縣市競爭力排行榜」調查顯示（參閱表7.1），若不按人口多寡區分，則綜合經濟競爭、政府效能、生活品質，以及社會活力與潛力等四大項目後所得到的總分，台灣二十四縣市目前最有競爭力的前五個縣市，依序為以「世界級首都」自許的台北市、採行「科技重鎮」發展策略的新竹縣、「用文化決戰情色」的台中市、「為科技人訂做新風貌」的新竹市，以及採行「招商總動員」的桃園縣。而第六到第十名，則為台北縣、澎湖縣、苗栗縣、花蓮縣以及宜蘭縣。由此可見，在總排名前十名中，扣掉一個離島及兩個東部縣，其他都是北部、中部縣市，尤其是北部縣市更是名列前茅。

而排名在後十名的縣市，除了基隆市、南投縣外，其他八個都是中部以南縣市，反映出近幾年來中央企圖扭轉「重北輕南」地方發展缺失的努力，並沒有收到實質的成效，台灣的南北差距，似乎越來越嚴重，當中可以地處南部七縣市之首的高雄市為例。

位處台灣南部的高雄港是台灣第一大港，由於本身位處東南亞與東北亞航運的輻湊要衝，同時本身擁有港闊水深的天然不凍良港，因此自1945年後，高雄港區即一面進行航道開闢，一面利用挖出之泥砂填出現今之中島區域、第二貨櫃中心、石油化學品中心、第三貨櫃中心及台電、中油等土地，另規劃前鎮漁港面積68公頃。中島地區所設立之全國首座加工出口區，成為我國經濟起飛的契機（蔡碧芝，2003）。又第二港口開闢工程（1967-1977）、興建貨櫃儲運中心（1970-）、過港隧道工程（1981-1984）陸續完成，形成今日港域面積26.8平方公里，碼頭全長26.6

公里，碼頭水深16公尺，第一港口可通行3萬噸船隻，第二港口可通行10萬噸船隻，進出口貨物總量據全台第一位。

表7.1　台灣二十四縣市競爭力排行榜

排名	縣市	總分	經濟競爭平均總分	政府效能平均總分	生活品質平均總分	社會活力與潛力平均總分
1	台北市	11.95	3.36	2.79	2.44	3.37
2	新竹縣	10.46	2.68	2.86	2.63	2.3
3	台中市	10.41	2.79	2.43	2.4	2.8
4	新竹市	10.25	3.04	2.86	2.13	2.23
5	桃園縣	9.76	2.82	2.57	2.13	2.23
6	台北縣	9.71	2.79	2.43	2.13	2.37
7	澎湖縣	9.7	1.36	3.14	2.93	2.27
8	苗栗縣	9.69	2.36	3	2.44	1.9
9	花蓮縣	9.58	2.14	2.5	2.88	2.07
10	宜蘭縣	9.5	2.14	2.57	2.75	2.03
11	台中縣	9.49	2.07	2.79	2.5	2.13
12	金門縣	9.47	1.71	2.79	2.5	2.47
13	台南市	9.24	2.21	2.64	2.19	2.2
14	屏東縣	8.95	1.79	2.57	2.63	1.97
15	高雄市	8.89	2.57	2.14	1.81	2.37
16	台南縣	8.89	1.93	2.43	2.44	2.1
17	台東縣	8.86	1.57	2.64	2.75	1.9
18	彰化縣	8.72	1.86	2.71	2.25	1.9
19	南投縣	8.56	1.93	2.36	2.38	1.9
20	嘉義市	8.55	2	2.07	2.31	2.17
21	高雄縣	8.31	1.93	2.43	2.19	1.77
22	嘉義縣	8.3	1.64	2.64	2.25	1.77
23	雲林縣	8.2	1.93	2.57	2.06	1.63
24	基隆市	8.17	1.79	2.71	1.94	1.73

資料來源：天下雜誌，2003年8月

憑藉高雄港深水碼頭優勢，加工出口區、臨海工業區陸續設立，諸多國營製造事業機構，如中鋼、中船、中油等重化工業也都以高雄為根據地，因此高雄市雖在十九世紀還是小漁港，然在二十世紀中葉後，人口持續成長，經濟快速發展，發展成為南台灣最大城市。

雖然長久以來高雄被中央政府定位為台灣的「工業重鎮」，然多偏重勞力密集產業發展，較少針對其他產業建設加以積極規劃，因此，當面對到東南亞或大陸擁有更便宜的勞工誘因衝擊，高雄即面臨到產業發展的危機（汪明生、辛玉蘭，1992），觀之今日高雄加工出口區與臨海工業區所閒置的土地過半（天下雜誌，2003），可見高雄的產業發展政策已未足因應當前地方發展情勢需要。換言之，在由二級產業過渡為高附加價值的生產者服務業過程中，高雄產業重心還是在於發展第二級勞力密集產業，未及早規劃吸引高附加價值的生產者服務業進駐，藉以吸納地區過剩的勞力與人才，從而導致常態性失業人口持續攀升、經濟發展停滯不前。

就在上述失業人數增加、經濟發展遲滯的情況下，高雄地區遭遇缺乏充裕財政收入的窘境，連帶對都市環境的維護及都市生活品質的提升也有心無力，高素質人力不僅無意進駐，甚至連當地人才亦持續往外流失。如此的惡性循環使得整個都市地方發展陷入困境（吳欽杉、汪明生等，1995）。

二、亞太營運中心規劃後的高雄地區發展（1995-2001）

自1995年1月起，中央研議將台灣規劃為「亞太營運中心」，因此大力從事於各項硬體與軟體建設，並進行法規鬆綁與開放營運管制項目等行政措施，期望將台灣規劃成為外商進出入大陸市場之門戶，以台灣為營運總部，讓大陸成為台灣發展的腹地。在此前提下，行政院開始意識到高雄優越的海空港建設以及亞太航運輻湊地位，因此於「發展台灣成為亞太營運中心計畫」中將高雄港規劃作為「境外航運中心」，隨後又於1996年間指示進行「高雄多功能經貿園區」優先辦理都市更新事宜。

在1998年高雄市第二位民選市長謝長廷上任後，高雄市的地方發展即被定位為「海洋首都」，因此配合經建會規劃的「綠色矽島」願景，在行政院的支持下計畫結合高雄港和高雄都會區優越的產業與地理條件，積極推動地區產業的轉型，以「製造業培養服務業，服務業支援製造業」的理念，規劃發展出包括「台糖高雄物流園區」、「高雄軟體科技園區」與「高雄航空貨運園區」等三大投資專區；更期

望高雄都會區大眾捷運系統的動工興建，能將大高雄都會區連結成一個體系完整的地區經濟體。

在都會軟體建設層面，則致力於推動「高雄都市行銷」，以推展大型的國際藝術活動，如「國際貨櫃藝術節」、「高雄燈會」等行銷活動與建構「城市光廊」、「高字塔藝術園區」、「駁二藝術特區」以及「市民藝術大道」等藝術特區，希望藉以增添地區的人文氣息，提升高雄在外的藝文形象，並藉此進行「外部行銷」，吸引外來遊客進入消費。

雖然高雄地區近年來的地區形象發展廣受肯定，但地區的實質競爭條件仍未能有效改善。根據《中國時報》針對全台灣人民所進行的「台灣二十五縣市政府競爭力」調查報告（2001）顯示，高雄市的十二項競爭力指標中，僅有醫療資源85.62分及居民認同74.09分最優，其他依序為社會安全、教育設施、市容美化、政府清廉、行政效率，及60分以下的社會救助、交通秩序、休閒娛樂、藝文活動，而環境保護37.84分最差。

由上民調發現，經過幾年的努力，高雄地區雖然積極進行各項軟硬體建設，都市形象有所提升，然高雄當地民眾對地方發展的認同度仍低。三大園區規劃案在規劃之初原本預計可望達成擴大振興南部產業發展的政策目標，但因牽涉土地補償金糾紛與承租商權利義務訴訟問題，相關營運作業迄今停擺不前，因此對提升高雄地區就業機會的期待仍遙不可及，高失業率的問題仍未根本改善，高雄一度也成為台灣失業率最高的縣市之一（行政院主計總處，2002）。由此可見，「地區行銷」所要求的提升就業機會與提升環境品質等目標並未有效達成，今日所進行者仍局限於「都市公關」與「市府促銷」的表面行動（汪明生、馬群傑，2003，2004）。

三、高雄地區社會條件

（一）產業分析

1.產業結構區位商數

在各種分析地方經濟基礎的技術中，區位商數分析（Locational Quotient, L.Q.）是最易了解及實施的，其最常用的衡量因數就是生產額。當區位商數大於1時，意味該財貨勞務之產量相對較高，有可供外銷部分，該產業也從而被認定為經濟基礎且對整體地方經濟有貢獻；相反地，商數小於1時，該產業便被推定為在地

型產業或非基礎產業。就經濟發展目標而言，須將焦點集中於極值之上——商數大於1.25者（多為外銷基礎）及小於0.75者（有進口替代機會），而介於0.75-1.25間的產業則能生產足供地方需求的財貨與勞務。本書即依1996年及2001年行政院主計總處所出版之《台閩地區工商普查統計年報》資料，針對台北、高雄兩市大業別產業進行區位商數分析，分析結果如表7.2所示。

表7.2   北高兩市大業別生產總值區位商數

業　別			高雄市		台北市	
			1996	2001	1996	2001
工業部門		礦業及土石採取業	0.45	0.13	0.09	0.02
		製造業	1.13	1.06	0.71	0.63
		水電燃氣業	0.03	0.67	1.93	1.88
		營造業	1.31	1.40	0.76	0.68
		整體工業部門	1.11	1.07	0.76	0.68
服務業部門**	商業	批發及零售業	1.11	0.92	1.04	1.03
		住宿及餐飲業				
	運輸倉儲及通信業	運輸倉儲及通信業	0.75	1.38	1.65	1.49
	金融保險及不動產業	金融保險業	0.35	0.63	1.90	2.02
		不動產租賃業				
	工商服務業	專業科學及服務業	0.77	0.60	1.41	1.56
	社會服務與個人服務業	醫療保險業	1.26	1.09	0.96	0.82
		文化運動及休閒服務業				
		其他服務業				
		整體服務業部門	0.82	0.91	1.42	1.43

資料來源：《台閩地區工商普查統計年報》，1997，2002

*本表L.Q.取至小數點後第二位，以下採四捨五入法進位

**1996年至2001年，服務業部門中，商業分別獨立成為：批發零售業以及住宿餐飲業；金融保險及不動產業獨立區分成為：金融保險業及不動產租賃業；工商服務業獨立區分為：專業科學及技術服務業；社會服務業獨立區分為：醫療保健業、文化運動及休閒服務業與其他服務業。

基於中央長期的重北輕南政策、資源多半集中於北部的結果，台灣南北兩端有

著不同的發展趨勢（汪明生、馬群傑，1998），此發展可由表7.2中明顯看出。依表中所示，台北市的產業發展以第三級產業為發展重心，整體工業部門發展自1996年至2001年期間，區位商數值處於0.68-0.76之間，相較之下整體服務業部門之商數值均高達1.42-1.43，顯示台北市的產業發展趨向已然脫離第二級產業，朝向低汙染高附加價值的第三級服務業為主。

　　進一步依中業別進行產業分析，服務業部門中除社會服務與個人服務業區位商數值較低外，其餘不管在一般商業、運輸倉儲及通訊業、金融保險及不動產業，以及工商服務業等均超越1的輸出水準，其中金融保險及不動產業之值更高達2以上，由此可見台北市產業發展雖然亦算是某種產業發展的失衡，但此種「重服務業輕工業」的失衡不僅無損地區發展與當地生活品質，相反地還對活化地方經濟、拓展地方賦稅財源有相當大的助益。

　　相對於台北市，高雄地區長期以來一直著重在第二級產業的建立，如高汙染重工業及低回饋性工業等。由區位商數的結果分析顯示，高雄市不管在1996年時或2001年時，整體工業部門之區位商數值均高於1，當中尤其以營造業為最高，而在金融保險及不動產業、工商服務業均小於1，顯示既有的產業結構為基礎性產業，如石化及製造等產業產品以外銷至外地為主。

　　至於在非基礎性產業方面，如金融保險及不動產業與工商服務業等消費者服務業只占極小比例，且較台北市明顯為低，此顯示製造業一直是高雄的經濟基礎；而服務業比例過低，且過度依賴高汙染性製造業的結果，使得高雄的產業結構明顯失調，這種情況雖然從1996-2001年有些許轉變，但變動幅度卻極微小，且其中除了運輸倉儲及通訊業有大幅度發展外，其他如一般商業、工商服務業，以及社會服務與個人服務業卻呈現不升反降的趨勢，可見高雄市產業失衡情況不僅未有效改善，相當程度上還出現反向發展態勢。在此情況下，除非能調整原有二級產業使朝向低汙染高附加價值的方向轉型，否則長此以往，地方發展的競爭能力將再難提升。

　　進展幅度為27.83%，全國比例則下降43.05%；就從業人數看，台北市不僅未減少，反而還呈現逆勢上漲（29.81%）。

　　由此兩項分析中可以發現，在這5年來，高雄市的金融單位及金融從業人員成長率不但落後於台北市（-27.83%與29.81%），甚且較台閩地區的平均表現也略遜一籌，這可以說明高雄市今日的金融產業發展政策還須進一步加強規劃。融資體系的發展表現在地區發展的工作上，能成為對中小企業經營的資金供給助益，不管

是對企業的融資疏困或資金在國內外流動運用上，都能更為便捷有效率，而資金能完善供給則企業發展越能蓬勃興盛（Short and Kim, 1999）。相對的，高度成長的企業也能反過來對地方經濟做出更大的貢獻，這也就是金融產業的反饋（feedback），金融與產業發展、地區發展相依相存，缺一不可（姚希聖，2002）。

2. 產業區位因素評選

(1) 金融產業融資體系

高雄市2001年底工商業場所單位數有73,485家，占台閩地區工商業家數之7.59%。若與1996年底比較，5年來只增加3,640家，較上次普查之19.89%，大幅降低到5.21%，且其增加速度較台閩地區平均增加8.2%為緩，顯示本市工商業近5年來僅呈現出緩慢成長的趨勢（如表7.3）。

表7.3　台閩地區北高金融產業區位因素

項目別	總合數值			占總產業比值（%）	
	台閩地區	高雄市	台北市	高雄市	台北市
年度企業單位數（家）	5,951	484	2,928	8.13	49.20
年度場所單位數（家）	14,110	1,189	4,522	8.07	32.05
年底場所單位員工人數（人）	375,664	23,567	213,802	6.27	56.91
全年勞動報酬支出（百萬元）	331,224	6,553	285,612	1.98	86.23
全年場所單位生產總額（百萬元）	2,200,837	102,976	1,491,982	4.68	67.79
年底實際運用資產淨額（百萬元）	40,116,487	874,111	34,728,734	2.18	86.57
年底場所單位使用土地總面積（千平方公尺）	3,440,401	233,626	1,031,169	6.79	29.97

資料來源：《台閩地區工商普查統計年報》，2002

　　若僅就金融保險業而言，至1996年底時，企業單位數達484家，場所單位數也達1,139家，全年企業單位生產總額共為1,029.76億元，企業實際運用資產淨額更是高達8,741.11億元，顯示金融保險產業對高雄市之發展具有重大影響力，如表7.3。然而若再深入探究，卻可發現不僅在企業單位家數、總從業員工數與場所單位使用土地總面積上都倍數落後於台北市，且員工全年勞動報酬卻只占全國總數的1.98%。

　　尤其更值得注意的是，全年企業單位實際運用資產淨額（874,111百萬元）更只有全國相同產業比重之2.18%，相較於台北市的86.57%可說是遠遠落後。部分因素可說台北市是全國的政經中心，企業總部多設置於此，國內外金融貿易多交匯於此，因而不管是賦稅營收或資金流動所產生的乘數效果都較為顯著，相對地也充實融資體系，因此不管在生產總額與資產運用淨額都遠非高雄市所能企及；但由另方面觀之，北高同樣身為直轄市，分別位居台灣北南兩大工商重鎮，產值相去卻以數十倍計，可以看出數十年來國內對區域發展規劃的偏頗，這種資金融通體系的不健全也造成高雄市在今日地區發展上的財源匱乏窘境（如表7.4）。

表7.4　金融保險業場所單位與產業人數變動幅度比較

	年度場所單位數（家）			年底員工人數（人）		
	1996年	2001年	增減幅度（%）	1996年	2001年	增減幅度（%）
高雄市	2,315	1,139	-50.80	36,906	23,567	-36.14
台北市	6,266	4,522	-27.83	164,705	213,802	29.81
台閩地區	24,776	14,110	-43.05	421,586	375,664	-10.89

資料來源：《台閩地區工商普查統計年報》，1997，2002

　　再由表7.4中分析，高雄市金融保險及不動產業在1996年底時有2,315家，到2001年底時卻減少到1,139家，5年之間減少了1,176家，減少幅度為50.8%；而若以金融保險從業人員言，1996年時有36,906人，到2001年底時縮減為23,567人，縮編幅度為36.14%。在同時期，以營業單位場所單位數計算，台北市的交流中，取得充足的財政稅收，進一步達成活化地方經濟的最終目的。

(2)製造產業體系

　　以製造業而言，2001年底時高雄市企業單位數達4,310家，場所單位數也達4,510家，全年企業單位生產總額為6,955.69億元，企業實際運用資產總額更高達1.24兆元，顯示製造產業占高雄市工商產值比重之鉅（如表7.5）。

表7.5　台閩地區北高製造產業區位因素

項目別	總合數值			占總產業比值（%）	
	台閩地區	高雄市	台北市	高雄市	台北市
年度企業單位數（家）	145,856	4,310	8,820	2.95	6.05
年度場所單位數（家）	152,697	4,510	8,815	2.95	5.77
年底場所單位員工人數（人）	2,486,238	124,398	252,002	5.00	10.14
全年勞動報酬支出（百萬元）	1,205,271	83,535	299,627	6.93	24.86
全年場所單位生產總額（百萬元）	8,298,396	695,569	1,015,557	8.38	12.24
年底實際運用資產淨額（百萬元）	16,456,035	1,242,437	5,268,992	7.55	32.02
年底場所單位使用土地總面積（千平方公尺）	245,494,839	26,120,616	15,409,368	10.64	6.28

資料來源：《台閩地區工商普查統計年報》，2002

　　但若進一步就台北與高雄兩市占同產業總額比例相較（表7.6與表7.7），可以發現，雖然高雄市的製造業使用土地將近為全市的一半（48.34%），遠高於台北市的31.26%，但年產值僅為台北市的三分之二強（8.38：12.24），企業單位實際運用資產淨額更遠遠落後（7.55：32.02）。其顯示出雖然高雄市的製造產業凝聚了高雄地區一半以上的土地資源，但實際上除了為高雄地區留下一個高汙染的環境之外，現階段的地區發展政策其實並未替地方帶來實質上的助益（如表7.6）。

表7.6　製造業場所單位使用土地面積比較

地域別	所有產業場所單位使用土地總面積（千平方公尺）	製造業場所單位使用土地總面積（千平方公尺）	百分比例（%）
高雄市	54,031,802	26,120,616	48.34
台北市	49,288,042	15,409,368	31.26
台閩地區	650,041,975	245,494,839	37.77

資料來源：《台閩地區工商普查統計年報》，2002

　　從另一角度分析，高雄市製造產業在1996年底時僅4,129家，到2001年底時已

增加到4,510家，雖然這段期間中受1990年代末期經濟不景氣及產業外移之影響，但5年之間成長了381家，成長幅度為9.23%。而若以從業人員人數言，1996年時有129,704人，到2001年底時卻縮減為124,398人，減少幅度為4.09%；在同時期，以營業場所單位數計算，台北市的縮減幅度為9.84%，全國比例則成長4.53%，就從業人數看，全國亦小幅度成長（0.42%），然台北市卻是大幅成長（34.71%）（如表7.7）。

表7.7　製造業場所單位與產業人數變動幅度比較

	年度場所單位數（家）			年底員工人數（人）		
	1996年	2001年	增減幅度（%）	1996年	2001年	增減幅度（%）
高雄市	4,129	4,510	9.23	129,704	124,398	-4.09
台北市	9,778	8,815	-9.84	187,075	252,002	34.71
台閩地區	146,086	152,697	4.53	2,475,734	2,486,238	0.42

資料來源：《台閩地區工商普查統計年報》，1997，2002

　　由此兩項分析中可以發現，雖然高雄市的製造業廠商家數的成長率高於全國與台北市之值，但其就業員工的人數卻是大幅度縮減，這說明高雄市今日的第二級產業表面上雖然穩步成長，但這種改變卻未能為高雄地區人口的就業機會帶來直接的助益；反之，台北市藉由產業面轉型，在降低製造業廠商家數的前提下，反而創造出更為大量的就業機會。由此觀之，如何能藉由地方產業的轉型，一舉將高雄都會區傳統重汙染的二級產業，轉型為具發展潛力、高附加價值、低汙染產業，同時帶來更多就業機會，以期吸引高技術性的專業人力進駐，才是地方發展的首要之務（Stough, 1998; Stimson et.al., 2002），這也是今日高雄都會區在地方產業規劃上所要面對的首要課題。

3. 港口貨櫃營運實績分析

　　高雄港位居亞太轉運樞紐，自1993年至1999年，高雄港曾連續7年位居世界第三大貨櫃港，不僅進出口貨物總量據全台第一位，而且貨櫃量也迭創新高，與香港及新加坡並列亞洲三大轉口貨櫃港。最近4年來，高雄港貨櫃裝卸量先後被韓國釜山港、大陸上海港與深圳港超越，自2002年被上海港超越、2003年被深圳港超越後，至2005年排名已落居世界第六位；相較之下，除上海港已於2003年11月突破

1,000萬TEU而越居全世界第三、取代高雄港過去保持7年之久的全球第三地位外，曾自1996年至2000年間，連續5年貨櫃裝卸量成長率超過50%的廣東深圳港，在擺脫2001年成長趨緩後，持續以50%的高成長速度緊追在後，到2003年亦已正式超越高雄港，一躍成為全球第五大貨櫃港口，而高雄港連第五大轉口貨櫃港的地位亦已保留不住，並於2005年底開始已呈現出貨櫃裝卸量不增反減的結果（如表7.8）。

表7.8　兩岸三港貨櫃裝卸量統計　　　　　　　　　單位：1,000TEU

年別	高雄港*	上海港**	深圳港***
1993	4,635	—	—
1994	4,899	—	—
1995	5,053	1,526	—
1996	5,063	1,970	—
1997	5,693	2,520	—
1998	6,271	3,066	—
1999	6,985	4,210	2,984
2000	7,425	5,612	3,994
2001	7,540	6,340	5,076
2002	8,493	8,610	7,614
2003	8,843	11,280	10,650
2004	9,717	14,554	13,659
2005	9,471	18,082	16,201

註：*高雄港自1993年至1999年均位居全球第3大貨櫃港

　　**上海港於1995年起始進入全球20大貨櫃港排名

　　***深圳港於1999年起始進入全球20大貨櫃港排名

資料來源：1. Containerisation International Yearbook-1993~2004, 2005

　　　　　2. Containerisation International Yearbook-2005, 2006

綜觀高雄港今日所面臨之發展困境，可見諸於航令規範之限制所造成港區經營自主性及靈活性不足，以及港埠難以因應海運市場競爭激烈的環境變化等，此外，貨櫃轉口押運流程複雜、租金與費率調整缺乏彈性、貨櫃航商租用碼頭區塊分散，無法完整充分利用，乃至於紅毛港遷村時程延宕，影響所及致使歷年來轉運貨櫃成

長率高於進出口貨櫃量等，都已成爲高雄港當前發展的重大瓶頸。雖然以上諸因素導致港口發展迭遇瓶頸，但當中影響最大者或可由兩岸通航方式未確定，致貨櫃轉運量成長的成長幅度不如預期方面觀之。

由於台灣過去所側重的勞力密集產業多外移到大陸、東南亞設廠，進出口貨源產品都大爲減少，因此在傳統產業方面已失去如同過去的優勢；近年來更面臨到國際海運業競爭激烈、船舶的大型化及貨運時效的挑戰與要求，兼以受到全球經濟不景氣打擊所導致台灣的進出口貨櫃大減等。在種種因素交互影響下，高雄港的轉口貨櫃業務難以進一步提升。

自2002年兩岸相繼加入WTO以來，高雄港更因受到大陸沿海港口快速發展的影響，貨源不斷減少，雖貨運量逐年成長，但增長幅度最高只達12%，2000年以來除1年成長率達10%以上外，其餘3年平均成長率都僅達個位數；反觀大陸上海港與深圳港的貨櫃裝卸量，幾乎每年都以20%-30%的速度大幅增長，其中深圳港的成長更是耀眼，年成長率在2002年甚至創下50%的佳績（如表7.9）。兩相對照下可以看出，面臨到大陸港口競爭力的不斷提升，高雄港的營運優勢也正在持續流失當中。

表7.9　兩岸三港貨櫃裝卸量年成長率

年別	高雄港	上海港	深圳港
1994	5.69%	—	—
1995	3.13%	—	—
1996	0.20%	29.10%	—
1997	12.45%	27.92%	—
1998	10.15%	21.67%	—
1999	11.39%	37.31%	—
2000	6.31%	33.30%	33.85%
2001	1.54%	12.97%	27.09%
2002	12.63%	35.80%	50.00%
2003	4.12%	31.01%	39.87%
2004	9.88%	29.02%	28.25%
2005	-2.5%	24.24%	18.61%

資料來源：1. Containerisation International Yearbook-1993~2004, 2005

　　　　　2. Containerisation International Yearbook-2005, 2006

　　由於在高雄港裝卸的貨櫃中，有半數是轉口貨櫃，因此一旦受限於兩岸三通政策，無法貨運直航，則往來東南亞與東北亞之船隻必須在赴台途中，灣靠第三地之琉球石垣島或香港，如此一來航商營運成本與時間勢將大幅增加。在此情況下，航商若不願錯失大陸市場的龐大商機，唯有逕行將船隻貨運駛往大陸港口停靠裝卸，上海港與深圳港即在此條件下繼之而起，取代台灣港口城市的地位，使原本頗具優勢的高雄港漸趨邊緣化，不僅貨櫃裝卸量在全球的排名節節下降，諸多外籍航商的航班也不再前往台灣停靠，廣大航運商機自此再難挽回。

　　高雄港在遭逢大陸港口優勢競爭的同時，在國內也受到包括雲林麥寮港、台北港等新港口瓜分貨源的威脅，因此港口發展面臨莫大危機。當此之時，行政院於六年國家發展計畫中編列594億元預算，規劃興建高雄洲際貨櫃中心，並計畫在高雄港第二港口北防波堤北側填海造地以填築新生地，開發為外海貨櫃中心，同時亦闢建第二過港聯外道路，期能從降低貨主的運輸成本並提高港口貨物轉口效率，兼以整合協調國防部、關稅局與高雄港務局等公部門的行政作業以降低官僚成本。雖然行政院與港務當局採行諸多行政措施，企圖從整體面提升高雄港的競爭力，但高雄港區因長期偏重於硬體面的港區建設，卻缺乏從航商的觀點考量港區的長遠競爭條件，因此如果兩岸仍無法直航，航運成本仍無法節省，在此情況下，高雄港的競爭能力亦難以提升。

4. 人口素質分析

　　依據內政部民政司與高雄市政府民政局人口教育程度統計資料顯示，高雄市15歲以上大專在籍人口由1997年的236,073人成長為2001年間之328,705人，成長人數為92,632人，在國內七大城市中成長量雖居第二位，僅次於台北市的138,048人，但若由成長比例觀之，卻僅達39.24%，不僅遠不及新竹市的84.68%，甚至屈居於台南市（51.90%）、基隆市（47.48%）以及台中市（46.52%）之後，可說數年間高雄市大專以上人口的增長速度仍有所不足（表7.10）。

表7.10 各地區大專以上人口成長幅度

	1997	2001	1997-2001 成長人數	1997-2001 成長比率
高雄市	236,073	328,705	92,632	39.24%
台北市	643,174	781,222	138,048	21.46%
台中市	160,561	235,251	74,690	46.52%
台南市	95,680	145,342	49,662	51.90%
基隆市	45,334	66,857	21,523	47.48%
新竹市	48,024	88,689	40,665	84.68%
嘉義市	43,037	59,537	16,497	38.33%

資料來源：內政統計提要，1998，2002

附註：1996年及以前為六歲以上人口教育程度資料，1997年起僅就十五歲及以上人口統計其教育程度，由於本書為求統一比較基礎，因此採用1997與2001年資料。

若進一步由各城市大專以上人口與當地人口總值作比較（表7.11），高雄市大專以上程度人口占當地總人口比值由1997年的16.44%成長為2001年的21.99%，相較於全國與台灣其他六縣市的比值，高雄市不僅由1997年時領先全國平均值（16.44%：15.99%）轉成為2001年落後於全國平均值（21.99%：22.95%），甚至在全國七大城市中成長率落居倒數第二位，僅次於基隆市的21.43%。由上述分析可見，經過這些年來的地方發展規劃，高雄市的大專以上高素質人口成長率不但不見快速成長，相形之下還越見萎縮。地方發展有賴高素質人力的進駐，而其核心發展目標也要求由提升地方人口素質以達成最終建構都市民之經濟、社會與環境整體福祉的目的（汪明生、辛玉蘭，1992），在此前提下，高雄市未來如果欲進一步推動地方整體發展，提升地區競爭優勢，則有待持續推進地區人口素質的再提升。

表7.11 各地區大專以上人口占該地總人口比值

	1997	2001
全國	15.99%	22.95%
高雄市	16.44%	21.99%
台北市	24.75%	29.66%
台中市	23.70%	31.25%

	1997	2001
台南市	17.21%	24.69%
基隆市	15.24%	21.43%
新竹市	17.92%	30.73%
嘉義市	16.38%	22.21%

資料來源：內政統計提要，1998，2002

附註：1996年及以前為六歲以上人口教育程度資料，1997年起僅就十五歲及以上人口統計其教育程度，由於本書
　　　為求統一比較基礎，因此採用1997與2001年資料進行分析。

四、高雄地區發展本質面分析

　　高雄市政府近年來積極籌劃相關政策行動，期望藉此扭轉高雄以往工業汙染重鎮的地區形象。鑑於國外研究，地方慶典活動（festivals）的推展與特色建築（architecture）的建構有助於地區形象的改善（Ward, 1994; Burgess, 1982; Barke and Harrop, 1994; Hubbard, 1996），因此自1998年起高雄市即將地方發展的主軸定位為「海洋首都」（高雄市政府，2004）。在都會軟體建設層面，推動建立台灣海洋首都之都市形象，擴展高雄都會行銷，積極爭取舉辦各項國際性及全國性的大型活動，如2009世界運動會及全國性的元宵燈會與國慶煙火晚會等，希望藉以增添地區的人文氣息，提升高雄在外的藝文形象（高雄市政府新聞處，2004），並藉此進行「外部行銷」以招徠外部遊客進入消費。至於在硬體產業建設方面，則致力於推展「高雄境外經貿作業區」、「多功能經貿園區」、「資訊軟體園區」、「物流中心」、「國際自由貿易港區」、「興建國際會議中心之開發及招商」等，雖然由此可見高雄市政府積極推展地方發展之決心，但就其成果來看，高雄地區的實質競爭條件仍未見長足進展。

　　根據2001年《中國時報》針對全台灣地區民眾所進行的「台灣二十五縣市政府競爭力」調查報告（2001）顯示，當時在高雄市的十二項競爭力指標中，僅有醫療資源85.62分及居民認同74.09分最優，其他依序為社會安全、教育設施、市容美化、政府清廉、行政效率，及60分以下的社會救助、交通秩序、休閒娛樂、藝文活動，環境保護37.84分最差。而經過幾年的努力，高雄市雖然積極進行各項軟硬體建設，都市形象有所提升，然由於近年來高雄市傳統產業外移導致就業機會減少，

但地區在產業轉型上的準備卻無法與快速發生的產業環境變遷相對應，因此具備高附加價值的生產者服務業與新興產業的就業機會未相對增加；同時高雄地區雖有不少大專院校培育人才，但卻沒有足夠的就業機會。在這種情形下，高雄市失業率已由2000年的3.79%提升為2002年的5.45%，同時期高雄市大專以上就業人口的失業率也一路由2.96%攀升到4.49%，而要在短期內解決這種結構性失業的問題也有極大的困難（李秉正等，2003）。

　　綜上可見，高雄的地方經濟與就業機會不僅多年來未見提升，一度還成為台灣失業率最高的都市之一。再加上地區產業結構的失衡，因此可說高雄地區當前所面臨到的地方發展困境在於產業結構失衡與人口素質亟待提升。但由於一直以來地方政府在都市發展的過程中扮演主導者的角色，這種從上而下的地方事務推動使得地方發展的進行事倍功半。因而大多數民眾對地區很少有一份參與感，對地區公共事務的進行漠不關心，且缺乏理性論辯思維，這種對公共事務不關心的心態也造成地方發展陷入困境（蕭元哲、馬群傑，2004）。因此高雄地區「唯有藉由多元群體的理性論辯，縮小彼此認知差距，建立地方發展共識，從而達成提升地區整體生活品質的發展標的，才是切合高雄當前地方發展需求的具體行動展現。」（汪明生、馬群傑，2002）。

五、高雄地方發展的困境與挑戰

（一）高雄健康城市指標

　　依據地方發展相關文獻研究成果，整理建構地方發展條件情況指標包括(1)人口質量，(2)就業機會與所得，(3)技術與創新，(4)都市化程度，(5)土地、交通運輸與公共設施，(6)政府歲入歲出，(7)社會福利、救濟支出，(8)文化、休閒與醫療情形等八項。為迎接2009世界運動會，在「海洋首都」的總目標之下，高雄市政府以「健康城市」作為施政目標，期盼培養市民熱愛運動、提升品格、心靈、保持個人健康，同時建構健康安全的生活環境。提出「提升市民體能，擴大市民參與」、「健全市民心靈，提升公民文化」、「營造優質空間，促進永續發展」等三項政策目標，以及：

1. 以全球標準，營造健康城市，迎接2009世運會，持續向國際級之生活品質邁進。
2. 均衡推動「健康體能」、「健康心靈」、「健康環境」三大主軸，妥適發展市民身、心、靈健康及與環境的互動。

3. 推動全民參與，整合社會資源，增進市民對健康的認知，營造共識與認同。

4. 由教育著手，培育健康下一代，改變市民體質，提升高雄市未來競爭力。

5. 建構城市健康指標，持續調查研究，以促進永續發展等五項政策主張，具體策略
　 包括：

　(1) 自然條件：推廣綠色社區、維護生物多樣性。

　(2) 經社條件：活化體能教育、推動生命與品格教育、落實終身學習、提升藝文
　　　生活品質、鼓勵參與志願服務。

　(3) 實質條件：推廣健康自我管理、建構健康檢測體系、強化紓壓機制、強化都
　　　市生活衛生安全網絡、建全支持系統（高雄市健康城市綱領，2005）。

（二）高雄地方發展的困境

　　高雄市雖擁有的自然資源條件，具有得天獨厚海岸線長達12公里，腹地廣闊，
港口經濟及貨櫃轉運之功能，但非為台灣政治、文化中心，地方自主性財源不足，
影響地方基礎建設預算編列。長期以來產業結構以初級與次級產業為主，社會結構
則以農、漁業就業人口，以及藍領勞工為主。依「北高都市評比重要指標」顯示高
雄市家庭生活每人每年可支配所得低於台北市為380,465元，但貧富差距卻高於台
北市為6倍，勞動就業之失業率高於台北市為5.5%，難以提升民眾生活品質[1]。高雄
市民眾受大學教育程度占總人口比率低於台北市為16.30%，致使一般民眾普遍較具
傳統意識，往往內視保守，缺乏創新精神。也因較少自主意識，以息事寧人的傳統
觀念，往往不願公開表達個人觀點，缺乏監督與承諾互惠批判的社會資本，長期漠
視地方發展的議題。

　　近年來，高雄市推展的地方發展政策多偏重地區形象塑造，忽略實質影響地方
發展的產業結構調整、環境衛生保護或人口素質提升等核心發展課題，迄未見都市
競爭力的提升（但昭強，2001），此反映高雄市在「兩岸四地城市競爭力」調查分
析所利用「產業與國際化」、「政府與建設」、「市場與消費」等多項經濟數據為
第11名「優勢城市」[2]，遠落後台北市、台中市與新竹市。在此情形下，高雄市地
方發展的困境原因，在於決策者未足確實掌握多元群體對地方發展的認知意向，導

---

[1]　整理自台北市政府主計總處（www.dbas.taipei.gov.tw）與高雄市政府主計總處（www.kcg.gov.
　　tw），2005。

[2]　《遠見雜誌》，2005年11月。

引理性參與地方發展事務、監督批判地方發展問題（蕭元哲、馬群傑，2004）。

（三）高雄地方發展的挑戰

高雄市是台灣首度爭取到2009世界運動會主辦權，要以國際化思考未來高雄市政重大建設，並有明確的時間表，高雄市民才會有具體的城市目標（高雄市政府，2004）。高雄市政府依循此一規劃，將2005年度的施政主軸界定為「健康城市」，希望打造健康的市民、健康的家庭，以及活力、快樂、舒適的海洋健康城市。因此，提出「提升市民體能，擴大市民參與」、「健全市民心靈，提升公民文化」及「營造優質空間，促進永續發展」三大目標，並配合行政院推動「健康台灣年」施政方針，將「健康城市」擴大調整為「國民身心健康」、「環境永續健康」、「政府體質健康」、「經濟體制健康」、「社會互信健康」及「生活品質健康」六大面向，積極推動相關市政建設。如何透過2009年世界運動會的舉辦，促成地方經濟、社會、政治、政府整體發展，進而提升地方發展競爭力，即是今後高雄市地方發展面臨的巨大挑戰。

（四）高雄地方發展與地區行銷

南部地區的發展對台灣整體發展影響至大，而談到南部地區的發展，就不能略過台灣南部地區第一大都市的高雄不談。

由於面臨全球經濟情勢的轉變與兩岸相繼於2002年加入世界貿易組織（World Trade Organization, WTO）的影響，高雄港不僅喪失原有優勢轉運地位，2004年起甚至連全球第五大轉口貨櫃港的地位亦已不保，將其拱手讓給大陸深圳港。

在面臨到都市與港口競爭優勢持續流失的情況下，雖然高雄早於1994年即由地方各界提出採用「地區行銷」（place marketing）[3]的管理理念進行企業性地方發展行動，但由於傳統以來高雄的地區發展多著重於由上而下（top-down）的政府單向決策行動，因此除了民眾的需求常受地方政府決策部門忽略之外，相對也造成民眾對地方發展事務冷漠以對，毫不關心，從而造成地方發展共識未能有效凝聚，地方

3　由於本書所探討者為相對於中央政府主導供給導向的地區／都市需求導向行銷管理理念與模式，並依台灣目前發展現狀探究相對於傳統中央政府主導的高雄市主動研議地區行銷管理行動，因此在文中即將地區（place）、地方（local）、城市（city）與都市（urban）併同討論，其探討概念均無二致。

發展的盲點亦無法加以釐清並予解決。就此而言，如何藉由凝聚地方各界的共識以培養相對競爭優勢，不僅成為當前高雄地方發展的重點，且也為本書所欲論究的重點課題。

第二節　高雄、平潭試點合作

　　近現代的人類發展，以西方經驗與社會學觀點大致可區分為傳統社會、現代社會與後現代社會等發展階段。而政府的角色與功能隨著傳統、現代與後現代等發展階段而與社會（民眾）間形成統治、管理與治理等關係演進。傳統社會之政府為集權萬能、政策由少數決定、其統治為層級掌控、不重實質與程序；現代社會之政府為顧客導向、政策為利益團體、其管理為績效問責；後現代社會之政府為公民導向、政策為多方參與、其治理為公共價值。2010年啟動的平潭綜合實驗區可謂大陸對台20餘年來主要的政策創新突破，其所宣稱之「五個共同」與「三個開放」其實應係對應前述水平協商、兼顧個群（兩岸各自與共同）的治理層次。自平潭發展政策定調後，已有200多批次台灣重要團組、2,000多人次到平潭考察洽談，福建領導更於2012年3月來台推介平潭。然可能所設起點較高且台灣政策管制，迄今仍未有一家真正全然由台灣組成之投資合作團隊入駐平潭。平潭開發之內容及措施尚未具體，產業支援系統仍未臻完善（謝明輝，2012）。大陸中央打造「兩岸共同家園」之政策目標究竟應該以創新體制、治理結構、管理績效，或是政治統治來看待，殊值深入探討。

一、設立平潭綜合實驗區政治的意涵

　　當前，兩岸關係站在新的歷史起點上，呈現出和平發展的良好趨勢，兩岸大交流局面正在形成，兩岸交往制度化和機制化建設有序推進。在這新形勢下，在平潭建設兩岸交流合作綜合試驗區，對促進兩岸交流合作向更廣範圍、更大規模、更高層次邁進，推進兩岸關係和平發展具有重要意義。

　　設立福建省平潭綜合實驗區，是大陸國務院《關於支持福建省加快建設海峽西岸經濟區的若干意見》的重大舉措。隨著海西戰略的全面推進、兩岸關係出現的重大變化、平潭基礎設施的逐步完善，推進福建省平潭綜合實驗區建設的條件基本成熟。

（一）有利於兩岸和平統一發展

兩岸交流合作與和平發展已成為兩岸關係發展的基本趨勢。平潭是大陸距台灣島最近的區域，具有對台工作的獨特優勢，兩岸民眾及商貿文化交往歷來十分密切。在兩岸關係和平發展的新形勢下，設立福建省平潭綜合實驗區，對處於對台最前沿的平潭島在促進兩岸經貿合作和文化交流等方面先行先試，探索兩岸和平發展、互利共贏的合作機制，實現又好又快的發展，於促進祖國和平統一大業具有重要戰略意義。

（二）有利於海西沿海發展布局

大陸國務院《關於支持福建省加快建設海峽西岸經濟區的若干意見》的頒布，標誌著海西戰略上升為國家戰略，成為加快福建發展的動力。福建省委提出要把海峽西岸經濟區建設成為科學發展的先行區和兩岸人民交流合作的先行區，地處海西前沿的平潭，是海西發展的最佳突破點，設立福州（平潭）綜合實驗區，對建全以廈門和平潭為重點的海西「兩點一線」發展布局，帶動福建沿海一線協調發展具有重要意義。

（三）有利於形成服務和輻射周邊地區新的對外開放通道

平潭具有距離台灣最近、兩岸交流交往歷史悠久等對台優勢，加上規劃建設的京台高速公路大陸段終點站和台灣海峽海底隧道北線入口選址在平潭島，設立福建省平潭綜合實驗區，加快平潭開放開發，有利於把平潭建設成為兩岸經貿合作、文化交流和人員往來的重要通道，並形成服務和輻射周邊地區新的對外開放通道。

（四）有利於構建省會中心城市新的經濟增長區

平潭可供開發建設的土地資源約255平方公里，具有集聚經濟和人口的充足空間與良好發展前景。設立福建省平潭綜合實驗區，既有利於加快平潭發展，又有助於集聚各種要素特別是吸引台灣的資金、技術、人才向省會中心城市流動，培育形成海峽西岸經濟區新的重要增長區，帶動並促進以福州為中心的閩東北區域的發展，進而促進福建區域經濟的整體協調發展。

二、高雄與平潭地區合作體制創新與推動策略

　　2010年開啟的平潭綜合實驗區，「五個共同」與「三個開放」政策目標下，系列優惠政策連番頒布、大舉招聘台灣人才，但卻受到台灣政府及民眾的冷淡反應與對待。為化解此一困境，大陸當局應扮演更主動積極的角色，以創新思維突破現行體制的框架。論及兩岸地區合作體制，參考西方論點與實際經驗，市場與政府之外的第三條路，即是社會民間的自我組織與自我管理。若以城市地區作為交流合作的主體，並考慮功能與效果，較為適合的布局分工可以市場開放與資本主義沉澱較為深厚的上海對接台北，而以堅持宣示社會主義照顧全盤的北京經由合適城市地區的試點對接高雄。這是撥雲見日解放思想的策略創新，也是突破現行各重障礙的一劑良方，除了改變既定思維，解放思想，更要持續堅持修正與優化，減少在過程中所消耗的社會成本。

（一）高雄平潭地區合作癥結與關鍵

1. 高雄經濟發展現況

　　南台灣20年來區域發展分工失衡、政黨輪替以來的產業結構及生產性服務業能量不足，又在1990年代全球化下，未能適時產業轉型錯失整體發展契機。自2000年起，高雄港全球排名一路下滑，於2010年跌出前十名之外，其相關產業經濟地理使新高雄市的就業景氣呈現低迷。再者由於高雄失業率始終居高不下、產業結構改變、勞力密集產業外移、無法吸引高科技及軟體產業進駐，經濟問題成了執政者的挑戰。根據財政部年度舉債統計，高雄的負債金額高達2,605億新台幣，為全台負債第一。根據《天下雜誌》2016年「幸福城市」調查，高雄的經濟力在六都中敬陪末座，只要談到低薪、失業等問題，就聯想到高雄。人口外流嚴重，年輕人不敢回鄉，成為高雄執政當局無法解決的問題。沒有產業轉型政策，留在高雄的工作只有石化、造船、煉鋼、商港、公務體系和滿地的服務業，這些對年輕人毫無吸引力，這也是為什麼高雄人口緩步增長的原因。間、直接地影響高雄大眾運輸量的低迷[4]。更嚴重的是，人口外移、高雄市人口10年減少2萬多人，讓高雄總人口與鄰近台南市比較幾近零成長，更衝擊中選會2020年選區重劃，高雄9席立委席次將減少1

4　商周官網，http://www.businessweekly.com.tw/article.aspx?id=20314&type=Blog。

席。而高雄明年將失去台灣第二大城市的地位，第二大城將由台中取代[5]。

2. 平潭綜合實驗區發展現況

　　平潭在大陸中央與福建省投入可觀的資金，平均每天投入約人民幣一億元，預計「十二五規劃」期間將爭取投資人民幣2,500億元，將平潭建設成另一個廈門是可預期的未來。平潭之所以規劃爲特區，主要是因爲除了當前北京對台的需要，另亦復承擔發展閩北的重要任務。平潭在兩岸地區合作上的戰略重要性，呈現在其地理位置與歷史際遇所呈現的對台定位，不言可喻。然而，戴肇洋（2012）認爲，由於「五個共同」模式涉及層面頗廣，「三個開放」政策細部規劃不明，尤其在缺乏兩岸政治共識，加上目前平潭產業發展基礎實力不足，台灣官方對此一議題保持觀望態度。整體而言，目前台灣民間業者參與平潭綜合實驗區合作開發，仍以共同規劃、建設模式起步階段爲主，至於共同經營、管理、受益模式尚無實例可作爲觀察。

3. 平潭綜合實驗區定位與願景

　　平潭綜合實驗區的發展定位被賦予「兩岸交流合作先行先試的示範區」；「海峽西岸經濟社會協調發展的先行區」；「海峽西岸生態宜居的新興海島城市」。其主要任務爲：構建兩岸區域合作前沿平台；構建兩岸直接往來新的便捷通道；構建具有競爭力的特色產業支撐體系；構建兩岸合作的低碳科技示範區；構建國際旅遊度假休閒勝地[6]。

（二）平潭綜合實驗區成效評估分析

1. 嘗試跨域治理合作模式

　　跨域治理在大陸內部已有相當經驗，區域協作是政府施政的常態。但跨域治理的結合對象包括政府、民間企業，和第三部門的非營利組織。平潭綜合實驗區在成立之初，針對十二項加快福州（平潭）綜合實驗區建設新策，已有跨域治理的作法。福建省、福州市有關部門已採取委託、授權和爭取國家有關部門靈活支持等辦法，研究落實對平潭的具體放權措施；對法律法規明確規定審批核准的事項，亦簡

---

[5]　「高雄市人口數去年減少七十四人，連續兩年負成長，目前總人口二百七十七萬餘人，雖仍居全國第二，但與台中市的人口差距已拉近到三萬四千餘人，若趨勢不變，明年恐被台中超越。」資料來源：自由時報官網，http://news.ltn.com.tw/news/local/paper/950941。

[6]　關於〈平潭綜合實驗區總體規劃（2010-2030）〉方案公示，平潭島網，http://www.pingtandao.com/thread-50397-1-1.html，2011年9月20日。

化相關程序、減少環節、縮短時限，強化服務，實行特事特辦[7]。

2. 探索兩岸合作創新機制

　　福建為把平潭綜合實驗區建設成為兩岸交流合作先行先試的示範區、海峽西岸經濟社會協調發展的先行區、海峽西岸生態宜居的新興海島城市。探索兩岸合作新模式，已積極運用各種方式動員台灣民間機構、學術團體、企業組織等力量參與，而台灣各界、學者、專家回應也十分熱烈。2009年副省長陳樺、2010年省長黃小晶先後訪台，分別提出對台十項措施，第一項就是共同建設平潭綜合實驗區。2011年6月，陳樺再度帶團來台推銷平潭，公布平潭綜合試驗區18項惠台措施，分成財稅優惠、用地用海、人才引進、教育文化和醫療領域合作優惠、入出境便利化、台胞比照市民待遇優惠、其他等七大類措施，特別著重文創和教育文化、醫療產業，歡迎台灣大中小型企業前往投資[8]。

三、高雄平潭投資開發促進會

　　因應台灣地方選舉結果，檢視調整對台政策，以社會主義社會關懷與中華文化以人為本，補足兼顧台灣近年發展經驗中如「一代一線」等資本主義與選舉政治之後遺症。由台灣民間學術團體「高平投資開發促進會」與「中華公共事務管理學會」等提出，已由王岐山副總理於2011年批示支持的「小高雄」城市綜合開發項目，俾使在台灣政府未配合、企業多觀望下，以第三部門社會團體方式全力配合平潭特區開放開發，啟動對台招商、招才、招青工作，將對台工作進行至島內民眾身上。

（一）高雄平潭投資開發促進會成立背景

　　自1998年起以南台灣為主的兩岸交流經驗觀察，2006年曾於澳門「全球華人華僑和平統一大會」發表「由南台灣觀點開創兩岸交流及地方合作新契機」，指出兩岸大局的關鍵癥結，是在「大陸關心的政治與台灣關心的經濟以外，被兩岸所忽視的社會」。此外，有鑑台灣複雜情勢導致的島內普遍偏差誤解，並具體建議在福建

---

[7] 〈福建省賦予平潭設區市及部門省級經濟管理許可權〉，中國日報網，http://www.chinadaily.com.cn/dfpd/2009-09/09/content_9171974.htm?prolongation=1，2009年9月9日。

[8] 〈福建省平潭綜合試驗區18項惠台措施〉，旺報，引自台灣服務貿易商情網，http://www.taiwan-services.com.tw/org2/1/news_detail/zh_TW/34880/I. 3，2011年6月18日。

海西由兩岸共同組建「兩岸合創園區」，由台方遵循依照大陸相關政策法規自行組織管理，開啓兩岸共同發展試點合作，此構想應爲平潭特區之雛型前身。

2010年爲配合平潭特區開放開發，於高雄由地區中小企業、學術文教與社會人士等共同成立「高平投資開發促進會」，由中山大學前任劉維琪校長擔任會長，積極響應平潭特區「共同規劃、共同建設、共同營運、共同管理、共同獲利」等「五個共同」等政策宣示。初步構想在平潭籌建「平潭大學」，並於高雄接待第一批平潭領導赴台考察團。2010年起高平促進會多次前往平潭考察大學籌設事宜，並提出由台灣十四位大學校長共同參與完成的平潭大學設校計畫。然終因福建省方政策調整而未果，並經指示轉爲朝向「小高雄」城市綜合開發項目規劃推進，高平促進會則由屏東海生館創館館長方力行教授接任。

（二）高平促進會之困境

「高平促進會」曾長期關注投入兩岸交流與南台灣的城市發展與社會行銷工作，具備民間學術團體的豐富實務操作經驗與地方各界與兩岸層級的熟悉度與認可度。然經六年餘的實際奔走運作，配合遵照管委會連番指示提出規劃、一再修正，乃至已經認可的「小高雄」具體項目卻仍懸而未決。

不論台灣當局對於大陸投資的管制約束，與平潭自身仍在建設初期其實尚不具備吸引知名企業的基礎條件，僅以此論已可窺見管委會部分領導只考慮閩北自身發展下對台招商引資的眞實企圖。與認定台灣政府勢將積極回應的誤判期待，除反映主事領導對台情況的了解不足，更呈現主事領導對平潭自身定位任務的認識有限。高平促進會本即並非財團企業更非政府單位，而係因應全球化下市場與政府雙雙皆失靈的公民治理體制，與早即預見台灣內部與兩岸當前情勢演變之下，爲推展南台與平潭試點合作的運作介面與特殊設計。該會的自身定位與經規劃修正並初步認可的「小高雄」項目，已由管委會與福建省呈報中央，並於管委會網頁作爲引介宣傳樣板，甚且曾於2012年由商務部明確回覆認可支援。如此情況如同迄今多數往訪平潭的台商與台胞，係經先行先試與「五個共同」等宣傳昭示吸引而實際往訪，然相較於其他省市乃至廈門地區，對於特區以經濟商業的投資環境與發展前景著眼，評價其實不如一般。

平潭的起步艱難，與「高平促進會」的民間定位即在裁汰挑選禁得過試煉考驗而仍一本初衷的少數人，如此當然能夠成爲共同發展成長進步的夥伴。然而雙方持

續的合作互賴應係基於足夠堅實的誠信基礎，一般而言傳統社會的人際關係多為層級上下，不易形成水平互動的共同互利結構。以北京對台的一國兩制與福建宣示的五個共同，乃至後來改稱的「兩岸家園」而言，其突出重點與核心意義，皆係在於兩岸間能否得以擺脫傳統階層、跨越現代物質，臻至人類發展較高文明下後現代社會階段的對等尊重與互利雙贏。

然而在眼前的福建與平潭行政部門，考量自身發展著眼的經濟產業乃至富商巨賈來期待台商與台胞，則不僅先行先試、開放開發的獨有特色迄今未見，對照政策宣示下難免貽誤際遇失信於民。在當前市場激烈競爭下推動地區發展，乃至欲與已然成熟成形、台商集聚的珠三角與長三角一比高下，則揚名立信尚且不易，況乎失信之汙名？硬體物質基礎建設常可速成，吸引利益趨動的商業活動其實不難，而得以號召聚集人氣民心，並與台灣方面的有心人士有志之士誠信相待、對接合作，當是福建省與管委會的重新認識與重要功課，與平潭特區眼前當下成功與否的檢驗指標。

橫亙於前挑戰兩岸雙方的重大使命，是如何在兩岸關係混沌、台灣情勢困難下，朝向共同家園的政策目標跨出堅實的第一步，以配合把握兩岸習連會中的剴切指示，與台灣同胞共用大陸的發展際遇，獲得北京在市場之外的進一步政策支持。前任領導在歷經草創期的艱難試煉後已被責成更為重要的對台任務，繼任領導當記取經驗、重新出發、任重道遠、繼往開來，為平潭特區的對台一代一線及共同家園，與台灣民間學術團體協作踐履初始宣示的「五個共同」方向目標。高平促進會小高雄項目應即係為實踐兩岸共同家園的先行先試。

第三節　金廈整合新路徑

大陸十九大後的對台新作法，是加強經濟社會的融合發展。兩岸「南南合作」以承接大陸海權與陸權並重「一帶一路」的戰略布局，此倡議係以台灣南部與大陸南方淡化主權下的全面交流合作。在兩岸關係的意義，應該是當前兩岸僵局的突破口，在兩岸交流上，應是運用各自不同地區與城市，依社會發展階段與進程，運用公共事務管理系統概念的三個面向，亦即「群體現象面」、「個體本質面」與「載體條件面」流量與存量的作用，促進經濟社會融合發展，摸著石頭過河與實踐檢驗真理。

對於中國大陸而言，可依「社會發展矩陣」（Social Development Matrix, SDM）理論，將社會發展分為傳統社會、現代社會以及後現代社會三個階段。對中國大陸一線城市而言，是從現代化的社會跨入了後現代化的社會；對於二線城市和周邊地區而言，是從傳統的社會發展到了現代化的社會；對鄉村地區而言，正積極地從傳統的社會轉型進入現代化的社會型態。十九大以後，正是習近平呼籲全中華民族向全面建設小康社會決戰，向偉大復興的中國夢邁進。

金門由於靠近中國大陸，在兩岸交流與經濟及社會融合發展上，有地理的便利性與人文相近優勢。就金門PAM載體條件、個體本質與群體現象面分析，金門島西距廈門還不到10公里，而東距台灣島卻有277公里之遙，小金門距離廈門更近，只有6公里，但大陸小嶝島位於福建省廈門市翔安區東南沿海的大嶝鎮（含大嶝島、小嶝島和角嶼三個島嶼），是距離金門島最近的地方之一，距金門本島僅1,600公尺左右。1978年兩岸炮戰結束後，大嶝、金門兩地居民開始海上交易，中國大陸為求管理方便，遂於1998年國務院辦公廳和中央軍委辦公廳聯合批准設立廈門大嶝對台小額商品交易市場，為兩岸交往打開綠色通道。大嶝小鎮以促進兩岸合作交流為宗旨，重點建設台灣商品展示交易商城、街店等商業設施；倉庫、貨場、簡單包裝及貼標、資訊化服務平台等倉儲物流設施；文化創意園、博物館等文化交流設施；酒店、餐飲、休閒娛樂等配套措施。重點引進台灣生產廠商、經銷商和大陸從事對台經貿及文化交流的商家入駐。旨在打造成集商貿、旅遊、休閒、購物於一體的兩岸交流合作平台，構建跨越海峽的經貿金橋[9]。

一、天時地利與人和

在歷史、地理和文化上，金門一直屬於閩南生活圈，語言與習慣都和廈門相近。金門在1958年爆發「八二三炮戰」，遭受中共47萬餘發炮彈的攻擊，此後仍然遭受炮彈的襲擾，直到1978年才停止。20年後，這個原本的「反共前哨」起了翻天覆地的變化，觀光取代了駐軍，消費成為經濟支柱，金門土地價格直追新北市，冷戰結束加上地理的接近，金門在人文情感上離廈門越來越近，離台灣越來越遠。2008年兩岸「通商、通航和通郵小三通」邁出一大步。在金門縣政府的推動下，金

廈定期航班於4月16日上午9時30分正式啓動，開創了「小三通」航線的新里程。

二、兩岸一家親，共飲一江水

金門縣洋山淨水廠新建工程2018年4月開工，金門縣自來水廠廠長許正芳透露，自中國大陸引水海底管線已在1月間接通並透過測試，8月金門民眾就可以喝到大陸水了[10]。2018年8月5日中天新聞報導：「金門與泉州已經完成通水，接下來金門縣長無黨籍人士陳福海更希望，能完成通電跟通橋，如果通橋一旦成功，那金門到廈門交通，不僅能縮短，還有可能帶動大陸客到金門當地的巨大商機。」

三、小三通

位於第一戰線的金門人務實多了。金門距台灣高雄295公里，距台北315公里，與中國大陸大嶝鎮最近距離約1,600公尺。廈門市面積1,699平方公里，總人口401萬人；金門面積151萬6,560平方公里，有13萬7,952人（2018年7月）[11]，金廈旅遊的常態化，已讓「金廈旅遊生活圈」成形。每年小三通人數，2017年金門「小三通」進出旅客共計175萬4,351人次，寫下歷年來次高紀錄；其中往來陸客多達70萬2,123人次，則寫下「小三通」16年以來的新高紀錄[12]。

根據台灣移民署金門行政中心的統計，2017年小三通入出境人數計175萬4,351人次，較前年增加1萬2,327人次，小幅增長0.71%，僅次於2015年的176萬2,411人。金門缺水、缺電，民生物質不足，但有豐富的觀光資源與文物景觀，相較廈門市發展，是人口稀少的純樸鄉村地區。以PAM分析，解嚴後，金門人個體認知與群體人際判斷，靠意識型態跨域治理是無法生存的，生存之道就是以民生與經濟爲重，促進經濟與社會的融合發展。

四、兩岸要和平，不要戰爭

全面「發展經濟」，也就是PAM「群體行爲」的核心價值「經濟與社會」與載

---

[10] 〈金門自來水廠：最快6月可喝到大陸水〉，2018年4月7日，13:18，http://www.cna.com.tw/news/aloc/201804070100-1.aspx，2018年5月12日。

[11] 維基百科，https://zh.wikipedia.org/wiki/廈門市，及https://zh.wikipedia.org/wiki/金門縣，2018年8月19日。

[12] 〈大陸遊客愛來金門　小三通人數寫紀錄〉，2018年1月2日，19:22，中時，李金生，http://www.chinatimes.com/realtimenews/20180102004803-260405，2018年8月19日。

體條件軟硬體「社會與實質條件」的改善，這是眞理。拋開意識型態之後的金門，更能夠相容並蓄，2018年元旦假期，金門五星最著名的老街「模範街」旗海飄揚，街道兩旁一邊是青天白日滿地紅國旗，一邊是大陸旗，「一街兩制」的元旦即景吸引兩岸遊客打卡，開心表示「兩岸一家親」感覺特別親切。故鄉在金門，長期在台灣工作的顏姓小姐表示：「眞的很好！」兩岸本來就是一家人，感覺十分地親切。當地民眾也一致認爲，兩岸要和平，不要戰爭，「模範街」眞的是街如其名，帶動兩岸一家親的氣氛[13]。

五、摸石頭過河，金門先試先行

2019年1月9日，國民黨主席吳敦義邀請2018年11月23日「九合一」地方選舉甫立下戰功的百里侯，15縣市長到黨中央研商兩岸城市交流，會議一開始，首先由大陸事務部主任周繼祥進行報告，他說：「兩岸城市交流源起於連胡會共同發布兩岸和平發展願景。」至於兩岸城市交流具體規劃，國民黨已成立兩岸事務諮詢委員會，包含台商、台生、陸配服務中心，爲了城市交流，未來將新設置兩岸城鄉交流服務中心，並希望各縣市長指派代表組成委員會，並邀請學者與台商集思廣益。

金門縣長楊鎮浯發言表示，金門在兩岸城市交流是比較先行的縣市，因爲兩岸關係條例有試辦項目，讓金門得以進行金廈通水，發現對岸提供給金門的水質比給廈門當地的好，強調爲了防範非洲豬瘟，事先已進行相關預演，目前爲止並無疫情。最後，國民黨副主席兼祕書長曾永權再度強調國民黨的兩岸政策立場，也就是「九二共識」的「一中各表」[14]。

2019年大陸五一勞動節長假起跑，金廈泉「小三通」5月1日湧現人潮，往來兩岸旅客高達9,023人，寫下單日歷史新高紀錄。金門各主要景點、街道，大陸客穿梭來去，出現春節以來「小過年」的熱鬧景況，各地小吃攤店擠得水洩不通，商家從早到晚忙得團團轉，生意紅不讓。特別的是一邊掛著青天白日滿地紅國旗，一邊則掛著五星旗的模範街，更是對岸遊客的必訪和打卡景點，從早到晚人潮都沒停過，紅男綠女將這條建於民初的老街，妝點得熱鬧繽紛。金門觀光處表示，縣府積

13 〈金門模範街奇觀！「兩岸國旗」同步飄揚〉，2018年1月1日，12:51，中時，李金生，http://www.chinatimes.com/realtimenews/20180101002408-260405，2018年8月20日。
14 〈搶攻兩岸話語權國民黨將設「兩岸城鄉交流服務中心」〉，新頭殼，趙婉淳／台北市報導，https://newtalk.tw/news/view /2019-01-09/19206 newtalk。

極推動打造「福建旅遊生活圈」，爭取辦證持續簡化、成本持續降低，並與大陸旅遊部門共同行銷推廣，這次「五一」小長假迎來人潮，預期隨著「浯島城隍觀光文化季」的登場，遊客人數還會持續增加，讓5月的金門到處熱鬧滾滾[15]。

第四節　本章小結

　　行銷都市的最終目標在於促進地方經濟發展、提升生活品質，而影響生活品質成長與發展的基礎則是經濟與人口兩大因素。以目前台灣的兩大都會區——台北與高雄為例，相互間既競爭又相需之際，落實都市分工及地方資源互補以均衡兩大都市發展之具體作法無疑是最佳解決之道，而其中的關鍵仍在破除地區外部民眾對非焦點都市之認知偏差與刻板印象，藉由具體的「都市行銷」行動，推展彼此合作與競爭的機能以發揮地區間的攜手共助，實應成為兩地長遠發展的務本之計。

　　高雄地區首創的「都市行銷」，是學界與地方民間力量共同創造的代表產物，也是高雄結合台北共榮發展的最佳明證。其他如政府的公共建設成果、全國性的公民營代表產業、具特色的文教機關團體、前瞻活躍的民間組織社團等特質，都期望能將高雄轉化成為具競爭力的未來都會。所以在台北舉行的高雄自我行銷展，不僅提供讓北部民眾各界重新認識高雄的機會，並期望藉此具體行動重新凝聚高雄地區民眾的自信。此一行動，自可視為1990年代末期高雄推動都市行銷的實質成果展現。

　　尤其值得一提的是：1997年12月高雄市產官學界赴台北國際會議中心進行為期兩天之「1998大高雄都會展」，以「北高合作、資源互補」、「全民參與、都會動員」、「兩岸互動、都會競合」之理念，將高雄市的地區行銷推向全國的舞台，也登上地區行銷行動的最高峰，一時之間「地區行銷」頓成台灣地方發展的顯學，高雄市也成為國內推展地區行銷的代名詞。這種在國內當時仍屬創新的地區公益行銷方式，不僅整合了地區的公私利害關係人，共同協力為推展高雄都市行銷而努力，且以有別於傳統商業產品促銷的模式，結合地區管理者和訊息傳播媒介以謀求地區行銷最大的成效。由今日觀之，這種前瞻性的地區行銷手法，實已成為今日台灣其他地區推動形象行銷時之基本參酌模式。

15　〈9000陸客湧金門　創小三通紀錄〉，中時電子報，李金生／金門報導，2019年5月2日。

　　自1991年至1998年間，高雄都會發展文教基金會首任祕書長汪明生南北奔波，北訪行政院研考會、行政院經建會、環保署、交通部、教育部與營建署等中央部會官員，南訪以高雄市長吳敦義為首之市府首長，繼之拜會高雄地區產業界、學術界、民意代表與傳播媒體界等地方菁英人士，除剀切說明地區「外部招商」、「內部行銷」之深刻意旨、提出「行銷非促銷」、「都市行銷非都市公關或市府促銷」的地方發展意念外，並付諸直接行動，一年間親往拜訪數以百計地方企業負責人，募款以應基金會規劃推廣高雄地方發展行動之需。惜其時地區行銷概念仍未深植人心，故除少數有識之士外，多數產、官、學、民及媒體界等菁英未足鑑思箇中要義；且時見相關發展行動參與者基於個人考量，強調私利高於著眼公益。在此情況下，基金會所引領的地區行銷行動遭逢「形式參與者眾，然實際投入者寡」、「表公裡私」的發展困境。由此可見，當時高雄非營利組織導引與推廣地方發展行動之艱難，遠非今日所能想見。

　　其後數年基金會經費雖然受到大環境經濟景氣的影響，導致會務推展時有局限，但經過這些年來的努力，仍持續不間斷地協助高雄地區公私各界推展「行銷大高雄」各項行動，且成果斐然，如此可說基金會實已成功地扮演起高雄市在進行地方發展，與地區行銷時公私部門間的溝通協商管道。

自2009年啓動迄今的「海峽論壇」，定位爲兩岸民間交流的主要平台，已經成爲不受島內政情起伏，摒除國際外部紛擾，促進兩岸經社融合的重要推手。於今回顧，極具遠見，益形重要，值得惕勵，加倍奮進。

一、背景說明

（一）當下的內外情勢，可以山雨欲來形容，2020年底美國選舉結束，兩岸大局不宜再拖。研判大陸已然布局，島內亦需面對關注、調適準備。

（二）兩岸統一沒有先例，勢必舉世矚目，也要載入史冊。從台灣角度，總要努力避免幾十個「228」，這是吾輩使命。

（三）長期以來，美國在陽面施壓，日本在陰裡作怪。統一後是要折騰三～五代，還是做好各種前後內外工作的準備，爭取平順合理的融合統一，能否做到就在當下的一念之間。

（四）從台灣角度看兩岸融合的標準（criterion），即是穩定多數3/4的台灣同胞，能在統一後的經濟、政治、社會等方面比現在好，而弱勢基層能比現在多了選擇，我們就是走對了方向。

二、政策建議

（一）以大陸2013年頒定之社會主義核心價值，作爲兩岸融合的指導參照。

（二）由兩岸合作在大陸選定地點摸索試行「一國兩制」，探索兩岸融合發展新路，而福建平潭萬事皆備只欠東風。

（三）由兩岸學界聯手培養兩岸「南南合作」的跨域治理人才，以大陸選定高校的公共管理專業作爲學科依託。

（四）支援島內民間團體操作，以民主協商互動管理會議（IM）方式，了解台灣青年世代與基層民眾對於「一國兩制」的民心民意。

（五）由兩岸民間智庫合作，建構以公共事務跨域治理作爲兩岸社經融合的南針北斗。

三、意識建構

（一）多年以來台灣民眾已經習慣於選舉政治與形式民主，若要爭取民意民心，需要結合老幹新枝的島內團體，不是只靠物質硬體，更要關注了解台灣同胞的感受需求。不能嫌貧愛富、看上不看下（引用2013年，清華台研所劉震濤所長語）。

（二）對於絕大多數不在體制內、非決策高層者，且從未從事黨政工作的台灣同胞而言，兩岸的選項已經不是統獨，而是民生發展。其中包括了兩岸開放後的經濟產業競爭與合作，政府與政治的體制機制安排設計，與如何走出一條適合台灣也能對接大陸的社會文化融合之路。

四、重點補充

（一）對於兩岸而言，當下有三條路：一是久拖不決夜長夢多，大陸可能失去台灣，二是兵臨城下以戰逼和，拿下不難考驗善後，三是兩岸南南合作經社試點融合。

（二）現況繼續的拖就是雙輸，台灣失裡子，大陸丟面子。然而大陸主動介入，則勢必承擔各種後果，不只眼前還有長遠，不只表面還有內裡。前述的兩岸融合南南合作，就是旨在避免這些，只是需要及早定調。

（三）城市地區試點合作，兩岸經社深化融合，淡化政治分歧，聚焦民生發展，對台灣而言，是摸著石頭過河，對大陸而言，是實踐檢驗真理。

（四）大陸可以參照美國（美軍）的公共事務處理，日本則更爲細緻，甚至複習延安時期的雙擁工作。

五、願景期許

（一）爭取民心才是正確，眼前島內民心思變，正是考驗大陸所提第五個現代化中國治理的時候。

（二）中央主導戰略，省市布局戰術，民間操辦戰技；如能一夕翻過平順合理對接，吾輩問心無愧不虛此生。要記取香港回歸準備不足的經驗教訓，將兩岸

未來統一的準備工作做好，讓舉世矚目的老外無話可說，讓載入史冊的一頁對得起列祖列宗。

第一節　兩岸交流的跌宕起伏

長時間以來兩岸的交流就受限於主權之爭辯，兩岸的合作交流活動在公共領域中似乎有停滯的趨勢，然而兩岸社會民間的交流，尤其是在經貿部分的互動仍處於密切互動之狀態。三十多年來以快速發展兩岸交流合作為主要推動力的和平發展進程，確實存在不足之處。而且在深入發展的形勢下，這些不足之處及其影響日益明顯地表現出來。其中最重要、影響最大的，就是兩岸交流合作定位的問題。雖然，從一開始，大陸方面就明確定位，兩岸交流合作是一個國家內部兩個區域的交流合作，而且始終堅持。但受一些具體因素影響，這一定位的貫徹落實存在不少的缺失。其中最重要的一個是，大陸與台灣一直都沒有能夠形成一個共同發展的整體[1]。

「兩岸一家親」及經濟與社會的融合發展理念，是習近平總書記宣導的對台工作倡議[2]。中國大陸方面明確定位，兩岸交流合作是一個國家內部兩個區域的交流合作，而且始終堅持[3]。綜觀大陸在經過40多年來的改革開放，從珠三角、長三角、環勃海區及海峽西岸經濟區等等的發展，無論是在軟體或硬體的規劃與設置，在在展現與世界接軌、迎向全球脈動的企圖心與實力。而西岸經濟區的發展與實益，實與台灣各地的互動合作存在著相當程度的必要性與重要性（汪明生，2006）。

兩岸關係發展具有「高、中、低」三個重要的層面，一個是高層，即：北京對台北；一個是中層，即：兩岸地區對地區、城市對城市；一個是低層，即：兩岸人

1　郭震遠（北京），中國海洋大學海峽兩岸關係研究所教授、所長，〈落實兩岸經濟社會融合發展思想的探討〉，《中國評論》月刊2017年12月號，總第240期。http://www.CRNTT.tw，2018年1月8日。

2　〈從「三中一青」到「一代一線」，全面拉攏台灣民心，中國大陸祭出「準國民待遇」，你要不要？〉，文／彭杏珠，攝影／張智傑、賴永祥、蘇義傑，https://www.gvm.com.tw/article.html?id=4109920180509，2017年11月20日。

3　郭震遠（北京），中國海洋大學海峽兩岸關係研究所教授、所長，〈落實兩岸經濟社會融合發展思想的探討〉，《中國評論》月刊2017年12月號，總第240期。http://www.CRNTT.tw，2018年1月8日。

民對人民。兩岸「南南合作」在公共事務管理中，因涉及經濟、社會、政治、政府跨域的政策和管理，加上以人為本的多方當事人、複合領域專家、公共管理人的價值判斷、事實判斷以及涉及認知衝突的人際判斷。

南台灣社會不均衡的發展結構，形成了多中心治理的型態，實在需要多層次及不同類型組織的複雜組合，包括公、私及自願部門，彼此間責任及功能相互交迭（Wright, Bradley E., ed., 2011）。在沒有雙邊政府機關參與下的架構，如何促進這些不同層次間的溝通或跨域整合，必須以「第三部門」的民間社團作為橋梁。

一、兩岸政經與社會交流的三條選擇

2016年起台灣綠軍全面執政，中美之間因政治新手上任增加變數。然可基本總結未來幾年的兩岸情勢或謂大陸的對台工作，已明顯呈現三條選擇（汪明生，2018）[4]。

一是現況繼續，90%以上的大陸同胞已無暇顧及已然崩塌難以再起的台灣，而台灣即使面上再亂再糟，沉默多數的台灣同胞卻其實或溫水青蛙或堅韌淡定，再撐個幾年乃至到下一任領導人也是不難的。如此就是個拖，有識之士扼腕，親痛仇快、兩岸雙輸。

二是盱衡內外大局消長，著眼島內局勢逆轉，在不容樂觀不宜久拖之下的積極介入乃至以武逼統。作為由島內南部長期致力兩岸交流的推動者，必須於此聲明，只要妥為考慮布局善後（不要流血、平息民怨）與標本配套（爭取民心、長治久安），對此並不反對，何況這是大陸主導承擔，台灣基本被動也無緣置喙。

三是轉換思維解放思想創新之路，回歸公共事務管理的根本。根據兩岸法理與現實，兩岸皆係地區，主權乃係對外；大陸對台的兩岸事務基本上應是爭取民心的內政而非要求主權的外交，何況統獨本係島內轉型變遷不順，南部綠軍投票政治惡質選舉，與北部菁英資本主義自我加持下弄假成真的偽議題。民生的安居樂業與發展的穩定持續，才是國家民族、政府政黨、體制領導與城市地區優劣良窳的最終判準。

4　汪明生，2018。〈兩岸政經交流的三條選擇〉，高雄。

二、兩岸融合發展的關鍵與契機

　　台灣孫文南院、中華公共事務管理學會與南台灣產學聯盟協會多次舉辦「南台灣與兩岸發展論壇」，與會學者專家、公共管理者與多方當事人，經公共事務管理PAM的核心課題個體與群體認知的「事實判斷、價值判斷與人際判斷」，群體行為的現象面「經濟、社會、政治與政府、政策與管理等」，及載體條件的「自然條件、實質條件與社會條件」綜合研究，《南台灣與兩岸發展》研究發現[5]：

（一）南台灣（高雄、屏東及台南）PAM長期以來之產業結構以初級與次級產業為主，社會結構則以農、漁業就業人口及藍領勞工為主，一般民眾普遍較具傳統意識，往往內視保守而缺乏開創精神，社會結構M型化而長期失衡。南台灣亦是泛綠陣營的大本營，政黨以選舉操弄民意而封閉基層民眾認知，政府施政為選舉考慮而以短線炒作取代長期發展，泛綠執政的鎖國排外是造成台灣20年來停擺滯後主要原因。選民結構失衡，綠大於藍。縱與泛藍政黨重北輕南的既往施政偏誤有關，然經過20年來泛綠地方政府的刻意誤導，以及地下電台與深綠團體等的鼓動激化，南台灣民眾（尤其基層）對大陸的排外與敵視已普遍深化。

（二）2016年的大選結果民進黨大勝，除贏得政權外，第九屆立委選舉選舉結果，民主進步黨獲得6成席次（68席），較上屆選舉增加28席，不但重新成為立法院第一大黨，且首度單獨取得立法院過半席次；國民黨從64席銳減至35席，再度成為最大在野黨，泛藍陣營首次失去過半席次；民進黨一黨獨大「完全執政」，立法院成為行政院的橡皮圖章，完全無法約制民進黨的為所欲為與施政措施，如民進黨以人數優勢強行通過惡法「不當黨產處理條例」、「一例一休」、「綁樁分肥的前瞻條例8,800億」與「軍公教年金改革」等案，這是民主的失衡與多數暴力。在兩岸政局官冷民熱下，南台灣似仍形成兩岸全面交流與融合的最大考驗與挑戰。以南台灣視之，自民進黨長期執政以來，政府與地方各界較少或未能主動公開觸及兩岸有關的發展與交流議題，甚至如WTO等國際性議題在台灣南部亦較少公開討論。政黨因選舉選票考慮而強調的「民主化」與「本土化」，造成一般民眾較深化的在地

5　〈南台灣與兩岸發展〉，中華公共事務管理學會、南台灣產學聯盟協會、孫文南院。http://www.pam.org.tw/，2018年5月27日。

主體意識，形成草莽激情干預理性思維的現象，擴散所及，更呈現台灣南部與北部在PAM群體現象面經濟、社會、政治、政府與政策及管理等多方面的明顯落差及擴大對立。

（三）南北發展階段的差距反映在PAM社會面向上就是不平與階層的意識。南台灣數十年來中產菁英流失、社會結構M型，南部地區的民眾較常呈現層級意識下的公私不分、講求公平（齊頭）；而北部地方的民眾則較趨於水平分工下的公私有別、講求效率。在如此明顯落差的社會條件下，PAM經濟發展政策似乎只呈現了為北部菁英代言的觀點與價值，這和南部基層民眾所在乎的「尊嚴」與「公平」，顯然並不相干。

（四）南部PAM在傳統社會表公裡私的條件氛圍下，許多人往往受限於穩定和諧的主流意識，在公共領域上瞻前顧後、西瓜偎大邊，而在私人領域則明哲保身、鴨子划水。

（五）30年前在外部全球化與自身民主化下，台灣曾於1990年代提出均衡南北發展的國建六年計畫，而南台灣高雄亦欲把握轉型契機提出位於外海的深水港計畫，然皆阻絕於台北中央已經主政的李登輝；至於頗具規模的拜耳投資案則因地方選舉首長瞻顧而胎死腹中。自此高雄已註定消頹滑落、與外隔絕的命運，並逐漸成為綠軍布局盤據、腐蝕深耕的根據地與大本營。

（六）1998年高雄於全台最早政黨輪替以來，產業停滯、出口多於進口、人口外移失血竭腦，地方政府則著力選舉無視發展，南北意識差距更加擴大，於今可謂處於現代vs.傳統，乃至後現代vs.原初的截然不同發展階段。此則是以汪明生較早即已提出：兩岸大局的關鍵癥結是在南台灣；翻轉了高雄、兩岸就能統一。

（七）於今處理對台事務應該認清，PAM真正困境並非表象的經濟產業與政治藍綠，而係在於30年來在PAM載體存量「社會條件與發展階段上」所形成深層結構的「三中一青」及「一線一代」。並且縱使較具挑戰，亦應視為十二五規劃以來，中國大陸向上提升本身治理（對等尊重、平等協商）的內部嚴肅考驗。例如：新竹以北當然可以現代社會的市場經濟對接，然而濁水溪以南的傳統社會則需政策加持引領導正，而在操作執行上則不宜操之過急，並需尋求島內合作以接地氣。

（八）三十年之疾不是不能求三年之艾，以高雄作為突破口的兩岸城市試點合作即

是選項。可參考1997年香港回歸時較爲立竿見影的CEPA經驗，然而需由適合的民間產學在地團體通力配合，讓南台灣同胞看到感到來自祖國中央的重視關注，人心調動事就好談，也符合老美與藍綠異口同聲的尊重民意。

（九）高雄雖是台灣最早政黨輪替、已由綠軍近20年執政深耕的重災區，然而表面的硬柿子其實是香甜有水的，多數的高雄市民熱情善良，只是與外界脫節太久，尤其是普遍對大陸不了解、甚至充滿疑慮。眞正需要的是耐著性子，多以感性社會主義核心價值誠信相待、與自己人「兩岸一家親」的傳統文化動之以情，而不急功近利地倚仗短平快的理性市場思維，甚至要拿出複習重溫後的大陸起家時與人民站在一起的雙擁意識與精神。

（十）2018年11月23日九合一大選韓國瑜14項政見之一「南南合作，共創多贏」：讓高雄市成爲台灣南部各縣市的領頭羊，務實推動與中國大陸東南各省及所有東南亞國家的合作，定期和區域內重要城市舉行「城市論壇」以及舉辦多邊貿易商展等，深化各大城市之間的多元合作與互惠交流。[6]30年來高雄變得又老又窮，市政府負債3,125億台幣，2018年民心思變，市長候選人韓國瑜14項政見之一：「很簡單，韓國瑜很務實，東西賣出去，人潮帶進來，高雄自然發大財。」對於這個朗朗上口的口號，打動了人心，韓流興起[7]，讓在高雄執政近20-33年的民進黨於九合一市長與市議員大選中大敗。高雄翻轉了，以「政治零分，經濟100分」、九二共識爲兩岸定海神針[8]、「民生與經濟」爲要求的國民黨韓國瑜贏得高雄市市長寶座與治權。

（士）2019年1月17日，「台灣競爭力論壇學會」與「新時代」智庫舉行「兩岸關係九二共識民意調查發布會」。資料顯示，高達62%支持高雄市長韓國瑜「支持九二共識，發展兩岸城市交流」的主張，不支持者爲27.7%，10.3%無反應。其中30-59歲的中壯年支持度最高，其次是20-29歲及60歲以上的民眾。民調還指出，60.6%的人認爲蔡英文的兩岸政策對維持兩岸關係的和平穩定沒有幫助，認爲有幫助者僅20.3%，19.1%無反應。藍綠兩黨的兩岸

6　〈政見白皮書全文／韓國瑜深夜發布「14項政策」打造高雄全台〉，ETtoday新聞雲，https://www.ettoday.net/news/20181114/1305544.htm#ixzz5aNyFGQD8，2018年12月22日。

7　「韓流」，原指韓國文化在亞洲和世界範圍內流行的現象。「韓流」一般以韓國電影、電視劇爲代表，與韓國音樂、圖書、電子遊戲、服飾、飲食、體育、旅遊觀光、化妝美容、韓語等成一個彼此影響和帶動的循環體系，因而具有極爲強大的流行力量。在台灣意指韓國瑜風潮。

8　韓國瑜：堅定支持「九二共識」這是兩岸定海神針。https://www.sohu.com/a/289630088_115376scm=1002.44003c.fd00fe，2019年1月17日。

政策，43.7%認為國民黨更能保障台灣人民的安全與利益，20%認為是民進黨，1.3%認為兩黨都能，13.8%認為兩黨都不能，21.2%無反應。韓國瑜能在高雄勝選，一大原因也是他能用實實在在的話語打中島內民眾心坎。這次，關於「九二共識」，他又說了一句大實話。

第二節　跨域治理人才培養

公共事務管理的跨域治理，其學術領域跨越心理學和經濟學的理論基礎，以整合區域科學、政策科學、管理科學和認知科學，並關係著地區的社會與政府，以因應1970年代起全球化地區城市的轉型發展和社會民主化與外部環境衝擊的問題。兩岸「南南合作」著眼於兩岸當前的社會融合發展，以及未來兩岸統一後的協商治理。台灣地區雖小，但是長期重北輕南的施政，導致南北地區社會發展的不均衡；大陸地區雖大，領土主權完整，但是社會發展結構仍然有城鄉、偏遠、沿海的經濟和文化差距，當大陸把社會發展積極向現代化社會轉型、追求進入全面小康社會，作為國家總體目標之際，跨域治理的人才培養不可謂不重要。

跨域治理人才的培養，不只是要有公共事務管理的學術基礎，還要有專業精神和人格教育的養成，通常吾人對於才能的培養都會挑選不同專業領域，但人格的培育則是不分學術領域的，人格完美的先賢和英雄人物都可以作為我們學習的典範，藉以陶鑄人格，從「知」而「行」的一以貫之、勤敏任事到實幹負責。當西方管理思想引導世界主流之際，我們中國人也逐漸自覺地向固有的、博大精深的、傳統的中華文化，尋找適合中華民族的管理哲學。設於馬來西亞的「國際儒學大會」（International Confucius Global）其宗旨在於發揚中華傳統文化、發揚儒家興學精神、發揚孔孟仁義思想。他們認為曾國藩的管理思想是由於孔孟之道薰陶、湖湘經世致用學風傳承的影響，曾國藩思想最終形成了有一定特色的管理學問，因為他把程、朱理學的經世致用思想有系統地結合起來，推進了管理學的發展。並在實踐中，吸納西學，豐富和發展了他的經世致用思想。

一、向古人學習管理的學問

向古人學管理的學問，有一個好處，就是從歷史的經驗中取得解決問題的方法，而管理人才的培養應該找到幾個楷模榜樣來學習，即所謂的「尚友古人」或

「見賢思齊」。在眾多的中國歷史人物中，曾國藩是被研究最多的人物之一，曾國藩給企業經理人的管理錦囊風靡兩岸，學習曾國藩如何成就大事，可以給現代的企業經理人帶來許多成功的啟示。現代的公共事務學術研究是以跨域治理為核心價值，對於兩岸合作的跨域治理是重要的課題，而對於公民的教育和跨域治理人才的培養，曾國藩是值得我們學習的典範之一。

　　人才是實現政治思想的基礎，曾國藩也強調行政首在人才，他的政治生涯中求才、育才、用才是一件重要的工作，為政的要訣一在樹人、一在立法，立法和治事都以用人為重點。曾國藩家族至今（1811-2021）210年，綿延八代，共出有名望人才240餘位，在古今中外皆屬罕見。

　　曾國藩家族之所以能夠造就出如此龐大的人才群體，之所以能夠創造出如此豐富的文化成果，關鍵在於這個家族有完整的文化理念及治家傳統，而且曾氏家族的治家理念和政治實踐隨著時代與時俱進[9]。

　　曾國藩的為政，非常重視人才培養，他認為人才的培養實與國家興亡有關，雖然他求才若渴，但也重視品德的修養，他說：「雖有資才，苟不適於用，不逮中流。」又說：「當戰爭之世，苟無益於勝負之數，雖盛德亦無所用之。」因此，他取才的標準是德才兼備，以德為本，以才為用。曾國藩面對晚清的亂局，他仍然想從肅清貪腐、端正風氣做起，期能改變世風、振興朝廷。曾國藩以儒家思想培育出來的風格，不改初心，在內憂外患的亂世裡仍然自勉為中流砥柱，雖然功敗垂成，但是這種以儒家思想價值作為社會的價值，培養社會菁英，引導社會風俗而陶鑄一世之人[10]，足堪為後世表率。

二、黑爾對曾國藩的評價

　　黑爾（William James Hail）[11]是上世紀20年代美國耶魯大學博士，他在中國居住了20年，對中國歷史饒富興趣，出版了《曾國藩與太平天國起義》一部專著，雖然許多中國的歷史學家批評曾國藩是反動人物，是鎮壓農民起義的劊子手，但是黑爾認為在中國近代史上，曾國藩在艱困的環境中鎮壓了太平天國，是維護了中國免

9　胡衛平，2014。《曾國藩文化世家》，湖南人文出版社，頁5。
10　劉建海，2014。〈曾國藩研究〉，湘潭大學出版社，2014年12月第4期。
11　黑爾（Hail, W. J.），中文名為解維廉，1877年出生，美國耶魯大學雙博士，教育家和歷史學家，曾為耶魯大學海外教育事業傳教士。1906年來華，任長沙雅禮學院的歷史學教授；於1927年離華回到美國，在俄亥俄州的伍斯特大學任歷史學教授。

於分裂與崩潰的命運，而面對十九世紀末葉中國的內憂外患，他高瞻遠矚地大力推動洋務運動，也給後來的中國打下了一點工業的基礎。曾國藩留給後人的除了他一生悲壯的歷史，還有他從政的奏摺、治軍的語錄、傳世的家書，提供了今世之人做人、處事、齊家、為學、治軍、從政等方面的啟發。毛澤東也曾推崇：「愚於近人，獨服曾文正」，我們作為後人讀史，就覺得曾國藩是亂世中的一股清流。

以台灣的情況來說，台灣的同胞在經過30年來自由民主化的脫序，以民進黨積極鼓吹的去中、仇中和本土化的思想洗腦，台灣同胞對於中華民族的認同越趨淡薄，對於政治的熱衷高於經濟發展的關注。在兩岸關係漸行漸遠的憂心中，無論是喚醒民眾、導引菁英，或是科學傳播，都需要跨域治理人才的投入與耕耘，這也是跨域治理中充實兩岸社會融合發展的重要意義。

2016年5月台灣再度政黨輪替，由主張台灣獨立的民進黨取得執政後，中國國民黨在11月12日紀念孫中山先生150週年誕辰，在高雄成立「孫文南院」並舉辦「孫中山與公共事務論壇」，國民黨在面對兩岸關係的新變局，從回顧兩岸關係的過去，檢討當前兩岸關係的新發展，策勵未來的努力方向，希望能夠發揮集體的智慧，找到現階段兩岸關係嚴峻對峙的解決方案。

三、互動管理實例驗證：兩岸南南合作跨域治理人才培養

本互動管理實例驗證，係用以研擬跨域治理人才培養的策略。2018年4月2日在廣西桂林廣西師範大學召開的「第二屆南南合作論壇」，以互動管理研討會議的方式進行，觸發問題是：「兩岸南南合作跨域治理人才培養策略」。IM研討會係對實務上的計畫階段、互動階段和追蹤階段所作的執行；計畫階段是對IM研討會前置事宜的準備，如：資料收錄、整理、彙編之白皮書、問卷調查、邀請函、注意事項等，書面資料的處理；互動階段的第一回合議程為「名義群體技術」（NGT）的流程，如：觸發問題、澄清問題、票選問題、兩兩比較等；第二回合議程為應用ISM的流程整理出建議策略的增強結構。

（一）互動管理第一階段——計畫階段

1. 互動管理研討會目的

本互動管理研討會目的，是藉由參與2018年第二屆「兩岸南南合作論壇」的學者專家、涉台事務官員及青年學生代表，共聚一堂，有效率地研擬「兩岸南南合作

跨域治理人才培養策略」，以創新思維突破現行體制框架，積極建構推進「兩岸南南合作」的跨域治理，進而達到兩岸互利共用的目的。由於互動管理兼具直接互動、腦力激盪、激發創新、成果明確具體、豐富多元，並兼顧公民與專家參與等優點，故本研究試圖以互動管理之研究方法探求：

(1) 如何研擬推進「兩岸南南合作」，以具體可行策略提供兩岸政策機關參考。

(2) 提供未來兩岸合作跨域治理人才培養策略，作爲相關當事人可行性參考。

(3) 互動管理之研究方法，可作爲日後整合多方當事關係人共識及發展策略之應用模式參考。

2. 參與者

　　IM是一個可以由個人發揮思考能力、暢所欲言、據理力爭、發抒已見之研討會。主角是參與者，主辦單位只從旁提供行政的協助及掌控互動管理方法流程，主辦單位建立一座水平對話平台，供參與者敘述、論辯、溝通、學習、成長、修正本身想法之場合，充分尊重參與者，而參與者彼此之間亦應發揮自治之功能。

　　本互動研討會於2018年4月2日假桂林廣西師範大學桂台合作研究發展中心舉辦，觸發問題是「兩岸南南合作跨域治理人才培養策略」。由主辦單位推薦本次以利害關係人身分之兩岸雙方參與者，計有：大陸方面學者2人、研究所學生11人、民間企業1人、台灣方面第三部門成員1人，共計15人。參與者在受到充分尊重的情形下表達意見，產生出高滿意度的共識，經過驗證是有效的集體決策方法。互動會議的過程在於促進共識，其最終的結果，不在於討論提供決策行動方案的優劣，而是找出了有效促進共識的方法，也就是經過協商妥協的結果。

3. 前置作業

　　互動管理研討會於2018年4月2日假廣西師範大學桂台合作研究發展中心召開。引言人由中華公共事務管理學會祕書長鄭彥信博士候選人擔綱主持，中山大學公共事務管理研究所汪明生教授演講並列席指導。

4. 白皮書

　　白皮書的目的在讓參與者了解所討論的議題背景，能夠概括性地了解議題的始末，並簡略介紹IM的理論架構、研究方法、操作過程、以往曾經舉辦過與公共政策相關的互動管理會議，提供參與者衡酌判斷分析之參考，以利在會議過程充分討論。白皮書於會議前一星期完成，並寄發參與者「互動研討會白皮書」，會議現場收集參與者所回饋之策略表。

5. 問卷調查製作（前測及後測如附錄B、C）

　　在問卷調查準備事宜方面，由於想要得知參與者內隱知識及互動研討之後觀念成長、學習改變後的結果，透過IM的對話平台，鼓勵參與者腦力激盪，以「搭便車」之方式，激發出不同的策略，而其學習成效如何展現，故將設計的問卷內容，分為第一階段（前測）及第二階段（後測），留下相同的姓名，以供識別，俾利比較，並作為研究團隊作業改進之參考。在收集問卷調查內容時，亦盡量顧及所能設想到層面，查閱相關資料、上網搜尋有關訊息，希望囊括最大公約數。

6. 會場布置

　　會議當天現場分工，由廣西師大桂台合作研究發展中心助理人員協助，現場所需電腦、清單機、投影機、投影幕架設及桌椅擺置等於議前完成備便。

（二）互動管理第二階段──互動階段

　　首先由廣西師範大學副校長蘇桂發致詞，接著由中山大學公共事務管理研究所汪明生教授發表一個小時的演講，他的演講題目是「互動管理與公民治理」，汪教授認為互動管理能夠有效地將複雜爭議沉痾的公共議題釐清，並且解決問題。互動管理是一種比較有效解決「複雜社會的系統工程」的工具，會議目的在著眼播種、耕耘基礎，將兩岸人民聚在一起，凝聚共識、化解分歧，將議題不同的意見發散、收斂，會議結束後將會有顯著的成果，感謝大家共同的參與。

　　IM屬於政策分析，是少數結合NGT動態程序性及ISM靜態結構性等兩種程序的分析方法，是一部集管理學大成的方法論；而其進行的步驟為第一回合NGT的觸發問題、澄清問題、票選問題、兩兩比較，然後讓參與者充分休息後，繼續第二回合ISM展示增強結構圖、修正增強結構圖、確認增強結構圖。

1. 名義群體技術步驟

　　互動階段的第一回合在進行「名義群體技術」（NGT）正式研討互動前，為讓與會者增進彼此了解，由參與者、觀察者、工作人員自我介紹，揭開進行一天的議程序幕。接著對參與者實施問卷前測，前測約20分鐘可以完成，然後引言人就研討會主題：「兩岸南南合作跨域治理人才培養策略」研擬，介紹議題背景及操作流程。

2. 觸發問題

　　由策劃者提出會議目的的主題：「兩岸南南合作跨域治理人才培養策略」。

3. 策略

　　爲使策略能夠明確、清楚，參與者在撰寫策略時，不要用太長的文句說明策略，一來可節省工作人員作業時間，二來亦希望參與者能夠用最精簡、洗鍊的文字來陳述策略，因此，策略的表達最好能夠用15字左右來說明，當然參與者在提案說明時，會有一分鐘的時間來說明所提的策略，以說服其他參與者來支持策略提案。

　　第一回合進行觸發問題程序產生想法，讓參與者的思緒能夠竭盡發揮，參與者已於會前一星期收到白皮書並詳細閱讀後，在現場依序於策略寫下2-3個建議，並當場輸入電腦後，發放觸發問題列表，請參與者確認。參與者總計共提出51個策略如下：

(1) 大陸政府牽頭，出資負責培養專門人才。

(2) 大陸政府與台灣當局雙向合作培養專門人才。

(3) 開設名著課程，結合中國體制領悟中國式思維。

(4) 大陸與南台浸潤文化交流，設立專項交流基金（包括政府與民間），設立管理協會。

(5) 兩岸之間的經貿、旅遊、學術交流是「兩岸南南合作」人才培養的基礎，關切人的利益是根本。

(6) 兩岸政府爲雙方青年構建機制、提供交流學習機會、搭建平台。

(7) 由海內外華人基金及網路媒體推動拍攝傳播兩岸社會融合的系列紀錄片，如《廣西人在高雄》、《高雄人在廣西》等，分求學篇、經商篇、生活篇、文化尋根篇等。

(8) 廣泛開展有利於兩岸求同、增加血脈聯繫的活動，如古詩詞比賽，增加獎金。

(9) 鼓勵大陸學者去台灣宣傳中華文化，促進融合。

(10) 加強開展兩岸學術論壇，培養新時代接班人合作意識。

(11) 加大兩岸人才互引的資金扶持力度，尤其是大陸方面要對吸納台灣青年的大陸企業進行財政資金配套服務。

(12) 抓住一個基礎，即文化基礎，透過青年喜聞樂見的方式促進文化交流。例如：《爸爸去哪兒》、《中國好聲音》等，增加台灣正面公眾人物的參與率。

(13) 明確合作培養群體，加強兩岸非官方組織合作人才培養，完善承上啓下社會中堅力量的激勵制度。

(14) 根據兩地產業布局，兩岸企業明確產業價值鏈層面的分工。

(15) 增進「兩岸南南合作」實質內容了解及發展。

(16) 搭建平台，為兩岸合作提供空間與氛圍、支援政策等。

(17) 兩岸民間團體倡議將高雄港作為台灣參與「一帶一路」的優選港口。

(18) 由大陸官方出資、民間集資成立相關的民間協會或組織，聯繫兩岸的企業和高校，加強兩岸的企企、校企以及校校之間經濟合作和文化交流，鼓勵兩岸企業之間的員工交換、兩岸的高校到對岸的企業學習。

(19) 大陸官方推進成立經濟社會專門主辦機構，設立相關項目，吸納人才，促進「兩岸南南合作」的發展。

(20) 各地區、各部門盡快協調落實大陸惠台31項政策，吸引台灣人才。

(21) 優化配套設施，大陸發揮勞動力、資源市場優勢，台灣發揮技術、資本、管理經驗優勢，建立桂台合作產業。

(22) 教育合作、文化交流：可以中醫、傳統文化、老莊思想、琴、茶藝等點、線、面鋪開。

(23) 加強兩岸民間民族文化交流，比如兩岸少數民族文化交流合作。

(24) 窮則變，變則通。高雄市廣大人民認知清楚當下形勢，進而做出改變。

(25) 按「聞可」、「見可」、「聞否」標準結合選聘人才建檔。

(26) 以兩岸南南合作為契機，以傳承中華傳統文化為契由，大陸與南台地區大學加強大學生文化交流，設立專項交流基金，成立交流管理民間協辦。求同、文化、經濟和民生等，如古詩比賽，增加獎金。

(27) 校企合作，讓學生與企業對接。

(28) 注重民間合作交流，形成自下而上合作。

(29) 加大兩岸人才互引資金力度，促進兩岸人才互動交流。

(30) 政府角度：培養清正廉潔的政府部門人員組織學習習主席講話。

(31) 教育學校角度：大陸、台灣聯合出資投資教育部門，引進教育基礎設施或人才，提高兩地教育水準。

(32) 生活社區角度：深化和平統一，由政府部門走近社區向人民群眾宣傳一國思想。

(33) 明確合作培養群體，即中層群體，加強兩岸非官方組織合作人才培養，擴大完善中層群體的獎勵制度。

(34) 人才培養以大陸高校培養為主體，與台灣共建，培養時間1年為最佳，教學形

式以開放式教學為主。

(35) 在青年一代築牢「兩岸一家親」理念，提升兩岸的文化認同，加強經濟合作，弱化政治矛盾與衝突。

(36) 促成加強「兩岸南南合作」互動深層效果。

(37) 支持知名學校去台灣創辦分校，穩固兩地交流。

(38) 提倡台南學子來大陸求學，學習大陸先進方法與策略。

(39) 文化交流活動促進文化信念的融合。

(40) 大陸、台方選取某些城市，根據各自優勢在特定產業進行協同創新發展試驗。

(41) 加強對抗日英雄的補貼，加大對孤寡老人的補貼，抗日英雄後代補貼翻倍。

(42) 加強兩岸教育交流，只有彼此去過當地體驗生活一段時間後，才會產生更加親近的情感。

(43) 增加兩岸南南經濟互動，人才自主發展。

(44) 增加兩地區高校間的文化交流。

(45) 大陸政策上給予優惠，吸引台灣人才服務大陸。

(46) 兩岸學者、學生互駐對方企業學習。

(47) 加強民間經濟文化交流，助推政治層面的合作。

(48) 多選替手，培養優異接班人，方可晉升。

(49) 優化兩地人才交流管道，雙方人才互引。

(50) 兩岸求同：文化、經濟和民生等，如：古詩比賽，增加獎金。

(51) 兩岸重在求同，淡化存異。

4. 澄題與整併

　　接著進入澄題整併過程，主要是參與者確認自己所提出的策略並做說明，若有其他參與者對所展示的策略有所疑義，可提出討論澄清，或有相似的策略，可加以討論整併之。這項澄題整併過程需要使用較多的時間，經參與者對51項初擬策略逐條討論整併後，得出21項策略，臚列如下：

(1) 大陸政府牽頭，出資負責培養專門人才。

(2) 大陸政府與台灣當局雙向合作培養專門人才。

(3) 開設名著課程，結合中國體制領悟中國式思維。

(4) 大陸與南台浸潤的文化交流，設立專項交流基金（包括政府與民間）、設立管理協會。

(5) 兩岸之間的經貿、旅遊、學術交流是南南合作人才培養的基礎，關切人的利益是根本。

(6) 兩岸政府為雙方青年構建機制、提供交流學習機會、搭建平台。

(7) 由海內外華人基金及網路媒體推動拍攝傳播兩岸社會融合的系列紀錄片，如《廣西人在高雄》、《高雄人在廣西》等，分求學篇、經商篇、生活篇、文化尋根篇等。

(8) 廣泛開展有利於兩岸求同、增加血脈聯繫的活動，如古詩詞比賽，增加獎金。

(9) 鼓勵大陸學者去台灣宣傳中華文化，促進融合。

(10) 加強開展兩岸學術論壇，培養新時代接班人合作意識。

(11) 加大兩岸人才互引的資金扶持力度，尤其是大陸方面要對吸納台灣青年的大陸企業進行財政資金配套服務。

(12) 抓住一個基礎，即文化基礎，透過青年喜聞樂見的方式促進文化交流。例如：《爸爸去哪兒》、《中國好聲音》等，增加台灣正面公眾人物的參與率。

(13) 根據兩地產業布局，兩岸企業明確產業價值鏈層面的分工。

(14) 增進「兩岸南南合作」實質內容了解及發展。

(15) 搭建平台，為兩岸合作提供空間與氛圍、支援政策等。

(16) 兩岸民間團體倡議將高雄港作為台灣參與「一帶一路」的優選港口。

(17) 由大陸官方出資、民間集資成立相關的民間協會或組織，聯繫兩岸的企業和高校，加強兩岸的企企、校企以及校校之間經濟合作和文化交流，鼓勵兩岸企業之間的員工交換、兩岸的高校到對岸的企業學習。

(18) 大陸官方推進成立經濟社會專門主辦機構，設立相關項目，吸納人才，促進「兩岸南南合作」的發展。

(19) 優化配套設施，大陸發揮勞動力、資源市場優勢，台灣發揮技術、資本、管理經驗優勢，建立桂台合作產業。

(20) 教育合作、文化交流：可以中醫、傳統文化、老莊思想、琴、茶藝等點、線、面鋪開。

(21) 加強兩岸民間民族文化交流，比如兩岸少數民族文化交流合作。

5. 票選問題

就澄題後的21項策略進行票選出12項重要的策略：

(1) 依優先等級選出前5項策略。

(2) 收集策略票選評定表並公布表決結果，針對澄題整併後21項策略，票選12項策略，即每個參與者依認定優先等級，按照認爲重要程度權重分數：非常重要：5分、重要：4分、稍微重要：3分、中等：2分、不太重要：1分，選出前5項策略，再經分數加總後如表8.1：

表8.1 「兩岸南南合作跨域治理人才培養」策略研擬——權重評定表（12項策略）

編號	策略內容	權重
1	大陸與南台浸潤的文化交流，設立專項交流基金（包括政府與民間）、設立管理協會。	29
2	由海內外華人基金及網路媒體推動拍攝傳播兩岸社會融合的系列紀錄片，如《廣西人在高雄》、《高雄人在廣西》等，分求學篇、經商篇、生活篇、文化尋根篇等。	28
3	由大陸官方出資、民間集資成立相關的民間協會或組織，聯繫兩岸的企業和高校，加強兩岸的企企、校企以及校校之間經濟合作和文化交流，鼓勵兩岸企業之間的員工交換、兩岸的高校到對岸的企業學習。	25
4	抓住一個基礎，即文化基礎，透過青年喜聞樂見的方式促進文化交流。例如：《爸爸去哪兒》、《中國好聲音》等，增加台灣正面公眾人物的參與率。	21
5	兩岸之間的經貿、旅遊、學術交流是「兩岸南南合作」人才培養的基礎，關切人的利益是根本。	16
6	加強兩岸民間民族文化交流，比如兩岸少數民族文化交流合作。	15
7	教育合作、文化交流：可以中醫、傳統文化、老莊思想、琴、茶藝等點、線、面鋪開。	11
8	兩岸民間團體倡議將高雄港作爲台灣參與「一帶一路」的優選港口。	10
9	加大兩岸人才互引的資金扶持力度，尤其是大陸方面要對吸納台灣青年的大陸企業進行財政資金配套服務。	9
10	大陸官方推進成立經濟社會專門主辦機構，設立相關項目，吸納人才，促進「兩岸南南合作」的發展。	9
11	廣泛開展有利於兩岸求同、增加血脈聯繫的活動，如古詩詞比賽，增加獎金。	8
12	根據兩地產業布局，兩岸企業明確產業價值鏈層面的分工。	8

權重分數：非常重要：5分、重要：4分、稍微重要：3分、中等：2分、不太重要：1分。

資料來源：許綿延，2018

6. 兩兩比較

　　為讓相關決策單位對12項策略產生具體成效，需將所提策略之因果關係排列，作為未來「兩岸南南合作」專案課題有優先等級和較具體的依循方向，經以民主方式進行「兩兩比較」表決，進入兩兩比較過程，首先以12項策略為經，兩兩策略逐一作比較，由參與者表決過半數為緯，並以有無增強效果表決（如：策略1對策略2有增強效果的，請舉手？），以因應軟體邏輯架構推論，例如A對B有強化效果，B對C有強化效果，結論A對C一定有強化效果，對於人腦無暇顧及之處，藉由軟體輔助，能夠思考更明確，策略階層架構更周延，更尊重參與者認定舉手表決結果，現場參與表決15人，以8票以上為過半數。為確保每個增強效果經參與者一致認可通過，表決97次，參與者均仔細地思考與表決，兩兩比較結果如下，如表8.2。

表8.2　「兩岸南南合作跨域治理人才培養」策略兩兩比較結果（參與者15人，過半數8人）

因果	1	2	3	4	5	6	7	8	9	10	11	12
1		15/15	10/15	12/15	7/15	11/15	10/15	9/15	7/15	8/15	13/15	4/15
2	4/15		4/15	14/15	6/15	9/15	8/15	5/15	3/15	4/15	5/15	7/15
3	10/15	9/15		4/15	10/15	6/15	4/15	9/15	8/15	6/15	10/15	9/15
4	6/15	8/15	1/15		8/15	5/15	7/15	6/15	8/15	8/15	9/15	5/15
5	6/15	9/15	4/15	10/15		3/15	6/15	7/15	8/15	7/15	6/15	4/15
6	6/15	9/15	2/15	13/15	3/15		10/15	3/15	4/15	9/15	11/15	3/15
7	10/15	9/15	4/15	13/15	4/15	8/15		8/15	8/15	9/15	8/15	8/15
8	5/15	3/15	1/15	0/15	3/15	1/15	3/15		3/15	4/15	4/15	10/15
9	7/15	4/15	6/15	5/15	11/15	5/15	6/15	7/15		3/15	10/15	7/15
10	7/15	5/15	6/15	3/15	5/15	5/15	4/15	5/15	8/15		5/15	6/15
11	6/15	5/15	2/15	10/15	5/15	12/15	11/15	3/15	5/15	1/15		3/15
12	5/15	3/15	6/15	2/15	7/15	0/15	2/15	6/15	7/15	6/15	0/15	

資料來源：許綿延，2018

7. 詮釋結構操作產出的增強結構

　　經參與者15人，票選12項策略，現場運用「詮釋結構操作步驟」（ISM）軟體，算出原始增強結構圖8.1。增強結構圖所代表之意義是針對NGT過程所產生的

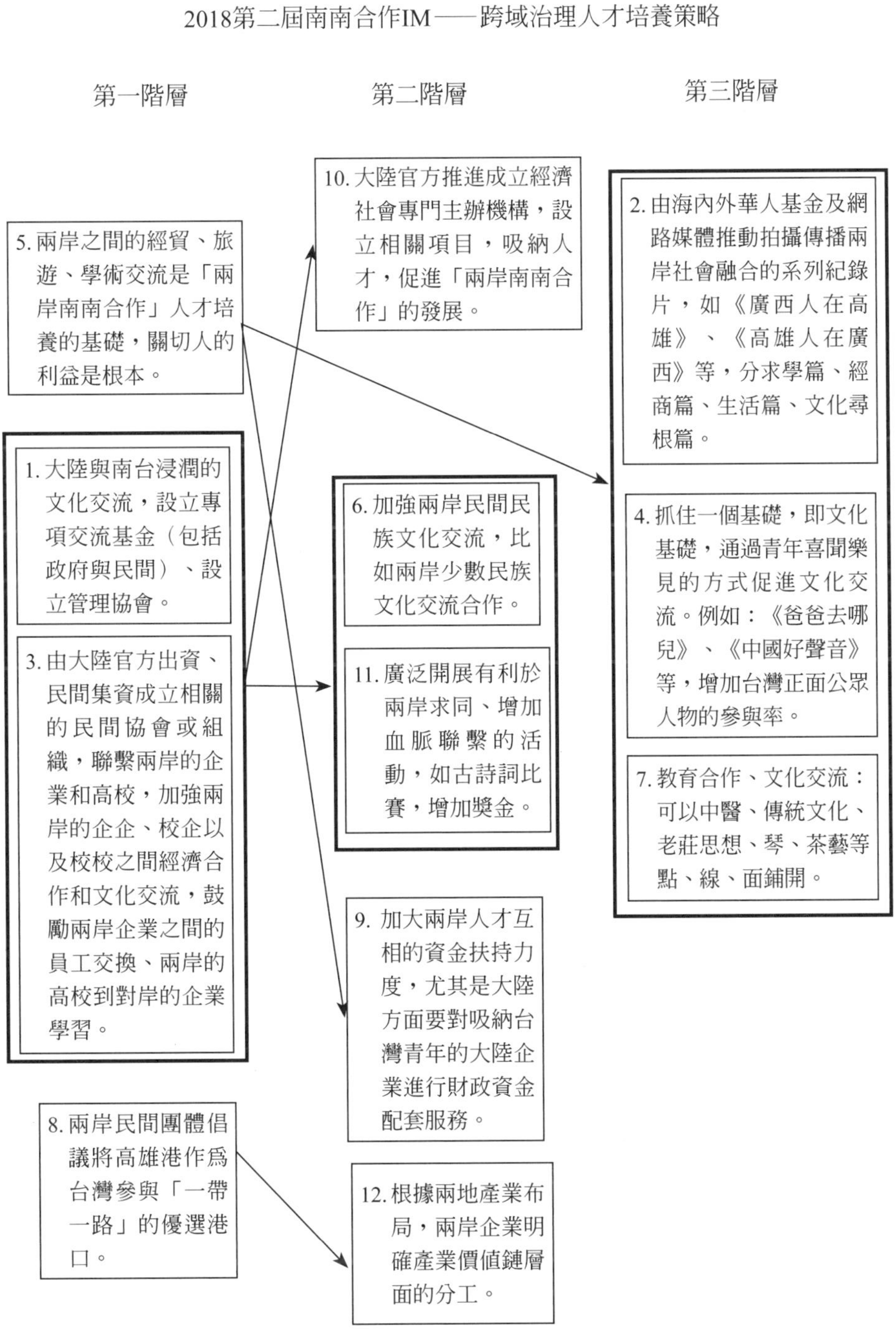

2018第二屆南南合作IM——跨域治理人才培養策略

第一階層　　　　　　　第二階層　　　　　　　第三階層

5. 兩岸之間的經貿、旅遊、學術交流是「兩岸南南合作」人才培養的基礎，關切人的利益是根本。

10. 大陸官方推進成立經濟社會專門主辦機構，設立相關項目，吸納人才，促進「兩岸南南合作」的發展。

2. 由海內外華人基金及網路媒體推動拍攝傳播兩岸社會融合的系列紀錄片，如《廣西人在高雄》、《高雄人在廣西》等，分求學篇、經商篇、生活篇、文化尋根篇。

1. 大陸與南台浸潤的文化交流，設立專項交流基金（包括政府與民間）、設立管理協會。

3. 由大陸官方出資、民間集資成立相關的民間協會或組織，聯繫兩岸的企業和高校，加強兩岸的企企、校企以及校校之間經濟合作和文化交流，鼓勵兩岸企業之間的員工交換、兩岸的高校到對岸的企業學習。

6. 加強兩岸民間民族文化交流，比如兩岸少數民族文化交流合作。

11. 廣泛開展有利於兩岸求同、增加血脈聯繫的活動，如古詩詞比賽，增加獎金。

4. 抓住一個基礎，即文化基礎，通過青年喜聞樂見的方式促進文化交流。例如：《爸爸去哪兒》、《中國好聲音》等，增加台灣正面公眾人物的參與率。

7. 教育合作、文化交流：可以中醫、傳統文化、老莊思想、琴、茶藝等點、線、面鋪開。

8. 兩岸民間團體倡議將高雄港作為台灣參與「一帶一路」的優選港口。

9. 加大兩岸人才互相的資金扶持力度，尤其是大陸方面要對吸納台灣青年的大陸企業進行財政資金配套服務。

12. 根據兩地產業布局，兩岸企業明確產業價值鏈層面的分工。

圖8.1　增強結構圖

資料來源：經由ISM軟體計算結果所繪出

注：「→」表示「使明顯增強」，黑色粗框線表示群組。

12項策略，被要求以舉手表決過半數方式投票，進行因果關係以「兩兩比較」方式了解兩項提案之間是否有增強關係，藉此確認因果結構。

　　互動階段的第二回合透過ISM軟體而產出的「增強結構圖」，從左至右以箭頭表示前後策略間之方向性，左方策略對右方策略具有因果關係，也有增強結果。

　　本次互動研討會議結束前，對參與者實施互動問卷後測（及第二階段問卷），當場填寫第二次問卷並回收。最後，主持人請中山大學公共事務管理研究所汪明生教授講評：「從這場次的研討會中與會者的積極參與討論、相互對話學習，整個研討會可說是非常圓滿成功。互動管理方法引進台灣已有十多年，對複雜的公共議題形成共識有相當程度貢獻，未來期藉橫向擴散，跨領域疆界整合的方式來解決複雜、多元的公共議題。」

（三）互動管理第三階段──追蹤階段

　　此階段乃對前一互動階段的結果付諸實施，或對該結果被引用做另一新的互動規劃之後續工作。

四、互動管理成果驗證

（一）增強結構圖結果詮釋

　　增強結構圖所代表之意義是針對NGT過程12項策略做兩兩比較時，則被要求以舉手表決過半數方式投票，並透過ISM軟體而產出「增強結構圖」。增強結構圖從左至右，以箭頭表示前後策略間之方向性，左方策略對右方策略具有因果關係，也具有增強結果。

　　以下依圖8.1之增強結構圖由左至右，從第一階層至第三階層依循箭頭解讀結構圖。這三個階層的產生，亦是經過參與者兩兩比較，舉手表決超過半數，經過ISM軟體而產生出三個階層。

1. 從左至右，第一階層中的第5項策略，「5.兩岸之間的經貿、旅遊、學術交流是『兩岸南南合作』人才培養的基礎，關切人的利益是根本」，對第二階層的「9.加大兩岸人才互引的資金扶持力度，尤其是大陸方面要對吸納台灣青年的大陸企業進行財政資金配套服務」，及第三階層的「2.由海內外華人基金及網路媒體推動拍攝傳播兩岸社會融合的系列紀錄片，如《廣西人在高雄》、《高雄人在

廣西》等，分求學篇、經商篇、生活篇、文化尋根篇等」、「4.抓住一個基礎，即文化基礎，透過青年喜聞樂見的方式促進文化交流。例如：《爸爸去哪兒》、《中國好聲音》等，增加台灣正面公眾人物的參與率」及「7.教育合作、文化交流：可以中醫、傳統文化、老莊思想、琴、茶藝等點、線、面鋪開」等，這四個策略都有增強的效果。亦即「兩岸南南合作」只要在企業機構的支持下，可以從兩岸多元文化的交流培養跨域治理的人才，這是符合政策研究的預期目標。

2. 第1項策略「1.大陸與南台浸潤的文化交流，設立專項交流基金（包括政府與民間）、設立管理協會」、「3.由大陸官方出資、民間集資成立相關的民間協會或組織，聯繫兩岸的企業和高校，加強兩岸的企企、校企以及校校之間經濟合作和文化交流，鼓勵兩岸企業之間的員工交換、兩岸的高校到對岸的企業學習」，對於第二階層的「10.大陸官方推進成立經濟社會專門主辦機構，設立相關項目，吸納人才，促進『兩岸南南合作』的發展」、「6.加強兩岸民間民族文化交流，比如兩岸少數民族文化交流合作」及「11.廣泛開展有利於兩岸求同、增加血脈聯繫的活動，如古詩詞比賽，增加獎金」等策略具有增強效果。再度地顯示：大陸的民間希望在政府或企業的支援下推進兩岸以民間的交流。

3. 第8項策略「8.兩岸民間團體倡議將高雄港作為台灣參與『一帶一路』的優選港口」，對第二階層的第12項策略「12.根據兩地產業布局，兩岸企業明確產業價值鏈層面的分工」，具有增強效果。這是兩項經濟議題的策略，似與人才培養無關，儘管與其他10項策略沒有相互與強化的效果，但參與者提出這兩個策略，在經過討論、表決、投票後終於納入最後的12項策略，可見參與者對這兩項策略重視的程度。顯示大陸青年對於全球經濟戰略的「一帶一路」具有信心，亦希望引領南台灣的高雄港對接搭上順風船，以促進台灣產業的向全球布局，互利雙贏。

4. 從結構圖上看，整體而言，經過參與者共同討論、據理力爭、最後凝聚共識，顯示大陸青年對於兩岸的交流和和平統一的願景是期待的，並希望政府及企業能夠付出更多的關心與努力，引導兩岸青年以同文同種的「兩岸一家親」的情懷，從文化和經濟的層面擴大交流，並期望透過「兩岸南南合作」這個計畫，提供台灣青年更多的就業及創業機會。正是呼應了十九大以來的惠台31條政策，盡速的具體落實，也是印證了以汪明生學者為首的20餘年來呼籲兩岸以淡化主權、聚焦民生經濟發展的兩岸務實交流政策的論述。

（二）增強結構圖分析

1. 就學理層面探討

　　1980年代與1990年代之間，公民參與的研究文獻廣泛受到關注，尤其在美國有不少關注參與鄰里的志願工作或是街坊守望互助會（block association），這些草根（grass roots）組織協助解決鄰里解決或預防諸多的問題，例如區域劃分、住宅、鄰里景觀、犯罪、交通與休閒娛樂等。這些鄰里組織逐漸成為居民與市政府、郡政府之間的「仲介結構」（mediating structure）（Berger & Neuhaus, 1977）。根據相關研究（Hughey, Speer & Peterson, 1999）顯示，公民參與鄰里草根組織能夠顯著預測正向社區意識之凝聚。

　　公民參與（civic engagement, civic participation）意指人的一種行為與涉入過程，其能主動參與一個方案、團體、組織（機構）或環境當中的決策，這些包括影響他們的工作職場、醫療院所、鄰里、學校、宗教集會、社會等，也有像致力於環境改造的草根（grassroots）社區組織（community organizing）。公民參與是一種減少心理疏離並增加知覺能力及控制感的良好方式。

　　互動管理是公民參與的一種模式，互動管理在公民參與公共事務的模式中具備了主動積極、節省時間、掌握主題、優化品質、互相信任的優點。質言之，互動研討會就是一種發揮集體智慧的集體決策，通常集體的決策品質或其結果的接受度，都較個人決策為優。尤其實行互動管理的模式可以展現對等尊嚴、水平協商的民主政治的優良形象。從此次的互動研討會中，也充分展現了沒有階級、暢所欲言的預期目的，因此所研擬出的跨域治理人才培養策略應值參考。

2. 就實務層面探討

　　「兩岸南南合作跨域治理人才培養策略」，以互動研討會的研究方法，在對等尊嚴、水平協商的基礎上，獲致了集體的決策。達到了預期的研究目標，以最終的12項策略，經過ISM模式電腦資料的運算畫出圖8.1的增強結構圖，如期、如質顯示了理想的三層結構圖，並且對於互有關聯性的策略也出現了增強的效用。第一階層的第1、3、5、8項策略在心理建設上對於「兩岸南南合作」的認知和價值觀是肯定的態度；第二階層的第6、9、10、11、12項策略顯示了對於「兩岸南南合作」建立平台的必要性，以及需求民間或官方的物質及財力的支持；第三階層指出了人才培養的方向和具體的條件。也正符合了公共事務策略三角的價值、能力和支援，以及從大處著眼的「知」和從小處著手的「行」。誠然是經過實際驗證後的最佳案例。

（三）兩階段問卷調查的比較與分析

1. 白皮書有助於議題的了解

白皮書可以提供也可以不提供，但是對於非公共事務管理領域的多方當事人，是有提供的必要。我們的白皮書是在互動研討會一週前送至每位參與者閱讀，由於其中附有SJT（判斷與決策理論）的問卷調查，涉及PAM的個體認知本質面的事實判斷、價值判斷和人際判斷，和指定主題的策略預擬，具有一定的專業性。初步的反應是專業部分需要說明，因此在互動研討會的開始前由主持人做了說明，有助於參與者對研討主題的了解。

2. 測前測後差異大測後更能夠支持IM

分析參與者在互動研討會開始之前的第一階段問卷與研討會結束後的第二階段問卷，其結果是有相當的差異，亦即是會前大家對於主題和議程都是生疏的，但是討論完後，大家都能把握主題的重點，也清楚討論的方式。因此在測前給予問卷調查「中等」、「稍微同意」者，研討會結束後都給了「同意」或「非常同意」的評分。

3. 參與者咸認互動管理會議讓意見充分受到尊重

互動管理作為公共事務的研究方法，對於廣西師範大學人文科學研究的師生而言，是首次的參加。經過了會議的全程，參與者越來越熟練，已經可以把握重點，把自己的策略建議使用少數的文字精確地表達出來，而且能夠對於自己的策略據理力爭，企圖說服其他的參與者給予支持。而且也可以針對其他參與者的策略提出質疑、建議、修改。透過測後的問卷，發現參與者對於互動研討會裡，能夠充分地表達自己的意見，並且能夠獲得主持人及其他參與者的尊重，是他們非常滿意的感覺。

4. 第三部門受肯定

「第三部門」的功能及操作，雖然都有概念，但在大陸並非普遍及熟悉。就兩岸的現況來說，由於台灣的蔡英文政府不承認「九二共識」的一中原則，所以兩岸、兩會的官方交流完全停擺。取而代之的就是以「第三部門」為平台的民間團體組織，可以把焦點放在文化、經貿、宗教和學術上的交流，更具有運用上的彈性，深受參與者的肯定。

5. 曾國藩仍待認同

為了和平統一的神聖使命，所有參與者對於跨域治理人才培養的重要性都有共

識，但是以曾國藩的精神和風格來作為學習典範的策略研擬，卻沒有太多的著墨，反而是對於廣西少數民族的特有文化提出不少策略上的建議。可能是地方保護主義思想的優先，也許是曾國藩在文革期間被打為鎮壓廣西農民起義的罪魁禍首的原因，現代雖已平反，但是短時間內尚不能全盤地被大陸同胞接受。

6. 大陸青年關心兩岸的融合發展

從最後投票選出的12項策略觀察，互動研討會的參與者都能支持「兩岸南南合作」，並且願意釋放更多的善意，從資金的配套、人才的吸納，不論是軟、硬體的措施，可謂是唯恐不及。它們也關心台灣在「一帶一路」經濟戰略下的邊緣化，鼓勵台灣民間團體應積極倡議將南台灣優質的高雄港參與產業鏈的布局。

圖8.2   第二屆兩岸南南合作論壇（廣西桂林）

資料來源：許綿延，2018

第三節　南南合作與兩岸社會融合發展互動研討會

中國國家主席習近平於2019年1月2日《告台灣同胞書》發表40週年談話，提出「一國兩制──台灣方案」是實現國家統一的最佳方式。「南南合作與兩岸融合」互動研討會之目的，係在大陸對台主張最新宣示之下，希望透過台灣各界的學者、專家，能夠集思廣益地研擬兩岸「南南合作」跨域治理的策略，以創新思維突破現行體制框架，積極建構推進而達到兩岸互利共用的目的。由於「互動管理」兼顧公民與專家參與的優點。故本書特別介紹以「互動管理」之研究方法探求「一國兩制──台灣方案」的幾個案例：

- 如何研擬推進兩岸「南南合作」，以具體可行策略提供兩岸融合發展政策機關的參考。
- 作為相關當事人對於未來兩岸「南南合作」跨域治理人才培養策略之參考。
- 互動管理之方法，可作為日後整合多方當事人共識及發展策略之應用模式參考。

一、互動研討會案例一：一國兩制・高雄方案

（一）參與者

IM研討會於2019年3月24日假高雄中山大學舉辦，由主辦單位推薦的參與者，學者4人、企業3人、「第三部門」民間社團領袖8人，共計15人。參與者在受到充分尊重的情形下暢所欲言，表達意見，產生出高滿意度的共識，是經過驗證有效的集體決策方法。互動會議的過程在於促進共識，而參與者不在於討論替代方案的優劣，而是如何找出可能有效促進共識的方法。本次IM研討會主持人是高雄義守大學教授張甯博士，並邀請到中華民族團結協會理事長夏瀛洲上將開幕致詞。

（二）觸發問題

請提出有助研擬推進「南南合作與兩岸融合」高雄方案的具體策略。

（三）策略

為使策略能夠明確，所有參與者事先詳細閱讀白皮書並針對觸發問題寫下3-5條策略，每條策略約15個字，希望能夠用最精簡、洗鍊的文字來陳述，以節省工作人員電腦輸入的作業時間，如果策略的表達不能夠用15字說明清楚，當然參與者在

提案說明時，會有2分鐘的時間來說明所提的策略，以說服其他參與者支持提案，本次IM研討會參與者總計提出57項策略。

（四）澄題與整併

策略彙整完成後，接著進入澄題整併過程，這項澄題整併過程需要使用較多的時間，經參與者對57項初擬策略逐條討論、精練、刪除、整併後，得出了48項策略如表8.3：

表8.3　南南合作與兩岸融合IM策略提案

編號	內容	編號	內容
1	對全台學生實施一國兩制問卷	25	以點對點、區對區、城市對城市合作
2	廣泛對「三中一青」進行個別訪談	26	爭取台灣參與「一帶一路」的可行方案
3	教育與宣傳憲法一中與「九二共識」	27	以高雄結合東南亞泛亞鐵路及大陸中歐班列
4	促進兩岸產學廣泛合作	28	推動高雄經濟示範區優先
5	確認高雄城市發展定位	29	建構兩岸多元互助的價值與政治體系
6	高雄成立有功能的智庫	30	強化智慧財產權保障
7	推動成立南南經貿合作發展組織	31	設立「南南合作」人才培育中心
8	排除「南南合作」與執行的障礙	32	惠台政策由高雄試點做起
9	在高雄軟體園區發展新媒體事業	33	將南海資源合作納入「南南合作」架構
10	建立兩岸軟體園區，社群軟體	34	南南城市產業轉型升級對接
11	依循經濟供需法則不設排除優惠	35	設定時程與步驟，推進多元參與
12	從地緣與產業特性中尋找「南南合作」的發展點	36	打造南南城市五通系統
13	以論壇方式做「一國兩制」意願調查	37	以本次主題與大陸學者進行IM研討會
14	強化藍藍團結擴大到藍藍合作	38	建立有利於區域性協議的環境條件
15	強化兩岸與青年心靈契合構建	39	高雄成立南海城市聯盟總部
16	籌組融合兩岸宗教文化的民間社團	40	以心理認同建構「南南合作」基礎
17	擴大兩岸媽祖文化交流	41	台灣安全，人民有錢
18	實施就學、就業創業交流	42	強化三民主義教育與認同
19	高雄與大陸南方城市增加航班航線	43	擴充社會創新人才，深入合作城市

編號	內容	編號	內容
20	兼顧兩岸社會和人民需求	44	提升高屏地區海空港能量
21	交流應避免政治認同問題	45	促使執政黨接受「九二共識」
22	重啓海基、海協發揮專業功能	46	「南南合作」範圍納入金門
23	雙方檢討合作空間	47	平等協商，共議統一
24	建立減少雙方制度性差異的協商機制	48	由兩岸合作在大陸選定地點摸索試行「一國兩制」

資料來源：許綿延，2019

（五）票選問題

澄題整併後的48項策略處理如下：

1. 每一位參與者在48項策略中選出5項策略，並給予優先等級編號。
2. 收集策略票選評定表並公布表決結果，針對澄題整併後48項策略，15位參與者各自票選5項，按照權重的比例，票選優先順序較高的10項策略。
3. 每個參與者票選5項，並按照個人認知的重要程度給予權重分數：非常重要：5分、重要：4分、稍微重要：3分、中等：2分、不太重要：1分，再經分數加總後如表8.4：

表8.4　南南合作與兩岸融合策略——權重評定表（10項策略）

編號	策略內容	權重
1	7.推動成立南南城市經貿發展組織	18
2	5.確認高雄城市發展定位	15
3	6.高雄成立有功能的智庫	8
4	26.爭取台灣參與一帶一路的可行方案	8
5	10.建立兩岸可共同通用的社群軟體	7
6	11.依循經濟供需規則，推動南南合作	7
7	31.設置南南合作人才培育中心	7
8	16.籌組融合兩岸宗教文化的民間社團	6
9	28.推動高雄自由經濟示範區優先	6
10	36.打造南南城市五通系統	6

註：權重分數：非常重要：5分、重要：4分、稍微重要：3分、中等：2分、不太重要：1分

資料來源：許綿延，2019

（六）兩兩比較

對於票選10項策略產生的具體成效，需將所提策略之因果關係排列，作為未來兩岸「南南合作」課題優先順序和具體的依循方向，須以民主方式進行兩兩比較表決，係以10項策略為經緯，兩兩策略逐一作比較，由參與者表決過半數通過為有效，以有無增強效果的ISM軟體邏輯架構推論，藉此確認因果結構。

（七）增強結構圖

經參與者15人，票選10項策略，現場用ISM軟體，計算出原始增強結構圖，如圖8.3。增強結構圖所代表之意義是針對NGT過程10項策略做兩兩比較時，則被要求以舉手表決過半數方式投票，並透過ISM軟體而產出「增強結構圖」。增強結構圖從左至右，以箭頭表示前後策略間之方向性，左方策略對右方策略具有因果關係，也具有增強結果。

（八）增強結構圖結果詮釋與分析

從增強結構圖上看（圖8.3），整體而言，經過參與者共同討論、據理力爭、最後凝聚共識，顯示所有參與者對於兩岸的交流和和平統一的願景是期待的，並希望政府及企業能夠付出更多的關心與努力，引導兩岸以同文同種的「兩岸一家親」的情懷，從文化和經濟的層面擴大交流，並期望透過兩岸「南南合作」這個計畫，提供台灣青年更多的就業及創業機會。正是呼應了十九大以來的惠台31條政策，盡速的具體落實，也是印證了以汪明生為首的學者們20餘年來呼籲兩岸以聚焦民生經濟發展的兩岸務實交流政策的論述。

兩岸「南南合作與兩岸融合」以IM研討會的研究方法，在對等尊嚴、水平協商的基礎上，獲致了集體的決策。達到了預期的研究目標，以最終的10項策略，經過電腦資料的運算畫出圖8.3的增強結構圖，並且對於互有關聯性的策略也出現了增強的效用。

（九）實例驗證成果

兩岸「南南合作與兩岸融合」以別具形式的IM會議方式召開，透過長期關切兩岸事務的學者專家、民間團體的代表參與互動，經過一整天的會議過程，具有下列幾項重要的意義：

1. 本次IM共提出10條有助於南南合作促進兩岸融合發展的策略，分別為「推動成立南南城市經貿發展組織」、「確認高雄城市發展定位」、「高雄成立有功能的智庫」、「爭取台灣參與『一帶一路』的可行方案」、「建立兩岸可共同通用的社群軟體」、「依循經濟供需規則，推動南南合作」、「設置南南合作人才培育中心」、「籌組融合兩岸宗教文化的民間社團」、「推動高雄自由經濟示範區優先」、「打造南南城市五通系統」。其中建立兩岸可共同通用的社群軟體、高雄成立有功能的智庫，是與會者認為最優先的兩件策略。

2. 兩岸「南南合作」可謂是以實踐檢驗真理、摸著石頭過河，此應可由30年變遷下的高雄翻轉開始。此係汪明生一直認為兩岸大局的關鍵癥結是在南台灣，若台灣的局勢不能改變，就一直糾結，若能翻轉則海闊天空。當然兩岸「南南合作」也要大陸定調支持，大陸應該不必對藍綠政黨寄以希望，由城市地區交流入手，與民間產學對接，圍繞民生發展，視同境內同胞，注重執行實效，爭取多數民心。值得注意的是兩岸南南合作論壇是出自兩岸民間組織的互動交流，實在是兩岸民意自主性的表達，這種新的思維、新的模式、新的探索，透過大陸惠台31條的措施，正是方興未艾。

3. 2019年元旦大陸習主席發表台灣同胞書40年講話，明確表達對於認同「九二共識」的台灣各黨派、各界別，可以參與共議一國兩制的台灣方案，並就兩岸關係、和平發展與民族未來，開展廣泛深入的「民主協商」。海協會創會汪道涵會長於上海台研所亦曾題字「兩岸一中，平等協商、共議統一」；當下在兩岸共議前，擬由台灣民間團體以平等對話、民主協商方式，共同研擬適宜的高雄方案。

高雄南南合作與兩岸融合IM

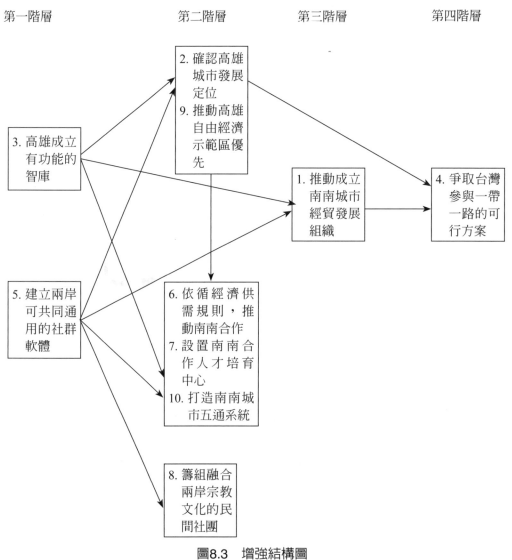

圖8.3 增強結構圖

資料來源：經由ISM軟體計算結果所繪出

註：「→」表示「使明顯增強」

高雄举办"南南合作与两岸融合"研讨会

2019-03-24 21:09:50　大公网　作者：何德花

"南南合作与两岸融合"互动管理（IM）研讨会，于3月24日在高雄中山大学举行。(受访者供图)

圖8.4　南南合作與兩岸融合IM研討會

資料來源：孫文南院，2019

圖8.5　南南合作與兩岸融合──高雄方案IM研討會

資料來源：孫文南院，2019

二、互動研討會案例二：一國兩制・中台灣方案

由台灣公共行政、公共事務系所聯合會與中華公共事務學會合辦的「南南合作與兩岸融合：中台灣方案」互動研討會，於2020年5月5日下午在台中東海大學舉行。孫文南院院長汪明生表示，台灣的民主政治得來不易，社會與民眾都有期待，重要的兩岸議題不能迴避，如何融合發展讓台灣直奔康莊大道才是正途。

「南南合作與兩岸融合：中台灣方案」互動研討會，與會者包括中山大學公共事務管理研究所教授汪明生、中興大學國家政策與公共事務研究所教授袁鶴齡、中興大學法政學院副院長李長晏、東海大學行政學系副教授魯從孟、雲科大企管系教授兼EMBA執行長鍾從定等人，以複合領域專家身分參與討論。

另邀彰化縣埔心鄉長張乘瑜、南投縣集集鎮長陳紀衡、經濟部綠能科技產業推動中心主任蘇孔志、暨南國際大學東亞研究中心博士黃煒能、高雄市仁武區里長曾玉祥、好事文創整合行銷顧問李昶志、中山大學公共事務管理研究所研究生阮敬

瑩、政治大學公共行政研究所研究生蔡孟宏等人，以多方當事人身分參與討論。

　　汪明生在致詞時提到，一國兩制中台灣方案的治理概念從10年前開始，不管在政府部分、學術界、產業界皆全面鋪開，治理的文獻查找非常方便，要怎麼操作而不是停留在概念而已，互動管理是一個有效的治理方式。

　　中興大學國家政策與公共事務研究所教授袁鶴齡則提到，在民主社會公民參與是必要的。從台灣中部的角度思考方案，提出中台灣的想法，先盤點中部產業的優勢與大陸合作方向及具體落實措施。

（一）互動階段成果

　　經過一整天互動管理（IM）研討模式，循觸發問題、提出策略、澄題與整併、票選問題、兩兩比較，提出13條「南南合作與兩岸融合——中台灣方案」依序為：

1. 透明合作，修補互信，並從過去正面經驗中學習，避免兩岸交流中的負面言論；
2. 應疏理合作面向的優先次序；
3. 盤點過去交流過程當中所發生的問題，並尋求可解決的方案；
4. 產業分工，競合互補；
5. 建構中台灣產業加值系統；
6. 海空對航，彈性關貿；
7. 中台灣產學組織優先以兩岸民生議題推動南南互惠合作；
8. 主動邀請兩岸南南各界關注與探討兩岸議題；
9. 於中部七縣市區域治理平台設立兩岸南南合作青年小組；
10. 於中部地區大專校院舉辦兩岸南南合作社團活動；
11. 由兩岸共同培育南南合作跨域治理人才；
12. 於中部地區成立兩岸南南合作推展協會；
13. 在大陸南方選定地點，由兩岸合作摸索試行兩岸南南合作。

（二）增強結構圖

　　經參與者15人，票選13項策略，現場用ISM軟體，計算出原始增強結構圖，如圖8.6。增強結構圖所代表之意義是針對NGT過程13項策略做兩兩比較時，被要求以舉手表決過半數方式投票，並透過ISM軟體而產出「增強結構圖」。增強結構圖

從左至右，以箭頭表示前後策略間之方向性，左方策略對右方策略具有因果關係，也具有增強結果。

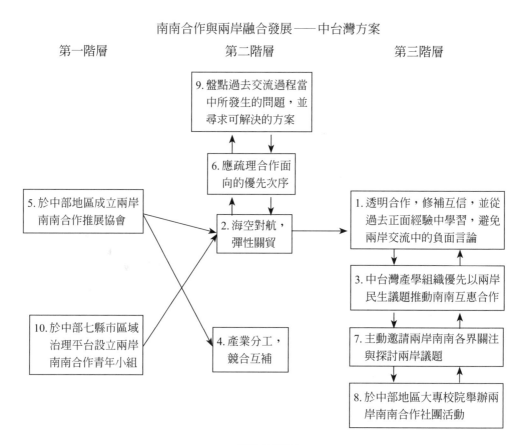

南南合作與兩岸融合發展──中台灣方案

增強結構圖
資料來源：經由ISM軟體計算結果所繪出
註：「→」表示「使明顯增強」

圖8.6　增強結構圖
資料來源：許綿延，2020

（三）實例驗證成果

　　台灣地理位置通俗劃分北、中、南三塊區域，確實存在著習俗、文化的差異，但是從此次的互動研討會裡透露出，參與者若能代表中台灣產官學的不同階層而有著共同關切這塊土地的民生與經濟發展，並且對於兩岸之間合作也是抱著期望的態度，期望是能先化解兩岸之間訊息不透明的障礙，其次是期望大陸經濟發展的榮景

能夠挹注台灣的產業和經濟發展，並且也關注著兩岸跨域治理人才的培養與交流。

互動研討會所獲得的策略，不是講究策略的優劣，而是強調達成共識的結果，這也正是公共事務「以人爲本」的價值觀，立足於社會的條件面、以專家學者的事實判斷提供個體的價值判斷，並結合個體與群體的人際判斷，形成經濟、社會、政治和政府的群體現象面。經過實例的驗證，帶給我們對於公共事務管理的熟練與追求社會「善治」的信心。

圖8.7　南南合作與兩岸融合IM──中台灣方案

資料來源：許綿延，2020

第四節　本章小結

一、兩岸大局與經濟社會發展平台

台灣經濟成長以2000年爲節點：在2000年之前爲高速成長時期，1962-2000年的年均成長率高達8.6%，不僅成長爲亞洲「四小龍」之首，而且創造了「均富社會」的「發展奇蹟」，在2000年之後則進入了總體上趨於逐漸減速和貧富分化加大的低速成長階段。2001-2015年台灣GDP年均成長率約爲3.7%，較之於1962-2000年，已是天壤之別。自進入政黨政治、選舉政治以來，台灣內部政治生態與意識型態日益制約台灣的經濟自由化與便利化進程的推進，影響到台灣經濟發展的機會與

環境。表現爲[12]：

一是防弊重於興利的思想使得保護主義盛行，經貿活動自由化與便利化政策，特別是對中國大陸的經貿活動正常化、自由化與便利化進程難以推行，使得台灣經濟發展機會嚴重不足，也因與全球化中心不能自由便利連接與交流合作，使得台灣經濟邊緣化，包括出口環境與投資環境的經濟發展環境惡化；

二是政黨惡鬥牽制經濟發展戰略與政策的及時出台；

三是政局不穩又導致出台的經濟發展戰略與政策無法持續推行。

台灣30年來，國民黨「重北輕南」的施政，長期忽略了南台灣，而民進黨卻深耕南台灣，動員民粹，操作選舉，已掌握了絕對的政治優勢。台灣經濟發展減速的原因如下（唐永紅、趙勝男，2017）：表層原因在於投資意願低落進而投入不足；中層原因在於自由化不足與邊緣化加劇；深層原因在於兩岸關係制約全球化運作[13]。

在中國大陸持續發展並成爲經濟全球化中心的國際政治經濟格局下，台灣經濟發展的根本出路在於兩岸關係正常化以及經貿活動自由化與經濟一體化發展[14]。長期以來，兩岸關係的發展都是北京對台北，兩地的學者關注的是「統」與「獨」的主權爭議，但台灣南部的群衆關心的是顧好肚皮的民生經濟發展，所以觀察台灣的問題不能被誤導爲台北代表台灣，而對台的工作也不能將台灣南北當作一盤棋來下[15]。

台灣是一個自由民主的社會，民間有強大的自主動能。民衆如果希望兩岸關係改善，與其期待蔡政府改弦更張，不如反求諸己，憑自己的力量來努力。過去觀察兩岸關係，多從國民黨、民進黨、共產黨三黨小三角關係的視角出發，現在已經跟不上台灣內部的政治演變，以及兩岸發展的新形勢，民間社會關係更是台海小三角的重要一角。[16]民間交流將成爲兩岸經濟社會融合發展的主要途徑和平台，加強

---

[12] 唐永紅（廈門），兩岸關係和平發展協同創新中心經濟平台執行長、廈門大學台灣研究院經濟研究所所長、教授，〈當前台灣經濟發展的困境與出路〉。http://www.CRNTT.tw 2016-10-2519:18:11，2019年2月10日。

[13] 同上。

[14] 唐永紅、趙勝男。〈21世紀以來台灣經濟發展減速的原因探析〉，《台灣研究》，2017年第5期。

[15] 汪明生、許綿延（2017），〈兩岸南南合作的跨域治理初探〉。

[16] 旺報，社評，〈帶動民間探討兩岸融合發展〉，旺報主筆室，http://www.chinatimes.com/newspapers/20170916000787-260310，2017年9月16日，04:11。

「兩岸南南合作」，可成爲創新兩岸民間交流與合作的嘗試。

二、兩岸一家親

2014年9月26日習近平在會見台灣和平統一團體聯合參訪團時指出：「我們所追求的國家統一不僅是形式上的統一，更重要的是兩岸同胞的心靈契合。」「我們理解台灣同胞因特殊歷史遭遇和不同社會環境而形成的心態，尊重台灣同胞自己選擇的社會制度和生活方式，願意用眞誠、善意、親情拉近兩岸同胞的心理距離。」沒有「兩岸一家親」理念，兩岸同胞的心靈契合將無從談起。可以說，「兩岸一家親」是兩岸同胞心靈契合的必要條件和必然要求[17]。

「兩岸一家親」理念，是習近平總書記長期宣導的對台工作理念。十八大以來，習近平更是高度重視「兩岸一家親」理念，在各種場合不斷地強調、多次詳細地闡發。近期「準國民待遇」與「31項惠台措施」使「兩岸一家親」大戰略理念更爲具體，成爲新時期發展兩岸關係的一面旗幟，爲新時期兩岸關係的發展指明了方向。習近平兩岸一家親理念是深化兩岸關係和平發展的根本動力。[18]

三、由法理檢視兩岸關係

根據兩岸關係在「憲法一中」所揭示的國家目標暨台灣地區與大陸地區人民關係條例第1條所規範的：「國家統一前，爲確保台灣地區安全與民衆福祉，規範台灣地區與大陸地區人民之往來條例。」其認爲兩岸爲大中華地區下的中國，類似於特殊非兩國論，承認兩岸分屬於大陸地區和台灣地區。

2017年中國社科院提出的兩岸「南南合作」是因應兩岸關係發展的新變局和新形勢下的新思索，可謂是在萬叢荊棘中殺出一條血路，其最大的利基可以體現在：

（一）以第三部門的民間社團對接。

（二）只談民生發展、可以淡化主權爭議。

（三）切中南台灣是兩岸大局的癥結與關鍵所在之問題。

根據兩岸關係在「憲法一中」及「台灣地區與大陸地區人民之往來條例」，與

---

17 同上。
18 〈楊毅周：習近平「兩岸一家親」理念的重要意義〉，中國台灣網，2017年11月24日，09:09:47，http://www.taiwan.cn/plzhx/zhjzhl/zhjlw/201711/t20171124_11870653.htm，2018年2月28日。

中共總書記習近平在19大工作報告所揭示的給台灣同胞「準國民待遇」，同具一個中國概念，在兩岸「憲法一中」框架下，同具「特殊位置＋特殊任務＋特殊政策」關係，這是兩岸深入融合發展的契機，兩岸交流要由多角色、多層次、多中心，全方位創新發展，藉各管道協同發展與跨域治理，深化兩岸社會、經濟、文化、環保、婦女、勞工、新聞等領域的交流，充分發揮海峽兩岸優勢資源，互補、互助、互動、互融，深化交流合作機制、擴大交流合作領域、鞏固交流合作平台，維持兩岸和平穩定、繁榮發展現狀，對於台灣經濟發展非常重要。

第四篇

兩岸南南合作

　　在台灣，由於南部地區非白領與閩南族群民眾較北部地區人民重視感情、人脈與現實利益，相形之下則較缺乏獨立思考與理性分析的能力，容易隨波逐流，人云亦云，這種地區與族群的差異也經常成爲政治人物經營政治勢力的最廉價工具。

　　因此雖然南部地區人民較少對國家與地區發展進行理性分析與長遠思考，但基於政治上的現實發展，這些民眾在選舉至上的台灣社會卻多能匯聚成爲一股令各候選群體所不敢忽視的力量，足以決定主導台灣社會未來發展的政治領袖。這可以從2004年台灣第十一屆總統選舉，中南北地區選舉民眾投票差異獲得更清楚的印證。

　　由選舉開票結果顯示，民主進步黨總統參選人陳水扁囊括大安溪以南的南部縣市，成功地將政治疆域由原先的濁水溪以南往北拓展到今日大安溪以南的大部分地區；而以傳統國民黨爲首的泛藍聯盟（主要代表者爲中國國民黨的總統候選人連戰與親民黨的副總統參選人宋楚瑜），選票分布則萎縮至苗栗縣以北以及中央山脈以東的花蓮縣與台東縣。

　　對此選票版圖的變化發展，《聯合報》社論（2004年3月21日）分析認爲：「南部選民在預算分配上長期比北台灣都會區少，建設比北部少，南部民眾感到無限委屈和辛酸，對政治的認知自然與北部不同。」換言之，南北社會結構的差異、南北經濟發展水準差距與傳統上中央政府傾向「重北輕南」的政策規劃，造成南部地區與北部地區具有鮮明的意識型態區別，從而影響到南部民眾的選舉投票行爲，並決定台灣未來4年的發展走向。

　　由此可見，南部地區發展對台灣長遠發展的重要性，而提升南部地區的發展以縮小南北差異、化解族群間的衝突更已成爲決定國家未來發展的關鍵議題。但歸根究柢，即應掌握南部地方民眾對地方發展的認知意向，鼓勵多元群體理性參與地方發展公共事務，才得以針對地方建設、經濟發展乃至人口問題集思廣益，由根本解決台灣今日所面臨到的地區差距、社會對立、政治爭議以至國家發展等問題。

第一節　台灣社會的演進

　　兩岸往來政策與實際互動是在解嚴後的1987年開始，台灣在進入1990年以來社會經歷了巨大的變動，可概略分成下列幾個階段，分述如後：

一、1987年解嚴開放

　　1987年高雄隨著台灣地區的解嚴，從1990年代起由高雄在地的觀察關注，發現許多民眾意識和長期人口結構與北台灣相距較大，並與外界市場明顯脫節，為求建構向外連結並強化在地關注，汪明生曾於1990年代起提出「行銷高雄」的構想，並以民間自發小額募款方式成立基金會持續推進，前後10年間在地舉辦的大小活動近300場。迄今可見的就如與《聯合報》合作的「牽手高雄」。自1996年1月至6月，就高雄市政發展課題，每週日開闢專欄與民眾進行觀念交流與分享。於今看來，由於有如30年冰封，當時的著眼關注和主要訴求與現今完全一致。

（一）計畫經濟調整為市場經濟
　　隨著全球民主化潮流進展，台灣於1987年宣告解除長達38年的戒嚴。在解嚴的情勢下，台灣社會面臨到多元發展的衝擊。政治上，人民取得更為充足的參政權力與人權保障；經濟上，則經歷公營企業的壟斷取消、進出口貿易的限制解除以及私人企業投資優惠的獎勵法制化等，同時也由於戒嚴時期所奠定下堅實的國家建設基礎，所以在此情形下，政治傾向民主化、經濟走向自由化，台灣社會呈現空前蓬勃的發展榮景，因此「台灣錢淹腳目」的稱號不脛而走，國際上更讚譽此為「台灣經濟奇蹟」，將台灣與香港、新加坡及南韓並列稱為「亞洲四小龍」。

（二）菁英社會移轉為多元社會
　　在「台灣經濟奇蹟」為世人所激賞的同時，另一種完全不同的「台灣政治奇蹟」也開始進行。由於戒嚴時期的政治枷鎖一夕之間完全破除，解嚴後的台灣社會趨向多元化，因此人民享受到前所未有的政治自由以及個人自由，可是由於社會上對於自由的規範莫衷一是，所以也造成人與人間的衝突日益增加、示威抗議行動林立、社會對立問題層出不窮，最嚴重者乃在於政治民主所帶來的社會不穩定現象。
　　行動上的自由應如彌爾（James Mill）所言：「一個人的自由，要以不侵犯他

人的自由爲範圍，才是眞正的自由。如果自由發展逾越一定程度，成爲可以侵害他人的自由，那麼自己的自由也會受他人的侵犯。」依彌爾之言，民主政治是講求合理自由的政治，所有自由都必須同時在他人的自由上才能建立起來。但在戒嚴後的台灣，民主政治的發展卻遭遇瓶頸，數人頭式的投票民主加上無所規範的自由，因而造成不同程度的省籍衝突（外省或本省）、族群衝突（原住民或漢人）、地域衝突（南北、東西或城鄉）以及階層衝突（白領與藍領、菁英與非菁英）等問題叢生。

（三）威權政治轉型：為民主政治

　　雖然這些問題乍看之下都是毫無相關的社會問題，但在民主政治的體制中，政治人物與政治活動藉機推波助瀾，除了部分都會區（可以濁水溪以北的北部縣市爲代表）民眾由於可以運用理性分析的角度來看待社會發展外，絕大多數非都會區（可以濁水溪以南的南部縣市爲代表）人民針對政治與社會爭議的認知型態是爲直覺式，所以只要有人基於政黨派閥利益，巧用鄉情人脈訴求，喊口號挑動，選民情緒就跟著起舞，因此台灣社會被層層切割，這種熱情現象尤其以南部地區爲更爲明顯可見。

（四）科層政府提升為效能政府

　　在民主先進國家中，經常是藉由多元群體的積極參與並經由理性溝通互動來促成效能政府的發展，化解從而化解紛雜的政治問題。但在南部地區，由於長期以來當地的地方發展爲中央政府所漠視，不管是地方建設、經濟發展或人口素質等均遠遠落後於北部都會帶地區，因此不只是地方發展建設出現相當幅度的「南北差距」，同時也因地區經濟發展差異所造成的南部產業人口（主要爲農工產業等非白領人口）結構失衡發展，再加上南部地區因歷史與地理等因素所受的人口分布影響，因此造成南部地區非白領與閩南族群的人口居多，從而影響到台灣解嚴後歷次選舉的版圖劃分與政治勢力的發展。

（五）戒急用忍阻滯了經濟發展

　　解嚴政策開放了人道的探親，此一政策開放，200多萬名隨中央政府遷來台的「外省人」得以重聚天倫，也順便開啓兩岸交流與合作的新紀元。從此，兩岸經

貿、學術、文化開始交流，海基會與海協會從1992年起不斷交流協商。但1996年9月，故總統李登輝提出「戒急用忍」的西進政策，不但終止了「亞太營運中心」的進程，許多高科技、高資本的基礎建設投資也受到了管制和限制，不僅使得台灣廠商無法發揮血緣、語言與文化相同的優勢，只能眼睜睜看著外國競爭對手超前部署大陸搶占低成本、大市場的商機。台灣島內因為解嚴的關係，言論自由、政治犯罪、組黨結社也大幅放寬，社會運動，甚至反政府運動也逐漸啟蒙。

二、1998年政黨輪替

　　1998年台灣的地方選舉，高雄市長的選舉由民進黨的謝長廷以2,000餘票險勝尋求連任的國民黨市長候選人吳敦義。這是台灣民主政治以來首次由所謂黨外人士勝出地方的首長選舉。這一年大陸啟動歸屬於管理一級學科的公共管理碩士（MPA）教育。台灣本應在政治解嚴前就該建構推進的公民社會，與孫中山主張的訓政時期，於西方經驗與學域建置上的主要對應，其實就是「公共事務」。當時成立了中華公共事務管理學會，在首任趙耀東理事長、李國鼎名譽理事長、孫運璿名譽理事長的奠基開創下，歷經施明德理事長、黃俊英理事長的卓越領導，希望以台灣先行先試的民主轉型與社會治理在地經驗為基礎，為兩岸公共事務管理與經濟社會融合出謀劃策。然而，2000年的總統大選由民進黨的陳水扁勝選，台灣也是首次進入了政黨輪替的選舉政治。2002年8月，陳水扁總統於世界台灣同鄉聯合第二十九屆年會時提出「一邊一國」論述，「台灣跟對岸中國，一邊一國要分清楚」。兩岸關係急轉直下，影響最大的就是台灣的經濟發展。自2000年以來，台灣經濟成長的力道快速萎縮，經濟成長率從原先每年8%掉到陳水扁總統時代的4%左右，在此同時，台灣的薪資呈現長期停滯，陪伴而來的是物價的高漲，陷入停滯不前的經濟困局。

三、2008年二度政黨輪替

　　由於陳水扁總統任內的貪汙腐敗，2008年台灣地區總統大選民進黨遭台灣人民唾棄，而由形象清新的馬英九代表國民黨參選成功，重新經過政黨的再度輪替執政。2008年以來，全球經濟形勢深刻變革，新產業技術革命到來，兩岸經濟轉型升級，經濟下行壓力，使得兩岸貿易與投資動能減弱。兩岸經濟關係由高度互補走向競合，部分製造業領域出現競爭性發展，台灣島內炒作「紅色供應鏈」威脅，產生

不良政治社會效應。另外，兩岸利益分配趨於複雜，容易被政治利用。

　　其實，2008年的總統大選，高雄選民投給馬英九的票比投給謝市長的多了兩萬票，也是20年來民意展現的期待改變。然而先經後政的施政主軸明顯忽略社會，2018年的「新三不」又與當時的兩岸「三不政策」基本互斥，不知今昔孰是孰非。學者菁英治國，脫離乃至藐視民意，搖擺之餘又常討好媚俗。現實面的得民心者得天下，理念面的「民可，使由之；不可，使知之」還是中道正道。

　　2006年接任謝長廷市長的高雄市長陳菊對於兩岸地區交往的政策依舊不明，更是未見方向調整。五都改制後高雄面積全台縣市第一，人口卻退居第三。產業發展則繼亞太營運中心下之「多功能經貿園區」及「高雄軟體科技園區」，而馬英九政府對於中央的「自由經濟示範區」與地方的「亞洲新灣區」等政策的擘劃，仍然無私地給予高雄大力的支持，但是民進黨顧及選票仍然操作反對勢力，造成政治的內鬥與消耗。而馬英九提出地區對地區的一國兩區定位台灣與大陸的關係。兩岸ECFA、直航三通、旅遊開放、交流互訪，由2010年的地方選舉過程與結果、2012年的全台選舉結果，以及藍軍後續的執政軟弱的表現，造成2016年政黨又一次的輪替。

四、2013年兩岸融合

　　經過40年的改革開放，中國大陸力量大幅增強，國際地位和軍事實力顯著提高。2010年，中國大陸GDP超越日本，成為僅次於美國的全球第二經濟大國，2013年GDP達91,814億美元，對外貿易規模位居世界第一大貿易國，同時中國大陸已成為美國國債（除美國本國以外）最大債權國（美國中央情報局世界概況報告，2010），中國大陸生產商標已經占據世界民生商品20%以上，成為世界工廠。

　　中國已經成為國際社會不可缺少的重要角色（美國中央情報局世界概況報告，2010）。中國崛起無疑是二十一世紀國際上最重要的事件之一。這一決策「社會主義市場經濟體制」扭轉了中國大陸自1949年後逐漸對外封閉的情況，使中國大陸經濟進入了高速發展時期，改革開放是現代中國崛起的動力。因此，在馬英九的執政期間，兩岸的交流也積極地邁向兩岸社會融合發展的願景。

五、2018年草根民主、韓流崛起

　　2018年6月24日台灣《聯合報》記者黃年報導，國台辦發言人安峰山表示，兩

岸開始進入制度和人才之爭的時代。北京國台辦說：「兩岸開始進入制度之爭。」這句話，超越了「一國兩制」[1]。這是中共十九大修改的黨章所標榜的：「道路自信，理論自信，制度自信，文化自信」[2]。

2018年高雄選戰全球華人矚目，韓流走出藍軍刻板窠臼，擁抱民眾，傾聽需求，用庶民語言翻轉民進黨長期執政的高雄市，開創台灣30年草根民主的第一步。所抓的「北漂議題」，兩岸「南南合作」當為解方，然而不只經濟首富，還要社會融合，並且在中央掣肘與兩岸格局之下，顯需官民雙軌，把握際遇。

2018年12月台灣地區「九合一」的地方縣市長及議員選舉，高雄市長候選人由韓國瑜代表國民黨參選，韓國瑜高舉著「九二共識」的大纛，喊著：「貨賣得出去，人進得來，高雄發大財」（圖9.1），並信誓旦旦地宣布打造高雄成為全台首富城市的競選主軸，成為大小造勢場合與支持者之間的交心密碼，老少呼應：「讓台北去弄政治，讓高雄來拚經濟」，也射中厭惡藍綠惡鬥市民的心[3]。

2018年12月大選後，關於蔡政府處理兩岸關係的最新民調結果出爐，其中一份媒體民調顯示，國人對蔡總統兩岸政策的不滿意度創新高，近7成受訪者不滿蔡英文處理兩岸事務的態度，只剩不到2成民眾仍滿意，應該是鐵桿綠營支持者的基本盤。另外，偏綠的台灣民意基金會也發布例行調查，結果顯示支援台灣獨立與贊成兩岸統一的比例都超過維持現狀。這份民調中更驚人的變化則是，贊成兩岸統一的走向，在這2年內竟然有緩慢上升的趨勢，比民進黨重返執政的初次調查足足多了10個百分點，反而蔡英文口中「天然獨」的支持者則大幅下降[4]。

---

[1] 一國兩制意指「一個國家，兩種制度」，是中華人民共和國第二代領導人鄧小平在1980年代為了實現中國統一之目標所提出的憲法原則。最早是為了解決中華民國政府撤退至台灣後的海峽兩岸關係，蔣經國則以「一國良制」回應鄧小平。維基百科，https://zh.wikipedia.org/zh-tw/一國兩制。

[2] 〈大屋頂下／台灣勿敗於兩岸制度之爭〉，2018年6月24日，00:21，聯合報，黃年，https://udn.com/news/story/11321/3215270，2018年9月15日。

[3] 〈韓國瑜金句瘋傳關鍵是這8個字〉，2018年11月07日，09:00，聯合報，王昭月，https://udn.com/vote2018/story/10958/3465576，2018年12月20日。

[4] 〈新民意打臉小英維持現狀〉，中國時報，李正修，2018年9月18日，04:10。

圖9.1　2018年韓國瑜競選高雄市長口號

資料來源：孫文南院，2018

第二節　一帶一路與中華民族偉大的復興

「一帶一路」倡議於2013年11月正式發起以來，對於何為「一帶一路」並沒有一個公認的定義。據大陸媒體報導，大約有70個國家參加了「一帶一路」倡議。然而，大陸在未加入「一帶一路」倡議的國家所投資的很多專案，也帶有「一帶一路」的特徵。很多活動都打上了「一帶一路」的標籤，如「一帶一路」時裝展、音樂會、藝術展等。基礎設施仍是「一帶一路」倡議的主要組成部分，為該倡議的實施注入更大驅動力，也產生了更大的影響。自2018年來，美國「戰略與國際研究中心」重新連接亞洲項目一直在跟蹤歐亞大陸的基礎設施專案，並建立了資料庫，從中可以看到許多特點和趨勢[5]。

---

[5]　2018年1月25日，美智庫「戰略與國際研究中心」（CSIS）「重新連接亞洲項目」（Reconnecting Asia Project）主任喬納森・希爾曼（Jonathan Hillman）向美國國會美中經濟與安全審查委員會遞

一、大陸一帶一路的主要發展趨勢

　　大陸著眼在全球經濟大戰略上的「一帶一路」計畫，通常是最大的出資方，但並非是唯一的重要行為體。在整個歐亞超大陸正在出現三大競爭地區。在東南亞，日本在很多國家的投資超過大陸；在中亞，亞洲開發銀行及其他多邊開發銀行也有大量的投資專案；在東歐和中歐，歐洲投資方依然是占主導地位。可以確定的是，這並不存在零和競爭，有很多項目都是由中國大陸和多邊開發銀行共同出資的。隨著中國大陸繼續參與歐亞大陸願景的競爭，這些地區值得密切關注。

　　此外，中國大陸的「一帶一路」專案不太向當地人和其他國家開放。據統計，在所有參與中國投資專案的承包商中，有89%是中國公司，7.6%是當地公司，3.4%是外國公司。相比之下，在所有參與多邊發展銀行投資專案的承包商中，有29%是中國公司，40.8%是當地公司，30.2%是外國公司。由此可見，雖然官方對「一帶一路」倡議的表述是開放性和全球性的，但該倡議依然是以中國為中心的。

　　再者，中國大陸「一帶一路」的專案在初期缺乏透明度。在所掌握的專案投資資料庫中，7%的多邊發展銀行投資項目被標注為「宣布」，即處於專案的最早階段，而中國開發銀行的投資項目卻沒有一個被標注為「宣布」，且項目完成的比例也高於多邊開發銀行。隨著時間的發展，上述趨勢將會得到改變。事實上，使項目開放透明符合每個人的長遠利益。如果在專案初期無法得到充足的資訊，那就不可能實現開放公平的競爭。目前，美國及其他西方國家的公司都對參與「一帶一路」項目持有濃厚的興趣，但如果沒有更好的參與機會，就會導致興趣消失、懷疑出現，進而導致更多國家開始質疑加入「一帶一路」倡議的原因，而那些沒有加入的國家也不會再加入。

二、中國大陸為保證自身利益而採取的經濟大戰略

　　中國大陸利用各種方式來促進出口，其中很多是打著「一帶一路」倡議的旗號，如國內龍頭企業、信貸、基礎設施、貿易協定等。中國大陸的國有企業從巨額的補貼中受益匪淺，全球排名在近年來大幅提升。例如：2000年全球500強的企

交書面證詞，評估中國「一帶一路」倡議提出5年後，相關項目的發展趨勢，對中國貿易與投資模式、外交影響力及軟實力的影響，給美國帶來的經濟影響，並向美國會提出因應策略。英文原文題目為："China's Belt and Road Initiative Five Years Later"。

業中只有10家中國公司，其中9家為國有企業。而到了2017年，全球500強企業中有107家為中國公司，其中75家為國有企業。這一特點在建築業更加突出。2017年全球最大的10家建築公司有7家是中國公司。當中國國有企業參與國外合同的競爭時，它們就會把這些優勢擺在桌面上。

基礎設施項目對中國大陸出口的影響是雙重的。短期看，這些基礎設施項目有助於中國出口建築相關產品，一定程度上能夠緩解產能過剩問題。長期看，新的基礎設施項目可強化中國與交易夥伴國的聯繫，便於開展雙邊貿易。亞洲開發銀行評估認為，2017年至2030年，僅亞洲發展所需的基礎設施投資額就將達到26萬億美元，以保持亞洲現有增長速度、適應氣候變化。

貿易協定也被納入「一帶一路」倡議下。中國大陸官員曾表示，將組織自由貿易協定網絡，以支援「一帶一路」倡議的實施。但截至目前，中國大陸似乎主要關注雙邊貿易協定。鑑於「一帶一路」倡議參與國的多樣性，要達成「一帶一路」倡議框架下的貿易協定不太可能。儘管額外的雙邊協定可降低中國與個體市場之間的貿易壁壘，但卻會使貿易規則複雜化。例如：中國大陸與「一帶一路」倡議參與國簽訂了130項運輸協議。這些協定不利於簽署高標準的地區貿易協定或真正的多邊貿易協定。

同樣重要的是，中國採取統一而靈活的方式來運用上述措施。主要表現在以下三個方面：一是中國願意與任何政府合作。即使合作早於「一帶一路」倡議的提出，也會被納入「一帶一路」倡議中，甚至可以與敘利亞、葉門等正陷入戰爭的國家合作。二是中國通常對預算非常重視，而對社會和環境安全的要求並不苛刻。三是中國在支付方式上非常靈活，願意接受他國用自然資源進行付款，有時在貸款無法償還時甚至願意接受股權。所有這些措施短期內有助於刺激項目的啟動，但也會掩蓋長期的風險。

三、一帶一路倡議對大陸政治和經濟的影響

「一帶一路」倡議所產生的政治和經濟影響很難割裂開，當然「一帶一路」使中國大陸受益。「一帶一路」倡議更像是一個品牌，而不是具體的項目准入標準。短期內，從功能和地理上看，對於哪些項目可以納入「一帶一路」倡議的解讀比較寬泛。比如：在基礎設施項目被宣布、開工、完成及投入使用之間存在時間上的滯後。因此，對「一帶一路」相關活動進行長期追蹤，對於找到更確切的答案至關重

要。中國大陸希望從宏觀的角度去討論「一帶一路」的影響，包括貿易、投資、旅遊，以及中國與「一帶一路」倡議夥伴國之間的其他交流。

有研究指出「一帶一路」正在極大地增強中國與「一帶一路」沿線上夥伴國的聯繫。政治上，實施「一帶一路」倡議正在使中國收到回報。從與個別國家的關係看，中國與巴基斯坦之間的傳統夥伴關係更加緊密，透過「一帶一路」倡議，中國向巴基斯坦投資總額約為620億美元。中國向菲律賓和柬埔寨等國提供的基礎設施項目貸款，使這些國家開始重新評估與美國的軍事或外交關係。中國還在向西拓展，特別是加強與中東歐等國的關係。中國的16+1對話機制將中東歐地區國情各異的國家聯合在一起。這些國家唯一相同的地方是都希望與中國開展貿易往來。這些發展趨勢表明，「一帶一路」正在收穫政治紅利。

從全球的角度看，「一帶一路」使中國成為一種新型全球化運動的領導者。儘管「一帶一路」很多提法聽起來似曾相識，但卻被賦予了不一樣的意義。例如：習主席在2017年5月舉行的「一帶一路」論壇開幕式發言中曾指出，將建立一種開放的合作平台，宣導和發展一種開放的世界經濟。儘管美英等國家對於「一帶一路」的開放性令人質疑，但很多國家已經開始接受它，並宣布有意將本國的國家發展計畫與中國的「一帶一路」對接。

另一方面，「一帶一路」也會面臨一些短期制約和長期挑戰。經濟上，當小國與中國開展貿易往來時，他們通常會在大國間尋求平衡，而不是直接倒向某一個國家，以便使自己的對外經貿關係多元化。例如：2016年，東南亞國家的領導人都在考慮同時與中國和日本開展基礎設施項目合作。但關鍵問題是，這種競爭是否能夠促進標準與品質的快速提升，或是適得其反，值得觀察與研究。

政治上，對於那些參與「一帶一路」的國家而言，預期與實際收益之間的差距正在顯現。例如：雖然韓國參與了「一帶一路」，但並沒有在具體專案上與中國開展合作。因為中韓之間在朝鮮問題上的分歧掣肘了雙方的經濟合作，在西歐、日本和印度等其他地區，「一帶一路」也遭遇了不同程度的杯葛。目前，參與「一帶一路」的國家大約有70個，但仍有約125個國家未加入該倡議。

四、一帶一路對美國利益的影響

無論「一帶一路」倡議成功與否，其龐大的資金規模與實施範圍必然會對美國的利益產生影響。美國的商品與服務供應商、投資商參與「一帶一路」項目的商

機是存在的。目前，美國的供應商主要透過與中國公司合資來參與「一帶一路」項目。然而，美國與西方國家對「一帶一路」項目的參與度相對有限。

對美國經濟利益造成的更大影響，是「一帶一路」倡議將導致全球主要經濟體系的深刻變革。二戰以來，美國在建立、拓展和守護開放的貿易與金融體系方面，一直扮演著領導者的角色。這樣做的目的不僅僅是出於善意，而是出於自身利益的考慮。然而，中國的「一帶一路」倡議將改變這一現狀。

一方面，倘若「一帶一路」按照中國的思路取得成功，那將使中國的利益在全球貿易和金融體系中得以體現。商品的供應鏈將發生改變，中國的貨幣將被廣泛使用，中國的技術標準將被廣泛接受。所有這些改變將使美國失去在全球經濟中的現有地位，使中國居於全球經濟的中心。

另一方面，倘若「一帶一路」失敗，美國經濟利益也將遭受影響。中國提供的貸款使發展中國家承受巨大的金融負擔。許多國家依靠維持高經濟增長率來償還貸款，所設定的富有野心的經濟發展目標不容出現任何錯誤或意外。今天許多人對中國經濟的評估也是基於其近幾十年奇蹟般的經濟增長速度，中國國內或國外發生的任何意外都足以使這些貸款無法償還，以致於對全球經濟造成影響。

對於上述情況，美國不僅要保持警惕，而且還要針對歐亞超級大陸（supercontinent）制定自己的願景。川普政府對「印太戰略」的支持意圖透過與政府合作，國會在實施「印太戰略」、擴大融資選項方面可以發揮重要作用。

五、一帶一路是民族復興的偉大藍圖

「一帶一路」的建設是秉持著「和平合作、開放包容、互學互鑑、互利共贏」的理念，其實政治、文化及宗教在宏觀戰略的設計上遠重於經濟。實質的內涵既不是經濟著眼的秀肌肉和財富（show the muscle and money），也不是帝國霸權主義的征服，更不是西方殖民主義的擴張，而是王道文化、濟弱扶傾、大同世界的傳播。總體的思路是方向、走廊、格局，就像中國人擅長下圍棋一樣，從「點」而「線」至「面」的大布局，也具有跨界合作、打破僵局的思維。譬如：「一帶一路」線上的瓜達爾（Gwadar Port）建港[6]，以及在馬來半島的泰國南部建克拉運河

---

[6] 瓜達爾港是巴基斯坦的重要港口，巴基斯坦政府在2015年11月11日將瓜達爾港自貿區的使用權移交給中國。

（Thai Canal）[7]，就是「點」的概念，把「點」連接起來就是「線」，絲綢之路上雖然沒有明顯的城市，但有一條廣泛的路線，就是一道寬頻，而點與線所形成的寬頻卻滋養了周邊大地區的生息，形成了「面」的格局。

十九大以後，我們可以看到中國國內的經濟、社會、政治、政府的策略和管理的發展都將走向現代化，把握住經濟發展的重要性是正確的方向，但也要致力於縮小貧富差距和兼顧社會的公平性。在全球經濟發展方面，中國大陸仍然會堅持以經濟爲著眼的「一帶一路」地緣大戰略構想，致力於區域經濟的結盟，創造區域國家的互惠雙贏；輸出傳統產業，創新發展高端科技，厚植國家科技基礎，在國際上並以合作分享代替競爭對抗。

「一帶一路」經濟大戰略的推進，不僅是以陸權思想爲盤根，也有海洋戰略的觀點爲發展，其中將福建自貿區規劃與「海上絲綢之路」的起點，向東延伸到南太平洋的路線（即南線），目的在擴大中國與南太平洋國家和地區的貿易交流，爲中國大陸打造對外開放的新格局。「一帶一路」在推動基礎建設過程中，所衍生出來的商機十分可觀，位處南台灣的高雄港如果能跟海上絲路的粵、港、澳大灣區[8]連接，進而以外溢效應的帶動台中、新竹、台北並跟福建的平潭和福州做陸上的延伸連接，台灣即可藉由參與「一帶一路」建設從邊緣化的地位到調節性的角色，可視作台灣經濟「翻轉」的大好機會（許綿延、汪明生，2016）。

六、一帶一路爲兩岸南南合作提供互通流量

「一帶一路」的宏觀戰略，爲兩岸「南南合作」提供了良好的基礎與環境，特別是「海上絲綢之路」（參圖9.2），主要會著眼在以上海、天津、廣州和福州爲代表的沿海城市。至於廣西因特殊地理位置，使之成爲銜接「一帶」和「一路」的重要門戶。「一帶一路」願景與行動應強調要發揮海外僑胞，以及香港和澳門特別行政區獨特優勢作用，應積極參與和助力「一帶一路」建設。當中也特別提及台灣地區可適度安排參與「一帶一路」建設。而福建自貿區計畫其背後政策目的係要面向台灣，把該自貿區作爲深化兩岸經濟合作的新基地。由於福建也被定位爲推動

---

[7] 克拉運河，維基百科，https://zh.wikipedia.org/wiki。

[8] 粵港澳大灣區，簡稱大灣區，是由圍繞中國珠江三角洲地區伶仃洋組成的城市群，包括廣東省九個相鄰城市：廣州、深圳兩個副省級市和珠海、佛山、東莞、中山、江門、惠州、肇慶七個地級市，以及香港與澳門兩個特別行政區，面積5.6萬平方公里，截至2018年人口達7,000萬，是中國人均GDP最高，經濟實力最強的地區之一。維基百科，https://zh.wikipedia.org/wiki/。

「海上絲綢之路」建設核心地區，未來台灣即可運用福建自貿區的優勢，並透過兩岸經合會平台，來推動兩岸在政策溝通、道路聯通、貿易暢通、貨幣流通、民心相通的「五通」，促進閩台社會經濟率先整合、創新合作機制等路徑參與海上絲綢之路（趙永祥等，2016）[9]。這些都是開創兩岸南南合作先試先行穩紮穩打的基礎。

圖9.2　一帶一路示意圖

資料來源：大陸國務院發布的新聞圖片，2017

第三節　兩岸南南合作的機遇與挑戰

兩岸「南南合作」的新思路是秉持著中共在推動兩岸關係和平發展的持續工作，並不因為一時情勢的變化而有所改變，因為兩岸的統一關係到中華民族的偉大復興和永續生存的發展，我們必須不畏艱難險阻地把兩岸交流的工作視為持續推動而不可中斷的重要工作。因此，致力於把兩岸交流深化到兩岸社會的融合發展、再昇華到兩岸的和平統一，這也就是兩岸「南南合作」重要而現實的意義。

以大陸的南方，尤其是福建和廣東兩省的沿海地區和城市，對接南台灣而言；除了地理位置相近、文化語言相通、農業生產類同、經濟發展相似。以台灣累積的4、50年發展經驗和技術成果，投入大陸南方的上述區域是具有地利之便、經驗豐

9　趙永祥、白宗民、吳依正，2016。〈「一帶一路」對大陸經濟與台灣未來發展之影響〉，《華人經濟研究》，第14卷，第2期，頁111-130。

富和技術領先的優勢，當然也蘊藏著無限的商機，握機造勢也是兩岸「南南合作」
的機遇和挑戰。

一、兩岸南南合作的機遇

當前兩岸陷入僵局，兩岸又回到以民間交流為主的狀態，而民間交流當然是
以經濟及社會方面的互動為主；在目前兩岸的政治、經濟不佳的氛圍下，民間的作
為就增大了機會。同時，兩岸「南南合作」也有很大的亮點，因為台灣南部總體而
言，還是經濟相對落後，主要以農漁業為主；而大陸南方的長江中、下游一帶，廣
東地區以及閩南地區等相對是屬於經濟比較發達的地區，當然有助於增加台灣南部
地區與大陸南方地區進行合作的意願與機會。

二、兩岸南南合作的挑戰

2016年5月20日之後，兩岸關係陷入了僵局，兩岸過去8年的和平發展局面受到
很大的破壞，兩岸已經建立起來的官方互動機制完全停擺。在這樣的情勢下，兩岸
互動包括「南南合作」，都需要建立在一定的政治互信基礎上，才能更好地開展。
畢竟兩岸事務無小事，兩岸整體氛圍自然會對兩岸「南南合作」有所牽制和影響。
此外，兩岸「南南合作」項目的具體開展與推動難度不小，如何把台灣南部與大陸
南方進行深度的合作是一個挑戰。特別是台灣南部各縣市目前都是綠營完全執政，
而兩岸「南南合作」如何擺脫地方綠營執政的干擾或取得支持，都是一大未知數。

2017年1月16日中國社會科學研究院台灣研究所及全國台灣研究會，在廣西柳
州共同主辦「首屆兩岸南南合作與發展論壇」，出席的有兩岸學者專家和民意代
表，共同探索民間的兩岸交流新思路。汪明生在會中建議：「兩岸南南合作」可
以在大陸的支援下由適合的兩岸民間產學團體合作，進行兩岸地區／城市試點合
作[10]。

中國大陸東南沿海經濟區，包括：深圳、珠海、汕頭、廈門，及沿海開放城
市：湛江、廣州、福州等特區，經過「九五」計畫（1996-2000）[11]之區域發展規

---

[10] 〈兩岸南南合作與發展論壇召開探索民間交流新路〉，今日新聞，www.nownews.com，2017年1
月16日。
[11] 〈中國大陸七大經濟區計畫簡介中國大陸九五計畫〉，《台肥刊物》，https://www.taifer.com.tw/
PublicationArticleDetailC004000.aspx，2002年12月15日。

劃，這些特區的外資利用、出口創匯規模及經濟成長速度，多年來一直高於全國平均水準，成為大陸經濟發展中最活躍的地區之一。這些沿海的經濟特區，為了引進台灣資金，也提供特殊的優惠政策和良好的投資環境，而廈門和東莞更是近水樓台獲得台商青睞成為台商投資最大、人數最多的地區。

所謂兩岸經濟社會的融合發展，是希望透過兩岸「南南合作」的機制，充分實現兩岸優勢互補，以促進兩岸經濟整合，為兩岸經濟注入新能量，並且透過經濟交流與合作，可以讓兩岸人民互蒙其利。但是在2016年以後，由於蔡英文否認了兩岸賴以和平互信基礎的「九二共識」，使得兩岸關係陷入冷凍的情勢，直至2020年民進黨在台灣繼續執政，兩岸的關係不但沒有改善，反而更趨嚴峻。基於兩岸交流不能中斷的使命，大陸各界應該可以期盼兩岸「南南合作」的創新思維，成為兩岸民間交流與合作的新探索和新挑戰。

自2016年起中共推展對台灣民眾準國民待遇，提供就學、就業、創業以及生活上的優惠措施，亦即更關注台灣民眾基層社會面的需求，以拉攏基層民生的心為出發點，以經濟受益為方法，直接獲益的是「台青」本身。透過現象面來看本質面，兩岸問題的關鍵在南台灣，亦即南台灣在社會發展階段反映出民眾的心態，呈現出來的是因為對大陸的不了解而產生對大陸的信心不足，表現在選舉的結果。而推動兩岸「南南合作」既是以南台灣的高雄作為地區與城市的突破口，可免於僵固於主權的堅持，由民間產學團來推動雙方的交流，以不碰政治為原則，即不操作選舉、不觸及統獨、不談論主權，擺脫政治色彩，只作經濟與社會文化的交流，冀求抓住問題核心，從基層出發，以民生為本。但最重要的作法是要集合台灣南部產、學團體的力量，眾志成城，而非單打獨鬥，從兩岸關係學術交流為起點，在兩岸議題上以「對等尊嚴、公開透明」作為討論的原則，讓社會各界以及年輕人，開始對公共事務的關注，尤其是可以促進對兩岸事務的關注和提高檢驗的標準，甚至以後現代社會治理的思維來期許當前兩岸交流陷入冷凍期下，應聚焦在民生經濟和社會融合發展的議題，並以體制外兩岸民間的「第三部門」接替正常管道的兩岸交流使命，從增大兩岸民間交流與合作的機會到引導兩岸社會融合發展的關切與支持，促進兩岸良性互動、和平發展（汪明生、許綿延，2017）。

2017年10月18日中國國家主席習近平在十九大政治報告表示：「願意率先與台灣人民分享大陸發展機遇，並將擴大兩岸經濟文化交流合作。」所以，兩岸交流的既定政策，並不會因為台灣政府不承認「九二共識」所造成的兩岸官方機關、海

協、海基兩會交流停擺而中斷，否則30年的心血和努力都是付諸東流。

中共十九大舉著「不忘初心、牢記使命」的大纛，宣示了中國特色社會主義新時代到來，其成就不僅是在「反貪腐」的實踐和「大復興」的願景，其實也是社會發展階段的跨越。對於北、上、深、廣的一線城市而言，是從現代化的社會跨入了後現代化的社會；對於城市和周邊地區而言，是從傳統的社會發展到了現代化的社會；對鄉村地區而言，正積極地從傳統的社會轉型進入現代化的社會型態。所以說十九大以後，正是習近平呼籲全中華民族不忘初心向全面建設小康社會決戰，以牢記使命向偉大復興的中國夢邁進。

如果說兩岸關係中的兩岸交流政策是宏觀的戰略，兩岸「南南合作」的新思路就是中觀的戰略規劃，而兩岸「南南合作」框架下的經濟、宗教、學術、文化等的合作或互動，就是微觀戰略。兩岸「南南合作」中觀戰略是把目標放在經濟的現象面，目的是借助現在大陸南方的經濟發展的實力，透過兩岸交流與合作的方式，帶動台灣南部的經濟發展，挹注南台灣的社會富庶，進而轉型到一個可以自主意識、穩定和諧發展的現代化社會。多年以來，對於南台灣社會發展轉型與兩岸事務的觀察，問題不只是經濟產業與政治藍綠，其實還有台灣自身與兩岸交流中，長期被忽略的人口結構與階層意識，此即社會層面，亦係大陸在2017年定調的兩岸交流重點在於青年一代和基層一線的「一代一線」[12]。而國台辦陸續發布的惠台31條及26條措施與各省市的優惠政策企圖抓緊台灣的青年人，然而基層民眾與多數青年對兩岸的觀點仍需要導正。目前，我們認為以南台灣經濟社會民生發展作為主體關切的兩岸「南南合作」，在持續的推進下將受到南台灣地區產、學界的關注，而我們期盼的不只是要高雄成為全台首富，還要做到台灣社會的融合。

第四節　兩岸青年交流與跨域合作

兩岸青少年交流是兩岸交流的重要內容之一，1987年台灣的解嚴，隨著打破了兩岸交流的壁壘，也打開了兩岸青少年的接觸和交流的大門。在近40年的時間裡，

---

[12] 大陸對台新政策「一代一線」取代「三中一青」，「三中一青」與「一代一線」的區別為何？上海台灣研究所常務副所長倪永傑認為，以往的基層定義在中小企業、中低收入、中南部以及台灣青年，現在基層的定義更廣，除了中南部，包括台澎金馬、各行各業農林漁牧和第一線的基層勞工，都是大陸的工作對象，「政策更接地氣，接近台灣底層民眾的生活」。中時電子報，楊家鑫、藍孝威／台北、北京報導，2017年5月24日。

兩岸青少年的交流從無到有、由難轉易、交流越益頻繁。當前在兩岸關係發展的新形勢下，兩岸青少年的交流過程中也出現一些值得關注的新情況、新變化和新問題（石勇，2017）。

一、當前兩岸青年交流的新情況

　　兩岸青年交流的新情況主要是指兩岸青年交流背景的變化，包括兩岸關係的親疏程度、兩岸各自政治、經濟、社會發展狀況、兩岸青年的價值觀變化等。

（一）台灣對於兩岸交流政策隨藍綠執政態度不同，相對的政策也相對冷暖而異，無法持續保持良好的狀態。

（二）互聯網爲兩岸青年交流打開了新的天地，不再拘泥現實情境中的來往接觸，爲兩岸年輕人的互相了解與思想碰撞提供了空間。

（三）兩岸社會型態俱從現代化向後現代化轉型，社會價值多元、個體意識抬頭、要求公共政策的公開與公平。而台灣更因爲經過了三次的政黨輪替，也促進了年輕人對多元價值的包容性。

（四）中國崛起後，兩岸經濟及社會發展差距逐漸拉大，台灣因爲政治上的藍綠惡鬥，經濟的發展因爲政治牽制逐漸放緩，台灣奇蹟的光環不再。年輕人出現低薪、福利不佳、人才流失的現象，相對地引起年輕人社會及心理上的問題。

二、兩岸青年交流的新變化

（一）由於受到台灣政治的影響，兩岸青年的交流呈現萎縮，對於雙方的了解大多是透過網路資訊不切實際的了解，由於網路消息容易遭到惡意的傳播錯誤訊息，因此兩岸青年之間存在著虛擬交流與現實交流的現象。

（二）在支持兩岸青年學生交流方面，大陸方面是政策一貫，而且惠台措施越來越多。台灣方面仍然是遇到政輪替執政就發生變化，政策時寬時緊、時鼓勵時反對。

（三）兩岸青年在涉及政治上的議題，如兩岸關係、民主制度、社會制度，或對於台灣的國際空間、國家認同方面，存在著敏感而對立的狀態。

（四）大陸官方主導的兩岸青年交流活動發揮了重要的作用，但是因應兩岸關係的嚴峻期間，由民間團體自發性的兩岸青少年的交流，更具吸引力和個性化，

　　與官方主導的交流活動形成了互補的效果。

三、兩岸青年交流的新問題

（一）兩岸青年人對於民主、自由、法治等要素的內涵以及實現方式上存在著認知上的差異。

（二）兩岸青年在國家認同上的斷裂，在很多場合上存在著摩擦，這種現象是比我們預期的還要大，當然也就影響了交流的效果。

（三）支持國民黨的台灣青年在交流中常常表現台灣民主自由的高傲，而支持民進黨的台灣青年由於具有台獨的傾向，與大陸青年交流並不積極。其實，鼓勵兩岸青年的交流必須要有民族認同、追求兩岸統一的胸懷，要有同中存異、異中求同的誠意，才能達到交流的效果。

（四）網路媒體的發展，讓兩岸青年針對摩擦或尊嚴的議題出現時，容易激動地產生霸凌現象，這種負面情緒的積累實不利兩岸交流的目的。

四、大陸對台青年政策

　　中國大陸台辦機關為了鼓勵台灣青年赴大陸創業，從2015年至2017年，設立了41個「海峽兩岸青年創業基地」和12個「海峽兩岸青年就業創業示範點」。其中，廈門、福州對台灣青年優惠政策，包括《人才政策新十八條》，提供台灣青年創業融資、職業證照取得便利、經營場地和住房補貼，以及台生在陸參加創業培訓，比照陸生享有培訓補貼。

　　2017年大陸在全國2,600所本科及研究生大學院校當中，增加到308所大學可以提供台生申請入學，除了增加學校數量，也大幅降低免試的申請入學門檻。2018年又將台生申請大陸高校的學測成績降至均標，亦即在台灣的學測成績只要在前50%即可免試申請進入大陸的大學，而且新公布的「台灣學生獎學金管理辦法」讓台生與港、澳生分開評比，對台生更有利[13]。大陸在招生、住宿、獎學金及醫療等多方面的優惠措施，讓台生就學更無後顧之憂（孫榮平，2018）。

　　2018年2月28日國台辦發布了《關於促進兩岸經濟文化交流合作的若干措施》的31條惠台政策後，接著在2019年11月4日繼續推出《關於進一步促進兩岸經濟文

---

[13] 遠見官網，https://www.gvm.com.tw/article.html?id=41099，2018年1月22日。

化交流合作的若干措施》（簡稱惠台26條）[14]，其中從第21條到26條，更是針對性地對於台灣的青年學生提供了更廣泛的就學和就業空間，這些優惠政策實具有鼓勵的作用，唯具體的落實措施才是重要的驗證。

五、台灣青年處於世代的交替

從台灣104人力銀行網站的人才職缺資料庫，分析2008-2017年台灣同胞到大陸求職工作的統計資料來觀察。台灣與大陸的工作機會在同時期內的比較，大陸是從2008年的200萬個增加到2017年的900萬個，而台灣是從2008年的8萬個增加到2017年的14萬個。兩岸增長的比例都有50%的成績，但是台灣的就業市場已呈飽合，相對地到大陸就業的機會還是很有潛力，然而2011年後金融海嘯及次級房貸風暴的影響，大陸GDP下滑，經濟成長減緩，經濟結構調整為擴大內需的消費，世界工廠轉型成世界市場，大陸的工資調升，台資企業也面臨結構的轉型。因此台灣青年到大陸工作的動向不是呈持續成長的趨勢，2012年到大陸找工作的只有20%，留在台灣的高達46%。

台灣地區2014年「反服貿運動」加上2015年「反課綱微調」運動，使「台獨」理念持續向更年輕的層次深化，「台獨」聲浪居高不上，民進黨趁機鞏固自己的社會基礎，使蔡英文聲勢水漲船高，而贏得2016年的大選。然而，蔡英文在當選後，關於她的青年政策在選前開的很多空頭支票都沒兌現，例如：興建公共住宅解決青年成家購屋問題、生育補助等都沒有兌現，尤其是青年最需要的創業補助也沒有著力。

2017年5月，台灣少年權益與福利促進聯盟等組織透過網路對蔡英文當局和各政黨打分，結果顯示：受訪青年也有20-30%之間，對蔡英文的青年政策落實度，認為不及格。其實，蔡政府對於台灣民生經濟的改革已是黔驢技窮，對於青年創業的政策重點，只不過是在喊口號，可以說是為了滿足選票利益或者說根本就是在騙選票而已。蔡英文雖然在2020年的大選仍然得到年輕人大力的支援而勝選，但可以預見未來4年繼續執政的經濟困頓，所以蔡政府企圖轉移社會焦點，不斷製造台灣主權和反中的議題，繼續蠱惑不知柴米油鹽貴的年輕人，激化他們的民粹意識，無

---

[14] 〈中國大陸推出惠台26條　同享國民待遇〉，中時電子報，記者宵其遠，https://www.ctwant.com/article/13173，2019年11月6日。

限上綱，形成了以台獨、反中的政治幻想拿來當飯吃，完全不顧未來的民生經濟發展，台灣的年輕人未來還有苦頭要吃。

六、台灣青年社會價值觀的改變

2014年馬英九政府最大的危機：「太陽花」學運，當初參與的學生，現在已經畢業步入社會，不少人來到大陸就學或就業。在一個對於台灣軍公教年金改革的討論會裡，「太陽花」學運分子大肆地抨擊國軍退役將領的官僚、霸道等作風，某位在場的大陸領導，因為工作關係認識不少國軍的退伍將校，好奇想聽聽看是哪位將軍如此？遂請該生舉例，該生當場結舌無法作答。因此台灣的學生看似聰敏能幹，口才便給，其實有許多成見是被民進黨長期洗腦，積非成是，不可理喻。我們觀察到後現代化的特質就是去中心化，現代年輕人的價值觀是以有形的價值為取向，精神價值的忠貞不渝，是隨機可以改變的。就像現在台灣的政府官員，大多是兩朝為官，趨炎附勢，看風向行事，這已經是社會的問題，人民選出什麼樣的政府就會有什麼樣的政治。所以普遍認為台灣年輕人的政治要求就是「利」字當頭，哪裡利多就向那傾斜，我們很少聽到台灣的年輕人能夠把兩岸問題說得清楚、講得明白，很多對於「統」的想法也不願意表達，只能隨波逐流，跟著政治氛圍在盲從。

中共在十九大以後，不經過與台灣的協商，逕自發布了多項惠台政策，尤其對於年輕世代到大陸去就學、就業的政策更是陸續出台，當初參加反服貿及反課綱的知識青年更是為數甚夥地西進大陸。台灣的民眾必須理性、務實思考兩岸關係和平發展的必然性，民調顯示去過大陸的民眾對大陸人民、政府的好感高出沒有去過者，證明「交流不是萬能的，但沒有交流是萬萬不能的」。台灣青年人的民意在2018年的地方選舉後，似有覺醒跡象，但在2020年的大選後卻意外發現台灣的年輕人對於民進黨反中、仇中的洗腦宣導真的產生了巨大的影響，台灣地區20-29歲的青年人約有700萬人，占總投票人口的36.8%，是第一大勢力，2020大選估計有300多萬票投給了蔡英文。據《天下雜誌》的調研，台灣的年輕人有48%看好台灣未來的經濟發展，約32.5%的人願意去大陸發展，但有60%的人支持台灣獨立，自認是中國人的只有12.4%[15]。這是台灣青年人面對新時代對兩岸關係的新選擇，顯然他們

---

[15] 天下2020獨家國情調查：〈台灣vs.中華民國，世代衝突　更勝南北〉，《天下雜誌》，689期，林幸妃，https://www.cw.com.tw/article/article.action?id=5098353，2019年12月30日。

在政治的態度上是遠離大陸，但在經濟的態度上仍然是現實地對大陸有憧憬。

七、台灣青年赴大陸發展是中國崛起的必然結果

　　兩岸交流經過了30年，觀察兩岸交流所發生的結果只有正面沒有負面，因為兩岸同胞透過交流溝通與了解，演變出「剪不斷、理還亂」的複雜情結，但結果是讓台灣沒有被分裂出去，這要感謝故總統蔣經國先生開放了兩岸交流的大門，也留下了兩岸終將和平統一的伏筆。試想如果沒有經國先生的高瞻遠矚，繼他之後的李登輝和陳水扁，以台獨思維執政的20年間，兩岸的發展絕不是這樣還藕斷絲連地躊躇於統獨之間。其實大陸的經濟發展所帶動的全面性改革工程，在教育上已經見到明顯的成果，除了硬體設施的改善，迅速與國際接軌的優勢，整體素質的提升，從高校在世界上排名節節攀升來看，不僅已經擠下台灣的名校，也是吸引台灣青年來大陸升學的重要誘因。

　　從兩岸的貿易資料來觀察，大陸經濟崛起後，台灣經濟對大陸的依賴是與日俱增，2019年台灣經濟的GDP對大陸的出口是41.2%[16]，遠超過美、日、歐，如果拿掉中國市場的出口，台灣的貿易就會變成逆差。所以當大陸的就業市場和工資條件都已經優於台灣的情況下，台灣的年輕學子踏入社會後，大概就剩下醫師和律師能在台灣社會立足生存，其餘的行業都必須離鄉背井，到大陸去謀求發展。逐漸地台灣年輕人就會發覺民進黨為了選舉是如何地操弄民粹、製造族群對立、分化社會和諧、欺騙年輕人的選票，而唾棄民進黨。

八、給台灣青年打開了的一扇窗

　　大陸在2018年2月28日公布惠台31項措施後，很快地就具體地落實下來，尤其是針對台灣青年就學、就業和創業的部分，的確是吸引了台灣青年到大陸的一股熱潮，這就是大陸對台工作抓住了「一代一線」重點工作的落實。試舉兩例如下：

（一）2018年4月廣西桂林師範大學招聘了一位從台灣來的80後的講師王孟筠，她是台灣東海大學的博士。她很興奮談到在大陸教書的經驗和心得，她表示，在台灣她一個博士只能找到醫院的約聘職員，但是在這她是個大學講師，薪

16　呂紹煒專欄：〈遠離中國？免了，台灣經濟註定依賴中國〉，風傳媒，https://www.storm.mg/article/1559576，2019年8月7日，06:20。

資與台灣的講師相當，但是有一筆爲數可觀的安家費。由於交通和郵電的發達，想家的時候就飛回台灣很方便，她可以上午在家裡和家人吃飯，下午就到了桂林和同事們去夜市買鞋。

（二）2018年6月剛到廈門創業的台灣青年洪瑞琪，她是台灣輔仁大學畢業，在台灣工作2年後，正逢其時搭上惠台措施的順風車，申請來廈門創業，得到創業補助。

兩岸關係在這樣嚴峻的情況下，大陸方面能夠釜底抽薪地片面推進兩岸民間的交流，已經從青年就學、就業與創業的優惠條件獲得台灣青年的認同與迴響，繼之而來的應是輔導台商企業的西進合作。據調查台灣同胞有60%沒有到過大陸，對於大陸仍是停在30年前的刻板印象，我們要想改變一個老人的想法也許不容易，但是年輕人的可塑性很高，大陸對台灣青年來大陸工作的利多政策出台，的確是給台灣年輕人提供了另一項選擇的希望。

蔡英文從2016年在台灣執政以來，經濟的蕭條讓就業市場的競爭壓力非常大，大學生畢業就是失業，相對地大陸對台工作從「三中一青」到「一代一線」的重點突出，透過兩岸青年的學術、產業的交流，使台灣的年輕人能夠趕上這波熱潮，無疑地，大陸的經濟起飛所帶來就業的機會和國際化的接軌，就像一個大磁石，吸引著台灣的人才如過江之鯽跨海西進。

中國人從十九世紀末葉就活在屈辱和窮困的宿命下，尋找一處可以安生立命的落腳處，是中國人的夢想。現在大陸經濟的崛起，已是舉世矚目，面對改革開放40年後的亮眼成績，讓中國已經成爲世界的工廠。不少僑居或留學美國的華青，他們大部分都是學而優則商的人才，他們在矽谷的外商工作，因爲是華人，具有會說華語的優勢，不時要到萬里以外的中國出差，在出差期間他們看到的是中國青年的聰明、勤勞、創意、理想，這樣強勢的表現，讓他們感到欽佩，這個民族終將引領世界風騷，所有海外的華人終將回歸祖國。

從這些現象面的觀察，兩岸的青年政策就是交流，交流有助於兩岸社會的融合，化解政治的歧異。雖然文化的連結未必能夠促成政治的統一，因爲中國歷史上「分久必合、合久必分」的自然規律，並不是文化和種族問題，但是文化與政治也是不可切割的一體兩面。其實交流、溝通與了解，可以讓台灣的同胞，逐漸看清台獨政客的陰謀和虛假的謊言，讓台灣青年獲得更多客觀與眞實的資訊，來思考台灣未來的出路。

第五節　本章小結

2018年「九合一」的地方選舉，在高雄以「青年北漂」作為課題，「南南合作」作為解方，不只成為政見主軸打贏選戰，並且連結30年來的高雄發展與國際經驗，凸顯了議題，也出現了高雄藍綠轉變的可能。

30年來外部全球化與大陸改革開放，對照之下是台灣1988年條件具足、信心滿滿下的解嚴民主，1998年錯過亞太營運中心，高雄城市轉型不成，出現全台最早的政黨輪替，2008年以形象取勝的馬英九贏得選戰，卻不接地氣再度錯過。2018年的草根民主果然打敗菁英政治，然而勝選後地方各界的熱情期待，並不能支持韓國瑜執政團隊的艱難起步，民進黨以黨派動員，全力杯葛與罷免新任市長，終致高雄的轉型功敗垂成。

其實導正高雄長期閉關自守以至越形僵固的起手式，當然就是市場開放，甚至是以兩岸為主的市場開放。先不論中央層級的執政黨會如何出手，僅以高雄此次選舉結果，縱然表面上藍軍算是大贏，然而加上對未投票者多不願改變的合理估計，應有略超一半的高雄市民其實並未作好對外開放，尤其兩岸開放的準備。這些市民應該更加兩極分化，少數位在金字塔頂端，絕大多數則無論經濟所得或知識觀念都處於人口結構與社會階層的底端，然而不分貴賤高低也都是自己的同胞，票票等值。

反觀大陸，經過2000年來兩岸中斷下的自力發展與國際接軌，迄今就只是在社會氛圍與政治制度上較台灣保守，其他的經濟產業、基礎建設、科技新創、城市發展、政府績效、公共服務、高教研發、媒體傳播、文化藝術與傳統復興上早已一日千里，幾乎看不上、也不需要台灣了。大陸30年來全面開放下的市場意識幾乎全民皆狼，南台灣30年來的「三中一青」則好似全都是羊，如何避免兩岸開放下的大陸大狼吞掉台灣小羊，除了我們自己的力爭上游，也需要大陸多點耐性包容，早點精準正視了。

高標準的兩岸「南南合作」，應是將高雄、台南、屏東等南台灣城市地區與大陸南方的廈門、廣州、廣西、上海等城市地區以官民雙軌對接，平衡經濟與社會，亦即不只經濟首富，還要成為兩岸經社深化融合的示範城市。兩岸融合發展，人類歷史並無前例，然而舉世矚目，必將載入史冊。台灣並無鄧小平，然而也需要摸著石頭過河，以實踐檢驗真理，避免久拖不決與非常手段的際遇已至，就看兩岸有識之士能否與如何把握，眼前當下，此其時矣![17]

---

[17] 〈南南合作創兩岸融合發展史〉，中國時報，汪明生，https://www.chinatimes.com/newspapers/20181206001627-260109，2018年12月6日，04:13。

第（十）章　兩岸主權與民生發展

　　台灣地區以2000年作爲分水嶺，較爲明顯的，有著劣質選舉導致的藍軍路線混亂，有著兩岸僵局不開導致的產業外移，有著南台灣發展停滯導致的區域失衡，有著閉關自守本土意識高漲導致的價值扭曲，有著野心教改導致的青年世代偏差斷層，更有著基於以上的現象而產生的政治版圖挪移和統獨的消長。把一個原本欣欣向榮、繁榮進步的台灣，搞成了現在的晦暗蒙塵、苦澀不堪。

　　若由長遠大局來看，這些亦未嘗不是吉凶參半、禍福相倚。首先，是在經濟層面上的陸長台消，台灣經濟停滯的情況有效地縮短了兩岸的發展差距，利於兩岸的融合。其次，是讓台灣本土的底層群眾與異化意識，有個抒發平衡的機會，好好壞壞一體檢視，逐漸獲得公評共識。最重要的，是由此證明中國人搞西方民主不是那回事，這對於大陸本世紀以來的穩健發展無需於此糾結，應該可算作出了重要的消極示範。

　　然而，若由台灣30年來與李登輝集團不斷殊死鬥爭的一批批理念菁英角度視之，當然是做出了重大的犧牲奉獻。30年後的台灣與兩岸，已經不能僅以發展與經濟觀點解讀。尤其是在今年以來的全球變遷，與中美全面對峙的局面下，除了外部檯面上的美台勾連外，還有的是台灣內部遺留的幾可解讀爲中日之戰延續的詭譎情勢。

　　所謂「殷憂啓聖、多難興邦」，眼前的台灣問題當然形成民族復興的重大挑戰。除了大陸自身近來的和統、武統之辯外，更重要的應是如何兩岸聯手積極導正，當下已可起行的，即是由城市地區「南南合作」，淡化主權，聚焦民生，爭取民心，兩岸經濟社會深化融合，以爲和平統一做好準備。[1]

---

[1]　〈李登輝留下的兩岸問題〉，中時新聞網，汪明生，https://www.chinatimes.com/newspapers/20200804000697-260109，2020年8月4日，04:10。

第一節　不統、不獨、不武

不統、不獨、不武（No unification, No independence and No use of force）是一個政治名詞與口號，由馬英九在2008年總統大選中提出作為政見，也是其任內的兩岸政策原則之一，相對於三不政策（不接觸、不談判、不妥協），又稱「新三不政策」。常被認為是「九二共識、一中共表」及「憲法一中」的補充。主要內容為不推動兩岸統一，也不會宣布台灣獨立以及兩岸之間不進行軍事戰爭。

「不統、不獨、不武」的口號，最早由蘇起在2007年提出，成為馬英九在2008年總統大選中的政見。2008年李光耀接受中央社訪問，認為馬英九提出不統、不獨、不武的主張讓兩岸情勢緩和進步，但卻未堅持中國國民黨原本的終極統一立場。

2015年4月，馬英九在陸委會重申「新三不政策」，也就是保證不推動「兩個中國、一中一台、台灣獨立」。當民進黨主席蔡英文提出「兩岸關係現狀說」引起朝野交鋒之際，馬英九藉此場合定義其「現狀」內涵，即不統、不獨、不武，並在中華民國憲法架構下現況用在兩岸關係。他並質疑，不確定民眾是否有信心，未來的總統能夠堅持上述原則，以維持「現在的現狀」。

前總統馬英九在接受美國之音《海峽論壇》專訪時，談論對中國領導人習近平、兩岸關係看法以及2020台灣總統大選。談到川普日前將台灣納入印太戰略，以及習近平發表的「告台灣同胞40週年談話」，意圖加速統一過程，同時蔡英文態度強硬的三方互動，馬英九表示，他認為不是親中或親美，而是「親台」，我們要把自己台灣的利益放第一，我們可以做一些事情改善和大陸的關係，關係無法改善的話，美國是不會幫我們打仗的。而當記者問到：「您在任內一直講的不統、不獨、不武，後來我們聽到您新的說法是『不排斥統一』，這種改變是基於什麼考量呢？」馬英九則回答：「主要是考慮到兩岸關係已經發生變化，台灣人對大陸的看法逐漸改善，同時大陸也表現出迫切性」，「剛好台灣的憲法在增修條文裡設定了：『因應國家統一之前的需要，增訂條文如下……』，這就是在假設，國家未來是有機會統一的，所以憲法並沒有排斥和大陸統一。只是它沒有訂出時間表，沒有規定什麼方式。」「我們從憲法條文解讀，統一有兩個條件，第一為不能使用武力或者武力解決，第二是必須使用民主程序，經過台灣人民同意。」「對台灣人來說有兩個選擇，一個是維持現狀，一個是兩岸統一，兩岸統一的條件不成熟，那我們

就維持現狀，兩岸統一要循序漸進，不宜揠苗助長。」

一、台灣民意的改變

2020年台灣地區領導人選舉的結果，出乎意料地以民進黨領導的綠軍大獲全勝。蔡英文以總票數1,428萬的得票率57.1%獲817萬張選票，創歷史新高，國民黨的韓國瑜得票率是38.6%獲552萬張，慘輸265萬票，韓國瑜承認敗選。而在立法委員部分，民進黨贏得62席，國民黨35席，國會全部114席，綠軍已經過半，仍然保持壓倒性的優勢。

二、蔡英文大勝的分析

選戰視同作戰，也講究態勢和戰略的優勢，民進黨在這兩方面都占盡優勢：

（一）美國的支持

中美貿易大戰，中國採取的守勢作為，被台灣誇大為力量不足與美國抗衡，並且在商業技術上的竊取和5G手機的壟斷市場野心，造成形象的醜化。而香港的反送中暴動，被凸顯為一國兩制的失敗。中美貿易戰和反送中的暴動發生時機都是正在台灣地區大選的醞釀時期，是巧合還是美國的刻意製造，都對台灣的民進黨造成了有利態勢。

（二）民粹對抗一國兩制

從香港反送中的暴動凸顯了香港人民不能接受「一國兩制」，給台灣做了最好的驗證示範，2019年1月2日習近平提出「一國兩制台灣方案」後，在2019年6月9日就爆發了香港反送中的衝突。這給了蔡英文撿到炮的機會，力挺香港「覺青」抗中、仇中，號稱捍衛台灣主權和民主自由，鼓勵台灣青年支持香港青年的反送中運動。但大陸方面一直保持按兵不動、袖手旁觀的態度，讓台灣青年人認為大陸絕對不會對於台灣問題動用武力解決，助長了台灣民粹的鋌向險中行。

（三）掌握空優

所謂「空優」就是電子網路和媒體，蔡英文運用國家資源建立網軍，控制台灣媒體，鋪天蓋地攻擊、醜化對手，製造假消息、扭曲事實，對於人手一支手機的年

輕人,影響不可謂不大,年輕人被洗腦後,跟著風向民意向蔡英文傾斜。蔡英文對於藍營對手的仿效電子反制戰,祭出查水表、辦藍不辦綠的綠色恐怖,產出寒蟬效應,藍軍為求自保紛紛轉為節制與保守,失去話語權和主動權。

(四)偏向年輕人和老人勞工團體的政策買票

運用國家資源鼓勵同婚政策,給予結婚的補助和假期,加碼老農、漁、勞、工等基層百姓的退休年金,政策的買票無異於賄選,選舉的花招,敢作敢為,以政府的福利,攏絡了年輕人和基層老人的選票。

三、韓國瑜功敗垂成

韓國瑜在2018年11月23日以異軍突起問鼎高雄市長,巧合高雄人心思變,獲得勝選,欲挾勝利之姿乘勝追擊,攻取總統大位,卻是功敗垂成。各方分析他的失敗原因當然很多,不過綜合而論不外下面幾點:

(一)冒進爭取大位

韓國瑜甫獲選高雄市長,尚未穩住局面,卻見獵心喜,躁進參選總統,其正當性不容於國民黨內大老,也造成高雄市民的失望,認為韓國瑜違背選民的承諾,觀感不佳,加上綠營的猛烈的抨擊和醜化,是敗選主因。

(二)國民黨內的分裂

由於韓國瑜以一個政治素人的姿態,突兀地要在百年老店的國民黨掛帥出征,遭成權力結構的重整,遲至選前三個月才完成,對於戰略布局和力量的整合都顯得鬆散,缺乏資源,只有獨撐大局,孤軍奮戰,成功條件不足。

(三)兩岸關係定位不明

由於蔡英文先發制人的反對「一國兩制」,並獲巨大的迴響,韓在兩岸關係上的論述既無新猷,只能跟著喊反對「一國兩制」,唯一與蔡不同的就是捍衛中華民國,鞏固了正藍軍的選票,從他得票率38.6%的結果看,中間選民和泛綠的選民板塊都移向了蔡英文。

（四）陷入傳統的陸戰

　　韓國瑜的選戰面臨著資源匱乏的劣勢，沒有空軍的地空聯合作戰能力，也沒有動員的機制，完全是靠著鐵桿粉絲的支持者，義務志願的熱血相挺，從南到北追隨韓的造勢活動，凝聚造勢的氣勢。其實韓粉的辛苦和熱情，在缺乏現代科技的工具支援和年輕人價值觀的認同，以及政策買票、地方綁樁的複雜情結，只有傳統的烏合之眾，靠著滿腔熱血和勇氣，從戰史看都是英雄悲壯的結局，贏得尊敬但失去勝利。

四、對兩岸形勢的影響

　　台灣的選舉由於國家意識型態的不同，長期的藍綠惡鬥和政黨輪替，次次的選舉都是族群的分裂和力量的削弱。這次的選舉已然看出是世代的交替了，年輕人握有足夠的選票，可以決定台灣的未來。目前看來國民黨的老成持重不足以抗衡民進黨的年輕有為。大陸應該認真考慮下面幾個現象：

（一）年輕人對「一國兩制」的抗拒

　　「一國兩制」作為兩岸和平統一的方案已經被汙名化，越來越多的台灣同胞是不能接受的。蔡英文政府可能會在第二任連任成功後進行修憲，對於主張統一的人視為叛國，統一的聲音在台灣將成禁忌。

（二）國民黨面臨瓦解或邊緣化

　　此次的選舉以柯文哲領導的民眾黨其政黨票數獲150萬，已成為第三大黨。國民黨在敗選後面臨的組織改革和中心思想的調整，都值得觀察，在沒有年輕新世代的交替轉型，未來的發展很不樂觀。大陸方面應該要有與民進黨作為鬥爭對手的心理準備，此外對於台灣多黨化時代的來臨，也要未雨綢繆了。

（三）兩岸的關係越趨嚴峻

　　以主張台獨的民進黨在大選中勝出，透露了台灣同胞在心理上已經徹底切割了大陸，因此大陸不能對「一國兩制」存在著太多的幻想。台灣民進黨政府在國安五法、中共代理人法、反滲透法陸續出爐後，將徹底封堵台灣各界人士到大陸的旅行、投資、學術、宗教等交流自由，因此台灣統派人士的努力即將被迫中止，而台

灣的問題已經正式單方面地交到大陸的手中。

　　綜觀台灣地區2020年的領導人大選已然落幕，從此次大選的觀察，從正面來看，台灣的社會發展結構進入了世代的交替，儼然從現代化社會的開創發展躍進了後現代化社會的重視個體自主、包容差異與多元發展的現象面。從負面來看，同時也讓兩岸關係的發展越趨複雜，台灣新世代年輕人不認同為中國人的比率越來越多，台灣與大陸的心理差距也漸行漸遠。站在致力兩岸和平統一的人士立場，統一是中華民族大復興必要的條件，早日統一比曠日廢時要好，猶豫與不為適足以姑息養奸，尾大不掉。在這個嚴峻的時刻，需要兩岸的菁英共同發揮智慧，與時俱進地調整策略，不達目的絕不終止。

圖10.1　韓國瑜選總統

資料來源：許綿延，2020

第二節　香港反送中

一、暴亂內因

2019年的香港動亂，一般認爲肇因於逃犯引渡條例，不錯，技術上而言正確，但這只是表象，不是本質，只是觸媒，並非本體。就如一次大火，點起火頭的可以是根火柴，但造成一片火海，本身必須另有大量的易燃物；吹熄火柴很容易，但只要易燃物仍在，大火就仍然繼續燒下去，就算這次連大火也撲滅了，以後另一根火柴、另一個菸蒂、另一次漏電，甚至另一天日常的煮食燒水，也總會再一次又一次造成火災。

這正是今日香港的情況，逃犯引渡條例先是6月擱置，繼而9月撤回，但仍然野火燒不盡，此熄彼又生；因爲瞬間已經擴大爲「五大訴求」[2]，特別是其中的「雙普選」[3]，涉及所謂更「深層次」的政治問題了。

香港人向來是政治冷漠的經濟動物，這點舉世聞名；香港的青年人對歷史、政治、國際事務，不要說認知，連稍有興趣的也如鳳毛麟角，和1960、1970年代那種熱切探求、思考、討論大不相同，爲什麼會一刹那之間，忽然冒出那麼多具有高昂政治意識，願意爲民主自由而戰鬥的青少年？

他們之所以忽然熱衷於政治，特別是「雙普選」，是由於接受了一種非常簡單，也因而完全不用思考就可以深信的說辭，即：今日的種種困境，都是由於現時政府施政向地產利益及內地利益傾斜，港人成了犧牲品，一旦實現「雙普選」，就可以選出代表港人利益的特首，問題即會迎刃而解。就算這種說辭起了醍醐灌頂之效，令他們一下子從迷夢中驚醒過來，不過，也完全無法解釋爲什麼其中的暴亂者會對另一方產生那麼強烈的仇恨，極端至要揭發人家庭私隱，務求可以罪及妻孥！

7月開始示威者在香港赤鱲角機場出動，示威者忿懣、暴亂者狂暴，其實與政治訴求、政治取向無關，只是一種情緒反應，透過種種常人做不出來，甚至無法理解的行爲，把內心的焦慮、不安、挫折、忿怒發洩出來。雖然還未至於狂暴，但忿

---

[2]　五大訴求：全面撤回《逃犯條例》修訂草案、撤回「暴動」定性、撤銷所有反送中示威者控罪、成立獨立調查委員會，徹底追究警隊濫權情況、立即實行「眞雙普選」。維基百科，https://zh.wikipedia.org/wiki/五大訴求，缺一不可。

[3]　2012年雙普選，是指不少香港人要求香港特別行政區政府在2012年香港特別行政區行政長官選舉以一人一票選舉行政長官，同時於立法會選舉中全數立法會議席由普選產生（眞普選）。https://zh.wikipedia.org/wiki/2012年雙普選。

濾的卻絕不少見；因為他們由20到40多歲都有，房子沒有，有的只是孩子；工資可以維持目前生活，每年也能去度假，看似很中產階級，但實際上沒什麼積蓄，更千萬不能失業，因為一失業就一無所有，不知如何是好。可惜的是，他們又不能不擔心失業，因為職業穩定性正是現代社會所缺乏的，這是長期困擾他們的夢魘。他們的世界，和上世紀60、70年代我們所認識的很不相同。

那個年代，找到工作，通過試用期之後，只要勤勤懇懇就可以安穩地升職、加薪、做到退休，還有頗為不錯的退休金。但今天終身僱用制已經近乎不存在了，一般只是2、3年合約，到期還要按種種指標進行評核，最壞的情況是：即使你沒出問題，但只要不夠好，也要另謀高就；當然，他們也可能沒察覺，一般現時的大學生和1960、1970年代的大學生相較，不同的不僅是他們的世界，而且也包括了他們的能力，更重要的是他們的態度，不過懂得如此自省的人很少，他們只會為此而忿忿不平。

沒房子、沒積蓄、沒職業保障，不時還要顧慮如何通過那些評核，父母輩那種生活無從企及，退休之後那幾十年更是想也不敢想，日積月累之下變得焦慮、不安、挫折與忿怒。已經有人指出過：大陸這20年來發展越來越好，但港人對大陸內地的接受程度卻越來越差，其實道理很簡單，差的不是內地，而是港人自己，他們的生活境況越來越差，不滿越來越大，反射出來，對港府和大陸也越來越討厭，罵得越來越激忿。近年來社會上的戾氣、旺角暴動、視內地人為蝗蟲、謀求香港獨立等等我們覺得瘋狂荒誕的現象，基本上都可以從這個角度去解釋。

看不到未來，絕望感造成憤世嫉俗的心態，最極端甚至要「予及汝皆亡」（《尚書》）。那些人所做的，不是經過冷靜思考，有計畫按既定邏輯進行的理性行為，而是心理鬱結非理性的激烈宣洩，所以擺事實、講道理當然不會奏效；有人提出要建立溝通平台，展開誠懇的對話云云更只能是對話而已。

二、外緣因素

（一）相應條件的配合

1. 去中國化

George Orwell說過：「一個群體之能否凝聚為一個民族，決定於成員之間能否具有一共同歷史，在其中產生彼此一體的共同歸屬意識，這是民族的根，消泯其歷

史，最有利於剷除其根本。」[4]

　　台灣民進黨起步最早，除根務盡，從教育做起，修改教科書，讓學生自幼即把台灣與中國割離；台灣自為台灣，中國則與日本、韓國、越南一樣，僅為亞洲諸國之一，以示中國非我族類，此所謂「去中國化」。

　　在香港的這一代中也看到類似情況，他們滿口的民主自由、普世價值，但卻極少提及民族感情、文化傳統等等；上一代還會投身於保護釣魚台運動，但如果和這一代談保釣，他們只會瞠目結舌，不知所謂；那麼，他們是什麼人？不少會說：「我是香港人，不是中國人！」有心人早已看到這個危機，2012年要求在學校推行《德育及國民教育科》，希望藉此培養彼此同為中華民族的一體意識；但提出後立刻遭到教協等團體大力反對，並且向家長大事宣稱國民教育是洗腦教育。其實，反對者要進行的是另一種洗腦，洗掉內地香港是一個共同體的意識，洗掉內地人香港人彼此相連、憂戚與共的感覺；而那些自稱要保護子女，免於洗腦之害的家長，卻已經接受了這種洗腦，同時也很可能是要借反對港府和中國來宣洩生活壓力造成的苦悶，於是人云亦云，你反我也反，梁振英政府為舒緩矛盾，不敢堅持，一退再退，最後只得以撤回告終。

　　這是香港版的去中國化，今天出現香港民族黨、香港獨立這種種反智、反常識的怪胎，可說是除根的「初見成效」；從電視新聞中可見，這些月來很多示威者只有15、16歲，一臉稚氣，遠未至於要感受生活的壓力，他們強烈的反中、反政府情緒只能由父母教師而來，這一點中央已經有所意識了，港澳辦第二次記者招待會發言人楊光指出，那些示威者、暴亂者很多是青少年學生，而教導他們這樣做的是老師。這些老師，其實不少就是前面說過的充滿焦慮、不安、挫折、忿怒的人，只不過年事稍長，且往往帶有家累，而且其職業習慣也比較理性，不會如青少年的肆意妄為，但看到學生替自己伸張正義，內心自然容易傾向同情。在這樣的社會大氛圍下，示威者、暴亂者的供應自然源源不絕。

2. 西方傳媒大力支持

　　西方傳媒一向對中國抱有偏見甚至敵意，這次碰上反中示威，當然如獲至寶，他們遵循一個簡單邏輯——凡反對中國者必屬正義，凡與中國有關者必不可信。就

---

[4]　原文："The most effective way to destroy people is to deny and obliterate their own understanding of their history."

以示威人數來說，以往都是列出雙方公布的數字，讓讀者聽眾自行判斷，但這次卻一反常態，即使所謂一流傳媒機構，不少也只是列出主辦者一方「民陣」[5]的說法，不僅完全漠視警方的公布，甚至對《紐約時報》（*The New York Times*）做出的客觀統計也視若無睹；以七一遊行參與人數爲例，「民陣」謂55萬，警方謂低於20萬，《紐約時報》則計算爲26.5萬，「民陣」數字誇大一倍，遠不及警方的近實；至於那次所謂香港空前的近200萬人（190萬），有人以當時的道路空間作過計算，近200萬人根本連站都站不下；但這些所謂一流的傳媒機構卻仍然100萬、200萬的說個不停（警方數字分別爲20多萬、30多萬）。而且，「民陣」數字之不可信，早有明訓，在2014年的占中事件中，當時也有不少學術機構作過獨立統計，結果顯出「民陣」習慣誇大兩、三倍，而警方多半七、八成符合；西方傳媒一向要求訊息來源可靠，但在這次動亂中卻連傳媒基本守則都放棄了，爲了搶新聞完全不顧消息來源的可信度。

BBC中文記者李翰文6月26日在〈香港遊行人數統計與輿論制高點之爭〉文中，對西方傳媒這種態度作了很好的概括：香港嶺南大學社會學及社會政策系副教授陳效能留意到，許多傳媒在報導6月16日的遊行時都偏向採用「民陣」公布的近200萬人遊行的數字，這個數字會被用來達到某些目的，去說他們想說的事情。翻查報導，大部分報導6月16日香港遊行的國際媒體都援引「民陣」所說的近200萬人遊行的數字，包括英國《衛報》、美國《紐約時報》、《華盛頓郵報》等。

至於對示威、暴亂事件的報導更不用說，只是重複示威者口中保衛香港、爭取民主自由等口號，而對其中暴亂分子的狂野攻擊、瘋狂破壞輕輕帶過；英國工黨前國會議員George Galloway在〈*Hong Kong phooey! Would you like any hypocrisy with that?*〉文中指斥，在報導法國暴亂與香港暴亂時英國媒體所表現的完全是僞善與雙重標準；在法國2018年的Yellow Vest（黃背心）運動中，死者3人，眼瞎斷肢以至種種致傷者數以百計，英法相隔不過29英哩，咫尺之隔的英國傳媒未見怎麼對暴亂者大表同情而譴責法國的員警暴力；香港遠在5,992英哩之外，英國傳媒反而立刻站在反政府分子那一邊，對那僅屬小兒科的警棍、催淚彈卻義正辭嚴，大施撻伐。

5　民間人權陣線，簡稱「民陣」，是香港一個關注政治及民主議題的聯合平台，幾乎所有香港民主派成員都參與其中。截止2019年6月，參與民間人權陣線的民間團體及政治團體數目達48個。民間人權陣線最爲人熟悉的是於2003年起每年主辦香港七一遊行。此後，民主派所發動的示威遊行皆以民陣的名義進行。維基百科，https://zh.wikipedia.org/wiki/。

這種態度其實絕不限於英國傳媒，也可以見諸大部分西方媒體。

香港不少媒體也不遑多讓，到了近期，集中於報導所謂員警暴力、警權過大等等；不錯，影片中看來有些員警很粗暴，但也要先了解被粗暴對待的那些人之前做了什麼，以及了解何以員警只對這些人粗暴，而不是對其他人粗暴。過去多年皆有遊行，員警都只是負責開路和維持秩序，從沒動用警棍、催淚彈之類的，爲什麼這些月來卻大不相同？是示威隊伍和平行進之時員警忽然衝上去見人就打？抑或是有人用雨傘戳、用磚頭扔、用鐵柵撞、用燃燒彈攻擊，員警才被逼採取行動？

香港不少記者即使不認同暴亂者的行爲，也可能帶有同情的態度，原因很簡單，他們不少也和那些家長、教師一樣，自己也充滿焦慮、不安、挫折、忿怒，看看那些家長、教師對示威、暴亂的態度，就可以了解這些記者何以如此，也可以了解爲什麼不少公務員、醫護人員、那些平日只對如何在日本吃喝購物有興趣的各色人等，忽然一下子都變得如此熱衷於投身社會活動了。

在西媒、港媒及社會各界多方援應下，暴亂者自然聲勢大壯，自以爲眞理在我，得道多助，當然更肆無忌憚了。

（二）外國勢力推波助瀾

眾所周知，今日的世界大局是中美爭鋒，美國爲保君臨天下的地位，明裡暗裡打壓中國，明的是在軍事上圍堵，在科技上箝制，在經濟上設限；暗的是讓中國後院走火，自顧不暇，新疆煽維族，西藏助達賴，台灣友民進，香港推泛民，東南西北四進合擊，以此在國際輿論上對中國造成壓力。以香港彈丸之地，美國領事館竟然派駐了幾百人，眞是司馬昭之心，路人皆見了；現在香港遍地烽煙，美方當然正中下懷，大喜過望。

不過，我們也千萬要區分輕重主次，香港今日的亂局，主因仍然是之前所說的社會本身的矛盾，因爲無論他人如何煽風點火，也只能燃起火頭，香港本身必須有大量的易燃物，才可以造成眼前的一片火海。

（三）香港暴動成本低

在香港鬧事，除了花點時間之外，幾乎是沒有成本的；溷在千百人之中，除非你是帶頭最狂暴的那幾十個，否則只要衝時在後，退則先走，被打、被抓、被控，特別是被法庭重判的機會不高。既可以發洩生活中的不滿，又可以和朋輩同聲同

氣，敵愾同仇之下互相認同，甚至可以作爲刻板生活中的難得經驗，實在何樂而不爲！

三、港府態度

（一）送中條例撤回

香港特首林鄭月娥最初堅持通過逃犯引渡條例，但後來忽然轉爲擱置，最後是完全撤回，可能是要避免在中美貿易談判中燒起另一火頭。其實林鄭月娥對香港的泛民主派有認識，本來知道不應退讓，否則只會被理解爲示弱，令對方坐大；與「泛民」[6]打過交道多年的人，不難具備這種認識。香港「泛民」是很特異的政治人物，一般搞政治的，都知道政治是妥協的藝術，尤其是在彼此強弱懸殊的情況下，稍有政治智慧，都懂得見好就收的道理，否則就會如《韓非·亡徵》所言：「國小而不處卑，力小而不畏強，無禮而侮大鄰，貪愎而拙交者，可亡也。恃交援而簡近鄰，怙強大之救而侮所迫之國者，可亡也。」

（二）烏合之眾難協商

1997年回歸初期，連司徒華、李柱銘等重量級「泛民」都因中央對港政策的寬鬆而大感意外，到2003年撤回第23條立法，2012年撤回《德育及國民教育科》，中央和港府都是息事寧人，一再滿足對方要求，但「泛民」卻毫不領情，只是得寸進尺。早期中英聯絡辦事處主任姜恩柱的名言「香港是本難懂的書」，也當是就此而發的慨嘆。

今天更非比從前，除了傳統「泛民」之外更有一大批大中學生，他們一般鄙棄傳統「泛民」，視爲只尙空言，多年來一事無成的朽木，兩者之所以站在同一陣線，只基於一個共同點——都是反政府、反中而已。這些青少年大部分固然只是參與和平示威的「和理非派」（和平、理性、非暴力），但也有不少已經變成暴亂分子；這些人非常善於「獨立+思考」，獨立者完全不參考學者智者的意見，完全不顧慮行動可能引致的後果，完全不肯易位思考以了解對方立場，甚至完全不理會如

6　民主派，又稱泛民主派，簡稱泛民、泛民派，是香港的政治派系之一。民主派支持香港全面推行普遍選舉，並且對於中國大陸人權狀況常有所批判。有別於其他國家中反對黨或在野陣營民意不及執政黨的情況，民主派在立法局引入直選以來直至主權移交後的立法會換屆選舉中，一直以約五成五至六成普選票數力壓建制派。維基百科，https://zh-yue.wikipedia.org/wiki/。

何與同儕協作方可成事；思考者想到什麼就做什麼，充分體現了2014年「占中」事件時出現的名言：「你不代表我」。他們名符其實是烏合之眾，衣如烏鴉，以網路交連隱蔽方式聚眾鬧事，事後即作鳥獸散。他們既無組織，又無頭領，無一人能代表全體，商談、退讓，不知與誰商討、向誰退讓？與虎謀皮還可以見到老虎，與魅謀皮就完全白費氣力了！

四、何去何從

示威者、暴亂者口口聲聲要保衛香港，但卻完全不了解什麼才是最能防護香港的長城，按《韓非・亡徵》實力政治（realpolitik）的思路論，在另一方占絕對優勢的情況下，最好的防護是令自己成爲對方眼中的明珠拱璧，多方保護，唯恐有失；用以自處者，有上、中、下三策：
• 令香港在中國國家安全及全面發展上具有難以取代的作用。
• 令香港在中國國家安全及全面發展上無關宏旨但互不干擾。
• 令香港在中國國家安全及全面發展上變爲致病隱患與瘤腫。

常識告訴我們，只有在配合全國最大利益的前提下，香港才有可能爭取到自己的最大利益，部分的利益不可能與整體的利益相反相悖，必須相輔相成；一定要把雙方利益置於矛盾對立狀態的話，結果肯定是小利益被壓碎。縱觀70年來香港的走向，三策卻顯然是由上而中，再由中而下：

（一）由上而中

香港是中國賺取外匯的重要管道，是與西方聯繫的唯一視窗，當然具有不可或缺的作用。改革開放之初，香港的資金、技術、人才、經驗，一如長江之源，中國要藉其挹注方得豐潤，這時香港所呈現的自然是上策。及後內地基礎漸立，腳步站穩，香港的重要性自然相對降低，香港科技大學教授雷鼎鳴有一個得人廣爲引用的說法：1997年，香港的GDP是大陸的20%，到2017年，按購買力調整，已經下降到不過2%；時移世易，可以說，香港無論怎樣努力取法乎上，也只能得乎其中，雖然已非不可或缺，但只要「相看兩不厭」，總可以中策維持下去。反觀今日，則香港不僅日日反中，而且呼英喚美，連結台灣，唯恐自己成不了反共基地，中國怎可能再視而不見？

（二）不是中國的威脅

中港之間的憲制關係和政治能量的對比，決定了一個反中者刻意忽視，但又無法改變要成功爭取特首普選的事實，必須先得到中國的首肯，而要中國的首肯，又必須先令中國相信港人的選擇不會對國家安全構成威脅。而「不構成威脅」，是進行特首普選的先決條件、必要條件；這個條件，制定基本法之時是具備的，當時香港人一般對內地沒有反對抗拒的情緒，這也是基本法制定之時規定可以循序漸進，最後達成特首普選的原因；今天特首普選之所以遲遲未能實現，原因就在於這個條件被操弄至不復存在，再也無法循序漸進。一個明白不過的邏輯是：港人的反中情緒越強，噪動的聲音越大，中國對港人的信心就越低，特首普選的出現也就越遲。就如要把皮球放在牆角，最聰明的辦法是自己走近牆邊，用手把球輕輕放下，這樣波瀾不驚，不費吹灰之力就可以把事情辦好了；反之，如果自己一定要站得遠遠的，又衝又跑地用力把球踢向牆壁，球只會彈離目標越來越遠。現在那些人的行動言論，會令香港越來越接近，還是越來越遠離特首普選？這正是孟子所說的最壞情況：「非徒無益，而又害之！」

（三）由中而下

有人整天在說，這些年來中國對香港的政策一年比一收緊；說得沒錯，禍福無門，惟人自招，中國對香港的政策，本來是「金吾不禁，玉漏無催」的；但香港的自行下策，不僅大吵大鬧，而且開門揖盜，就等於逼使別人對香港人嚴加防範，設限盤查。《論語‧述而第七》裡孔子對子路說：「暴虎馮河，死而無悔者，吾不與焉。」嚴辭規戒不能單憑血氣之勇，冒死魯莽行事，必須「臨事而懼，好謀而成」，小心翼翼，愼思利害，講究策略以期成功。

（四）一意孤行

Max Weber[7]指出，從政者有兩種態度，一是根據「信念倫理」（ethics of conviction），另一是根據「責任倫理」（ethics of responsibility），前者按自己認為正確的去做，後者則考慮對社會的利弊，關注對別人的影響，以此盡為政者之責；

7　馬克斯‧韋伯（Max Weber，1864年4月21日—1920年6月14日）韋伯是一位現代社會學的奠基人，他在組織管理方面有關行政組織的觀點，對社會學家和政治學家都有著深遠的影響。https://wiki.mbalib.com/zh-tw/。

不問後果，自以爲是，一意孤行的態度，Weber切切以爲不可。可悲的是，仲尼所戒，Weber所非，正見之於今日！

（五）坐井觀天

今天，中國已經進入到世界各地所有人的視野，他們在考慮本身長遠發展路向的時候，一定也同時考慮能否與中國的長遠發展路向相適應。只有香港人，在他們視野中，香港就是整個世界，中國可以完全不出現，開口就是：「700萬香港人要什麼什麼？」還以爲現在是上世紀70、80年代，香港可以予取予求，不懂得同時也要想想中國14億人要的又是什麼？

（六）無辜與無知

亂局之初，有反中學生說，香港現在面臨嚴峻威脅，不得不起而反抗；其實香港現在所面臨嚴峻威脅不是來自外部，而是來自香港人自己的偏見與無知；十多年前香港大談加強國際化的時候，有識者已經說過，香港最需要的並不是國際化，而是知識化。知識就是德行，無知就是罪惡；示威中，那些中學生神情激憤，面容神聖，「無辜」（innocence）與「無知」（ignorance）混淆不清，他們正在導演香港的悲劇！

（七）親者痛仇者快

最希望暴火燒下去的是誰？一是死硬「泛民」，二是別有用心的外國勢力，三是西方傳媒。所羅門王兩母爭兒的故事很有啓發性，西方何嘗沒有群眾示威暴亂，美國的黑白問題、法國的Yellow Vest，昭昭在目，美英政府和西方傳媒從來都只會勸喻疏導，以求雙方調協，從來不會說正義在哪一方而提倡鬥爭到底的，爲什麼？因爲那是自己的兒子。「殺君馬者道旁兒」，別人的兒子就不用管了，什麼阿拉伯之春、顏色革命、雨傘運動，只要不在自己的國家，就完全不考慮可能出現的反效果，只在旁大聲吶喊助威，鼓吹力鬥下去，管你兩敗俱傷，民生凋弊，完全沒關係！反正不是自己的兒子，反正沒有不流血而革命成功者，爲正義而犧牲，何等光榮！（你們）死就死吧！要暴亂就暴亂，要去哪裡就去哪裡，情況近乎失控。這殘局如何收拾？眞不知道。惟有束手坐觀其變（不是靜觀），一希望暴亂者搞來搞去最後自己也煩悶疲累起來，二希望市民忍無可忍，出現更強大的反制力量。現時一

般人以黃絲、藍絲分別代表對立雙方，其實並不全面，因爲這樣的劃分只適用於在街上對立示威的兩方，但其實香港還有很多人沒有走上街頭，但仍然對暴亂者的行爲相當反感，他們固然也有很多人親中，但其中最突出的卻不在於親中，而是反反中；現在對立雙方的主體，不是反中和親中，而是反中和反反中才對。

（八）依法治暴

香港現在勉強可以做的是，下大決心，排除利益集團及環保分子的阻撓，尤其是那些環保分子，眼中只有幾條中華白海豚的生態環境，而置幾十萬人的居住環境於不顧，簡直就是孟子所說的「率獸而食人」，立刻進行大規模塡海造陸，解決最爲要害的房屋問題，但這只是遠水；要救近火，要用近水，催淚水、水炮車之類，先行制暴止亂，對暴亂者堅定執法，令他們必須承擔相應的法律責任；遊行示威當然可以，但必須以和平理性的方式進行，攻擊、破壞、堵路則絕對不予容忍。至於加強了解的《德育及國民教育科》也不能不大力重推；不過，最艱鉅的並不是推行課程，而是如何令課程得到適切施教。

第三節　國家不安全會議

海峽兩岸隔海分治70年，從兵戎相見到和平對話，馬英九政府執政期間，兩岸展開各項交流，簽署二十三項協議，包括兩岸最高領導人也在新加坡會面（「馬習會」），台海情勢歷經史上最和平、繁榮的景況。2016年蔡英文執政後堅持不承認「九二共識」，造成兩岸的海協會和海基會的協商機制停擺，兩岸之間的旅遊觀光、產業合作、學術交流都進入了冷凍期。蔡英文更在2019年7月頒布「國安五法」，及2020年1月通過「反滲透法」限制台灣各界與大陸的交流和產業的合作，無異是使兩岸原本就低潮的關係猶如雪上加霜地進入暴風雪的嚴冬情勢。而蔡政府在中美貿易大戰中的立場是完全偏向美國，拉美抗中，甘受利用的態度，造成兩岸在台海機艦的對峙，讓人憂心緊張而造成擦槍走火，似有山雨欲來風滿樓的氣氛。

2020年8月22日在台北由馬英九基金會舉辦了一場較不尋常的會議，主題是：「國家不安全會議」，擺明的是沖著蔡英文總統的「國家安全會議」而來。他的論述很簡單：

• 對外關係惡化，兩岸情勢緊張。

- 國防安全不能一廂情願靠美國。
- 一味反陸加入區域經濟整合陷困境。
- 兼顧兩岸關係與國際關係讓台灣轉危為安。

一、台灣社會與兩岸交流中的個體意識

隨著30年來外部的全球化與台灣自身的民主化，加上兩岸未開的發展受挫與自南而北的民主異化，這些元素在現今的台灣可謂交錯混雜俱皆可見。其中的主要部分，大概即是多年以來選舉動員與世代交替下普遍存在的個體意識。在當前政府施政逐漸遠離民意，庶民經濟長期困頓不得發展，這些價值觀點中的畏威、逐利與共好，幾乎同時存在於每一位台灣同胞的內心世界；而所謂的台灣社會質變異化，當然也就隨著不同地域、年齡、階層、行業、界別，而形成存續著內外有別、有口無心、難有主見、遑論定見、表裡兩套與從眾心理等複雜因素與深層結構。

馬英九表示，蔡英文否定「九二共識」，就是走向台獨，就是走向戰爭的邊緣。韓國瑜在競選總統期間的口號：「國家安全，人民有錢」，都是這個路線的延續，只是話術不同、場景不同而已。比較激烈的恫嚇是韓國瑜在選市長時曾高亢嘶喊：「不要低估中共統一台灣的決心。」比較溫和的說法是：「高雄發大財。」自從李登輝被國民黨除名之後，其基本路線就是「配合九二共識，不用打仗，又有錢賺。」這一套論述雖然過時，但全台灣仍然有25%左右的選民對這種言論買單，

百年前在面對當時新成立的中國時，孫中山曾在《三民主義》中說過「先知先覺、後知後覺與不知不覺」，甚或因為阿斗太多難當推翻帝制後的主權在民。這些民族特性迄今似乎仍然存在兩岸，也大體即是台灣向上提升與向下沉淪的重要分野，是大陸體制能否與如何改革的主要考驗，以及兩岸是拖是戰或是融合統一的真正挑戰。

據聞大陸有關單位已經備好多套統後治理方案，合理估計這些都是基於大陸乃至國際的理性前提發展經驗，然而除非準確掌握檯面下的真實台灣，否則未必能夠適用開展平順對接。在台灣多年以來所謂好心辦錯事、辦壞事的經驗教訓已經數見不鮮。

大陸對台方面，2010年高調發布的福建平潭即可算是顯著例子，如若當時完備布局、準確掌握、認真操辦，在當前兩岸官方中斷，陷入困境僵局之際，應該正當其時正好發揮。著眼閩省南北平衡發展與對台試點經社融合本來可以兼顧，然而後

者的重要性至少不應低於前者。要能吸引越來越多的台灣同胞前往觀光、休閒、投資、就業、定居，應是簡單明確的政策主軸。

換言之，就跟多次提及的兩岸全面深化融合一樣，創造共同家園與民間社會融合應是此等特區實驗的真正關鍵，這就需要不僅只是經濟產值與就業創造，而應係以後來提的「以通促融、以惠促融與以情促融」作為重點。台灣人願意到大陸來，人多了才能談到其他，口耳相傳與近悅遠來的道理不難了解。沒有美日介入也無「台獨」掣肘的平潭現況，似應認真檢討乃至考慮究責，否則台灣同胞實在不易理解與合理期待更多的大陸對台政策宣示。

在多番變動迄未翻頁之下，多數台灣同胞僅能以自我本位的角度觀點權衡比較政府績效、經濟發展與社群融合的意義感受。對於基層青年與一般民眾而言，前者事關大局遙遠模糊，次者效益久已渺不可得，無奈之下只有牢牢把握虛幻感性的第三者。而這就是多年以來綠營在基層深耕時認真用心的工作重點，在這同時的兩岸交流對於他們而言的概念意象，大體即是於己關聯不大的藍營與大陸的送往迎來杯觥交錯，與專家學者馳騁縱論的中美俄烏。

兩岸繼續拖當然是雙輸局面，隨著越多指標的黃金交叉已過，大陸發展與兩岸統一已經不大相容並且快速拉開，大量訊息難辨真假，只能作鴕鳥埋沙，多數民眾似乎只有選擇維持現狀。

近來大陸高層明確定調「台灣問題純屬內政」，亦即當以內政角度的民生發展，而不僅是外交觀點的主權和平，來看待與對待台灣。這就好似孫中山闡釋的扁擔與彩票的故事，在談世界主義前，應該先談民族主義。

複雜結構的台灣社會其實可以簡單解讀，如何換位思考自下而上地讓一般民眾與青年基層認識到兩岸融合才是康莊大道。然而勢必需要入島入心，並且淡化主權威勢與市場思維，多多著墨不該辜負的「兩岸一家親」與「心靈契合」等好詞。說到底的兩岸人心工程不外三條路徑。一是日久見人心然而曠日費時，二是請教神佛然而難上檯面，第三條路則是由學界智庫共籌共建自個體群體以至整體的架構模型，作為兩岸融合統好的北斗南針。國家意識與民族意識已然淡化之下，個體意識與社群意識已是新生重點。[8]

8　中時新聞網—海納百川—〈台灣社會與兩岸交流中的個體意識〉，汪明生，https://www.china-times.com/opinion/20220526000023-262110?chdtv，2022年5月26日，08:00。

　　汪明生團隊多年以來在南台灣完成多筆有關地方各界對於兩岸交流與城市融合的認知觀點研究。在政治主權、經濟發展與社會融合等比較評準中，穩定發現多數受試者較為關注的，是北京關心的政治、台北與大陸省市關心的經濟以外，被各方共同忽略的社會。這也符合當時《三民主義》中所強調的，其實即是非前沿地區在長期被鼓動引導之下，所形成的普遍深層關切與各種各樣的不平等感受。

二、蔡英文對於馬英九的國家不安全評論

（一）國家到底安不安全？

　　中華民國台灣作為一個國家，到底安不安全？安全以及不安全的原因是什麼？我們相較於加拿大，比較不安全；相較於南韓以及敘利亞，我們比較安全。我們的國土、領海、領空是否會被侵犯？我們的人民在國外，是否遭受到不公平的對待以至失去人身自由或安全？我們的政府官員在國內外，是否有喪失自由或人身安全的顧慮？但是西藏流亡政府的官員常常受到中共特務人員的人身威脅，以色列或美國的國民在中東地區，一度曾為阿拉伯國家民兵在全世界各地攻擊的對象；美國擁有全世界最強的武力，但作為美國人，無論在國內或者國外，都不是全世界最安全的人民，一個國家的安全狀態，是一國人民的集體選擇。以色列人民選擇為建國而戰鬥，瑞士人民選擇成為武裝中立國，國家安全不是最高的價值判準，人民集體的自由意志才是最高的價值判準，亦即所謂的「主體性」。「一國兩制」在香港的結果，就是人民失去了「主體性」，但未必比較安全。人生而為自己作主人而戰，國家亦然，馬前總統要我們同意一個「慢性投降」的「九二共識」，最終就是讓台灣成為了香港，其實未必比較安全。

（二）一國兩制的反思

　　蔡英文提議台灣修憲成為武裝中立國，如同瑞士一般，有先進的武器及訓練精良的防衛隊，但是在中美兩國之間，不作任何政治結盟。台美合作以軍事、科技及教育為主要，中台合作以人民之間的經濟、文化、語言以及大量的交流為主要，中國雖然會認為這是「台獨」，但我國人民應該將「先獨後統」的國統綱領入憲，讓民主化後的中國與台灣統一，成為選項，才能讓台灣兼顧安全與主權。

三、值得關注的地方

在民主開放的社會，能夠面對問題促進討論都是好事，何況是兩岸事務這麼重大艱困的課題。馬英九更感性地公開表達：「從今日起到我告別世界的那一天，都會防止兩岸戰爭的發生。」

只是如果這樣的探討，能於2008年起，當兩岸議題已經在當時島內積累了20年的模糊扭曲的情形下，在北中南持續辦，甚至上山下鄉，不是比較好嗎？畢竟全台民眾皆應要有知的權利，應該積極鼓勵關注參與，並能尊重包容不同意見。其實這些想法作法我們都曾建議過，也都是十分可行與必要的，可以讓導正台灣與融合兩岸的工程，避免掉後續的多少爭議複雜，與幾乎有如戊戌變法般的困難糾結。另外值得關注的，是馬英九在會中所用的頭銜，是基金會的董事長，而非台灣地區的卸任領導人，似乎也透露出現階段兩岸關係陷入冷凍期的交流方式，採用民間社團承擔兩岸對接的任務是可行的嘗試。

（一）馬當局所有相關部門的高層官員皆到場出席，包括行政部門、國防部門、外交部門、國安部門、大陸部門，以及台灣以北部為代表的重量級學者。

（二）幾乎所有出席代表，都講了真正的大實話，包括台海如果有事，川普政府是不可能也不願意出手相救的。

（三）眼前台灣當局不承認「九二共識」，與美方公開唱和的作法，已經踏到中共對台原則的紅線、勢同玩火，是極端不負責任，將會帶來災難性後果的。

（四）與蔡英文親美、媚日、抗中的對比之下，馬英九當時的作法，和陸、友日、親美，才是穩健平衡的正道中道。即使當前情勢稍變，如有中美貿易摩擦，則可以微調至親美、和陸、友日，但基調不可變。

（五）台灣執政當局的反應當然十分激烈，因為馬英九的論調與北京同調，視美、日、台的聯合抗中是對北京的挑釁，其實與主流民意不符。首戰即終戰的說法，更是危言聳聽，長敵人之氣，傷害國人的士氣，破壞內部的團結。

第四節　社會主義的核心價值

大陸自1978年改革開放以來的經濟崛起，其成功的機遇，既不是抄襲資本主義，也不是奉行馬列主義，而是摸著石頭過河，走對了具有中國特色的社會主義路

線。2013年12月23日中共中央辦公廳印發的《關於培育和踐行社會主義核心價值觀的意見》，社會主義核心價值觀的基本內容被歸納為三個方面：

1. 國家層面的價值目標（富強、民主、文明、和諧），

2. 社會層面的價值取向（自由、平等、公正、法治），

3. 公民個人層面的價值準則（愛國、敬業、誠信、友善）。

綜觀這12項社會主義的核心價值（圖10.2），其實就是中華文化的精神與道德為底蘊，配合著中華民族偉大復興的號召，正大步邁向現代化社會的轉型（許綿延、汪明生，2019）。

圖10.2　社會主義核心價值

資料來源：大陸國務院發布，2022年9月

社會主義核心價值觀是社會主義核心價值體系的核心，體現社會主義核心價值體系的根本性質和基本特徵，反映社會主義核心價值體系的豐富內涵和實踐要求，

是社會主義核心價值體系的高度凝練和集中表達。中國共產黨的十八大以來，中共中央高度重視培育和踐行社會主義核心價值觀。習近平多次做出重要論述、提出明確要求。中共中央政治局圍繞培育和弘揚社會主義核心價值觀、弘揚中華傳統美德進行集體學習。中國共產黨中央辦公室印發《關於培育和踐行社會主義核心價值觀的意見》，中國共產黨中央的高度重視和大力部署，為加強社會主義核心價值觀教育實踐指明了努力和重要遵循的方向。

一、概念內涵

中國共產黨的十八大提出：宣導富強、民主、文明、和諧，宣導自由、平等、公正、法治，宣導愛國、敬業、誠信、友善，積極培育和踐行社會主義核心價值觀。富強、民主、文明、和諧是國家層面的價值目標，自由、平等、公正、法治是社會層面的價值取向，愛國、敬業、誠信、友善是公民個人層面的價值準則，這24個字是社會主義核心價值觀的基本內容。

「富強、民主、文明、和諧」，是中國社會主義現代化國家的建設目標，也是從價值目標層面對社會主義核心價值觀基本理念的凝練，在社會主義核心價值觀中居於最高層次，對其他層次的價值理念具有統領作用。富強即國富民強，是社會主義現代化國家經濟建設的應然狀態，是中華民族夢寐以求的美好夙願，也是國家繁榮昌盛、人民幸福安康的物質基礎。民主是人類社會的美好訴求。我們追求的民主是人民民主，其實質和核心是人民當家作主。它是社會主義的生命，也是創造人民美好幸福生活的政治保障。文明是社會進步的重要標誌，也是社會主義現代化國家的重要特徵。它是社會主義現代化國家文化建設的應有狀態，是對面向現代化、面向世界、面向未來的，民族的、科學的、大眾的社會主義文化的概括，是實現中華民族偉大復興的重要支撐。和諧是中國傳統文化的基本理念，集中體現了學有所教、勞有所得、病有所醫、老有所養、住有所居的生動局面。它是社會主義現代化國家在社會建設領域的價值訴求，是經濟社會和諧穩定、持續健康發展的重要保證。

「自由、平等、公正、法治」，是對美好社會的生動表述，也是從社會層面對社會主義核心價值觀基本理念的凝練。它反映了中國特色會主義的基本屬性，是我們黨矢志不渝、長期實踐的核心價值理念。自由是指人的意志自由、存在和發展的自由，是人類社會的美好嚮往，也是馬克思主義追求的社會價值目標。平等指的是

公民在法律面前的一律平等，其價值取向是不斷實現實質平等。它要求尊重和保障人權，人人依法享有平等參與、平等發展的權利。公正即社會公平和正義，它以人的解放、人的自由平等權利的獲得爲前提，是國家、社會應然的根本價值理念。法治是治國理政的基本方式，依法治國是社會主義民主政治的基本要求。它透過法制建設來維護和保障公民的根本利益，是實現自由平等、公平正義的制度保證。

「愛國、敬業、誠信、友善」，是公民基本道德規範，是從個人行爲層面對社會主義核心價值觀基本理念的凝練。它覆蓋社會道德生活的各個領域，是公民必須恪守的基本道德準則，也是評價公民道德行爲選擇的基本價值標準。愛國是基於個人對自己祖國依賴關係的深厚情感，也是調節個人與祖國關係的行爲準則。它同社會主義緊密結合在一起，要求人們以振興中華爲己任，促進民族團結、維護祖國統一、自覺報效祖國。敬業是對公民職業行爲準則的價值評價，要求公民忠於職守、克己奉公、服務人民、服務社會，充分體現了社會主義職業精神。誠信即誠實守信，是人類社會千百年傳承下來的道德傳統，也是社會主義道德建設的重點內容，它強調誠實勞動、信守承諾、誠懇待人。友善強調公民之間應互相尊重、互相關心、互相幫助、和睦友好，努力形成社會主義的新型人際關係。

二、發展歷程

新中國的建立，確立了以社會主義基本政治制度、基本經濟制度，和以馬克思主義爲指導思想的社會主義意識型態，爲社會主義核心價值體系建設奠定了政治前提、物質基礎和文化條件。改革開放以來，大陸社會主義意識型態建設不斷進行新的探索，提出了從建設社會主義核心價值體系到以「三個宣導」爲內容，積極培育和踐行社會主義核心價值觀的重要論斷和戰略任務。

1978年12月，中國共產黨的十一屆三中全會重新恢復和確立了實事求是的思想路線，堅持把馬克思主義與改革開放和我國社會主義建設偉大實踐相結合，科學繼承了毛澤東思想，創立了鄧小平理論、「三個代表」重要思想、科學發展觀等馬克思主義中國化最新成果，馬克思主義在意識型態領域的指導地位不斷鞏固。

2006年3月，中國共產黨提出了「八榮八恥」的社會主義榮辱觀，繼承和發展了我們黨關於社會主義思想道德建設褒榮貶恥、我國古代的「知恥」文化傳統，同時又賦予了新的時代內涵，深化了我們黨對社會主義道德建設規律的認識。

2006年10月，中國共產黨的十六屆六中全會第一次明確提出了「建設社會主義

核心價值體系」的重大命題和戰略任務，明確提出了社會主義核心價值體系的內容，並指出社會主義核心價值觀是社會主義核心價值體系的核心。學界對社會主義核心價值觀的概括開始深入探討。

2007年10月，中國共產黨的十七大進一步指出了「社會主義核心價值體系是社會主義意識型態的本質體現」。

2011年10月，中國共產黨的十七屆六中全會強調，社會主義核心價值體系是「興國之魂」，建設社會主義核心價值體系是推動文化大發展大繁榮的根本任務。提煉和概括出簡明扼要、便於傳播踐行的社會主義核心價值觀，對於建設社會主義核心價值體系具有重要意義。

2012年11月，中共十八大報告明確提出「三個宣導」，即「宣導富強、民主、文明、和諧，宣導自由、平等、公正、法治，宣導愛國、敬業、誠信、友善，積極培育社會主義核心價值觀」，這是對社會主義核心價值觀的最新概括。

2013年12月，中共中央辦公廳印發《關於培育和踐行社會主義核心價值觀的意見》，明確提出，「以『三個宣導』為基本內容的社會主義核心價值觀，與中國特色社會主義發展要求相契合，與中華優秀傳統文化和人類文明優秀成果相承接，是我們黨凝聚全黨全社會價值共識做出的重要論斷。」

三、價值意義

面對世界範圍思想文化交流、交融、交鋒形勢下價值觀較量的新態勢，面對改革開放和發展社會主義市場經濟條件下思想意識多元、多樣、多變的新特點，積極培育和踐行社會主義核心價值觀，對於鞏固馬克思主義在意識型態領域的指導地位、鞏固全黨全國人民團結奮鬥的共同思想基礎，對於促進人的全面發展、引領社會全面進步，對於集聚全面建成小康社會、實現中華民族偉大復興中國夢的強大正能量，具有重要現實意義和深遠歷史意義。

從適應國內國際大局深刻變化看，中國大陸正處在大發展、大變革、大調整時期，在前所未有的改革、發展和開放進程中，各種價值觀念和社會思潮紛繁複雜。國際敵對勢力正在加緊對我國實施西化分化戰略圖謀，思想文化領域是他們長期滲透的重點領域。面對世界範圍思想文化交流、交融、交鋒形勢下價值觀較量的新態勢，面對改革開放和發展社會主義市場經濟條件下思想意識多元、多樣、多變的新特點，迫切需要我們積極培育和踐行社會主義核心價值觀，擴大主流價值觀念的影

響力，提高國家文化軟實力。

從推進國家治理體系和治理能力現代化要求來看，培育和弘揚核心價值觀，有效整合社會意識，是國家治理體系和治理能力的重要方面。全面深化改革，完善和發展中國特色社會主義制度，推進國家治理體系和治理能力現代化，必須解決好價值體系問題，加快構建充分反映中國特色、民族特性、時代特徵的價值體系，在全社會大力培育和弘揚社會主義核心價值觀，提高整合社會思想文化和價值觀念的能力，掌握價值觀念領域的主動權、主導權、話語權，引導人們堅定不移地走中國道路。

從提升民族和人民的精神境界看，核心價值觀是精神支柱，是行動嚮導，對豐富人們的精神世界、建設民族精神家園，具有基礎性、決定性作用。一個人、一個民族能不能把握好自己，很大程度上取決於核心價值觀的引領。發展起來的當代中國，更加嚮往美好的精神生活，更加需要強大的價值支撐。要振奮起人們的精氣神、增強全民族的精神紐帶，必須積極培育和踐行社會主義核心價值觀，鑄就自立於世界民族之林的中國精神。

從實現民族復興中國夢的宏偉目標看，核心價值觀是一個國家的重要穩定器，構建具有強大凝聚力、感召力的核心價值觀，關係社會和諧穩定，關係國家長治久安。實現「兩個一百年」的奮鬥目標，實現中華民族偉大復興的中國夢，必須有廣泛的價值共識和共同的價值追求。這就要求我們持續加強社會主義核心價值體系和核心價值觀建設，鞏固全黨全國各族人民團結奮鬥的共同思想基礎，凝聚起實現中華民族偉大復興的中國力量。

四、基本原則

堅持以人為本，尊重群眾主體地位，關注人們利益訴求和價值願望，促進人的全面發展；堅持以理想信念為核心，抓住世界觀、人生觀、價值觀這個總開關，在全社會牢固樹立中國特色社會主義共同理想，著力鑄牢人們的精神支柱；堅持聯繫實際，區分層次和物件，加強分類指導，找對與人們思想的共鳴點、與群眾利益的交匯點，做到貼近性、物件化、接地氣；堅持改進創新，善於運用群眾喜聞樂見的方式，搭建群眾便於參與的平台，開關群眾樂於參與的管道，積極推進理念創新、手段創新和基層工作創新，增強工作的吸引力、感染力。

五、踐行路徑

高舉中國特色社會主義偉大旗幟，以鄧小平理論、「三個代表」重要思想、科學發展觀爲指導，深入學習貫徹黨的十八大精神和習近平同志系列講話精神，緊緊圍繞堅持和發展中國特色社會主義這一主題，緊緊圍繞實現中華民族偉大復興中國夢這一目標，緊緊圍繞「三個宣導」這一基本內容，注重宣傳教育、示範引領、實踐養成相統一，注重政策保障、制度規範、法律約束相銜接，使社會主義核心價值觀融入人們生產生活和精神世界，激勵全體人民爲奪取中國特色社會主義新勝利而不懈奮鬥。

一方面，把培育和踐行社會主義核心價值觀融入國民教育全過程。培育和踐行社會主義核心價值觀要從小抓起、從學校抓起。堅持育人爲本、德育爲先，圍繞立德樹人的根本任務，把社會主義核心價值觀納入國民教育總體規劃，貫穿於基礎教育、高等教育、職業技術教育、成人教育各領域，落實到教育教學和管理服務各環節，覆蓋到所有學校和受教育者，形成課堂教學、社會實踐、校園文化多位一體的育人平台，不斷完善中華優秀傳統文化教育，形成愛學習、愛勞動、愛祖國活動的有效形式和長效機制，努力培養德智體群美全面發展的社會主義建設者和接班人。適應青少年身心特點和成長規律，深化未成年人思想道德建設和大學生思想政治教育，構建大中小學有效銜接的德育課程體系和教材體系，創新中小學德育課和高校思想政治理論課教育教學，推動社會主義核心價值觀進教材、進課堂、進學生頭腦。完善學校、家庭、社會三結合的教育網絡，引導廣大家庭和社會各方面主動配合學校教育，以良好的家庭氛圍和社會風氣鞏固學校教育成果，形成家庭、社會與學校攜手育人的強大合力。

拓展青少年培育和踐行社會主義核心價值觀的有效途徑。注重發揮社會實踐的養成作用，完善實踐教育教學體系，開發實踐課程和活動課程，加強實踐育人基地建設，打造大學生校外實踐教育基地、高職實訓基地、青少年社會實踐活動基地，組織青少年參加力所能及的生產勞動和愛心公益活動、益德益智的科研發明和創新創造活動、形式多樣的志願服務和勤工儉學活動。注重發揮校園文化的薰陶作用，加強學校報刊、廣播電視、網路建設，完善校園文化活動設施，重視校園人文環境培育和周邊環境整治，建設體現社會主義特點、時代特徵、學校特色的校園文化。

建設師德高尚、業務精湛的高素質教師隊伍。實施師德師風建設工程，堅持

師德爲上，完善教師職業道德規範，健全教師任職資格准入制度，將師德表現作爲教師考核、聘任和評價的首要內容，形成師德師風建設長效機制。著重抓好學校黨政幹部和共青團幹部，思想品德課、思想政治理論課和哲學社會科學課教師，輔導員和班主任隊伍建設。引導廣大教師自覺增強教書育人的榮譽感和責任感，學爲人師、行爲世範，作爲學生健康成長的指導者和引路人。

另一方面，把培育和踐行社會主義核心價值觀落實到經濟發展實踐和社會治理中。確立經濟發展目標和發展規劃，出台經濟社會政策和重大改革措施，開展各項生產經營活動，要遵循社會主義核心價值觀要求，做到講社會責任、講社會效益、講守法經營、講公平競爭、講誠信守約，形成有利於弘揚社會主義核心價值觀的良好政策導向、利益機制和社會環境。與人們生產生活和現實利益密切相關的具體政策措施，要注重經濟行爲和價值導向有機統一，經濟效益和社會效益有機統一，實現市場經濟和道德建設良性互動。建立完善相應的政策評估和糾偏機制，防止出現具體政策措施與社會主義核心價值觀相背離的現象。

法律法規是推廣社會主流價值的重要保證。要把社會主義核心價值觀貫徹到依法治國、依法執政、依法行政實踐中，落實到立法、執法、司法、普法和依法治理各個方面，用法律的權威來增強人們培育和踐行社會主義核心價值觀的自覺性。厲行法治，嚴格執法，公正司法，捍衛憲法和法律尊嚴，維護社會公平正義。加強法制宣傳教育，培育社會主義法治文化，弘揚社會主義法治精神，增強全社會學法、尊法、守法、用法意識。注重把社會主義核心價值觀相關要求上升爲具體法律規定，充分發揮法律的規範、引導、保障、促進作用，形成有利於培育和踐行社會主義核心價值觀的良好法治環境。

要把踐行社會主義核心價值觀作爲社會治理的重要內容，融入制度建設和治理工作中，形成科學有效的訴求表達機制、利益協調機制、矛盾調處機制、權益保障機制，最大限度增進社會和諧。創新社會治理，完善激勵機制，褒獎善行義舉，實現治理效能與道德提升相互促進，形成好人好報、恩將德報的正向效應。完善市民公約、村規民約、學生守則、行業規範，強化規章制度實施力度，在日常治理中鮮明彰顯社會主流價值，使正確行爲得到鼓勵、錯誤行爲受到譴責。

六、宣傳教育

用社會主義核心價值觀引領社會思潮、凝聚社會共識。深入開展中國特色社

會主義和中國夢宣傳教育，不斷增強人們的道路自信、理論自信、制度自信，堅定全社會全面深化改革的意志和決心。把社會主義核心價值觀學習教育納入各級黨委（黨組）中心組學習計畫，納入各級黨委講師團經常性宣講內容。深入研究社會主義核心價值觀的理論和實際問題，深刻解讀社會主義核心價值觀的豐富內涵和實踐要求，為實踐發展提供學理支撐。深入推進馬克思主義理論研究和建設工程，發揮國家社科基金的導向帶動作用，推出更多有分量、有價值的研究成果。加強社會思潮動態分析，強化社會熱點難點問題的正面引導，在尊重差異中擴大社會認同，在包容多樣中形成思想共識。嚴格社團、講座、論壇、研討會、報告會的管理。

新聞媒體要發揮傳播社會主流價值的主管道作用。堅持團結穩定鼓勁、正面宣傳為主，牢牢把握正確輿論導向，把社會主義核心價值觀貫穿到日常形勢宣傳、成就宣傳、主題宣傳、典型宣傳、熱點引導和輿論監督中，弘揚主旋律，傳播正能量，不斷鞏固壯大積極健康向上的主流思想輿論。黨報黨刊、通訊社、電台、電視台要拿出重要版面時段、推出專欄專題，出版社要推出專項出版，運用新聞報導、言論評論、訪談節目、專題節目和各類出版物等形式傳播社會主義核心價值觀。都市類、行業類媒體要增強傳播主流價值的社會責任，積極發揮自身優勢，適應分眾化特點，多聯繫群眾身邊事例，多運用大眾化語言，在生動活潑的宣傳報導中引導人們培育和踐行社會主義核心價值觀。強化傳播媒介管理，不為錯誤觀點提供傳播管道。新聞出版單位和從業人員要強化行業自律，切實增強傳播社會主義核心價值觀的責任意識和能力，將個人道德修養作為從業資格考評重要內容。

建設社會主義核心價值觀的網路傳播陣地。適應互聯網快速發展形勢，善於運用網路傳播規律，把社會主義核心價值觀體現到網路宣傳、網路文化、網路服務中，用正面聲音和先進文化占領網路陣地。做大做強重點新聞網站，發揮主要商業網站建設性作用，形成良好的網路輿論環境，集聚網路輿論引導合力。做好重大資訊網路發布，回應線民關切，主動有效進行網路引導。推動中華優秀傳統文化和當代文化精品網路化傳播，創作適於新興媒體傳播、格調健康的網路文化作品。依法加強網路社會管理，加強對網路新技術新應用的管理，推進網路法制建設，規範網路資訊傳播秩序，整治網路淫穢色情和低俗資訊，打擊網路謠言和違法犯罪，使網路空間清朗起來。

發揮精神文化產品育人化人的重要功能。一切文化產品、文化服務和文化活動，都要弘揚社會主義核心價值觀，傳遞積極人生追求、高尚思想境界和健康生活

情趣。提升文化產品的思想品格和藝術品味，用思想性、藝術性、觀賞性相統一的優秀作品，弘揚眞善美，貶斥假惡醜。加強對新型文化業態、文化樣式的引導，讓不同類型文化產品都成爲弘揚社會主流價值的生動載體。加大對優秀文化產品的推廣力度，開展優秀文化產品展演、展映、展播活動，以及經典作品閱讀觀看活動。完善文化產品評價體系，堅持文藝評論評獎的正確價值取向。完善公共文化服務體系，提供均等優質的文化產品，開展多彩多姿的文化活動，豐富群衆精神文化生活。

七、實踐活動

廣泛開展道德實踐活動。以誠信建設爲重點，加強社會道德、職業道德、家庭美德、個人品德教育，形成修身律己、崇德向善、禮讓寬容的道德風尚。大力宣傳先進典型，評選表彰道德模範，形成學習先進、爭當先進的濃厚風氣。在國家博物館設立英模陳列館。深化公民道德宣傳日活動，組織道德論壇、道德講堂、道德修身等活動。加強政務誠信、商務誠信、社會誠信和司法公信建設，開展道德領域突出問題專項教育和治理，完善企業和個人信用紀錄，健全覆蓋全社會的徵信系統，加大對失信行爲的約束和懲戒力度，在全社會廣泛形成守信光榮、失信可恥的氛圍。把開展道德實踐活動與培育廉潔價值理念相結合，營造崇尚廉潔、鄙棄貪腐的良好社會風尚。

深化學雷鋒志願服務活動。大力弘揚雷鋒精神，廣泛開展形式多樣的學雷鋒實踐活動，採取措施推動學雷鋒活動常態化。以城鄉社區爲重點，以相互關愛、服務社會爲主題，圍繞扶貧濟困、應急救援、大型活動、環境保護等方面，圍繞獨居老人、留守婦女兒童、困難職工、身心障礙者等群體，組織開展各類形式的志願服務活動，形成我爲人人、人人爲我的社會風氣。把學雷鋒和志願服務結合起來，建立健全志願服務制度，完善激勵機制和政策法規保障機制，把學雷鋒志願服務活動做到基層、做到社區、做進家庭。

深化群衆性精神文明創建活動。各類精神文明創建活動要在突出社會主義核心價值觀的思想內涵上求實效。推進文明城市、文明村鎮、文明單位、文明家庭等創建活動，開展全民閱讀活動，不斷提升公民文明素質和社會文明程度。廣泛開展美麗中國建設宣傳教育。開展禮節禮儀教育，在重要場所和重要活動中升掛國旗、奏唱國歌，在學校開學、學生畢業時舉行莊重簡樸的典禮，完善重大災難哀悼紀念活

動，使禮節禮儀成為培育社會主流價值的重要方式。加強對公民文明旅遊的宣傳教育、規範約束和社會監督，增強公民旅遊的文明意識。

發揮優秀傳統文化怡情養志、涵育文明的重要作用。中華優秀傳統文化積澱著中華民族最深沉的精神追求，包含著中華民族最根本的精神基因，代表著中華民族獨特的精神標識，是中華民族生生不息、發展壯大的豐厚滋養。建設優秀傳統文化傳承體系，加大文物保護和非物質文化遺產保護力度，加強對優秀傳統文化思想價值的挖掘，疏理和萃取中華文化中的思想精華，做出通俗易懂的當代表達，賦予新的時代內涵，使之與中國特色社會主義相適應，讓優秀傳統文化在新的時代條件下不斷發揚光大。重視民族傳統節日的思想薰陶和文化教育功能，豐富民族傳統節日的文化內涵，開展優秀傳統文化教育普及活動，培育特色鮮明、氣氛濃郁的節日文化。增加國民教育中優秀傳統文化課程內容，分階段有序推進學校優秀傳統文化教育。開展移風易俗，創新民俗文化樣式，形成與歷史文化傳統相承接、與時代發展相一致的新民俗。

發揮重要節慶日傳播社會主流價值的獨特優勢。開展革命傳統教育，加強對革命傳統文化時代價值的闡發，發揚黨領導人民在革命、建設、改革中形成的優良傳統，弘揚民族精神和時代精神。挖掘各種重要節慶日、紀念日蘊藏的豐富教育資源，利用五四、七一、八一、十一等政治性節日，三八、五一、六一等國際性節日，黨史國史上重大事件、重要人物紀念日等，舉辦莊嚴莊重、內涵豐富的群眾性慶祝和紀念活動。利用黨和國家成功舉辦大事、妥善應對難事的時機，因勢利導地開展各類教育活動。加強愛國主義教育基地建設，形成實體展館與網路展館相結合、涵蓋各個歷史時期的愛國主義教育基地體系。推進公共博物館、紀念館、愛國主義教育基地和文化館、圖書館、美術館、科技館等免費開放，積極發展紅色旅遊。

運用公益廣告傳播社會主流價值、引領文明風尚。圍繞社會主義核心價值觀，加強公益廣告的選題規劃和內容創意，形成公益廣告傳播先進文化、傳揚新風正氣的強大聲勢。加大公益廣告刊播力度，廣播電視、報紙期刊要拿出黃金時段、重要版面和顯著位置，持續刊播公益廣告。互聯網和手機媒體要發揮傳輸快捷、覆蓋廣泛的優勢，運用多種方式擴大公益廣告的影響力。社會公共場所、公共交通工具要在適當位置懸掛張貼公益廣告。各類公益廣告要注重導向鮮明、富有內涵、引人向上，注重形式多樣、品味高雅、創意新穎，體現時代感厚重感，增強傳播力感染力。

第五節 本章小結

一、淡化主權的爭議

目前兩岸雖受限於主權之爭辯,兩岸的合作交流活動在公共領域中似乎有停滯的趨勢,然而兩岸社會民間的交流,尤其是在經貿部分的互動仍處於密切互動之狀態。30多年來以快速發展兩岸交流合作爲主要推動力的和平發展進程,確實存在不足之處。而且在深入發展的形勢下,這些不足之處及其影響日益明顯地表現出來。其中最重要、影響最大的,就是兩岸交流合作定位的問題。雖然,從一開始,大陸方面就明確定位,兩岸交流合作是一個國家內部兩個區域的交流合作,而且始終堅持。但受一些具體因素影響,這一定位的貫徹落實存在不少的缺失。其中最重要的一個是,大陸與台灣一直都沒有能夠形成一個共同發展的整體[9]。

兩岸關係發展具有「高、中、低」三個重要的層面,一個是高層、一個是中層、一個是人民。兩岸「南南合作」在公共事務管理中,因涉及經濟、社會、政治、政府跨域的政策和管理,加上以人爲本的多方當事人、複合領域專家、公共管理人的價值判斷、事實判斷以及涉及認知衝突的人際判斷。而南台灣社會不均衡的發展結構,形成了多中心治理的型態,實在需要多層次及不同類型組織的複雜組合,包括公、私及自願部門,彼此間責任及功能相互交送(Wright, Bradley E., ed., 2011)。在沒有雙邊政府機關參與下的架構,如何促進這些不同層次間的溝通或跨域整合,必須以「第三部門」的民間社團作爲橋梁。

二、兩岸應聚焦於民生經濟發展

「第二屆兩岸南南合作跨域治理論壇」2018年4月2日在桂林廣西師範大學登場,這是繼2017年1月在廣西柳州舉辦的「首屆兩岸南南合作論壇」的持續推進。台灣孫文南院院長汪明生指出:「制約台灣自身發展與兩岸大局的關鍵癥結是在南台灣,不改變就一直糾結,若能翻轉則海闊天空。兩岸經濟與社會的融合發展,大陸應該由城市地區入手、與民間產學對接,圍繞民生發展,視同境內同胞,爭取多

---

9 郭震遠。〈中國海洋大學海峽兩岸關係研究所教授、所長,落實兩岸經濟社會融合發展思想的探討〉,《中國評論》月刊2017年12月號,總第240期,北京。http://www.CRNTT.tw,2018年1月8日,00:18:14。

數民心」[10]。

依據兩岸現行法理，兩岸同屬一中，「區域對區域、城市對城市、點對點」合作可以淡化主權，聚焦於民生經濟發展，在理性與善意的認同下，以民間產學合作，展開水平協商，為兩岸和平發展契機；如何強化第三部門的民間產學力量，為十九大以後，在當前兩岸關係官冷民熱中，強化民間交流與合作，成為兩岸治理個體與群體活動的經濟社會融合發展的主要途徑和平台[11]。

兩岸「南南合作」是一個跨域治理的架構，基本的治理結構中至少應包括三方個體角色：公共管理者、多方當事人與複合領域專家（E.Ostrom, 1990；Jorgensen, 1993；Frederickson, 1997；汪明生，2011）。而群體行為的經濟、社會、政治、政府的政策和管理，是以人為本的機制，在兩岸合作的平台上所進行的論壇、商業合作、學術交流等都應以「對等尊嚴、公開透明」的方式建立互信[12]。當前階段兩岸跨域治理宜聚焦於PAM中，當前政經與社會發展，並以民生經濟發展為重點。

10　〈兩岸南南合作論壇　桂林登場〉，旺報，陳君碩，2018年4月5日，19:40，http://www.china-times.com/realtimenews/20180405002511-260409，2018年4月13日。

11　同上。

12　孫文南院協會，「高雄如何因應把握兩岸南南合作治理」互動研討會白皮書，2017年10月27日。

第五篇

兩岸融合發展

　　由於世界上的發展中國家絕大部分都處於南半球和北半球的南部。於是從1960年代開始，這些國家之間為擺脫發達國家的控制，發展民族經濟，開展專門的經濟合作，即稱為「南南合作」。國際社會中的「南南合作」機制，係指發展中國家之間的經濟技術合作，而兩岸「南南合作」指的是兩岸南方區域之間的合作，可視為兩岸「次區域合作」的一種形式創新或探索。冀在兩岸陷入冷縮期間，以加強兩岸南方地區相似度較高且有較大合作空間的農業、產業、觀光、社會、文化方面為重點，並結合地區第三部門間的合作，透過水平協商，對等尊嚴和公開透明的原則，引導多方參與，推動兩岸經濟社會融合發展。

　　2015年廈門大學台灣研究院李非、林子榮在《閩南與台灣西部縣市經濟引力測算及閩台「南南合作」研究》[1]，引用汪明生等《南台灣與平潭綜合實驗區共同發展研究──基於互動管理的實證分析》，首次提到兩岸「南南合作」為大陸與台灣南方各縣市開闢了廣闊的空間，提供交流溝通，緩解台灣南北失衡，實現兩岸全面性的交流[2]。

　　2016年3月9日，習總書記指出：「在持續推動兩岸關係和平發展過程中，將持續推進兩岸各領域交流合作，深化兩岸經濟社會整合發展，增進同胞親情和福祉，拉近同胞的心靈距離。揭示出兩岸關係和平發展的經驗，在於要將對台工作重心往下沉，加強社會基層面的連結，構築兩岸民眾直接的、真實不虛的心靈之橋。大陸政府也應調動全社會力量，帶動大陸人民成為推動兩岸關係的主體。而台灣任何政黨，為其政黨形象和政治前途，都須以民眾的要求為依歸。」因此兩岸「南南合作」跨域治理服膺了這個指示的方向，兩岸交流是持續的工作，而把兩岸交流深化到兩岸融合發展是兩岸的新趨勢。

　　2017年1月16日中國社會科學研究院台灣研究所及全國台灣研究會共同主辦，

---

[1] 《台灣研究集刊》，2015年第1期，廈門大學台灣研究院。
[2] 《福建行政學院學報》，2013年第3期。

邀請兩岸學者20餘位，在廣西柳州召開首屆兩岸「南南合作」與發展論壇，共同探索民間交流新路。汪明生對兩岸「南南合作」方面的建議，以高雄爲突破口進行兩岸城市試點合作，由適合的民間產學在地團體通力配合，讓南台灣同胞看到、感到來自大陸的重視關注，最重要是得到兩岸百姓的認可[3]。

第一節　大陸：實踐檢驗眞理

　　1978年5月10日一篇名爲〈實踐是檢驗眞理的唯一標準〉文章發表於中共中央黨校內部刊物《理論動態》上。次日，《光明日報》將全文發表於頭版，接著新華社、《人民日報》和《解放軍報》同時轉載轉發了這篇文章。數日之內，該文傳遍全國，該文全文7,000餘字，主張只能依靠社會實踐檢驗眞理。馬克思主義最基本的原則之一就是理論與實踐的統一，馬、恩、列、史、毛，諸位革命導師都堅持用實踐檢驗眞理，任何理論都要不斷接受實踐的檢驗。

　　從此文的發表開始，眞理標準大討論席捲全國，最終動搖了華國鋒執政的理論基礎──所謂的「兩個凡是」。隨著華國鋒在中共中央工作會議上作檢查，以及1978年底中共十一屆三中全會的召開，鄧小平逐漸取代華國鋒掌握了黨和國家的最高權力。

一、大陸的發展及經濟區的規劃

　　大陸方面在經過40餘年來的改革開放，在珠三角、長三角乃至其他沿海城市地區的基礎建設、高新產業以及外資引入等方面一日千里，似乎將台灣自1970年代以來以產業發展布局與對外貿易帶動，形成舉世矚目經濟奇蹟的政策模式大幅吸收濃縮，甚至有後來居上之勢。以台灣海峽西岸經濟區爲例，主要的建設係源自1978年推行的「經濟改革」路線及「門戶開放」政策，此後系列性的相關措施連番接踵推出，致經濟成長大幅加速。自1980年至1991年，每年GNP的平均成長率高達15%，「區域經濟自治」對於大陸近十餘年來的經濟成長極有貢獻，而過去落實「區域經濟自治」的主要政策目標，即爲設立沿海經濟特區以帶動外資投入，爲實施市場經

3　〈兩岸南南合作與發展論壇召開探索民間交流新路〉，今日新聞，www.nownews.com，2017年1月16日。

濟奠定基礎。然單就經濟效益方面而言，台灣海峽西岸經濟區在經營項目選擇、企業營運管理、基礎硬體設施、政府行政程序及各種攤派與額外負擔等方面，未來則似乎仍然存有精進改善的空間，俾能對於外資提供更大的吸引力。此外，如何統整產業布局，進而與長三角、珠三角相關聯，以及與港、澳、台共同建構整合，成為綿密且有效率的經濟網，則亦成為長遠策略發展必須積極思考布局的課題。

此外，台灣海峽西岸經濟區除了扮演著大陸新一輪的經濟發展要角外，以其所具備的獨特時空條件則更應深化成為處理兩岸各項事務的平台，此方面顯示過去以經濟發展為主的建設思維必須進而朝向社會、文教與地方政府政策及管理等公共領域的方向發展，尤其是在與地緣與文化尤為相近的南台灣的互動交流方面。然而筆者亦觀察到大陸在經過10餘年來的發展後所形成的一些附帶現象，例如目前各方面在物質條件上已經明顯充實，但在精神貫注的層面上與10餘年前相較，則似乎產生落差；以兩岸交流而言，早期的任事者通常具備肩負著改善與融合兩岸關係的使命感，普遍戮力而為、積極任事，然而目前的兩岸交流工作，則往往照章辦事、流於形式。究其原因則一方面似乎大陸逐漸主動掌握許多發展開放的機會，難免積極分身於眼前的大小繁雜事務，另一方面則可能係大陸也意識到此類的兩岸民間交流活動，似不易立竿見影，短期難能見效所致。

鑑於大陸的資源條件已然大幅改善具備，而在台灣（尤其是中南部）持續菁英出走、內視封閉的思維意識下，則似乎當前突破兩岸困境僵局的努力，已必須較多地寄望於大陸了。其中的關鍵重點，當在於繼1990年代開始主要經由台商引進台灣成功的經濟發展與企業管理經驗之後，應繼之以深入關心了解台灣10餘年來在政治民主與社會多元下的經濟發展以及全面轉型的歷程，例如台灣發展經驗中所長期凝聚培養的服務產業與行政效能，乃至一般民眾的市場意識與法治素養，以及長期努力維繫的傳統文化與稍具基礎的民主政治等，皆應係迄今兩岸對照下相對仍具領先優勢的部分。以筆者管見，兩岸的發展大勢已進入新的關鍵時刻：大陸所已經具備掌握的各項有形資源條件（如經濟、科技、專業、技術與工商管理及政府效能等），如能進一步重視充分結合台灣之各項人文軟體與文化價值優勢，則一方面可加速縮短兩岸共同的發展與現代化進程，且在充分尊重、肯定台灣多元民主社會的存在價值下，當更有利於兩岸彼此間隔閡的減少與逐漸的融合。反之，則若大陸自恃於目前已具領先優勢的硬體條件，而未見體會其後深層根本的人性主體與人本思想，無視忽略乃至不顧台灣民眾的自主意識與民主需求，甚至經常直接加以主權爭

議下的統獨壓力，則可能造成親痛仇快、分則兩害。

　　觀察大陸整體乃至珠三角、長三角、環渤海區及台灣海峽西岸經濟區等的發展，無論是在軟、硬體的規劃構想，抑或是積極作為方面，均已不斷朝向迎接新世紀經濟潮流，並與全球脈動接軌的目標努力邁進，勢將逐漸呈現蓬勃遠景與豐碩成果。而台灣海峽西岸經濟區的發展，就推展進程與實質效益而論，皆與台灣各地的互動合作存有極高的必要性與重要性。惟無可諱言的，大陸與台灣各自與共同均面臨了一些發展難題，亟需深入了解進而釐整疏理。

二、兩岸交流發展現況

　　因受限於主權爭議，過去兩岸間的交流合作始終以私領域居多，以經貿而言，主要集中於以台商為主的互動範疇，至於其他尤其是公共領域的交流則顯然不足。兩岸在發展交流上較為欠缺甚至形成障礙的公共領域方面，其實各自具有不同的優勢與局限，而隱然存在著互補與借鏡的關係：大陸的行政效率較高，對於有關發展的各項政策一般均能有效地全力予以支持，以土地及稅收等政策工具為例，固然偶有社會條件不一下的人治色彩，但為求績效而在中央與地方間幾乎可以全面授權；台灣則似乎較為欠缺此等發展條件，然而近年來在地方經濟及區域經濟發展方面，經由不斷的積極努力亦開始展現相當成效，例如生物科技園區推動計畫、鼓勵產業創新研發政策，與新世紀國家建設計畫等，而在地方招商的企圖心與績效上亦有大幅進展，以2004年台灣行政院通過的「經貿自治港區」為例，可謂政府既有政策的重大突破。深入檢視之下，兩岸迄今在經濟發展以及區域合作的主要限制因素，似乎乃在於不僅是主權爭議以外的非經濟層面，主要更在於深層的公共領域事務課題的管理體制與經驗績效。

　　兩岸交流應然的共利者該是島內理念一致者與受迫滯後者，以往2008年以來實然的受益者卻是權貴買辦者與機巧倖進者。如今面對2018年新形勢下的兩岸關係，建議必須把握以下重點：

首先，是戰略上藐視台獨，然而戰術上重視綠軍。

其次，兩岸事務須分內外，對台同胞則不涉主權。

又次，顯須官民區隔對待，以城市地區試點合作。

復次，聚焦民生發展，圍繞經濟社會，實踐檢驗真理，摸著石頭過河。

　　在操作層面，檯面上建構充實多元論述（導正方向、訴之以理），檯面下努力

爭取密接地氣（動之以情、誘之以利），檯面中務求化阻力爲助力（威之以勢、誘之以利）。

簡言之，對於已長期疏於市場被誤導偏差的三中群眾與基層一線，在爭取時要謹記不教而殺謂之虐。而進行扭曲認知兩岸事務與大陸同胞的矯枉過正時，由陌生而熟悉、自誤解而理解，其實需要耐心與包容的引領導正（mentoring）。例如：對於台灣同胞個人的權利義務在統一後與現況比較有何不同，眼前似乎已可合作研究、協調整合、報批定調、視況發布。

三、兩岸南南合作，實踐檢驗真理

大陸係以20年來的高速發展作爲基礎，並因應島內2016年以來的情勢變化，在十九大報告中提出了兩岸經社融合發展的主軸方向與重點內涵。此外，則是自2017年1月在柳州開啓的兩岸南南合作主題，以城市地區民間產學對接，以經濟社會民生發展作爲核心關切，此亦成爲高雄選戰與施政的重要思維。

（一）願景路徑與戰略意義

台灣可視爲先行先試下的微型中國，無論成功與否，其實踐經驗都值得整個中國發展借鑑。眼前高標準的兩岸經社融合願景，或可參考《禮記‧禮運大同篇》。至於尋求翻轉南台灣與基層一線，促進兩岸深化融合等實爲自傳統社會直奔後現代社會的手段方向，則自儒而法、由法而墨、並參酌道，似是較具中國特色的理論路徑。總之要能清醒認知如此偉大復興最後一哩路的戰略意義，爭取精準對台、力求兩岸自信、中美釜底抽薪。

而若得以經由科學傳播、認知動員、導引菁英與文化移轉的轉型再造，其實就是實實在在地補上孫中山已經指明的，軍政階段走向憲政階段間，應該必經、卻在台灣被忽略的訓政階段。這些經驗歷練，也當然正可挹注補強對外「一帶一路」中尋求貫穿打通歐亞乃至全球布局之際，在提供諸多非前沿、多民族、多文化地區的硬體建設以外，欲融會貫通社會文化軟體條件之所需。

擺在眼前的情勢，是兩岸（台灣僅北台）皆以市場意識各自盤算成就自己，抑或守望相助、同舟共濟，謀求已然提出定調的經濟社會融合發展，與心靈契合的兩岸一家親，這已正在嚴肅認真地考驗著兩岸的中國人。以城市地區試點、民間產學對接的兩岸南南合作，即是當前困境僵局下的重大突破口。期許兩岸有志之士同

心攜手，繼道路自信、理論自信、制度自信、文化自信後，努力添上中華民族偉大復興的第五項自信——兩岸自信。至於階段性的任務目標，則可以在兩岸合作精準對台之下，經由全盤布局策略操作後推進兩岸南南合作的南台灣公民連署。倘若如此，看似複雜糾結的中美之爭，勢將迎來旋乾轉坤的釜底抽薪。

（二）大陸經濟崛起正是兩岸南南合作的機遇

30年來外部全球化與大陸改革開放，對照之下是台灣1988年條件具足、信心滿滿下的解嚴民主，1998年錯過亞太營運中心，高雄城市轉型不成出現全台最早的政黨輪替，2008年以形象取勝的馬英九贏得選戰，卻不接地氣再度錯過。2018年的草根民主果然打敗菁英政治，然而勝選後地方各界的熱情期待，能否成為支持執政團隊艱難起步、乃至成功轉型的堅實後盾，正面臨高度關注接受嚴格考驗。

導正高雄長期閉關自守以至越形僵固的起手式，當然就是市場開放，甚至是以兩岸為主的市場開放。先不論中央層級的執政黨會如何出手，其實也有略超一半的高雄市民並未作好對外開放，尤其兩岸開放的準備。這些市民應該更加兩極分化，少數位在金字塔頂端，絕大多數則無論經濟所得或知識觀念都處於人口結構與社會階層的底端，然而一樣都是選票，也都是骨肉同胞。

反觀大陸，經過2000年來兩岸中斷下的自力發展與國際接軌，迄今就只是在社會氛圍與政治制度上較台灣保守，其他的經濟產業、基礎建設、科技新創、城市發展、政府績效、公共服務、高教研發、媒體傳播、文化藝術與傳統復興上早已一日千里，幾乎看不上、也不需要台灣了。大陸30年來全面開放下的市場意識幾乎全民皆狼，南台灣30年來的「三中一青」則好似全都是羊，如何避免兩岸開放下的大陸大狼壓迫台灣小羊，除了我們自己的力爭上游，也需要大陸多點耐性包容，早點精準正視了。

（三）實踐檢驗真理

高標準的兩岸「南南合作」，應是將高雄、台南、屏東等南台灣城市地區與大陸南方的廈門、廣州、廣西、上海等城市地區以官民雙軌對接，平衡經濟與社會，亦即不只經濟首富，還要成為兩岸經社深化融合的示範城市。

兩岸融合發展，人類歷史並無前例，然而舉世矚目，必將載入史冊。台灣並無鄧小平，然而也需要摸著石頭過河，以實踐檢驗真理。避免久拖不決與非常手段的

際遇已至，就看兩岸有識之士能否與如何把握，眼前當下，此其時矣！

今回顧眾所周知，台灣歷經上世紀90年代的政治改革與社會變遷，自2000年起翻轉直下、迄今難起的內外原因。一是體制轉軌關鍵時期的時任領導交棒失誤，打亂黨政高層規劃布局，連串錯失再起際遇，養虎遺患貽禍至今。二是幾乎同時大力推進的大陸地區改革開放，即使曾是台商積極布局的大好舞台，終至體量較大形成對台的全面磁吸。

1. 先行先試

對於眼前較不成功的台灣民主經驗，固然不僅制約自身發展，甚至跨海牽動兩岸大局乃至中美關係，然而若以「兩岸一家」角度視之，當然也應有其積極正面意義。首先，即是提醒大陸在以近似規律發展迄今的情況下避免重蹈覆轍；其次，則是讓台灣「三中一青」的基層民意所支持者有機會上台主政緩解矛盾；再次，則是在「陸長台消」之下有效地縮短了兩岸發展差距而利於融合。

2. 在大陸地區選定適合地點

由兩岸聯手試行台灣版本的「一國兩制」，兩岸融合人類歷史並無前例，在大陸是實踐檢驗真理，在台灣是摸著石頭過河。心靈契合本非市場，必須政策合理配套，重點在使台民有感，目的在找方向出路。

3. 以社會主義核心價值作為兩岸融合的指導參照

2000年後的台灣藍綠皆走美國路線，庶民崛起已是去年迄今的社會氛圍，大陸定調的社會主義核心價值，可以作為兩岸融合的指導參照。

例如：個人層面的友善與誠信、社會層面的平等與法治、國家層面的文明與和諧。

四、兩岸南南合作的實踐

（一）王陽明的「知行合一」學說

明代大儒王守仁，號「陽明子」，人稱「王陽明」[4]發展的儒家理學，強調格物以窮理的「心即是理」，即最高的道理不需外求，而從自己心裡即可得到。王陽明的主張為其弟子繼承發揚，成為「陽明學派」。

在知與行的關係上，王守仁從「天地萬物本吾一體」出發，他反對朱熹的「先

---

[4]　陽明學說，維基百科，https://www.google.com.tw/search。

知後行」之說。王守仁認爲既然知道這個道理，就要去實行這個道理。如果只是自稱爲知道，而不去實行，那就不能稱之爲眞正的知道，眞正的知識是離不開實踐的。比如，採用仁愛的方式對待周圍的朋友，眞正的「知行合一」在於確實地按照所知而行動，知和行是同時發生的。對於朱熹的「先知後行」的理論，王守仁在他學生編著的《傳習錄》中是這樣理解的：古代的聖賢在看到很多人把大量的時間和精力花費在知上，而忽略了行，認爲這樣下去會造成浮誇的風氣，於是開始強調要知，更要行，而後世的人就理解爲要先知而後行，這就錯誤地理解了聖賢的意思。

（二）PAM架構是大處著眼的「知」

所謂大處著眼的「知」就是確認研究（confirm research）。PAM架構涵蓋「區域科學」、「管理科學」、「政策科學」及「認知科學」等公共事務管理基礎系統所必須具備的「區域分析」、「專案分析」、「政策分析」、「判斷分析」與「跨域分析」等學域之精要部分（參圖11.1），且在多元複雜快速變遷的現代與後現代社會中，單一知識專業已無法回應處理各種各類公共政策議題。隨著多方當事人、公共管理者與複合領域專家間觀察關切範疇之複雜化與多元化，跨域分析則顯得格外重要與深具意義，超越學科甚至學域之新觀點不斷產生，試圖探討並解決經濟、社會、政治與人文價值間複雜結構關係，根本掌握人類發展的問題，尚需眞正說明公共管理此一學域中多項學科（專業）、多元價值、多重目標，及多方當事人間的交錯綜整結構與需求（汪明生，2010）。

（三）V.C.S.是小處著手的「行」

公共管理的所謂從小處著手的「行」就是做研究（do research），靈活運用操作V.C.S.可幫助管理者澄清思維，堅定地走在自信的方向上。在實務操作上可以清楚看到V.C.S.三個構面是如何互爲因果，與表裡緊密相互影響，幫助管理者將抽象的使命概念化，清楚明白強勢與弱勢構面爲何，以維持強勢構面，並致力於如何強化弱勢構面，使公共管理者具有更佳的「知」與「行」的評估能力，以發揮執行力，所以公共管理的策略意涵即在於激勵與塑造公共目的，強化和增進短期、中期與長期的公共價值，因此成功的公共管理在政府各階段的施政目標中，都能創造出相當的公共價值（圖11.2）。

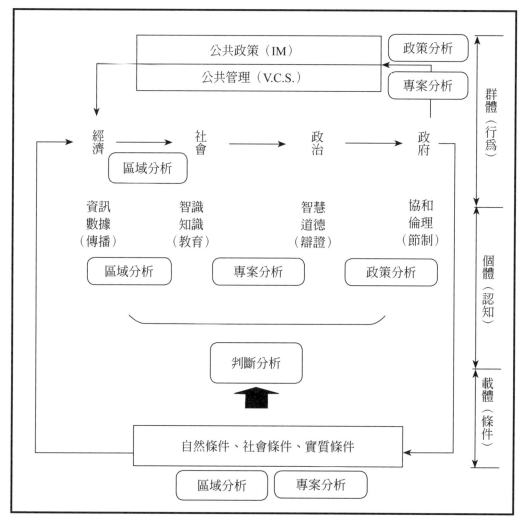

圖11.1   PAM與研究方法的實務對應關係

資料來源：許綿延，2021

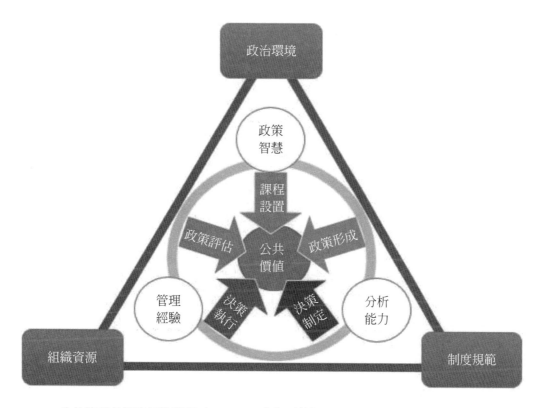

公共管理者策略行動框架（V. C. S.，由內而外）

V（價值）：核心為「公共價值」，在此核心下，公共管理者透過「課程設
　　　　　　置」、「政策形成」、「決策制定」、「政策執行」、「政策評
　　　　　　估」的程序來進行公共政策制定、實施與管理過程，據以創造公
　　　　　　共價值。

C（能力）：公共管理者在推行公共政策制定、實施與管理，個人必須具有
　　　　　　「政策智慧」、「分析能力」、「管理經驗」等行政能力的養
　　　　　　成，才能高效參與公共政策。

S（支持）：公共管理者實踐其政策過程，有賴「政治環境」、「組織資
　　　　　　源」、「制度規範」等環境因素的支持與支撐，公共政策的推行
　　　　　　才得以永續經營。

圖11.2　公共管理者策略行動框架

資料來源：汪明生，2012

第二節　台灣：摸著石頭過河

　　2017年10月27日「高雄如何因應把握兩岸南南合作治理」互動研討會在高雄舉
行，產官學界菁英參加。本研討會所探討兩岸南南合作，所指的大陸南方是泛指

東南沿海地區[5]，台灣南部按相關主管部門對縣市的劃分[6]，將台灣本島及離島分爲北、中、南、東四個區域[7]，高雄市、台南市、嘉義市、嘉義縣、屏東縣及澎湖縣等6個縣市歸入南台灣。大陸對南台灣認識不夠與重視不足，還是從政治層面理解或認識南台灣，認爲南台灣本土意識強烈，是綠色大本營，而且又是民進黨執政縣市，再與南台灣交流合作存在政治與心理顧忌，甚至已出現南台灣局部地區在兩岸交流合作中邊緣化的現象，南台灣的經濟產業特性與結構，決定了南台灣的階層結構與社會結構，南部的產業結構決定了就業者以社會中下層與藍領群體爲主體（王建民，2017）[8]。

南台灣在經過初次現代化、區域發展中的非核心地位，促使南台灣有著不同於核心地區的自我意識、價值思維與發展期待，因此這種特質，也影響著南台灣對於藍綠政治與兩岸政治的選擇與回應（辛翠玲，2014）。因此，兩岸「南南合作」並不是眞正意義上的大陸南方和台灣的南部交流合作，因爲大陸對南方的概念並不統一，但廣義來說大陸南方可指長江以南地區，狹義而言可指東南沿海地區。兩岸「南南合作」的概念，主要是提醒兩岸的交流與合作，不要忽略了南台灣的這個交流難度高、工作緊迫度高，但卻是兩岸關係的關鍵地區[9]。

2018年3月8日針對大陸惠台31項措施，孫文南院協會、南台灣產學聯盟協會等在高雄市議會舉行公聽會。與會皆是南台灣熟悉兩岸關係的學者或專業人士。包括前高雄大學校長黃英忠、前「和春技術學院」校長陳文俊、民進黨高雄創黨黨員暨前市議員陳武勳、前國民黨立委林壽山、高雄市全球會展推廣協會理事袁韻樺、中華兩岸企業雙向投資聯盟主席楊映國、高雄市慈善團體聯合總會榮譽理事長黃國良、暨南國際大學東南亞學系助理教授黃煒能等人，代表了公共管理者行政部門與複合領域專家及多方當事人的共同意見。

研究發現：高雄市停滯不前的因素包括兩岸關係態勢緊繃、地方選舉盤算糾結等導致長期以來地方財政不佳、產業進駐不易、所得就業偏低、人口外流嚴重，想突破高雄困境的重要關鍵在於兩岸。大陸經濟快速崛起，物質建設與科技硬體早已

5　大陸與南台灣交流合作，大陸尚未將南部省市地方作爲與南台灣交流合作的主體或重點，並沒有針對性地開展兩岸南南合作交流。有學者提出討論兩岸南南合作的問題，對於大陸南部概念並未統一，可以說廣義大陸南部地區可指長江以南地區，狹義南部地區指東南沿海地區。

6　台灣，《都市及區域發展統計彙編2012》。

7　「中華民國」包括台灣地區和福建省，金門縣與連江縣隸屬福建省，故不在劃分範圍內。

8　2017年10月27日，「高雄如何因應把握兩岸南南合作治理」互動研討白皮書。

9　同上。

領先全球，甚至核心價值與傳統文化也已搬上政策議程全面鋪開，現今連惠台政策都已正式出爐。這些對全台灣尤其南台灣工業重鎮的高雄而言，是既難得又嚴峻的考驗。

　　孫文南院協會理事長、中山大學公共事務研究所教授汪明生指出，俗話說：「跟著蒼蠅找廁所，跟著蜜蜂找花朵」，兩岸摸著石頭過河，互動往來絕對是高雄能否脫胎換骨的關鍵[10]。2018年3月有意角逐綠軍高雄市長提名的趙天麟立委也拋出「高雄、深圳」雙城論壇的建構，主張「城市先行」，可謂繼2001年謝長廷市長後的再度務實勇敢主張[11]。

第三節　一國兩制的民主協商

　　2016年2月16日，台灣地區的大選，由蔡英文領導的民進黨再次從國民黨手中搶回執政權，並在立法院的席次獲得壓倒性的勝利，贏得全面的執政。因此，在兩岸政策方面，蔡英文有恃無恐地從維持現況轉變為拒絕承認「九二共識」，只承認有1992年在新加坡的兩岸協商事實，並沒有所謂的「九二共識」。造成兩岸從1987年歷經30年的兩岸交流政策急遽的冷凍，而執行兩岸交流工作的海基會及海協會兩會也立即陷入交流停擺的狀態。

一、中共堅持一國兩制的和平統一

　　2017年10月18日中國國家主席習近平在十九大政治報告表示：「願意率先與台灣人民分享大陸發展機遇，並將擴大兩岸經濟文化交流合作。」所以，兩岸交流是既定政策，並不會因為台灣政府不承認「九二共識」而改變政策。

　　2018年2月28日國台辦發布了《關於促進兩岸經濟文化交流合作的若干措施》的31條惠台政策後，接著在2019年11月4日繼續推出《關於進一步促進兩岸經濟文化交流合作的若干措施》（簡稱惠台26條）[12]，其中從第21條到26條，更是針對性地對於台灣的青年學生提供了更廣泛的就學和就業空間，這些優惠政策實具有鼓勵

10　31項惠台措施―汪明生―跟著蜜蜂找花朵，2018年3月8日，18:45:16，http://hk.crntt.com/crnwe-bapp/touch/detail.jsp?coluid=153&kindid=0&docid=1050013，2018年3月18日。
11　「高雄揚帆　啟航新世紀」系列公聽會說明，孫文南院，2018年2月26日。
12　〈中國大陸推出惠台26條　同享國民待遇〉，中時電子報，甯其遠，https://www.ctwant.com/ar-ticle/13173，2019年11月6日。

的作用，唯具體的落實措施才是重要的驗證。

2019年1月2日，習近平主席《告台灣同胞書》40年講話，其主旨圍繞兩岸的和平統一，涵蓋了民族復興、融合發展，尤其對於台灣的「一國兩制」方案，明示了只要認同「九二共識」的台灣各黨派、各界別都可以參與共議，並就兩岸關係的和平發展願意展開廣泛深入的民主協商，以達成制度化的安排。正是呼應了前海協會主席汪道涵的「一個中國、平等協商、共議統一」，這個平等協商就是符合了「九二共識」原則下「平等對話、民主協商」的精神。

2019年3月13日，習近平主席又在參加福建代表團審議時指出[13]：要探索海峽兩岸融合新路，首先就是要把對台灣同胞服務的工作做好，並希望把福建省建設成台胞台企登陸的第一家園。

2021年1月13日國台辦新聞發布會「金甌無缺紀念台灣光復75週年主題展」，特別提出不要把問題留給下一代。大陸國台辦發言人朱鳳蓮並且宣布，大陸新增四處海峽兩岸交流基地，分別是福建龍岩長汀汀州客家首府、泉州安溪清水岩、江蘇淮安大運河文化帶和四川綿陽梓潼文昌祖庭。[14]

朱鳳蓮表示，這4家交流基地各具特色，有的是承載兩岸同胞共同的歷史文化記憶，有的展現兩岸同胞緊密的親緣關係，有的是兩岸基層民眾交流互動的重要場所。她說，自2009年以來，大陸共在山東、湖北、福建等24個省區市已先後批准設立了79家海峽兩岸交流基地。其中福建有18家交流基地，江蘇、湖北各有6家，山東、浙江、廣東各有5家，雲南、四川有4家。

朱鳳蓮稱，這些交流基地給兩岸同胞提供了更多交流合作、回顧歷史、品味文化、暢敘親情和共同發展的機會。去年疫情以來，這些交流基地也成為了兩岸民眾進行雲端交流的重要平台。

二、蔡政府固執的反中態度

民進黨為因應2020年總統、副總統及立法委員選舉，在立法院推動「國安五法」及「反滲透法」，由於民進黨在立法院是多數黨，因此很快地逕付三讀通過決

---

[13] 〈努力建成台胞台企登陸的第一家園—習近平總書記參加福建代表團審議時的重要講話〉，福建日報東南網，林蔚等，http://fjnews.fjsen.com/2019-03/13/content_22066210.htm，2019年3月13日。

[14] 〈國台辦宣布大陸新增四處兩岸交流基地〉，聯合報，特派記者陳言喬／北京即時報導，2021年1月13日，10:41。

議，先後在2019年7月5日通過「國安五法」（參表11.1）；並在2019年12月31日通過「反滲透法」，於2020年1月17日起實行。

表11.1　國安五法修法重點

台「國安五法」修法重點	
法案名稱	修法重點
刑法	「外患罪」範圍納入大陸、港澳與境外敵對勢力。
國家機密保護法	公務涉及機密之退離職人員出境管制最長6年，洩密罪重判刑15年。
國家安全法	提高「為敵發展組織罪」刑責，軍公教若成「共諜」，將被追回退休金。網路也納入「國安」範疇。
兩岸人民關係條例增訂第五條之三	兩岸協商簽署政治議題之協議，應經過「立法院」雙審議及人民「公投」。
兩岸人民關係條例	少將以上退役將領、涉密政務副首長以上人員，終身管制參與大陸政治性活動，若認定妨害國家利益及尊嚴，且違反情節重大，最重將剝奪月退俸。

資料來源：《大公報》，2020

　　其中「國安五法」的最後一塊拼圖就是嚴格規範少將以上的退將，還有涉密的政務副首長以上人員，終身不得參加中共相關政治活動。若違反，情節重大者，最重可剝奪全部的月退俸，或罰1,000萬元。而「反滲透法」是嚴格規範人民、法人、團體或機構為中共進行危害國安的政治宣傳、發表聲明，參加中共所舉辦的會議。當這些所謂的惡法相繼推出後，引起社會的議論，其中尤以「反滲透法」引起三大爭議：

（一）違反程序正義
　　國民黨批評民進黨「不願意經立法院內政委員會詳細審查，也不願多開公聽會聽取各界意見」，而親民黨也表示「沒經過行政部門、立法院委員會討論，就完成立法，完全違反程序正義」。

（二）內文過於模糊
　　由於民進黨針對「反滲透法」的規範項目過於模糊，國民黨憂心在大陸的台商、台生恐陷入險境。馬英九曾表示「反滲透法定義太模糊，若法條通過民眾很容

易被入罪」。

（三）沒有施行細則

親民黨質疑，「反滲透法」12條文中沒有施行細則，又無主管機關，將來該法誰執行誰認定，一旦「反滲透法」成為空法、無上法，後面就全亂了。

（四）反對的聲音[15]

1. 前總統馬英九表示，如果「反滲透法」通過，對台灣造成的禍害將無法想像，可能回到戒嚴時期，「反滲透法」是由總統蔡英文要求立法院通過，違反了憲法分權分立原則。國民黨中常委姚江臨主張若2020年中華民國立法委員選舉中立委數能過半，將重審「反滲透法」，國民黨祕書長曾永權及曾銘宗表態支持，聲言要去除「反滲透法」中侵害人權自由、空白授權等負面內容，惟中國國民黨在該次選舉中並未能取得113席立委中的多數。

2. 親民黨主席宋楚瑜認為，「反滲透法」是民進黨選前騙選票的技倆，並批評民進黨執政下行政單位有如消失，處理事情都直接交給立法院黨團。新黨主席郁慕明亦召開記者會表示「反滲透法」多此一舉，並號召藍營人士，除嘴上反對也要用行動走上街頭。勞動黨主席吳榮元認為，「反滲透法」通過猶如回到戒嚴。並指控該法其實是終止兩岸交流法，會封死台灣社會的發展。

3. 一些戒嚴時期的政治犯表示反對「反滲透法」，例如范榮枝、黃英武和吳榮元等等，及其他受難者家屬呼籲民進黨回頭是岸。台灣守護民主平台認為「反滲透法」草案少了社會對話，重要法案不該由單一政黨強勢主導。政治受難人互助會會長林燿呈批評表示，當年民進黨與他們一起反戒嚴，現在卻又把戒嚴法強加於民。夏潮聯合會評議長許育嘉表示，「反滲透法」賦予行政單位無限大的裁量權，有如東廠和戒嚴。

4. 前總統陳水扁表示民進黨通過「反滲透法」的方式太OVER，不經過正常程序表決，會引發激烈反彈。前副總統呂秀蓮表示「反滲透法」是蔡英文強力命令推動，只會加深藍綠統獨的對立。喜樂島聯盟不分區立委被提名人暨發言人張君瑜質疑「反滲透法」立法太過倉促，且不該因選舉而將法制和國家安全當成造勢表

15　維基百科，https://zh.wikipedia.org/wiki/反滲透法。

演。

5. 中國大陸台商組織全國台灣同胞投資企業聯誼會（簡稱台企聯）及中國大陸地區148位台商，於2019年12月29日在《中國時報》及《聯合報》刊登半版廣告，共同強烈聲明堅決反對制定「反滲透法」製造綠色恐怖，兩岸要和平合作不要動盪。《旺報》執行副總編連雋偉認爲雖然「反滲透法」所針對的是滲透干預的不法行爲，但如果執行「反滲透法」恐造成冤案。

6. 中國大陸國台辦發言人馬曉光認爲「反滲透法」是一部惡法，限制了台灣同胞的自由意志，和進行兩岸交流的權利。中國大陸中國社會科學院台灣研究所台美室副主任汪曙申表示，民進黨急促要通過是爲了三個理由：衝高選情、對衝兩岸融合發展及美國對華政策。中國大陸社會團體全國台灣同胞投資企業聯誼會於2019年12月18日在台灣特定平面媒體上刊登半版廣告，抨擊「反滲透法」是「綠色恐怖」，並形容「反滲透法」是一種妨害言論自由、阻礙兩岸交流的「惡法」。

三、緣木求魚

從這些現象面的觀察，兩岸的交流是重要的溝通方式，交流有助於兩岸社會的融合，化解政治的歧異。雖然文化的連結未必能夠促成政治的統一，因爲中國歷史上「分久必合、合久必分」的自然規律，並不是文化和種族問題，但是文化與政治也是不可切割的一體兩面。其實交流、溝通與了解，可以讓台灣的同胞，逐漸看清台獨政客的陰謀和虛假的謊言，讓台灣青年獲得更多客觀與眞實的資訊，來思考台灣未來的出路。

未來兩岸交流與合作的關鍵癥結在基層社會層面的支持程度，大陸在兩岸關係上以往較關注的政治層面的發展，但實質上所得到的效果卻不如預期。2017年中共十九大報告的基調，其中一個是「發展和統一」的關係，但在實踐中，當台灣問題沒有成爲影響國家發展的主要障礙時，大陸會堅持發展優先；一旦確認台灣成爲發展的絆腳石，就會毫不猶豫先處理統一問題。但是，大陸涉台專家的看法卻是大陸強調的「兩岸一家親」、「同等待遇」、「融合發展」，前提條件就是兩岸「同屬一中」；心靈契合也是有底線的，並非代表完全照台灣的意思辦。不能只看到創新而不看到繼承的一面，也不能只看到懷柔卻看不到強硬的一面，兩岸關係的歧見終究存在，如何化解達到彼此包容、求同存異，是需要兩岸共同努力達成。

四、釜底抽薪

自2016年起中共推展對台民眾準國民待遇，提供就學、就業、創業，以及生活上的優惠措施，亦即更關注台灣民眾基層社會面的需求，以拉攏基層民生的心為出發點，以經濟受益為方法，直接獲益的是台青本身。透過現象面來看本質面，兩岸問題的關鍵在南台灣，亦即南台灣在社會發展階段反映出民眾的心態，呈現出來的是因為對大陸的不了解而產生對大陸的信心不足，表現在選舉的結果。而推動兩岸「南南合作」既是以南台灣的高雄作為地區與城市的突破口，可免於僵固於主權的堅持，由民間產學團來推動雙方的交流，在以不碰政治為原則，即不操作選舉、不觸及統獨、不談論主權，擺脫政治色彩，只作經濟與社會文化的交流，冀求抓住問題核心，從基層出發，以民生為本。但最重要的作法是要集合台灣南部產學團體的力量，眾志成城，而非單打獨鬥，從兩岸關係學術交流為起點，在兩岸議題上以「對等尊嚴、公開透明」作為討論的原則，讓社會各界以及年輕人，開始對公共事務的關注，尤其是可以促進對兩岸事務的關注和提高檢驗的標準，甚至以後現代社會治理的思維來期許當前兩岸交流陷入冷凍期下，應聚焦在民生經濟和社會融合發展的議題，並以體制外兩岸民間的「第三部門」接替正常管道的兩岸交流使命，從增大兩岸民間交流與合作的機會到引導兩岸社會融合發展的關切與支援，促進兩岸良性互動、和平發展（汪明生、許綿延，2017）。

大陸對於這些具體的惠台措施，除了要求把這些措施落實到位外，同時也願意聽取台灣同胞的建議，持續地研究惠台利民政策措施。從大陸一連串對台的友善談話和具體的惠台措施，都能把握住上述的五個「理」：心理、法理、常理、公理、天理，可以感受到大陸對於兩岸和平統一的殷切期盼和對台灣的誠意。因此，台灣方面只要鬆綁反中政策，承認「九二共識」，就可以扭轉兩岸嚴峻的對峙情勢，共同追求兩岸良性互動、和平發展的大好局面。

民進黨敢於不承認「九二共識」、強悍地拒絕「一國兩制」，不只因為台獨決議文是民進黨的核心價值，還有中美博弈的複雜因素，重啟一個兩岸和平統一對話機制，在目前固不可能，但兩岸的交流不能中止，重新思考兩岸的民間交流政策，而兩岸「南南合作」是爭取台灣民心的上策，也是對台工作努力的方向，台灣終究是一個民主社會，社會的能量改變決定政府的取向。「戰爭沒有贏家、和平沒有輸家」，重視台灣人民福祉的和平統一，才是真正的中華民族的偉大復興。

第四節　兩岸共建融合發展的南針北斗

　　30年來的台灣，歷經政治解嚴、政黨輪替，已由公民自發啓動兩岸交流，對照之下則是馬政府先經後政忽略社會，2018年的草根民主已開始翻轉高雄。台灣自北而南，由體制內外檢視，已呈現金字塔結構的現代社會、多中心結構的後現代社會、倒丁字的傳統社會，與多數底層的原初社會型態。

　　現階段的台灣民眾，須釐清重建兩岸認知，聚焦民生社會發展，並持續擴大寬面交流，努力爭取首來族；此外，則在堅定入台，與民間產學團體以自發方式，舉辦多種多樣的論壇與活動。

　　2019年1月2日習近平先生宣示：和平統一後，台灣同胞個人的合法權益、宗教信仰，與私人財產不受影響；另則，認同「九二共識」的台灣各黨派、各界別，可以參與共議「一國兩制的台灣方案」，並就兩岸關係、和平發展與民族未來，開展廣泛深入的民主協商。

一、海內外情勢

（一）兩岸情勢的發展

　　自從1949年兩岸分離分治迄今（2022）已經73年了，一般認知過去台海共發生過三次危機：第一次是1954年的「一江山戰役」，解放軍攻占一江山，國軍從大陳島撤退台灣；第二次是1958年的「八二三炮戰」；第三次是1996年「台海導彈危機」。下面是兩岸關係發展具代表性的時間：

- 1992年兩岸達成「九二共識，一個中國」的和平協商，以「兩岸同屬一個中國，共同努力謀求國家統一」爲目標，而國民黨卻認定「九二共識，一中各表」及承認「兩岸同屬一個中國」，但各自表述爲中華人民共和國與中華民國。
- 1996年李登輝提出「特殊國與國關係」，即爲「兩國論」，引起台海第三次危機。
- 2008年馬英九執政的台灣仍然強調兩岸關係是處於「九二共識，一中各表」，但以「不統、不獨、不武」作爲兩岸漸進式的由交流互惠到共議統一，也展開了兩岸產官學界密切的交流與合作，確是兩岸有史以來的蜜月期。
- 2016年以後，由民進黨的蔡英文執政，否認了兩岸賴以和平互信基礎的「九二共識」，使得兩岸關係陷入嚴峻的情勢，此階段中共仍呼籲蔡英文能夠懸崖勒馬，

回到「九二共識，和平統一」的軌道上來。

- 2017年1月16日中國社會科學研究院台灣研究所及全國台灣研究會，在廣西柳州主辦「首屆兩岸南南合作與發展論壇」，出席的有兩岸學者專家和民意代表，共同探索民間的兩岸交流新思路[16]。

- 2018年中共十九大舉著「不忘初心、牢記使命」的大纛，宣示了中國特色社會主義新時代到來，其成就不僅是在「反貪腐」的實踐和「大復興」的願景，其實也是社會發展階段的跨越。對於北、上、深、廣的一線城市而言，是從現代化的社會跨入了後現代化的社會；對於城市和周邊地區而言，是從傳統的社會發展到了現代化的社會；對鄉村地區而言，是正積極地從傳統的社會轉型進入現代化的社會型態。

- 2020年民進黨在台灣繼續執政，兩岸的關係不但沒有改善，反而更趨嚴峻。中共提出「九二共識」，「一國兩制的台灣方案」，並以軍機繞台的軍事行動，打出不放棄武統的手段，以遏制蔡政府的台獨行動跨越紅線。

（二）一國兩制台灣方案

　　大陸國家主席習近平在2019年1月2日《告台灣同胞書》發表40週年紀念大會中宣示，和平統一後，台灣同胞的社會制度和生活方式等將得到充分尊重，台灣同胞的私人財產、宗教信仰、合法權益將得到充分保障。

　　兩岸融合的一個重點關注的部分，也是軟肋，就是南台灣，尤其在民進黨於台灣南部脆弱失衡的狀態下壯大的背景下，更要提起注意。應在「三中一青」和「一代一線」中給予更多關注，同時聚焦民生發展。

　　目前還要關注統一後可能會面臨的問題，深化融合，未雨綢繆。對比「一國兩制」在香港的實施，台灣比香港要大，融合發展更應盡早開始。孫文南院院長汪明生更直接以進行「南南合作與兩岸融合」向大陸提出五大面向政策建言，並呼籲由兩岸民間智庫合作，建構以公共事務跨域治理作為經社融合的南針北斗。

　　兩岸深化融合和未來的共同治理史無前例，國際經驗也只能作為參考，兩岸可以共同建構模型，作為融合發展的GPS。以下策略作法可為參照：

---

1. 以社會主義核心價值作為兩岸融合的指導參照。

2. 由兩岸合作在大陸選定地點摸索試行「一國兩制」。

3. 由兩岸聯手培養「南南合作」的跨域治理人才。

4. 以IM方式了解台灣「三中一青」對「一國兩制」的民意。

5. 依據公共事務跨域治理理論架構，由兩岸聯手逐步建構融合發展的GPS。

（三）台灣問題是中美的敏感問題

中國駐美大使崔天凱（2019）表示近來海外情勢，就中美台關係來看，「兩岸問題」即台灣問題，就是中國與美國之間最終、最敏感問題。蔡英文在2020年總統的選舉獲得大勝，預期著兩岸的關係仍然陷於冷凍而對立的態勢；但是台北市長柯文哲在2020年7月參加雙城論壇，說明國台辦定調的兩岸城市交流已成顯學。海峽研究中心智庫則指出：台灣民眾正日益成為推進兩岸關係進程的主導力量，而台灣民眾的認知和判斷成為其中的關鍵。

兩岸的融合，經貿和政治的融合不難，主要在於社會的融合。台灣問題應視為中國國家治理的組成部分和重點難題，由兩岸跨域聯手釐清理順。大陸應進一步搭配惠台措施入台。中國政府有著強大的執政能力，是唯一能辦大事的政府，這是全球公認。儘管對台多關係到小事，但民眾的小事就是政府的大事。

（四）中美台三角關係

要認識到台灣被美國當牌打、被分化面臨的風險與後果，去跟著外人抑制所謂中國大陸崛起的虛假的安全威脅？還是團結一心、挺過中國崛起之路上最後的艱難挑戰。

二、中美近期的衝突

（一）美國視中國為最大的威脅

美國早在蘇聯瓦解（1991）之後就把中國當作頭號假想敵，選擇一個假想敵對於美國是很重要的戰略規劃，這樣可以有理由維持一個強大的軍事力量，而軍工事業帶動美國經濟的繁榮，也可以作為積極參與（干預）國際獲得最大的政治和經濟利益的後盾。至於大家所關心的問題，中美之間會不會開戰？國際、國內、兩岸學

者專家都有見仁見智的看法，總之就算不至於引發戰爭，但也是情況不容樂觀。

在2020年期間，中美關係的惡化隨著美國大選的投票日越近就越緊張，從中美貿易大戰到美國海軍在南海的軍演、印軍在邊境上的集結、關閉中國的休斯頓領事館、逮捕中國解放軍的情報員、鼓動英國放棄建置華為5G系統等等。從軍事、經濟、外交各方面鋪天蓋地的逐漸給中國施壓的情況來看，其實就是對中國施壓，企圖迫使中國就範，達到美國的戰略目的，其實也就是川普連任的政治目的。

眾所周知美國從2020年初的新冠疫情開始就掉以輕心，沒有處理好疫情的擴散，反而感染的情況變得不可收拾，而新冠疫情對於美國境內的經濟影響頗為嚴重，許多商家像骨牌式地倒閉，失業率攀升，暴動頻傳，更多企業為了防疫宣布員工在家裡上班，改以線上工作。這些種種的亂象是川普無法控制和解決的事實，眼看著大選逼近，川普的民調始終拉抬不起，川普為了拯救選情只能鋌而走險地孤注一擲和中國槓上，企圖轉移國內的亂象焦點，甘冒戰爭危險，凸顯川普的無畏勇氣和創造美國再一次偉大的夢想。

但是川普這種瘋狂的舉動卻未能贏得連任，對於美國總統而言，未能贏得4年後的連任是非常丟臉的事，也充分表明了美國民意對川普的行為不能支持。所以繼任的拜登總統應該會調整對中國的競爭策略，但並不表示美國對中國的競爭會偃旗息鼓。

（二）中國機艦進入台海的戰略涵義

解放軍機艦向東出海通過宮古海峽進入所謂第一島鏈的海空區域，除了執行訓練以外，最大的戰略涵義就是針對性的展示肌肉，具有在第一島鏈和第二島鏈爭奪海空優的能力。而戰機繞台顯示對台海具有掌握空優的能力，戰機進入台灣西南海域的ADIZ則顯示具有掌握南海的空優能力。而航母戰鬥支隊進入台海周邊，顯示具有台海的制海優勢，潛艦進入台日間水域和宮古海峽則顯示對第一島鏈的水域掌握制海優勢。

其實解放軍空軍不斷地繞台和進入我防空識別區，以及海軍艦船頻頻得通過台灣海峽，還有一層戰術上的意義。這猶如軍事演習之前的現地勘查，共軍的參戰部隊長、艦長、大隊長、中隊長都先到預想的戰場來熟悉一番。解放軍的任務是隨時準備打勝仗，而要不要打仗就是習近平的決心了。我們如果沒有打勝仗的把握就不要挑釁，可是台灣的政治氛圍就是誰要是越勇敢地嗆中共，誰就越能升官，因此投

機政客鋌而走險地就去抗中、反中，希望能獲得蔡英文關懷的眼神。不自量力去挑釁人家，到時侯惹來反噬或報復將會後悔莫及。

(三) 美國介入台海戰爭的可能性

美國介入台海的戰爭一向保持戰略迷糊的態勢，不會明確地告知台灣會不會出兵援台，以保留政治運作的彈性。在台灣會有大部分的人相信中共不會武力犯台，也有大部分的人相信美國會來助戰，但一廂情願的想法就像是「欲把不可預期之利換取可見之害，是最大的戰略錯誤。」因此，真正的軍事家都知道：勝利絕不會從天上掉下來，敵人絕不會自己垮台，靠天吃飯會餓死，靠人打仗會失敗。從以下幾點分析美國介入台海必須面對的問題：

1. 對中國的作戰有沒有勝算？

中國不會挑戰美國，只有美國主動興師，中國才會應戰，暴師遠征的美國，作戰線長、補給線也長，後勤保障不易，速戰速決的機會不大，態勢評估上並非對美有利。

2. 誰的求勝決心強？

美國只是打一場代理戰爭的援外作戰，中共是統一國家的民族聖戰。

3. 戰略上不允許美中開戰

保持現狀最符合美國的利益，若與中國翻牌，台灣贏了就算獨立成功，爾後面對中共嚴峻的威脅，國防負擔沉重，拖美國下水，產生複雜而嚴重的政治問題，亦非美國樂見。

4. 美台之間現無聯盟作戰機制

現階段美台之間的關係絕對不比1954年以前的《中美共同防禦條約》下的台美關係更好，聯盟作戰的條約使得美台之間的軍事交流如同一體，1979年台美終止外交關係後，迄今沒有聯盟作戰的機制，如何遂行共同作戰，美軍即使馳援，也不過流於兵力展示和撤僑的戲碼。

(四) 南海的衝突台灣被邊緣化

南海主權的主張原來就是中華民國的，目前仍然有我國的海巡署官兵在駐守。現在南海風雲的話語權卻操在中共的手上，由於南海周邊國家不斷侵占我島礁，中共跟越南還在1974年打了一場西沙海戰，中共強烈地宣示南海主權，對台灣而言應

是喧賓奪主了，反觀台灣噤若寒蟬。現在南海領土島礁的爭議，吵得沸沸揚揚，台灣一點話語權都沒有，台灣的地位在哪？釣魚台的主權也是美國跟日本磋商就決定了，台灣卻被美國嚴重地忽視，只有中共毫無畏懼地在對抗美日，台灣卻只能袖手旁觀。因此，民進黨政府在積極從事台灣獨立的政治運動時，必須未雨綢繆地對南海和釣魚台列島主權，有清楚而明白的表態。

三、現階段台灣民眾需求，釐清重建兩岸認知

（一）兩岸持續擴大交流，努力爭取首來族

台灣問題應視為中國治理組成部分與重點難題，由兩岸跨域聯手釐清理順。兩岸大局的關鍵癥結是在南台灣。「翻轉高雄，兩岸統一」，以高雄作為突破口的兩岸城市試點合作即是選項，然而需由適合的民間產學在地團體通力配合。高雄雖是台灣最早政黨輪替、為民進黨長年執政深耕的重災區，然而表面的硬柿子其實是香甜有水的，多數的高雄市民熱情善良，只是與外界脫節太久，尤其是普遍對大陸不了解、甚至充滿疑慮。前揭引述「海研中心」（仇開明，2019）：台灣民眾正日益成為推進兩岸關係進程的主導力量，而台灣民眾的認知和判斷成為其中的關鍵（汪明生，2018）。

（二）民間社團公民自發

現階段急需兩岸共同合作，憑藉以往民間社團建構的民主協商及交流基礎上，持續地做進島內，向前推進。如2018年12月在高雄召開「兩岸公共管理」論壇暨第三屆「孫中山與公共事務」論壇會議，兩岸菁英學者及有志之士共聚高雄，共為勝選後的高雄集思廣益；與會大陸學者表示，高雄在選後名聲大振，吸引大陸目光；可在九二共識基礎下，展開推進城市交流互訪，讓民生經濟有感。

這場由民間社團「公民自發」舉辦的兩岸活動，由中華公共事務管理學會與孫文南院主辦，與大陸上海市公共事務管理研究會、上海公共管理專業學位研究生教育指導委員會、清華大學台灣研究院等共同舉辦。

20年來就近觀察南台灣，經行家評論的綠軍布局長期深根有如二戰時期納粹德國的黨衛軍，2008年選後與注重形象程序細節的馬政府相比，馬政府則好似童子軍，如今兩岸官方中斷需以民間產學自發組織對接操作的新態勢下，當然就是必須

號召兩岸的志願軍。

　　凡走過的，必留下痕跡。30年來歷經民主轉型社會變遷下的高雄，以民間產學、公民自發方式，聚焦民生發展、圍繞各類公共領域課題事務，以下團體或待開展、或正引領、或已發揮、或尚穩健、或需連結，一貫秉持傳承每遇內外變遷時，歷經考驗的志士仁人天下己任精神。

- 中華產學聯盟協會（2019）：號召連結產業與學術，兼顧實際操作能量與理論建構能力，尋求兩岸布局與國際接軌，具備研擬與執行較具規模項目實力。
- 孫文南院協會（2018）：追隨孫中山，天下為公即係公共事務，培育能夠引領在地、布局兩岸、接軌國際的「南南合作」跨域治理人才。
- 南台灣產學聯盟協會（2013）：實踐學術理念於實務應用，促進南台灣經濟產業與社會民間的向外連結與地區發展。
- 高雄平潭促進會（2010）：以民間自發方式配合平潭特區的開放開發、對接高雄與平潭的寬面合作，然因種種原因，迄今推進不易、前景不明。
- 中華公事學會（1998）：在首任趙耀東理事長、李國鼎名譽理事長、孫運璿名譽理事長的奠基開創下，歷經施明德理事長、黃俊英理事長的卓越領導，以台灣先行先試的民主轉型與社會治理在地經驗為基礎，為兩岸公共事務管理與經濟社會融合發展出謀劃策、自力推進。《公共事務評論》期刊自1999年起發行至今。
- 高雄都會發展基金會（1994）：在首任黃俊英董事長、谷家恆董事長、劉維琪董事長與張調董事長的領導帶動下，成為全台首創民間自發的城市發展社會團體。自1990-1999年前後舉辦300場以上的大小在地與跨境活動，引領趨勢、至今不絕。

四、兩岸城市試點合作

　　台灣比香港大，融合發展應及早開始，否則尾大不掉夜長夢多；大陸比日本大，上世紀日本野狼欺負中國綿羊，如何避免兩岸間大陸大象壓扁台灣小狗？

　　以下即為初步擬定的兩岸城市試點合作政策內容與項目構想：
- 給予高雄較大力度的政策挹注扶持，可參照香港的CEPA，要注意的是以適切雙軌，與民間產學團體對接運作。
- 以爭取「三中一青」民心感受作為各項工作的優先判準，以「內政化」方式看待高雄，將對台交流做進島內的民眾身上。

- 面對當前兩岸複雜特殊的內外情勢，以爭取促進南台灣小微企業與青年就業為主的兩岸交流固然是重點，然而過程操作與配套措施一樣重要。也就是經濟效率的市場理性應輔以感性人文的社會（基層弱勢）關注，此亦應係心靈契合的「兩岸一家親」的核心價值與具體實現（汪明生，2018）。

五、經社深化融合：對等尊重、公開透明

30年來的本土化下，台灣與南台灣的多數民眾尤其是綠軍，對於兩岸議題長期迴避乃至已被誤導扭曲，本即已不易心平氣和地理性討論。加上複雜社會常見的爭議沉痾，是以縱使是選舉語言，然而對等尊重、公開透明已是多數民眾與網路傳播對於公共議題的管理者，在面對處理重大爭議時的期待判準。

當多數民眾懵懂混沌、民智未開，然而被民進黨鼓動誤導後，既不尊重政府，也不畏懼它，而是如同刁民與暴民般瞧不起它、蔑視它、嘲弄它、辱罵它。就如同在高雄縣、屏東縣，多年以來對於兩岸關係的態度反應。

六、以民主協商推進南南合作及兩岸融合

30年來台灣由本來的傳統單純變為現代複雜，兩岸事務尤其加上國際因素當然更是複雜。系統分析與管理科學的金科玉律，就是分而治之（divide and conquer）。

兩岸「南南合作」，就是希望以跨域治理（cross domain governance）的理論架構與方法程序（汪明生、潘昭榮、賴奕志，2017），得以釐清界定、觀察紀錄、衡量分析、詮釋解讀、視況呈現。至於實際操作連結兼顧個體與群體的各種治理，建議可以符合民主科學的互動管理（Interactive Management, IM）進行，2018年4月在桂林舉辦的第二屆兩岸南南合作論壇，即係以IM成功操作。其前提背景係為現代社會發展階段已經達至，正在邁向或已達至後現代社會的多中心治理，亦即白領中產人口成為社會多數，水平理性的協商對話普遍常見（張寧、汪明生、陳耀明，2008）。

兩岸需要有效的民主協商——聚焦民生發展、圍繞經濟社會、搭配惠台、堅定入台。兩岸近年來「兩岸南南合作與社會融合」相關議題大型會議整理如後：

- 2017年1月於廣西柳州召開首屆「兩岸南南合作發展」論壇，2017年5月於高雄召開「高廈民間合作」會議。

- 2018年4月於廣西桂林召開「第二屆兩岸南南合作發展論壇」。
- 2018年7月於山東青島召開「海峽兩岸關係學術研討會」（俗稱三台會）。
- 2018年12月於高雄召開「兩岸公共管理」論壇暨第三屆「孫中山與公共事務」論壇會議。
- 2019年3月於高雄召開「南南合作與兩岸融合」互動管理研討會議。
- 2019年5月於台中市召開「南南合作與兩岸融合」中台灣會議。
- 2020年11月於高雄召開「孫中山與公共事務論壇」。
- 2021年2月於高雄召開「南台灣與兩岸交流30週年論壇」。
- 2021年11月台灣競爭力協會、孫文南院、華夏創意文化交流協會於高雄舉辦「兩岸如何協同共好」視訊論壇。
- 2021年12月福建社科院於福州舉辦「第五屆兩岸智庫論壇」，以線上及線下方式進行交流。
- 2022年4月福建社會科學院、福建閩台歷史文化研究中心合辦兩岸視訊論壇。
- 2022年6月孫文南院與華夏創意文化交流協會於高雄舉辦「民主協商——台灣方案」互動研討會議。

　　「兩岸南南合作」係在以民主協商精神、民間產學方式，共同探討如何建構推進台灣南部與大陸南方省市間的交流合作，以互動管理研討會議方式，是一種國際常用的具科學方法及系統的有民主協商結果的會議模式，冀以達成「兩岸南南合作民間團體宣言」：

不只經濟首富、還需社會融合，
高雄質樸無華、半數懵懂初開，
市場開放啓動、認眞嚴肅整備，
兩岸城市合作、平等協商對接，
經社深化融合、民間產學協助。

七、契機與挑戰

　　全球公認中國政府是唯一能辦大事的政府，即執政能力；如同「厲害了我的國」所示。對台雖多是小事，但民眾的小事就是政府的大事，乃係治理能力；如同兩岸一家親與心靈契合的題目方向。現今大陸可謂自信大氣，然而台灣卻是退縮糾結，倘若將心比心、換位思考，多數台灣同胞在經濟社會乃至政治上期盼渴望的，

大致即如：經濟方面寬裕，社會方面體面，政治方面自主。這與大陸一貫主張對台
的一國兩制其實並無不同，只是在島內多年來劣質選舉情緒動員下，已被模糊焦點
乃至扭曲汙名化。如何經由小範圍試點，由兩岸聯手摸索實踐，似為當務之急的可
行嘗試。

圖11.3　兩岸南南合作論壇（高雄）

資料來源：孫文南院，2020

圖11.4　南台灣與兩岸交流30週年論壇（高雄）

資料來源：許綿延，2021

（一）民主協商南南合作與兩岸融合的五個「理」

　　「上海台研所」牆上掛著汪道涵的遺書：「兩岸一中、平等協商、共議統一」，極有先見之明。以不必糾纏主權、圍繞民生發展的城市地區南南合作平等互惠，可以大幅簡化明確聚焦看似困境僵局下的兩岸情勢。基於研究者於1990-1999年在高雄觀察構想，並以自發方式組織推動的市場轉型下行銷城市的實踐經驗，要讓南台灣民眾認識感知兩岸合作的現實利益與大勢所趨。於今似可積極設定「立竿見影、多方共贏、釜底抽薪、一勞永逸」的兩岸和平發展共同目標。

　　兩岸融合的五個「理」：民族復興與兩岸融合，人類歷史並無前例，既是挑戰也是際遇。以下由淺而深自下而上，草擬僅供參考的五個「理」：

1. 「心理」：此即心靈契合，尤其對於「三中一青」與「一代一線」的基層與青年。

2. 「法理」：此即「九二共識」，然在台灣長期迴避之下，已需清楚定調。

3. 「常理」：兩岸省市發展已過黃金交叉，多數台灣民眾已然民心思變、渴求方向，爭取民心，正當其時。

4. 「公理」：依據國際法理與現實，台灣早該面對也無從迴避兩岸與北京。

5. 「天理」：兩岸一家偉大復興，是對民族與歷史的神聖任務與莊嚴天命。

（二）邁向兩岸南南合作深化融合的巨大願景

　　台灣可視為先行先試下的微型中國，南台灣高雄更是重要據點，無論成功與

否,其實踐經驗都值得整個中國發展借鑑。眼前高標準的兩岸經社融合願景,或可參考《禮記‧禮運大同篇》;期許兩岸有志之士同心攜手,繼道路自信、理論自信、制度自信、文化自信後,努力添上中華民族偉大復興的第五項自信——兩岸自信。至於階段性的任務目標,則可以在兩岸合作精準對台之下,經由全盤布局策略操作後推進兩岸南南合作的南台灣公民連署。倘若如此,看似複雜糾結的中美之爭,勢將迎來旋乾轉坤的釜底抽薪之效,亦符合習主席對台講話與方針,並呼應海研中心智庫觀點,邁向偉大復興的巨大願景。

第五節　本章小結

以高雄作為全球城市區域作為研究範例,處理崛起中全球城市區域的治理議題,然因事權亟需統一、社會支持不足、經費資源欠缺、吸引外(陸)資困難,本宜作為主要運作平台的高雄市政府應缺乏積極意願。若能朝向兩岸城市地區合作,爭取有效政策支持,促進產業民間合作,當可真正落實綜效。一方面針對全球化發展趨勢及兩岸發展的政治現實,區域政府可能的積極回應;另一方面,面對台灣民粹式、黑金與地方派系糾葛的民主,及文化公民權的實踐,我們建議以城市地區治理作為地緣政治的出路。最後,在新世界系統中跨越城市區域治理之意識型態與政治挑戰,是南台灣地區發展所必須超越之「不可能的任務(mission impossible)」(王文誠,2006)。因此,在論及兩岸城市合作治理體制,參考西方論點與實際經驗,市場與政府之外的第三條路,即是社會民間的自我組織與自我管理。

根據兩岸關係在「憲法一中」所揭示的國家目標暨台灣地區與大陸地區人民關係條例第1條所規範的,「國家統一前,為確保台灣地區安全與民眾福祉,規範台灣地區與大陸地區人民之往來條例」,其認為兩岸為大中華地區下的中國,類似於特殊非兩國論,承認兩岸分屬於大陸地區和台灣地區。

2017年中國社科院提出的兩岸「南南合作」是因應兩岸關係發展的新變局和新形勢下的新思索,可謂是在萬叢荊棘中殺出一條血路,其最大的利基可以體現在:
- 以第三部門的民間社團對接。
- 只談民生發展、可以淡化主權爭議。
- 切中南台灣是兩岸大局的癥結與關鍵所在之問題。

　　根據兩岸關係在「憲法一中」及「台灣地區與大陸地區人民之往來條例」，與中共總書記習近平在19大工作報告所揭示的給台灣同胞「準國民待遇」，同具一個中國概念，在兩岸「憲法一中」框架下，同具「特殊位置＋特殊任務＋特殊政策」關係，這是兩岸深入融合發展的契機，兩岸交流要由多角度、多層次、多中心，全方位創新發展，藉各管道協同發展與跨域治理，深化兩岸社會、經濟、文化、環保、婦女、勞工、新聞等領域的交流，充分發揮海峽兩岸優勢資源，互補、互助、互動、互融，深化交流合作機制、擴大交流合作領域、鞏固交流合作平台，維持兩岸和平穩定、繁榮發展現狀，對於台灣經濟發展非常重要。

　　2021年世界新的局勢發展，美國已從阿富汗撤軍，大陸100年黨慶和平統一，新冠疫情肆虐全球，而2022年2月俄烏戰爭的開打，無異是疫情中的雪上加霜，牽動著西方世界的經濟動盪和世界霸權地位的消長，中國在這場戰爭中的動靜瞻觀，特別受到世界的關切，其在世界上的地位已經是舉足輕重。兩岸的情勢也在俄烏戰爭之煙硝中自喻烏克蘭的台灣，造成緊張與不安的氣氛，眼前兩岸官方關係中斷，世代地域異化明顯，台灣獨立的機會經過民進黨兩次的執政，仍然是不可能，而大陸對於兩岸統一的問題，不論是來自內部的壓力，或是外部情勢的壓迫也越來越緊迫。台灣其實被統一的壓力和戰爭的危機感，從來沒有像現在2020年以來的愁雲慘霧，但是台灣本身根本沒有把命運操之在我的能力，其實只是中美兩國角力的籌碼，而我們必須要認清台灣只是美國的既得利益，卻是中國的核心利益，所以台灣最終的結局是統還是獨，已經很明顯了。

　　如果兩岸必歸統一，我們希望是以和平的方式統一，避免戰爭的武統，使得台灣的民生經濟建設、人民的生命財產安全都能確保完好。是故，如何做好統一後的善治，值得兩岸人民關切與深思。盱衡大陸的崛起與島內民心思變的內外情勢，兩岸同胞發揮中華民族精神，共同開創歷史新頁，此其時矣。

第一節　兩岸如何協同共好論壇

　　孫文南院在2021年11月13日舉辦了一場聚焦於「兩岸如何協同共好」的論壇，因受新冠疫情影響，各地學者專家不易共聚一堂，遂採視訊方式辦理。所謂兩岸協同共好的定義就是希望在兩岸統一後，要讓3/4的台灣同胞，在經濟、政治與社會等面向上，能比現況更好。依據法理盱衡現實，主權堅持乃係對外；隨著經社深化融合，民生發展才是判準。基於兩岸民主協商和如何統好的主題發展出含括了宏觀戰略、中觀戰略和微觀戰略的巨細層次，討論議題如下：

- 大陸角度：和統武統？實踐檢驗眞理，確能同好有助早統。
- 台灣角度：面子裡子？摸著石頭過河，確能同好何懼之有。
- 國際現實：中國崛起美國異化，大陸巨龍台灣龍珠。
- 台灣隱患：青年世代教改課綱，南台區位落差越大。
- 體制建構：例如恢復國民大會，戊戌變法滿清末年。
- 城市試點：民間產學南南合作，經政之外補上社會。
- 特色新創：大陸新農村台灣再生，大陸雙創台灣新創。
- 融合北斗：以通惠情促進深融，社會主義核心價值。
- 民族復興：三民主義已臻小康，兩岸攜手共促大同。

場別	主題	題目	與會人	
主場	主題對談	大陸觀點	*季平	
		台灣觀點	林祖嘉	
分場1 宏觀格局 13：20 ｜ 16：30	主持人		劉燈鐘	
	大陸角度	和統武統？實踐檢驗眞理，同好有助早統。	謝正一	袁鶴齡
	法理現實	依據法理盱衡現實，主權堅持乃係對外；隨著兩岸快速消長，民生發展才是判準。	*李維一	楊泰順
	國際現實	中國崛起美國異化，大陸巨龍台灣龍珠。	*左正東	孫揚明
	中場休息			
	主持人		韋大中	
	民族復興	三民主義已臻小康，兩岸攜手共促大同。	周志傑	林忠山
	融合北斗	以通、惠、情促進深融，社會主義核心價值。	*盛九元	聶建中
	體制建構	建置國民議會爲台灣地區體制內機關。	*高祖貴	晏揚清 蔣權瀚
	討論	Q&A	臧幼俠	
分場2 台灣自身 13：20 ｜ 16：30	主持人		黃英忠	
	分場主題	南南合作國際經驗	李育修	
	兩岸懸念	兩岸倘若再拖，不會較好處理；圖利少數肥了外人，禍延子孫後患無窮。	*唐永紅	蘇偉碩
	統獨公投	台灣30年前所提GDP前提已有答案；民進黨綱民主公投，也需面對不容迴避。	楊祖珺	吳榮元
	台灣隱患	青年世代教改課綱，南台區位落差越大。	黃傳進	紀俊臣
	中場休息			

場別	主題	題目	與會人	
	主持人		楊映國	
	台灣角度	面子裡子？摸著石頭過河，確能同好何懼之有？	*信強	謝明輝
	城市試點	民間產學南南合作，地方議會兩岸破冰。	馮千榕	黃柏霖
	特色新創	大陸新農村台灣再生，大陸雙創台灣新創。	*吳鳳嬌	蘇進強
	討論	Q&A	王永	
主場 16：30 ｜ 17：30	關鍵抉擇	兩岸雙輸？兩岸雙贏！	林正杰 鄭旗生	
		散會		

謹將論壇的重點結論摘要如下：

一、台灣問題中國治理

台灣社會如此的發展變遷當然牽動兩岸。首先，當然即是需要認識，幾乎所有台灣同胞，皆是以自己作爲主體本位，來感知評估各種外部事務，此即所謂的目的性。台灣同胞的自我認知感雖然與大陸對比格局較小，然而這些都是民眾真誠實在的想法需求，大致可以含括經濟與社會的民生發展來界定與導引。並且同時需要認知的，即係眼前的兩岸融合以大陸作爲主體的經濟發展已然需要調整，更是不宜以造成貧富與階層差距的市場概念來操作。

其次，大陸高層對台真心誠意、政策一貫；中層則需積極定調，對台不僅是扶持民生經濟，還有兩岸一家與心靈契合；至於基層則需作好使命感的教育，否則多數台胞、台青實際與能夠接觸的多係基層官員，可能因人因地情況不一又說不清楚，滋生許多不必要的誤會與心結。

再次，即使「一代一線」（青年世代、基層一線）群體可能實質未逮，然而形式上在台灣的社會發展下，人口結構已較扁平，人際互動則較水平。此與大陸揭示的社會主義的社會結構已較接近，似乎可以處處看到社會主義的核心價值，正是兩岸同胞對於傳統中華文化的共識，實可作爲兩岸融合理論的依據與指導參照。

疫情以來的中國政府已經成爲全球公認唯一可以辦大事的政府，然而台灣民眾習於關心的大多是小事，所謂民眾關心的小事就是政府的大事。大事小事得以兼顧，個體群體能夠連結，即是所謂治理，眼前的台灣問題似乎已經成爲中國治理的

試金石了。

二、以社會主義對接兩岸

　　兩岸若要眞誠確實地融合統好，較爲合理適切的結構階段與心態，似乎應爲後現代社會的多中心治理。全台基層與南台灣的傳統原初社會型態當然必須提升轉型，然而大陸地方既大，國家實力也強，但是不宜採取以橫掃全球的黨國優勢體制予以對接，以避免過大差距下的壓力、挫折與長期民怨。或可採以分期分區分而治之，並以體制內外搭配呼應，近代中國治理的相似經驗很多，只要確實善意眞誠，其實應該並不困難，可以社會主義核心價值，來進行兩岸的協同共好。

三、兩岸南南合作四大議題

　　第一，「南南合作」可視爲兩岸「次區域合作」的一種形式創新或探索。可將加強兩岸中南部地區或兩岸相類似地區或部門間的合作爲重點，著重推動兩岸經濟社會融合發展，推進兩岸心靈融合。

　　第二，「南南合作」應更強調在經濟、社會、人文環境與條件相似區域或部門間實現融合發展，比如，兩岸中南部在農業、傳統產業、觀光、社會文化方面相似度較高，有較大合作空間。

　　第三，加強兩岸「南南合作」的民間交流機制與平台。應加強兩岸縣、市等次區域間以及各部門、領域的民間交流與合作平台，同時擴大現有機制與平台的功能與範圍。如大陸的自貿園區可增加與台灣中南部交流反合作的相關內容，擴大兩岸社會經濟交流範圍，更多向中小企業和青年人傾斜。

　　第四，加強研究與實地調研，研究台灣中南部地區在兩岸經濟社會交流中的地位、利益等，了解兩岸民間的更實際想法和看法，探討兩岸「南南合作」的切入點。

第二節　兩岸智庫論壇

　　2021年12月18日第五屆「兩岸智庫論壇」閩台緣海峽情融合發展與城市產學論壇，在福州與台灣之間以線上線下視訊方式召開，大陸由福建發展研究中心與福建社科院共同主辦，台灣由台灣競爭力論壇、孫文南院與華夏創意文化交流協會等

合辦。本次論壇以「2021年3月，大陸國家主席習近平到福建考察時表示，要突出『以通促融、以惠促融、以情促融』，勇於探索海峽兩岸融合發展新路」之談話內容為基調[1]，聚焦「文化融合」，研討議題有：①當前兩岸文化交流的困境和出路、②進一步深化兩岸文化產業融合發展的機遇和挑戰、③兩岸青年傳承發揚中華優秀傳統文化的責任擔當與實踐探索、④鄉村振興戰略下兩岸青年的新機遇和新路徑四大項，線上線下共有兩岸專家學者、產官學界一百多人與會。

本屆「兩岸智庫論壇」與會專家學者之發言皆是真知灼見，頗值兩岸各界參考。台灣中國文化大學教授邱毅認為可以福建鄉村發展戰略，融合地方文化特色，創造台青就業機會；廈門大學台灣研究院院長李鵬呼籲各界遏制台獨、兩岸持續交流並發展傳統文化；台灣政界知名人士林正杰提出統一路徑圖，他觀察到目前反獨成功，促統失敗，統一後應有一部新的中國憲法；南京大學台灣研究所所長劉相平說，台獨史觀始自李登輝，企圖脫離中國，阻礙兩岸和平發展；台灣競爭力論壇學會理事長暨銘傳大學講座教授紀俊臣認為，兩岸融合除了研究台灣的政治經濟外，尚需加強文化的研究；中國新聞社福建分社社長徐德金從新聞的角度看兩岸，他說對於兩岸交流的困境，應加強文化的研究與融合；在提及兩岸融合發展戰略時，台灣孫文南院院長汪明生說，台灣的問題與兩岸的癥結在於社會，大陸對台工作要以民間對接、以中華文化為主軸的社會主義核心價值作為指導參照；上海社會科學院台灣研究中心主任盛九元表示，突破兩岸交流的困境，在文化的深化融合；北京聯合大學台灣研究院副院長李振廣亦強調，兩岸的交流應把握以文化為重點；論壇最後，華夏創意文化交流協會會長許綿延期望兩岸融合發展能以「第三部門」的對接突破當前兩岸交流的困境。總結本次論壇各方專家學者的論述皆具特色，在在呼籲兩岸融合發展應以「閩台兩岸文化融合」為依歸。

論壇中多個代表性的兩岸研究單位的專家學者，在台灣新形勢與大陸「通、惠、情」的新框架下，發表了豐富多樣的兩岸融合和平發展之最新觀點與切實建議。其中孫文南院院長汪明生呼籲，除了已然呈現的青年世代課綱教改議題外，大陸可以關注重視空間區位已然質變的南台灣，例如：高雄與福建之間聚焦民生的經社深化融合。汪明生強調，5年來他一直在台灣積極推動兩岸的「南南合作」，已

---

[1] 中共總書記習近平22日至25日到福建考察，簡短提到與兩岸關係有關的談話，他表示「要在探索海峽兩岸融合發展新路上邁出更大步伐」，「要突出以通促融、以惠促融、以情促融，勇於探索海峽兩岸融合發展新路」，旺報，陳君碩，https://www.chinatimes.com/realtimenews/20210325004281-60409?chdtv，2021年3月25日，17:45。

逐漸獲得兩岸各界的熟悉與認同，閩台之間有「地緣近、血緣親、文緣深、商緣廣、法緣久」的深情五緣，希望能藉由「閩台五緣」的歷史情緣，推動高雄與福建城市之間的民間產學試點合作，為兩岸融合和平發展鋪陳一條新路。

　　台灣的代表參會人士計有提出共同探討兩岸統一路徑圖的林正杰前立委、台灣競爭力論壇紀俊臣會長及謝明輝祕書長、華夏創意文化交流協會許綿延會長等30餘位關心兩岸事務的學者專家與各界代表。

　　福建與台灣一水之隔，處在兩岸融合發展的最前沿。2021年大陸已明確提出海峽兩岸融合發展的新路徑，即以「通」促融、以「惠」促融，與以「情」促融，以積極探索海峽兩岸融合發展的新使命。

　　隨著共利雙惠的政策措施越來越多、落實落細，台灣同胞在福建與各地扎根發展，將可譜寫兩岸攜手共建「第一家園」的更多生動篇章。

　　兩岸關係和平發展協創中心主任、廈門大學台灣研究院劉國深前院長日前表示，希望兩岸融合發展是由兩岸人民共同推動。劉國深認為，不少的台青近年來因為工作、生活關係，逐漸往福建、廈門聚集，感受到了實實在在的扶持。在福建的先行試辦已經看到了初期成效。

　　2020年初疫情暴發以來，民進黨當局一些人做了一些非常不得人心的事。對大陸來說還是要有定力、要有自信，在兩岸共同的情感價值基礎上，建立兩岸深厚的民間交流對話，用和平的方式來全面解決兩岸之間的分歧。

一、台灣問題純屬內政

　　大陸高層於辛亥革命110週年紀念大會上明確定調：台灣問題純屬內政。所謂一個巴掌拍不響，2016年以來台灣變局所肇致牽動的台海情勢與中美關係，主要即係台灣自身的內部因素。習拜會後的台美關係已經大體回到原本路線，然而島內情勢不變已使大陸促統的決心與腳步更加堅定。

二、台灣這30年來是怎麼了？

　　以二戰後的時間世代而言，1940-1960年代的嬰兒潮大體處於倒丁字的傳統社會，自1960-1980年代則已歸屬金字塔型的現代社會，而1980-2000年代的新人類，則在內部解嚴與外部接軌下，是台灣從現代社會轉型進入多中心治理後現代社會的關鍵。然而在此期間，由於兩岸政策的自我設限，未能向外開創引入活水之下，北

台灣的繁榮進步幾以磁吸南台灣作爲區位代價，而所形成的經社結構與政治版塊則亦隨之質變異化。加上教改課綱刻意造成的世代偏差，不只制約台灣自身發展，已經牽動台美關係乃至兩岸全球。

三、被忽略的空間區位角度

在綠軍深耕、藍軍放棄、大陸忽略之下，多數南台基層不分年齡，幾乎普遍與市場脫節、知識貧窮，仍係停留在傳統原初的發展階段，即懵懂個體，而在外觀表面上卻又感覺良好。自2000年政黨輪替以來，藍綠兩黨皆已逐漸定型並可定性。綠軍一貫標榜訴求的理念價值相當於傳統的社會結構，然而由其長期執政的南台灣來看，其實穩定的社會結構卻是介於現代社會與後現代社會之間。反觀藍軍，則是一貫遊走於黨內與黨外的傳統封建的社會結構，不接現代社會的基層地氣，缺乏後現代社會的願景論述。長期停滯的高屏地區大致相當拉丁美洲，民情純樸表象平和，然而已經成爲制約兩岸大局的關鍵癥結。

四、台灣經驗的積極意義

原本應由台灣自身撥亂反正的機會與可能，已於2008年與2018年先後錯過，形成大陸定調宣示不拖不武下的挑戰考驗。然而倘若轉念解讀解放思想，台灣實可視爲先行先試的微型中國，成功與不成功的發展經驗，對於整個中國毋寧十分貼切重要。眼前較不成功的台灣民主，固然形成制約牽絆，然而也應有其積極意義。首先，即是提供大陸決策層級社會菁英參照，可以作爲發展前行的前車之鑑；其次，則是讓「三中一青」基層民意的支持者上台主政，有助緩解深層矛盾繼續積累；再次，則是在陸長台消之下，有效縮短了兩岸差距而利於融合同好。

五、民間自發兩岸融合

兩岸融合原係龐雜的社會系統工程，然若皆能達到現代化社會結構，自然較能水到渠成。台灣在CSR[2]（企業社會責任）與ESG[3]（永續報告書）等訴求進階社

---

[2] 企業社會責任（英語：Corporate Social Responsibility, CSR），是一種道德或意識型態理論，主要討論政府、股份有限公司、機構及個人是否有責任對社會作出貢獻。分爲正面及負面：正面是指有責任參與（社會活動）；負面指有責任不參與。維基百科，https://zh.wikipedia.org/wiki/企業社會責任。

[3] ESG，是E（environmental）、S（social）、G（governance）的簡稱，在GRI《全球報告書倡議組織》中將其視爲企業之永續管理精神，認爲一個組織要報導永續績效，可從「經濟（公司治

會的管理操作已然鋪開，同理之下民間方式結合網路媒體，亦可作為2021年11月13日的「兩岸如何協同共好」視訊會議的順利舉辦，其初衷係在秉持兩岸共同積極探索與聚焦民生的廣泛議題，努力尋求明天會更好的庶民角度期望與平實態度，希望爭取兩岸雙贏，避免兩岸雙輸。既然可行就將繼續辦理，尋求民間各界同道共襄盛舉。

第三節　兩岸關係的抉擇：雙輸或雙贏

　　台灣歷經上世紀90年代的政治改革與社會變遷，自2000年起翻轉直下、迄今困難的內外原因。一是台灣體制轉軌關鍵時期的領導交棒失誤，打亂黨政高層規劃布局，連串錯失再起際遇，養虎遺患貽禍至今。二是幾乎同時大力推進的大陸地區改革開放，加諸台商積極布局的大陸市場，終至崛起的大陸市場形成對台的全面磁吸。

一、從危機中解放思想

　　2020年初的台灣大選結果，蔡英文如預期的再度蟬聯執政，其後堅持不承認「九二共識」，並且聯合美日抗中反中的固執態度，已經造成兩岸關係有史以來最緊張的時刻，台海的衝突隨時都處於一觸即發的態勢。倘若兩岸發生戰爭，從兩岸的經濟實力、軍事實力來評論態勢，對台灣而言的確是不容樂觀，但是蔡英文政府一味地挑釁中國，有如飛蛾撲火般的自我毀滅，不知是一種宿命還是一種瘋狂的行為。

　　倘若針對兩岸的關係的良性發展，我們轉念解放思想，台灣實可視為先行先試的微型中國，台灣成功與不成功的發展經驗，對於整個中國毋寧十分重要。1980年代以迄2000年間，台灣的經濟發展隨著台商赴陸直接引進，不只實際具體平順接軌，更曾為大陸的中國人可以搞好經濟帶來信心希望。

　　至於眼前較不成功的台灣民主經驗，固然不僅制約台灣自身的發展，甚至跨海牽動兩岸大局乃至中美關係，然而若以「兩岸一家親」的觀點視之，當然也應有其

　　理）」、「環境」、「社會」，這三個維度架構，成為國內評估一個公司是否永續經營的績效代名詞。https://www.isoleader.com.tw/home/iso_news_detail/215877。

積極正面意義。首先，即是提醒大陸在以近似規律發展迄今的情況下，避免重蹈覆轍；其次，則是讓台灣「三中一青」的基層民意所支持者，有機會上台主政緩解矛盾；再次，則是在陸長台消之下有效地縮短了兩岸發展差距而利於互相的融合。

二、北漂議題凸顯貧窮循環

台灣這2、30年來，在地方政府選舉掛帥之下，3/4以上的知識菁英因爲就業困難前景不明而持續外移。由此造成的人口結構失衡，與知識貧窮爲主的貧窮循環，則是南台灣長期滯後的深層成因。在此偏差失衡的社會條件制約之下，本應是台灣重要而亟需探討的兩岸事務，卻在歷經多次選舉偏差動員下，成爲有如《哈利波特》中「佛地魔」般的禁忌話題。若深刻檢視眼前台灣困境僵局，則應不難發現兩岸久拖不決下的第三個面向，此即2018年高雄市長選舉中，在民心思變下藍軍主打的北漂議題；然而抓對議題贏得選戰，卻解方不明未能對症下藥，加上民進黨的黨派動員，罷免了剛當選的韓國瑜市長，使得國民黨欲在南台灣翻轉的機會，仍然以敗局收場。因此，南台灣久經南北失衡下的問題結構複雜質變，已經不僅經濟政治，而亦摻雜人口結構與階層意識等社會面向的不易改變現實。

三、台灣社會的核心價值

執政當局久已揚棄孫中山先生建國理想，社會大衆對於三民主義陌生，猶如喪失國魂與社會核心價值。作爲社會發展的先行先試地區，台灣經驗刻骨銘心，時間世代與空間區位的變遷異化，已然提供民族復興路徑探索的重大挑戰。

在台灣我們都聽過：「全世界只有台灣不怕中國」，現在島內整個情況大體如此，然而外媒報導，台灣卻也又是「全球最危險的地方」。如此眞實的內外落差其來有自，問題當然是在台灣，然而倚靠自身力量已然不易脫困。由南台灣配合推進兩岸交流20餘年，一路看到大陸的崛起發展，反觀台灣自2000年起就開始走偏跟蹌。錯過2008年的大好機會與2018年的最後可能，眼前大陸爲了和平統一的理想，似乎成了兩岸問題拖拖拉拉、遲遲不決的最好解釋，但也成爲外人製造內患的棋子。眼前對台考驗挑戰不少，然而大陸發展具備底氣，又有孫中山等一批批先賢志士，爲吾輩提供榜樣指引，相信不久之後兩岸即將翻頁，在大家共同關注努力下，應當必能更好。我們期盼兩岸早統，再拖就是兩岸雙輸，然而爭取早統更要能夠統好，讓台灣困境雨過天晴，讓兩岸同胞一起牽手走向民族復興。

四、兩岸關係的新思路

大陸係以20年來的高速發展作為基礎，並因應台灣2016年以來的情勢變化，中共在十九大報告中提出了兩岸經社融合發展的主軸方向與重點內涵。此外，2017年1月在柳州發起的兩岸「南南合作」新猷，以城市地區民間產學對接，以經濟社會民生發展作為核心關切議題，此亦成為高雄選戰與施政的重要思維。

「南南合作」是以民生經濟發展的大戰略切入兩岸關係的創新思維，有別於兩岸關係纏繞著國家主權爭辯的死結。如果排除武統，和平統一的大業，攸關著民族復興。轉換思維，從南台灣出發，關注民生經濟發展的社會融合，或許是一條新的解決之道。

（一）南南合作與兩岸融合

民怨四起、民不聊生，是當前台灣中低階層與青年世代的普遍心聲，這也呼應對照全球化以來許多國家地區的廣泛情況。中華民國立國根本的三民主義本係社會主義，多數民眾至今懷念的台灣領導施政路線乃係中間偏左，達致資本主義的現代發展後，合理接續的本即係為個體層面的後物質價值所支撐的群體層面的後現代社會。所以，本書主張兩岸「南南合作」、「兩岸融合」，是為因應台灣內部的情勢，冀能早日發揮積極效應，我們應可以把握重點，再做論點的延伸如下：

1. 以社會主義核心價值作為兩岸融合的指導參照。

   2000年後的台灣藍綠皆走美國路線，庶民崛起已是去年迄今的社會氛圍，大陸定調的社會主義核心價值，可以作為兩岸融合的指導參照。

2. 在大陸地區選定適合地點，由兩岸聯手試行「一國兩制」的台灣方案。

   兩岸融合人類歷史並無前例，在大陸是實踐檢驗真理，在台灣是摸著石頭過河。心靈契合本非市場，必須政策合理配套，重點在使台民有感，目的在找方向出路。

3. 兩岸合作為台灣培養有助對接的跨域治理人才。

   跨域不僅空間區位，還有知識專業與關注範疇，以及社會條件發展階段。治理對應後現代社會或謂社會主義社會，需要培養人才自力對接水到渠成。

   隨著大國崛起復興之路的中國夢已然啟航，兩岸融合的科學民主中國探索勢必舉世矚目。孫中山先生「天下為公」的剴切昭示與寶貴遺產，乃係中國社會建設的

重要基礎與正確方向。眼前的兩岸關係，下策的武統，就是政府主導，乃至動用軍事武力；中策的和統，就是市場主導，著眼經濟科技市場；上策的智統，應是社群主導，社會主義是核心價值。

南台灣的社會型態大致相當拉丁美洲，人不熟是無法辦事的，人際關係的連結被重視，包括講的、聽的、報的、辦的；專業並非重點，是要讓每位涉及參與的都感覺愉快。要用心、重細節、比細膩，所以藍軍提早放棄，大陸更視為畏途。

（二）南台灣已成為兩岸大局的關鍵

蔡英文在倫敦經濟學院的博士學位與論文真偽爭議，雖然衝擊蔡政府的威信與權力正當性，但在2018年地方「九合一」選舉綁四項公投的結果，卻令人大失所望，再次顯示台灣的短板在南部。這個問題已存在多年，但國民黨拿不出辦法，民間力量也很有限，民進黨在台灣南部板塊會越來越鐵桿。

台灣36,000平方公里的面積與大陸各省相較，雖然地方不大，南北地域卻差異不小，不論是經濟、文化、世代、社會結構都有相當的不同。因此，大陸對台工作的策略不能將南北當作一盤棋來下。

大陸高層於辛亥革命110週年紀念大會上明確定調：「台灣問題純屬中國內政」。所謂一個巴掌拍不響，2016年以來台灣變局所牽動的台海情勢與中美關係，主要是台灣內部因素使然。習拜會後的台美關係已經大體回到原本路線，然而島內情勢丕變，已使大陸促統的決心與腳步更加堅定。

以二戰後的世代而言，1940-1960年代的戰後嬰兒潮，成長於傳統社會，1960-1980年代出生者則屬金字塔型現代社會，1980-2000年代的新人類，則成長於台灣內部解嚴與外部開放下，使台灣從現代社會轉型為多中心治理的後現代社會。

然而，在此期間，由於兩岸政策自我設限，未能向外開創引入活水之下，北台灣的繁榮進步幾乎是以磁吸南台灣的人才和經濟成長為代價，所形成的社會經濟結構與政治版塊則亦隨之質變。加上教改課綱刻意造成的世代偏差，不只制約台灣自身發展，已經牽動台美關係乃至兩岸及全球。

綠軍深耕、藍軍放棄、大陸忽略之下，南台灣基層不分年齡，幾乎普遍知識貧瘠，與市場脫節，仍停留在傳統社會的發展階段，此即懵懂的個體，而在外觀表面上，卻又近似感覺良好，而自2000年政黨輪替以來，藍綠兩黨在南台灣的政治生態皆已逐漸定型。

綠軍一貫標榜訴求的理念價值大約是後現代社會的多元發展，然而由其長期執政的南台灣來看，其實穩定的社會結構卻仍停留在傳統社會或原初的社會結構；反觀藍軍，則是一貫遊走於黨內傳統封建的傳統社會結構與外部企業台商的現代化社會型態，不接南台灣地氣，缺乏後現代化社會的願景規劃。社會發展型態長期停滯的高屏地區大致相當拉丁美洲，民情純樸表象平和，然而已經成為制約兩岸大局的關鍵與癥結。

原本應由台灣自身撥亂反正的機會與可能，已於2008年與2018年先後錯過，然而倘若轉念解放思想，台灣實可視為先行先試的微型中國，成功與不成功的發展經驗，對於整個中國在「一國兩制」的實踐上，十分具有「摸著石頭過河」的重要性。因此，眼前較不成功的台灣民主發展經驗，固然形成制約牽絆，然而也應有其積極意義。首先，即是提供大陸決策層級及社會菁英參照，可以作為發展的前車之鑑；其次，則是在陸長台消之情勢下，有效縮短了兩岸差距而利於融合同好。

兩岸融合原係龐雜的社會系統工程，然若皆能達到後現代化的社會型態，自然較能水到渠成。台灣在CSR[4]與ESG[5]等訴求進階社會的管理操作已然鋪開，同理之下民間方式結合網路媒體已可有所作為。2021年11月13日孫文南院在高雄舉辦的「兩岸如何協同共好」視訊會議，其初衷即秉持著兩岸共同積極探索，聚焦民生寬泛議題，努力尋求明天更好的庶民角度與平實態度，希望爭取兩岸雙贏，避免兩岸雙輸。[6]

五、由社會主義核心價值匯流中山思想

大陸已於2016年的孫中山先生151年誕辰紀念大會上，定調尊崇孫中山為革命的先行者。台灣的藍營歡迎，綠營則不反對，似已成為當前兩岸難得一見的方向共識。從本世紀以來的全球格局觀察，中國崛起已是勢不可擋。發展態勢主從互易之

---

[4] CSR（Corporate、Social、Responsibility）是指經理人的概念，在1999年，由時任聯合國（UN, United Nations）祕書長科菲・安南（Kofi Anan）倡議，要求公司落實CSR。2008年金融風暴之後，再次推升企業社會責任的浪潮至今。當時，CSR提出一個廣泛的概念。

[5] ESG則是提出如何實踐CSR的原則，從環境、社會、公司經營評估一家企業的永續（sustainability）發展指標。換句話說，你可以想成「永續經營」是企業應該追求的大方向。CSR是永續經營的主要概念，ESG是Environment、Society、Governance三個英文單字字母的縮寫，是指其中一種衡量指標。https://www.managertoday.com.tw/articles/view/62727。

[6] 中時新聞網—海納百川—〈南台灣已成制約兩岸的關鍵〉，汪明生，https://www.chinatimes.com/opinion/20220112002619-262110，2022年1月12日，12:40。

下，概略可謂兩岸僅剩台灣問題。

此前大陸則於2012年提出社會主義核心價值。在對應公民個人層面，係有愛國、敬業、友善與誠信，在對應社會群體層面則有自由、平等、公正與法治。在眼前兩岸官方中斷，以民間自發追求同好的態勢下，這些精神思想的提示意義當然更形重要。

百年前積弱革命下的中國不分官民，要實現均富自由的《三民主義》就在打倒各種不平等。百年後的兩岸在爭取民族的平等已近完成，而台灣爭取民權的平等形似神異，爭取民生的平等則尚缺南台灣。

在革命實踐的過程經驗中，孫中山先生體驗到要根據事實，不能單憑學理。這與台灣學界在1990年代重視理論實證後，逐漸採納例如扎根理論的從實踐經驗中發展理論的過程近似。孫中山先生在《三民主義》中諄諄教誨的「不講打的好道德，就是社會主義的真精神」，於今頗為貼切。當時內求統一各族團結的剴切呼籲台灣多年前已經經歷過，然而教育普及之下縱使個體的能知應已不缺，社群的合群仍需努力。

全球化30年下來包括台灣在內的情況已越來越清楚。孫中山先生早已深切闡明：社會問題是歷史的重心；社會問題中以生存為重心；民生問題就是生存問題；民生為社會進化的重心；而社會進化為歷史的重心。換言之，對於大多數人而言，民生就是生存安身立命之所需，除了經濟生計之外，還有分配機制的公平、互相幫助的社群，與私而後公的共享。而此後者在目前的台灣幾與政黨政府關聯不大，以民間自力方式則較為不易，越往南部越是年輕就越艱難。

1990年代全球格局的冷戰結束與蘇聯解體，旋即開啟了台灣全面引領主導下的兩岸交流。然而少有人能預見大陸在改革開放以來翻天覆地的變化，與兩岸之間大約10倍計的經濟規模消長。按照現代理性的發展規律，原本在經濟繁榮之後會導向政治的民主，然而同期間的台灣選舉體制失靈，促使大陸在政治改革方面謹慎保守。而自經濟已然發展上路的「十二五」規劃起，係以社會治理與環境治理等衍生項目的建構充實為主。然而民智漸開世代交替之下，國家民族地位以至社群公民民主的期待盼望，業已成為向上提升的大勢所需。而以台灣民間著墨社會而非政治的兩岸融合，顯然正當其時較為適切。

社會是什麼？相對於國家，社會是地區；相對於政府，社會是民間；相對於個體，社會是社群。以往大陸對台的政治訴求在於原則堅持的主權統獨。然而隨著中

美局勢的東升西降與台灣內部的質變異化,最新的高層宣示已然定調台灣問題純屬內政,內容應係民生發展。這就是兩岸在70年的隔海分治與30年的發展易位之後,終於回到了生存民生與社會發展的應由之路。如能藉此逐步調整兩岸關注的情勢釐清與議題設定,當然有助於困境僵局的早日化解。

台灣的民主經驗,由原本主政占盡優勢的藍營角度,可謂由現代社會菁英領導的黨派動員,自南而北被綠營在選戰中以後現代論述與導引菁英的綿密動員所取代,或謂即是以自下而上擊敗了自上而下的鄉村包圍城市,如此的民主化過程,當然也就欠缺了孫中山先生精心規劃的訓政階段公民養成。這幾年下來選舉掛帥荒腔走板的政府施政,致使台灣的許多有生力量不得不藉由民間團體的自發連結努力維繫,縱使艱難香火猶在。

在民生發展方面,自格局恢宏的亞太中心到眼前常談的斜槓人生,當然不無唏噓感嘆。然而少子、北漂、房價與暖化、節能等問題長期累積,台灣自身較難處理的內政議題,其實皆與兩岸有關而可畢功於一役,所需者其實端看兩岸能否皆於一念之間解放思想。社會地區的發展啓動,其關鍵即在經濟與教育,正就如同劃分社會階層的主要因子,亦在所得與教育。是以縮短城鄉階層差距的基礎工作,除了提升所得財富即是消除知識貧窮。身處當前發展變動中的社會,多數一般民眾未必具備公共事務科班養成的基礎訓練,除了請教專家在知識專業上的協助支援外,當事人在決策資格的認定把握不可忽略,此即民權主義中的權能區分。對於複雜爭議低效不公的議題界定尤其重要,需要多方關注參與及理性公民的主見定見。這些就是議題導向與跨領域的公共事務的基本素養,而未必需要具備科班養成的領域知識,所強調的則是個體公民的事實價值先分後合,與群體治理中對於個體群體的人際連結。

百年前的中國普遍患寡,如今的台灣對於兩岸知識貧窮。孫中山有謂迎頭趕上地下定決心,周恩來曾說老一輩的共產黨人是先革命後信仰。兩岸當前可真是知難行易,如果確能開誠布公同心同德,擺脫百年前就在纏繞於今不散的帝國主義、殖民主義、封建主義與官僚主義,早統統好並不困難。

面對舉世矚目的中國崛起與台海議題,綠營長期帶偏之下的抗中保台不在話下。令人不解的是藍營失去政權以來的顧頇保守,對於兩岸竟然採取故步自封的迴避態度;活生生地將爭取理性中間選民與廣大台灣青年的有利資產變成了避之唯恐不及的燙手負債。眼前正是百年變局,俄烏戰事即將平息;台灣當局倚美謀獨,甚

至意圖鼓動巷戰。遂以民間自發方式，擺脫島內藍綠混沌，號召同志啟動響應，和平理性共議統好。[7]

第四節 本章小結

我們從人類社會發展的歷史軌跡來探討兩岸社會同中存異的融合發展，從傳統社會階段政府主導的統治（MPAdministration）、現代社會階段市場主導的管理（MBAdministration）、後現代社會階段社群主導的的治理（MPAffairs），為求因應內外社會變動的公共事務（Public Affairs）教育，大致相當社會主義的實際運作，就像其於1950年代開啟的企業管理教育，大致相當資本主義的實際運作。至於MBA的A，其實是Administration（行政），這又是因為二戰後由美國大企業贊助的Ford與Carnegie等基金會（並非政府）在倡議推進MBA教育時，其主要的參考基礎，即是MPAdministration。而這個第一代的MPA，則是在1920-1930年代，即一戰與二戰間，由當時的美國總統Woodrow Wilson所倡議定調，旨在將政府的經常運作脫離政治，所開啟的以政府作為主體的公共行政。換言之，公共行政已經快要百年，而且MPAdminstration、MBAdministration、MPAffairs關係密切，皆是為求因應社會時代的發展變遷而設計。

這個世界已經發生不可逆轉的變化，中國崛起不是美國能打壓就停下來的，但是台灣大部分人還停留在歷史裡走不出來。民進黨「修憲」的號角聲又響起了，在目前美、中、台三方劍拔弩張、神經緊繃之際，在台灣對外面臨戰爭威脅，對內國力持續被掏空的此刻，「修憲」純粹是個「務虛」問題，終將得不償失。

美國在逼迫中國大陸對台動手，唯有動手了，美國才有機會在東海、台海、南海出手干預，實施各種制裁與製造衝突的名義，讓印太地區瀕臨準戰爭狀態，整個亞洲的金融經濟產生恐慌，資金外流至美歐……動盪不安的亞太地區才能讓美國收割到最大的利益，尤其是美國智庫所謂「一場可控的區域戰爭」（不會擴及美國本土的戰爭或核戰）。

只要能使中國大陸發展勢頭停滯甚至於倒退，一切都值得了，美國的戰略目標

---

7 中時新聞網—海納百川—〈由社會主義核心價值匯流中山思想〉，汪明生，https://www.china-times.com/opinion/20220610001499-262110，2022年6月10日，10:13。

在於：藉著台海兩岸衝突，對中國大陸實施全球封鎖與脫鉤，堵死並搞垮中國大陸「一帶一路」戰略發展，再次鞏固美國軍事、美元與海洋霸權。而台灣是否會成為下一個阿富汗或者烏克蘭？對美國而言並不重要，只有在於能夠利用台灣達到美國的國家利益，才是美國的真正目的。

多年前大陸就透露只要台灣願意統一，國旗、國號、國歌都可以改。現在國民黨在台灣主張統一始終沒有放棄，但是失去執政就是失去一切，當然沒有資本跟中共一起談兩岸統一和民族復興。這樣的下場大陸也有一定的責任，因為大陸對統一沒有具體的方案，導致統一的氣氛也就越弱。大陸現在也推崇孫中山先生，這個民主價值在台灣人民心中已經生根，所以大陸推展孫中山的三民主義思想，是可以讓台灣同胞認同，感覺有民主，對於兩岸社會的融合或接軌國際的主流政治，也是政權永續經營的利多。[8]

我們觀察大陸的社會主義雖然是一黨專政，但是共產主義的本質也逐漸得脫離馬列思想而向中華傳統文化轉型。按照馬克思的理論，社會主義制度本身不過是從私有經濟朝向理論上的公有經濟過渡的階段，因此社會主義制度更多的是一種社會組織型態，而非經濟型態，所以中國共產黨理論界認為計畫經濟和絕對公有制度並不是社會主義的特點，僅僅是共產主義理論上的一個階段，而目前必須先實行達成社會主義階段，真正共產主義階段的遠期理想目前條件還不成熟。

在此基礎上，曾經提出社會主義初級階段的想法，實際上承認私有制和市場經濟（稍早被稱作「社會主義商品經濟」或者「有計畫的商品經濟」，後被「市場經濟」取代），鄧小平時代終於修正為現在的中國特色社會主義。

大陸整體的經濟發展，無論是在軟、硬體的規劃構想，抑或是積極作為方面，均與時俱進地迎接新世紀經濟潮流，並朝向全球脈動接軌的目標努力邁進，勢將逐漸呈現蓬勃遠景與豐碩成果。一個以「一黨專政」的社會主義體制國家，能夠競爭全世界最大的經濟實體和全方位的軍事強權，難道你們還會認為中國成功的條件是在奉行馬列思想的共產主義嗎？所以中國共產黨實行以具有中國特色的社會主義，並以中華傳統文化作為社會主義的核心價值，對於兩岸社會的異中求同，以及對於兩岸社會融合發展是具有正面而積極的作用。因此，我們對於兩岸融合發展的政策

---

[8] 參考林正杰先生在2021年12月18日第五屆「兩岸智庫論壇」閩台緣海峽情融合發展與城市產學論壇的談話。

建議如下：

一、以大陸2013年頒定之社會主義核心價值，作爲兩岸融合的指導參照。

二、由兩岸合作在大陸選定地點摸索試行「一國兩制」，探索兩岸融合發展新路徑，福建平潭可謂是萬事皆備只欠東風。

三、由兩岸學界聯手培養「南南合作」的跨域治理人才，以大陸選定高校的公共管理專業作爲學科依託。

四、支持島內民間團體操作，以民主協商（IM）方式，了解台灣青年世代與基層民衆對於「一國兩制」的民心民意。

五、由兩岸民間智庫合作，建構以公共事務跨域治理作爲經社融合的南針北斗。

　　百年前的中華大地上，作為文明古國與世界大國的中國，長期閉關自守、昧於世界變局、政府顢頇昏聵、百姓闇弱無知。當時孫中山等一批仁人志士，參採歐美現代經驗、回歸中華道統傳承、直面內外諸般艱難，以青年壯志、報國之魂、血肉之軀，為中華民族的存亡絕續，為救民水火於萬劫不復，做出整個一代的犧牲奉獻、寫下足堪後式的偉大篇章。

　　百年後在寶島台灣，作為世界良港與工業重鎮的高雄，正如百年前的滿清，長期閉關自守、昧於兩岸變局、政府顢頇昏聵、百姓闇弱無知。因為連串錯過1990年代的重大轉型升級契機，終致始自1998年的高雄質變異化，現已延伸擴大至幾乎全台。2008年是台灣最後一個自身糾誤的翻轉機會，自此急轉直下；然於2018年檢視，民怨四起、民心思變，若能結合外源活水或可導正救起。

　　對於大陸的崛起，其動靜觀瞻都受到國際矚目，而「台獨」已經過民進黨兩次的執政仍然是不可能，但大陸堅持的統一卻需長期布局。因此，大陸對台工作的重要認識，在戰略層次區分為下、中、上三策。下策為指望藍綠，中策是要求統獨，上策則為促進兩岸經濟與社會融合發展的爭取民心戰略[1]（參表13.1）。

第一節　兩岸融合的下策

　　公共事務管理架構中的核心價值是跨域治理，所謂的跨域尤其指的是社會結構發展世代不同的傳統社會、現代社會、後現代社會，以及社會結構不同的個體和群體結合，呈現出社會現象面的「善治」。所謂兩岸社會融合發展的下策就是政府管制的傳統社會，重群體而輕個體（如圖13.1）。以台灣而言：30年來的社會條件與發展階段的台灣發展已概略形成自北而南，及體制內與體制外的現代vs.傳統、後現代vs.原初等四種社會結構；台灣北部所觀察與關注的多是檯面上問題的表象，

---

[1]　〈南台灣是兩岸事務的關鍵〉，許綿延、汪明生（2016）。

表13.1　大陸對台工作的下策與上策

對台工作的下策與上策表	
下策（現況、實然）	上策（理想、應然）
一大陸維持現狀（？）、南台無知無感 　暫態→常態→恆態（？） 一被動、求穩、無過、無功 一綠軍台獨、藍軍獨台 一對台情況不了解、對台工作並無心 　（多持大陸本位觀點） 一全台一盤棋、一視同仁 一資本主義（？）市場經濟 一錢權掛帥、權大於法、嫌貧愛富（？） 一執政的綠＞在野的藍（？） 一顯性的獨＞隱性的統（？） 一不只台灣偏安、大陸也在「陸獨」（？） 一雖不滿意、尚可接受（？）	兩岸一家親與準國民待遇（台灣同胞在大陸 學習、創業、就業、生活，提供與大陸同胞 同等的待遇） 一入台：三中；民間、基層、青年 一動之以情、導之以利、威之以勢 一因地制宜、對症下藥：北台灣現代地區資 　本主義；南台灣傳統地區社會主義 一南台灣兩岸交流：濁水溪以南：650萬總人 　口、500萬合格選民、50萬爭取對象 一流量與存量；先量變再質變；要問耕耘、 　少問收穫 一地區合作發展試點、社會體制 　建構連結：小而大、淺而深、點而線而面 一例如：高雄一香港城市合作 　對接；北京拍板、台北支持 一其他

資料來源：許綿延，2016

台灣南部所感受與解讀的實是檯面下問題的真相。

　　近來媒體常見所謂兩岸關係影響台灣發展的觀點，然而若由南台灣的體制外觀察，其實可謂乃係台灣自身的發展變遷影響了兩岸關係。

　　在孫文南院2017年5月於高雄師大舉辦的「一帶路下的高廈民間合作」論壇上，前國民黨主席洪秀柱致詞：「20年來兩岸事務的主要問題情勢其實並非僅只一般關注的經濟政治，而是更應含括了社會，亦即人口結構與階層意識，或為所謂的『三中一青』（中南部、中小企業、中低階層，與青年世代）。」

　　1998年高雄於全台最早政黨輪替以來，產業停滯出多於進、人口外移失血竭腦，地方政府則著力選舉無視發展，南北意識差距更加擴大，於今可謂處於現代vs.傳統、乃至後現代vs.原初的截然不同發展階段。此則是以筆者較早即已提出：「兩岸大局的關鍵癥結是在南台灣；翻轉高雄、祖國統一。」以高雄作為突破口的兩岸城市試點合作即是選項，然而需由適合的民間產學在地團體通力配合。高雄雖是台灣最早政黨輪替、為民進黨長年執政深耕的重災區，然而表面的硬柿子其實是香甜有水的，多數的高雄市民熱情善良，只是與外界脫節太久，尤其是普遍對大陸

不了解、甚至充滿疑慮。是以真正需要的是耐著性子，多以感性關懷社會主義核心價值誠信相待，並以自己人一家親的傳統文化動之以情，而不必蜻蜓點水，急功近利地倚仗短平快的理性自利市場思維。

　　於今處理對台事務應該認清，真正困境並非表象的經濟產業與政治藍綠，而係在於30年來在社會條件與發展階段上所形成深層結構的「三中一青」。並且縱使較具挑戰，亦應視為十二五規劃以來，中國向上提升本身治理（對等尊重、平等協商）的內部嚴肅考驗。例如新竹以北當然可以現代社會的市場經濟對接，然而濁水溪以南的傳統社會則需政策加持引領導正，而在操作執行上則不宜操之過急，並需尋求島內合作以接地氣。

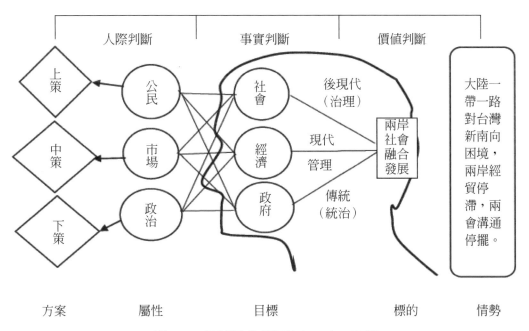

圖13.1　兩岸融合發展的上、中、下策

資料來源：許綿延，2020

第二節　兩岸融合的中策

一、一國兩制的摸索與實踐

2018年是大陸改革開放的40年。探詢摸索與自主創新之下，已將原本理性自利的現代市場規律與西方實踐經驗，利用在地本土以人為本的方式充分融合，其中當然係以感性共利、關注大局的社會主義核心價值作為指導予以堅持。而若得以中華傳統文化詮釋挹注，則傳承迄今作為主體、並可與西方新教倫理大體對接的儒家思想文化，已在十八大以來如同高效嚴明的法家變革般，嚴肅認真地加上了正當其時的以法治國。當然霹靂手段仍需本諸菩薩心腸，亦即若能參酌苦己淑世的墨家精神，乃至加點順勢隨緣的道家思想，方是眼前與爾後不斷因應內外變局、克服大小挑戰的理論建構與萬全準備。

二、兩岸跨域聯手釐清台灣問題

首屆兩岸南南合作論壇於2017年1月12日在廣西柳州召開，由大陸中國社科院台研所與全國台研會邀請台灣孫文南院共同舉辦。此次論壇的召開，旨在連結促進台灣雲、嘉、南，與高、屏、澎等中南部發展中地區，與大陸同樣位處中部南部、且在發展中的如桂、湘、川，與鄂、皖、贛等省區的對接合作。此與島內氛圍需求與有心人士所見略同，2016年12月與2018年3月，高雄市議會曾兩度舉辦「兩岸城市試點合作」公聽會，出席的二十餘個中央與地方行政部門代表，於此皆一致表示並不反對，清楚說明南台灣行政及民意部門，與地方各界的民心意向。然而對於多年以來累積形成，混沌糾結的民間與基層兩岸意識，政府部門卻是被動消極無所作為。

發展中的省市地區，或因基礎建設尚未充分完備、或因產業鏈條尚未緊密形成、或因開放意識尚未普及深化、又或因法規制度尚未健全落實，固然基本仍係依照市場競爭規律，然而為求效率、避免偏差，亦需有效政策的扶持挹注。然而在台灣中南部，尤以30年前的第二大城高雄而言，最令人嘆息扼腕的，莫過於錯失了亞太中心的政策際遇與產業轉型的連串機會。除了產值就業等經濟面的停頓滯後外，真正影響深遠貽禍至今的，是由此帶來的青壯菁英外移、社會結構失衡，與綠軍政府不遺餘力選舉操作下對於兩岸等重大議題偏差誤導的民情意識。

先不論整體布局與發達地區，兩岸其實在發展中地區的經驗作法已經形成了鮮明的對比。正常合理的現代發展，是以政策方向指引、硬體設施奠基、產業就業開創、公共服務完善等作為必要條件，而這些也是整個大陸30年來努力積極在做，且已發展地區大體完成、發展中地區急起直追的主要內容（參圖13.1）。

三、執政與治理

回顧2008年大選，高雄人把票投給馬英九的比投給對手的多了兩萬票，且地方氛圍普遍期待兩岸的大幅開放。然而馬政府第一任施政保守只談經貿，2010年地方選舉藍軍候選人仍然避談兩岸，在助力不足阻力重重之下，終於使得開放不及政績不佳正道縮手。2012年、2014年、2016年的選舉結果，與2018年最新民調所顯示的輿情走向，當然也就並不樂觀了。

面對當前兩岸複雜特殊的內外情勢，以爭取促進南台灣小微企業與青年就業為主的兩岸交流固然是重點，然而過程操作與配套措施一樣重要。也就是經濟效率的市場理性應輔以感性人文的社會（基層弱勢）關注，此亦係心靈契合的「兩岸一家親」核心價值與具體實現。

原本合理順勢的作法，可在一地理人文相近南台灣的大陸地區，由兩岸合作先行先試共同管理，建構形塑實踐檢驗一國兩制真知真理的模式標準。原本此應即是福建平潭的定位任務，這也是筆者於2005年即已彙整材料、主動提交福建省的原始構想。然因2012年起的台灣政局大幅逆轉，與大陸物質主義伴隨著的諸侯經濟，雷大雨小的平潭特區終究落了個不上不下、說不清楚的局面。

兩岸的融合發展應及早因應，否則台灣的遲遲不歸，必定影響中華民族偉大復興的進程，以下即為初步擬定的兩岸融合發展的政策與合作項目構想：

1. 建構設立穩定自主的運作體制與專項基金，以持續推進自小而大、從淺而深、由難而易的各項具體工作。
2. 為求配合促進在地小微企業與青年世代赴大陸就業發展，除需建構必要之前端奠基工作外，亦須形塑凸顯高雄在兩岸和平發展中先行先試的特殊地位。
3. 及早啓動推進促成兩岸城市試點合作所需的各類型、各層次人才培養，為求體制化與可持續，可與大陸知名高校和培訓機構等建立學位合作。
4. 為求深化扎根、有效扭轉南台灣長期以來在知識觀念與民情意識的偏差滯後，可以現代市場發展、後現代協商治理與中華傳統文化等，作為培訓教育的主軸精

神。

5. 協助建構持續推進秉持平等尊重的兩岸合作具體事務協商平台，包括試點城市之間與島內引領導正工作。

6. 由兩岸產學與民間智庫機構牽頭，建立開展兩岸城市試點合作的策略規劃與評估監測基礎及應用研究體系，作為政策建議與對外發布的參考依據。

7. 為求因應預應兩岸當前與未來數年的複雜變局，建議尤宜牢牢把握孫中山當時提出的迎頭趕上（而非追尾）與一步到位的理念與精神。並需得以釐清理順、兼顧連結兩岸關係中所涉群體（一中兩岸、國際美日、台灣南北、高雄城市）與個體（大陸、台灣；北京、台北；廈門、上海、高雄；政府、民間；各界、個人）的結構系統，且適切納入載體條件（後現代、現代、傳統、原始）的跨域治理觀點與理論架構方法，作為基礎研究與政策研擬之依據，以妥善指引以上之城市地區、試點合作、政策規劃、基地建構、人才培訓、協商平台、策略研擬、評估監測與對外發布等工作。

8. 有關「跨域治理」理論架構與研究方法的基礎依據，已大致以系列專書、期刊論文與成果報告等形式彙整出版《公共事務研究方法》、《互動管理與公民治理》、《判斷決策與公共事務》、《環境治理與公共事務》、《公共事務管理概論》（2019）、《健康治理與公共事務》（2020），可供參考。

第三節　兩岸融合的上策

對台工作交給在台代理人的藍軍是失敗的案例，馬英九沒有能力扭轉大局，而頂新集團的食安惡例是由台灣權貴買辦的方式，台灣老百姓不能認同，因此再次指望藍軍是行不通的，結果在2016年變天後，藍軍成了在野黨，更不能有所期望。所以從2008年以來這些年大陸對台的工作雖然讓利很大，但是仍然沒有買到人心，其結果是回到了原點。

且不論台灣民主體制的好壞，但畢竟這個體制在台灣已經跌跌撞撞了70年，生活在這塊土地的百姓確實習慣了。中國大陸必須再深刻地體認了解台灣政治體制，從了解到務實則有很多兩岸事務的推動就可以避免不必要的糾葛。對台灣工作的重要認識，係應在策略層次區分為上、下兩策。下策為訴求統獨、上策則為爭取民

心。若在思想體系與理論支撐參照發展階段與意識價值，則其中資本主義大體對應傳統到現代，如大陸自1978年迄今的改革開放；而社會主義則應係對應現代至後現代，如大陸自2012年開始的十二五規劃。曾經的國共路線之爭、當前的全球格局調整，其實大致即是如此；若取上策對台，亦應有此認識，如果維持現狀，情況自然繼續（參圖13.1）。

一、民間產學自發組織的兩岸志願軍

2016年後綠軍執政，由於獲得大多數人民的支持，民進黨不會修訂台獨黨綱，也不會承認「九二共識」，當然不會主動與大陸交往，仍然是透過美國扮著中間的角色，而在野的藍淪為民間團體，兩岸的大局必須走迂迴路線，藉助「第三部門」及工商企業團體來落實基層的工作。大陸對台工作機關必須親自對台「第三部門」人民團體組織執行中間橋梁的角色，但不碰政治為原則，即不操作選舉、不觸及統獨、不談論主權，擺脫政治色彩，只作經濟與社會文化的交流，冀求抓住問題核心，從基層出發，把整個態勢翻轉過來。

二、以公共事務跨域治理共建模型，作為融合發展的GPS

兩岸深化融合史無前例，國際經驗只能參考、不宜照搬。建議可以公共事務「跨域治理」與區塊解析操作步驟，以多層次、多角色、多中心等理論架構與程序方法作為基礎工具，由兩岸共建模型，據以推進。

經濟不發達、步調較緩慢的南台灣，卻也提供得以就近觀察檯面下真實面貌的機會，而寬鬆悠閒的氛圍環境更有利思考科研，醞釀孕育了諸多開創思維與原初觀點。例如：公共事務管理（Public Affair Management, PAM）即可概略含括：現象行為（領導人、政府、民調等）、本質認知（公民、社會、民心），與載體條件（傳統、現代，原始、後現代）等主要基本要件內容（汪明生，2010；汪明生，2011；汪明生，2016）。

至於公共事務的「跨域治理」（Cross-Domain Governance, CDG），則包括區塊解析操作步驟，多層次、多角色、多中心等結構系統的多角度分析（汪明生、黃煒能，2016；汪明生、潘昭榮、賴奕志，2017）。這些理論架構與程序方法，就是在面對因應複雜社會的爭議沉痾時，如何得以系統工程的規格思維與地區實踐的需求挑戰方式，逐步經由課題案例、釐清界定、模式建構、操作應用、觀察紀錄、分

析解讀、溝通說服、引領導正,而尋求中學為體、西學為用的放諸四海與上下古今。

這些研究方法在歷經外部全球化、台灣民主化,與進入二十一世紀以來,對於多變複雜的國際、兩岸,與台灣自身的社會變遷斷裂,應該成為適切的參照指引,並需兩岸合作地不斷詮釋解讀。位處當下回顧前瞻之下,這些似已不只是藍圖路徑,更可期待成為得以融合調適中西經驗下的群體個體,努力連結兼顧傳統、現代與後現代等發展階段與社會條件的導航利器。

三、兩岸兩會

回顧20年前兩岸兩會的體制創新,於今更見其智慧高明,然欲當此大國崛起復興中華文化之路的歷史際遇下縮短進程,再度的體制創新已勢在必行。除原本市場與政府雙皆失靈的基本情況外,尚須認識的是,由於當前台灣方面的複雜情勢與條件不足,兩岸事務知固不易行更困難,是以體制創新策略初步的構想即可由南台灣作為兩岸城市地區交流合作的試點,由理念相近長期投入的民間學術團體對接;大陸方面可由選定之城市地區作為操作試點,北京則由跨部門任務編組方式結合理念相近、長期投入之選任人員主持運作。

四、地區合作試點

以兩岸大局考慮與台灣自身發展,可由南台灣作為主要試點,由經濟發展、專案對接、社會參與、價值導引與人才培養多管齊下。認定其係台灣20年不成熟投票政治的後遺症,故應參照選舉操作努力逆向還原,逐步補強台灣發展經驗與教育傳承中不足的社會主義成分;再加以近現代中國發展歷程中的大陸經驗與中華文化發人深省的部分,可以民間學術團體建構連結所需體制通路,秉持觀點與關注,謀求無需政治的寬面兩岸合作,以多數民眾安居樂業的福祉,推動與落實兩岸長治久安的互利雙贏。

五、北京與高雄的雙城格局

以城市地區觀點而言,兩岸大局其實已是雙城格局(參圖13.2),其關鍵癥結是在南台灣龍頭的高雄,而化解之鑰則在已居北拱的北京,台北既不是問題也難以成為解方。在兩岸特殊的政治格局與當前現實的交流合作下,建議兩岸逐步淡化主

權邁向共同發展，嘗試由兩岸關係與經濟發展的結構與建設思維，逐漸朝向城市、地區、環境、科技、社會、文教與地方政府經營、管理等，圍繞民生發展的公共領域課題的跨域治理，以能夠兼顧地方公私領域管理與關注，如在簽訂ECFA後兩岸大局仍然改善有限，應向台灣三中社會階層的兩岸合作新模式發展，方能增進兩岸互信、化解僵局，並創造和諧新契機。在策略上，可考慮調整為上策的爭取民心，取代下策的指望藍綠、中策的要求統獨作法；在執行上，可以採取由小而大、自淺而深、先易後難、先簡後繁、短中長期的步驟；在體制上，固然成事在天，然權責相符與績效考評，乃至慎選善任，總是謀事在人的應有態度。

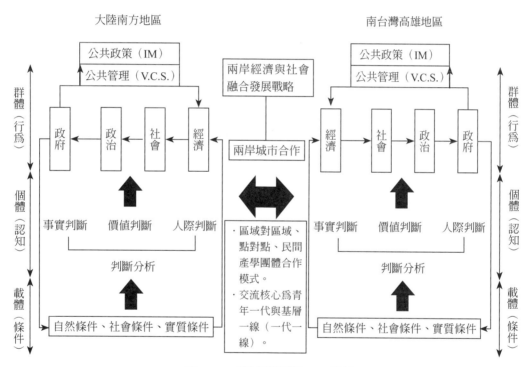

圖13.2　跨域治理雙PAM架構

資料來源：孫榮平，2016

第四節　統一的第三條路

2021年1月22日上海台灣研究所副所長倪永傑在中時新聞網發表：「武統或和統的第三條路」[2]。倪永傑認為除了和統、武統之外，兩岸統一還有第三條路可

---

[2]　《武統或和統的第三條路》。中時新聞網，倪永傑，https://www.chinatimes.com/

走，上上策就是「智統」，即以最高智慧，採取最佳路徑、最優方案，以最快速度、最低代價完成國家統一。具體而言，就是借鑑古今中外的統一模式與路徑，在中華文化指引下，集成兩岸及海內外華人智慧，採取一切手段，團結一切力量，調動一切積極因素，運用和戰兩手、文武兩策，演繹新時代的王道與霸道，推動兩岸關係融合發展，將台海兩岸推進到「不戰而屈人之兵、不戰而阻來犯之敵」的境界，最終完成統一。

　　歷史上不乏和平解決的國家或民族統一的例子，這都是很幸運的機緣。當今亞洲尚處於分裂的國家，如台海兩岸和朝鮮半島，很不幸地都是曾經被日本殖民的國家，而又被現在世界霸權的美國所操弄，已經不是單純的民族問題，而是霸權競爭的政治問題。美國把中國視為頭號假想敵的情況下，美國不會輕易放棄台灣這一張牌，而且會越演越烈地來牽制中國的發展和擴張。所以作者倪永傑指出智統不一定是武統或和統，也有可能是和戰兩手、文武兩策；同樣的中國大陸需要統一就是與美國的鬥爭，而台灣需要獨立也需要美國的依靠，這種三角關係形成權力平衡的遊戲，鬥智也鬥力，其勝負難料，當然兩岸嚴峻的關係也就一直延宕下去。

一、和統

　　所謂「和統」，是兩岸和平談判最終解決，時程較長，難度較大，需要做各種細緻艱苦的工作，這需要戰略定力、戰略耐心。而武統，就是軍事解決，類似外科手術。大陸民意支援武統的聲浪很高，但武統變數很多，代價很大，後果難以精準預測，武統後兩岸會面臨什麼樣的困難需要充分評估，包括台灣治理、長治久安等等。

　　其實，「統一」或「台獨」都需要大智慧，統一需要既快又好、零傷亡，還要照顧到統一後的長治久安；而台獨也希望徹底與中國切割，並在美日的協防下遏阻中國的武力犯台，進一步獲得國際奧援，扶助台灣進入國際舞台，才能獨立成功。因此，中國大陸需要大智慧讓祖國統一付出最少代價，而獲得最大的成功效果，台灣政府也需要大智慧不要訴諸戰爭，就能順利獨立。海峽兩岸雙方都在打著如意算盤，其結果可能都不能盡如雙方所願，因為基本上兩岸的意識型態就是對立衝突，要能和平解決統一或獨立的理想都是一廂情願。唯有依靠大智慧，簽訂兩岸和平協

---

opinion/20210122004500-262105?chdtv，2021年1月22日。

議，甚至兩岸坐下來談個50年，只要能夠和平統一就是兩岸人民之福，更是中華民族復興之道。

二、智統

「智統」也包含了推動兩岸關係的融合發展，因此從「南南合作」衍生出來的「南南合作與兩岸融合」發展的倡議，也就是「武統」或「和統」的第三條路，並且「南南合作與兩岸融合」發展，除了在現階段兩岸關係中扮演著和平使者的角色，也更強調統一以後對台灣「統好」和「治好」的角色。兩岸「南南合作」其實就是「智統」的一環，因為兩岸「南南合作」所立足的基礎就是承認「九二共識」，大陸與台灣都是屬於中國的一部分，並沒有背離中國。然而，台獨的基本主張就是兩岸不屬於一個國家，是「一邊一國」的概念，所以根本沒有交集，也就坐不到一張桌上談合作。

三、兩岸南南合作是統一後的善治

兩岸的關係發展，由於台灣政黨的輪替，恰是「統」與「獨」的對立與矛盾面的鬥爭，因此兩岸的交流，也是一直跌宕起伏，乍暖還寒。兩岸「南南合作」在戰略定義上是屬於兩岸關係的中層微觀戰略面的作為，但是透過民間機構的交流，以彌補官方交流的停擺，可說是釜底抽薪的策略，不失為兩岸情勢冷凍期間的新思路。

2020年在兩岸關係嚴峻的情勢下，中共對台策略仍然是「一國兩制的台灣方案」，顯見中共仍然是把和平統一放在優先考量的位置，但是卻始終堅持「一國兩制」的原則。

從公共事務的角度看兩岸情勢的發展，在錯綜複雜的變化中，我們難以掌握統與合的時機和勝算，但是我們必須領悟一個觀念，就是台灣統一後，不論是台灣人民的小確幸或者是大陸人民渴望的民族大復興，台灣必須要有3/4以上的人民比統一以前過得好，台灣不是一片廢墟、人民生命和財產仍得受到安全保障，這樣的統一才能符合大多數台灣人民的心願。其實民生經濟的發展永遠是人民的最高指標，兩岸「南南合作」的核心價值就是圍繞著社會的「善治」為理想。當然需要在統一前的理想實踐計畫和跨域治理人才培養的配套措施，宜未雨綢繆，可安定人心，為中華民族偉大復興鋪路造橋。

第五節　本章小結

　　大陸自1978年改革開放以來的經濟崛起，其成功的機遇，既不是抄襲資本主義，也不是奉行馬列主義，而是摸著石頭過河，走對了具有中國特色的社會主義路線。2013年習近平揭示社會主義的核心價值就是：富強、民主、文明、和諧、自由、平等、公正、法治、愛國、敬業、誠信、友善等12項；綜觀這12項社會主義的核心價值，其實就是中華文化的精神與道德爲底蘊，配合著中華民族偉大復興的號召，正大步邁向現代化社會的轉型（許綿延、汪明生，2019）。

　　在十九大以後，中國大陸的政策確定兩岸的交流必須持續不斷，而且又繼續出台了惠台31條及26條的措施，隨著大陸經濟的崛起並持續地走穩攀升，中國共產黨對於引領中國未來經濟發展的信心，和充實兩岸四地經濟市場的能力，也是勝任而樂觀的；這樣的發展態勢，對於台灣的產、學界而言，肯定是具有巨大的磁吸效應。危機就是轉機，所以在現階段兩岸關係的情勢看似很憂心，其實也是對變局的挑戰和考驗。

　　大陸對台工作的重要認識，在「九二共識，一個中國」的原則下，我們認爲應在策略層次區分爲下、中、上三策。下策爲指望藍綠、中策是訴求統獨、上策則爲爭取民心。回顧20年前兩岸兩會的首度體制創新，於今更見其智慧高明。然當此大國崛起復興之路的歷史際遇下縮短進程，再度的體制創新似已勢在必行。除原本市場與政府的基本情況外，尚須認識的是，由於台灣方面的複雜情勢與條件不足，兩岸事務知固不易，行更困難，如何推動落實原本既定的務實政策與學者學界的意見成果已成艱鉅挑戰。

　　在策略上，可考慮調整下策的指望藍綠爲下策的武統，係爲中央政府主導、動用軍事武力；中策的訴求統獨調整爲著眼經濟科技的市場主導兩岸的和平統一；上策的爭取民心調整爲社會主義的核心價值，主導社群的「智統」。上述的認知作法，在執行上可以採取由小而大、自淺而深、先易後難、先簡後繁、短中長期的策略手段；在體制上，固然成事在天，然權責相符與績效考評，乃至愼選善任，總是謀事在人的應有態度。

現階段兩岸交流陷入冷凍期的情勢下，著眼於兩岸和平發展的宏觀戰略，中觀戰略屬性的「南南合作與兩岸融合」的新探索，係以PAM的核心價值CDG、SSC、SDM、SJT、IM作爲理論基礎及研究方法。

第一節　兩岸南南合作是公共事務的領域

一、兩岸融合的問題是在社會

應用公共事務的核心價值「跨域治理」（CDG）的架構，先從兩岸的社會結構與階層（SSC）分析入手，再從社會發展矩陣（SDM）的傳統社會、現代社會、後現代化的社會發展階段來看兩岸關係的發展，其實問題是在社會，既不是經濟也不是文化，自從大陸改革開放後，歷經40年的努力，國家整體經濟實力早就以國富兵強呈現在世界的眼中；而習近平主席上台後努力推動社會主義的核心價值，其實就是處處時時存在我們中國人生活中的中華文化。兩岸同胞同文同種，而民生經濟的發展也是民之所欲，唯一不同的就是社會因素，是政治制度的不同、是社會發展結構的不同。

因此，兩岸的交流是兩岸社會融合發展的必要途徑，而「南南合作與兩岸融合」發展，正是企圖以公共事務跨域治理的理念，透過理論的疏理，研究方法的驗證，爲兩岸社會融合發展找尋良丹解藥。

兩岸雖然分離分治70年，但在「九二共識，一個中國」的框架下，大陸與台灣同屬一個中國，而在法理上兩岸皆是「一中憲法」結構。自從中國大陸改革開放40年以來，大陸的社會結構已經從傳統社會向現代化社會轉型，甚至北京及沿海的一線的城市已經完成現代化，並邁向後現代化社會的發展階段。從社會流量和現象面分析兩岸社會的發展結構，從民生經濟發展的關注來探討兩岸的良性互動及和平發

展，其實可以公共事務管理（PAM）的跨域治理架構，積極推動兩岸「南南合作」為主軸的兩岸相似地區和城市的交流。

我們應用心理學的判斷與決策分析（J&D）理論作為研究方法，釐清界定個體的認知結構、個體與群體的社會結構。分析個體部分的理論方法採用可衡量相對權重、函數圖形以及認知控制的社會判斷理論（SJT），分析群體部分的理論方法則採用可檢視確認互動結構及衡量個體社會權重的互動管理（IM）；其中SJT在釐清呈現所涉個體角色的認知觀點，IM支持群體決策中的互動結構及個體社會權重係可衡量且具體量化。

以兩岸「南南合作」為例，檢視與建構在面對與因應當前台灣公共事務課題之錯綜複雜、瞬息萬變、開放多元、水平協商、理性辯論等治理結構之概念與精神，研擬適切兩岸城市地區合作模式，其主體內容應包括所涉個體角色認知分析、城市地區合作治理結構體制，以及系統結構性之互動群體共識成果等。

我們在推進兩岸「南南合作」政策下的跨域治理人才培養策略為案例，參照判斷決策分析架構跨域治理結構四個區塊分析階段，以及涵蓋跨域治理結構分析的十個操作步驟，釐清界定治理結構中多方當事人、複合領域專家與公共管理者等所涉的個體、治理結構中連結兼顧以謀社會共識的群體，以及治理結構中對應社會條件與發展階段的載體；其中個體部分係指複合領域專家的事實判斷和多方當事人的價值判斷，而判斷與決策分析（J&D）所支持的人際判斷，係指連結個體與群體、化解認知衝突、達成共識的研究方法。

在兩岸城市地區合作案例上，群體互動係以IM之NGT與ISM的實際操作為主，在秉持人民參與共和主義的理念依循下，充分暢所欲言、據理力爭，經由「先發散後收斂」的操作程序，尊重個體多元、促使群體達成共識，有助於公共管理者在實務應用方面彙整結果，作為政策研擬推動之參照依據。

二、理論與驗證相得益彰

本書以兩岸「南南合作」範式建構與推進及跨域治理人才培養策略可行性之認知衡量研究，參照前述SJT、IM研究方法之結果，及跨域治理區塊解析與操作步驟，以事實判斷、價值判斷及人際判斷產出標的、目標以及共識等，據以提出兩岸「南南合作」範式建構與推進可行性的驗證和跨域治理人才培養的策略：

（一）廣西師範大學桂台合作研究中的研究生們對本課題案例所做的SJT問卷，對

於兩岸「南南合作」範式建構與推進及跨域治理人才培養策略可行性之認知衡量研究,所獲得的結論顯示,約有75%的受測者是以綜合權重模式來整合公共事務管理的三要素:「價值」、「能力」、「支援」的變數,表達了認同。

(二)以SJT探討兩岸「南南合作」範式建構與推進課題案例,所獲取的函數圖形正斜率線(正相關)有64%,在權重方面:「價值」25%、「能力」41%、「支持」32%。參與者認知一致性判定係數R^2為0.64,我們可以說兩岸「南南合作」在政策支援下的直線關係影響高達87%,而剩下的13%則歸因於無法解釋的機率差平方和,顯示出利用SJT線性迴歸模式來分析課題案例的可行性程度,應具相當可信度。

(三)本研究的SJT問卷分析顯示:參與者的另一角色就是多方當事人,對此課題SJT心理認知的權重比,研究發現受測者對於本身之「能力」是為最優先考慮的條件,其次才是「支持」,價值的權重又次之。而在跨域治理人才的培養,若由政府或企業界所提供的優惠政策越好,經濟效益越高,對於人才的招募越有吸引力。

(四)以認知心理值的權重作為問卷的調查,並無好壞之分,只是個別參與者處理的方式不同,如:「價值」、「能力」、「支援」的參考變數(線索),綜合權重相加模式後,參與者會認為「能力」與「支持」更為重要;而使用了心理值的綜合權重模式後,決策者會以為社會「價值」的心理值權重比較重,但其反應值卻是「價值」的權重反而低於「能力」。因此,提升整體支持程度,即增加「支援」的效益,將有助於「能力」的發揮。

(五)SJT問卷分析成果顯示:判斷與決策分析(J&D)操作程序的確可以促使受測群組內的產出達成共識,且均具高滿意度,受測者不僅受到尊重充分表達意見,而且也產生了學習的效果,證明了判斷與決策分析操作程序能夠以較大規模操作或實施。雖然本研究操作所獲致的結論僅是廣西師範大學的青年學子對課題案例所形成綜合權重與函數形式的共識,尚不足以直接作為政策的運用,但是SJT驗證跨域治理分析架構操作程序的成功,就本研究之目的而言,遠比操作產出的結論來得重要。

第二節　兩岸關係的展望

現階段，由於民進黨不承認「九二共識」，兩岸的官方交流陷入停擺的狀況，而大陸基於統一的使命感，提出所有的軟硬兼施的手段，都遭民進黨政府無理而強硬地反嗆，使得兩岸關係重回緊張對峙的局面，只有互相叫陣的口水戰，無濟於兩岸的統一大業和中華民族大復興。其實2017年中國社科院提出的兩岸「南南合作」，是因應兩岸關係發展的新變局和新形勢下的新思索，可謂是在萬叢荊棘中殺出一條血路，其最大的利基可以體現在：

- 以第三部門的民間社團對接。
- 只談民生經濟發展和產業合作。
- 切中南台灣是兩岸大局的癥結與關鍵所在之問題。
- 維持兩岸交流不中斷，促進兩岸社會融合發展。

一、台灣的經濟困境在於南北失衡

大陸40年的改革開放造就了大國的崛起，而台灣30年來經濟發展的困境在於重北輕南的政策失衡，因此兩岸大局的關鍵與癥結就在南台灣，從南台灣出發的兩岸「南南合作」新思維，就是企圖以經濟發展的流量來挹注南台灣社會的載體存量，把南台灣從傳統的社會結構轉型到現代社會的結構，使其具備穩定而發展的條件，期藉以公共事務管理為理論基礎架構的兩岸「南南合作」連接兩岸的地區與城市做對接與交流。

兩岸「南南合作」乃是呼籲蔡英文政府重新回到兩岸關係良性互動的狀態，對於兩岸事務，應以合作代替對抗，而南台灣應抓緊民生經濟問題，以農漁牧業產品先行交流，以解農漁牧生產過剩及產銷通路，避免被剝削，讓農漁民獲得產銷通路改善生活。「民以食為天」，倘若農漁民從事農漁牧的生產收穫，無法讓自己或家人過好的生活，那麼生產誘因消失，社會的經濟必然也會受到一定的影響。因此，先從農漁牧產業的實質交流，逐次推進到往後的宗教、文化、體育、經貿、政治等的交流，透過兩岸「南南合作」可以讓兩岸逐漸交流，友善的發展逐漸去除敵意，互惠合作去除相互抵制，提升兩岸人民社會的融合發展，共創中華民族歷史新局。

二、落實惠台措施

2018年以來，大陸推出「31條惠台措施」，各省也陸續跟著推出有增無減的惠台措施方案，從就業、就學、投資合作，甚至對待台灣同胞視同大陸同胞的同等待遇，廣大的台灣同胞都是受益者。

2019年1月2日，習近平主席《告台灣同胞書》40年講話，其主旨圍繞兩岸的和平統一，涵蓋了民族復興、融合發展，尤其對於台灣的「一國兩制」方案，明示了只要認同「九二共識」的台灣各黨派、各界別都可以參與共議，並就兩岸關係的和平發展願意展開廣泛深入的民主協商，以達成制度化的安排。正是呼應了前海協會主席汪道涵的「一個中國、平等協商、共議統一」，這個平等協商就是符合了「九二共識」原則下「平等對話、民主協商」的精神。

2018年11月24日台灣都會市長及地方縣長以及地方民意代表的「九合一」選舉，國民黨的韓國瑜高舉「九二共識」的大纛，主打高雄經濟發展的要求，吹起一陣韓流旋風，席捲了高雄的人心，獲得了熱烈的支持，翻轉了民進黨在高雄2、30年的執政，顯示了高雄人民對於民生經濟的發展有著殷切的期盼。韓流說明了：作為兩岸大局關鍵地區的高雄，民心思變已然開始；即使是韓國瑜市長在上任後七個月就被罷免，正是凸顯了台灣統獨與藍綠對立情況嚴重，而南台灣的社會長期被民粹主義愚弄，南台灣人民卻無力改變，綠軍更不希望改變。因此南台灣的社會只見政客操作的現象面，其實真正的癥結沉痾就是階層意識的本質面和社會人口結構的條件面。南台灣的人民以保守鄉愿的排外情節，只能長期地忍受不健全的社會發展，耐心地期待不可能實現的變天。2019年3月13日，習近平主席又在參加福建代表團審議時指出[1]：要探索海峽兩岸融合新路，首先就是要把對台灣同胞服務的工作做好，並希望把福建省建設成台胞台企登陸的第一家園。

三、兩岸城市交流的眉角

「滬台雙城論壇」受到各方矚目，尤其是在對岸定調城市交流是今後兩岸交流重點後，更具指標性。展望大陸百餘座三線以上的城市，皆已實現較為完整堅實的

---

[1] 〈努力建成台胞台企登陸的第一家園—習近平總書記參加福建代表團審議時的重要講話〉，福建日報東南網，林蔚等，http://fjnews.fjsen.com/2019-03/13/content_22066210.htm，2019年3月13日。

產業結構、具有完善齊備的基礎建設、國際通達接軌的綿密輻輳，與成熟社會民生的連結關切，兩岸城市交流空間廣闊。

2000年前開始是深圳，後來寧漢、成渝、蘇杭、津冀，乃至寧波、福州、南寧等一片又一片。如此快速高效的城市化，除了市場廣闊、後發優勢與政策精準外，菁英領導的階層分工，亦是重要決定因素。

對照台灣30年前的城市建設與產業發展，也大致是如此的運作體制與推進方式。當時經濟繁榮、政府高效、規劃前瞻、上下一心，也就是四小龍之首的1990年代。記得當時在香港，會看到路旁提供的大幅公開標示，說明周邊交通的規劃建設，讓市民一目了然，既周到專業又尊重體貼；而新加坡，則是市民可以幾十元新幣的代價，隨時方便地由政府單位購買取得特定街區未來幾十年的規劃藍圖。至於台灣，例如高雄，則是根據都市計畫法規，在市民聚集的文化中心，展示了連片貼在牆柱上已經定調的計畫地圖，只見稀疏寥寥的市民圍聚關注的多是自家周邊的小區，這就是當時所謂的民眾參與。

「白雲蒼狗，滄海桑田」，世事變化下的台灣城市，宏觀全面的國土計畫與區域均衡幾不再提，即興手術式都市更新則研議多年推進不易。回顧30多年來有關高雄城市發展的重要決策，有較為幸運的捷運工程定案與僅有台北半數的25%地方財務負擔，也有令人扼腕本可貫通旗津兩端卻胎死腹中的跨海大橋。

多年來重大建設項目在規劃時的需求預測失誤幾成常態，一再成為蚊子館不再是新聞，也看不到檢討。

若對比兩岸，只看到大陸的地鐵站點通常是中規中矩著眼大局整體的功能性設置，而台灣則從台北劍潭站到高雄美麗島站，都是以頗具個性的誇張外型作為標榜。如以意識型態來詮釋解讀，越來越多處處可見的任意發揮的後現代，所打破的不只是內斂規範的現代與含蓄優美的傳統，尤其是在與周邊環境一併檢視下，往往所呈現的是突兀與自大。

台灣在政治光譜上對應較為後現代治理的民進黨，其實主要的支持是來自於懵懂未開的中南部與基層民眾；而在財經技術上尊重現代專業的政黨，卻在政治選舉上仍以傳統宮廷方式思維操作。無辜被耽誤的兩代青年人，終於以手上的選票傳達了強烈的意見，然而如同仍然擺盪於滿清末年與民國初年間的台灣政治與社會，看

來已不容易自我調整、根本導正。[2]

第三節　兩岸促融促統體制建構芻議

隨著俄烏衝突以來的全球大局逐漸明朗，大陸業已透過海峽定位並由高層明確定調，台灣問題純屬內政。然而眼前兩岸官方往來中斷，疫情期間的半場休息勢須自發關注思考，這兩岸翻頁的最後關頭何去何從。

台灣30年來的選舉政治造成體制固化，本身內政與兩岸大局俱皆受制，不惜失政失靈失德，不顧代價不擇手段只求勝選；然而民力無窮，促融促統雲開日出的創新突破仍然存在可能。

首先就是經過模糊帶偏多年以來，自立自主的台灣同胞為了自己能否自救，解放思想的植入桎梏。糾結迄今的兩岸主權大體在於形式面子，隨著大陸建設發展民生樂利所呈現的願景可能，其實這些未能忘懷的感受覺知應是少數人的事。相對之下，隨著台灣自南而北年輕世代久已無奈遷就現實的經濟就業與生活日子，這些民生發展的經濟社會裡子，就像三民主義中點醒國人的社會與生存問題，應該才是符合多數人切身利益的眼前當下的事。

在正常合理的情況之下，政務推動主要係靠政府，然而謹遵法理的藍營勝選機會不大，期待綠營轉變顯已不切實際。曾經證明能夠打拚經濟、布局兩岸的民間產學，能否在情況特殊的眼前態勢之下，落實呼應並且延伸發揚大陸規劃的社會治理與環境治理，以及國際趨勢的CSR與ESG等理念價值，發揮民間的創意活力，由超越選舉政治的社群社會角度，追求兩岸融合統好的多方共贏。

原本有謂解決不了的問題就不是問題。台灣的南北失衡與世代交替，在自身菁英長期漠視之下已經形成了南北之間與60至90世代的不同發展階段態勢。大體而言，南台灣與60世代前處於習於傳統的政府統治，中北台灣與60至90世代間處於習於現代的市場管理，至於雙北與90世代後則已習於嚮往後現代的社群治理。

中國自古即有所謂的：以力服人、以理服人，與以德服人的區別。孫中山先生更曾諄諄告誡日本有關霸道與王道的分野，並以濟弱扶傾作為中國恢復歷史地位

---

[2]　〈兩岸城市交流的眉角〉，中時新聞網，汪明生，https://www.chinatimes.com/newspapers/20181221000255-260310，2018年12月21日，04:09。

後，對於其他國家地區的應有政策態度。這些眼前正好適切參考。

　　台灣自2000年政黨輪替以來，藍綠兩黨皆可謂透過選舉政治累積經濟資源，卻都如同美國一般，並未真正關注社會尤其基層。於今已可對於社會概括了解其三種意涵：相對於國家，社會是地區；相對於政府，社會是民間；相對於個體，社會是社群。這些社會層面的內容概念可進一步予以闡釋，一是存量與綜觀總體的社會，亦即在台灣南北與全球化下主動被動打通藩籬或打破屏障的地區國家，已產生形成了優劣強弱的發展階段與社會條件；二是流量與宏觀群體的社會，主要即是政府政策下的民間與地區，包括經濟產業、人口結構與政治傾向；三是流量與微觀個體的社會，主要即是教育網絡之下便利與極化的人際層面，包括個體認知、態度互動與社群網路。

　　以大陸高層多次展現的高度善意，兩岸若要融合統好，當即係指以社會主義後現代階段為主的深刻對接，如此則兩岸心靈契合水到渠成。然而台灣的真實情況如何、大陸的具體準備如何、規劃宣示與實際落地的差距如何，都是需要現在就能提示出來充分並真誠溝通討論的。大陸自身發展與對台舉措，以往的主要情況應係現代與傳統，並且已正邁向後現代中，由定調提出的協商民主，與已在江浙地區逐漸深化的基層民主看來，確實已經展現誠意決心。如果參照社會主義核心價值中的個體層面，確實做到民間友善與政府誠信，則將已是最大善意與最好準備。至於台灣的兩岸整備就看能否迎難而上一步到位，由躊躇不前的南台灣與青年基層的原初與傳統，直奔不求高強度追求高感度的後現代。同樣也是公民治理與環境治理，由全台公寓大樓的安善自治，民間自辦都市更新的逐步開展，已可見到如此方向的端倪曙光。社會主義核心價值個體層面中的愛國（愛鄉），與對制各種詐騙的敬業，當然是導正偏差的項目重點。

　　若以「跨域治理」的結構觀點予以解構，則在傳統現代與後現代的發展階段中，公共管理者、複合領域專家與多方當事人等所涉角色的主從輕重亦須搭配調適，並且更進一步，則在各方參與者的個體認知與群體互動等深層本質的政策應用方面，亦可釐清界定與觀察紀錄，以求努力減少、儘量避免變動局面下的複雜爭議與低效不公。

　　在以民間團體實際推進兩岸的「融合統好」方面，台灣的孫文南院等民間團體已於2016年以來在南中北等地辦理多場以「南南合作與兩岸融合」作為主題的互動會議與視訊會議。各界參與熱烈，會議成果豐碩，並將繼續辦理，逐步拓展至各個

領域與各個界別，並且秉持取法乎上，得乎其中的耕耘播種想法初衷。

　　至於大陸方面，則亦期待經由各個管道把握各種機會，準確掌握台灣各界所反映呈現的以民生發展作為主題的觀點想法，而以城市地區試點，南南經社融合，涉台團體對接等作為主要內容的倡議呼籲，業已多年多地多次表達，眼前繼續鍥而不捨，此外似無他途。[3]

　　以下概略歸納多年以來觀察思考兩岸促融促統的工作補充：

一、因地制宜，衡情論理

　　由大陸來看台灣的確不大，曾有所謂對台工作全台一盤棋，殊不知台灣其實族群與地方的隔閡也不小，並且在空間區位的南北與時間世代的90後，已經產生較大變化。過去的反獨或許可以維持現狀，而今的促統已經勢須對症下藥因地制宜。

二、避免線性思考與局部思考

　　對於複雜多變的重大議題，若以自身就便角度關切理解，即是線性思考乃至局部思考。大陸對於南台基層採以自認熟悉掌握的作為，並且一貫堅持的市場經濟與主權統獨開展交流，對實況的認識不正確，其結果也是不符預期。

三、急需系統思考與全盤思考

　　兩岸明顯消長與台灣質變異化之下，經濟產業應該已非大陸對台交流的硬道理，促統工作已需與時俱進地加上大局意識的社會層面。社會主義核心價值正當其時，重點在於做而不僅在於說，甚或先做再說乃至做而不說。

四、空談誤國，實幹興邦

　　情況如上述理由，如以優惠政策吸引台商台青赴陸，其實對於「反獨促統」的效果有限。根本之道在於「以通促融、以惠促融、以情促融」等貼切提示，推進台灣，打動人心的軟性操作，亦正可檢視大陸標榜的治理體制與治理能力。

3　中時新聞網—海納百川—〈兩岸促融促統體制建構芻議〉，汪明生，https://www.chinatimes.com/opinion/20220701001643-262110，2022年7月1日，11:02。

五、知難行易，行而後知

此與百年前孫中山先生掌握的事實先於理論，與大陸所提的實踐檢驗真理，大體是同樣情況一個概念。統一後台灣同胞的合法權益、私人財產、宗教信仰受到保障，這些對於台灣同胞至關重要，然而在資訊紛亂之下少有人注意到。

六、地區試點，南南合作

台灣質變由南開始，發展潛力相對較大，無論統前的著眼大局或是統後的聚焦局部，建設南台紓解北台都是釜底抽薪、功德無量的上上之策。

七、迎頭趕上，畢功一役

兩岸「融合統好」的個體層面目標設定，可讓3/4的台灣同胞在統後更好，除了經濟大幅提升與政治並無差別（台獨自然終結）外，重點在於社會層面的「兩岸一家親」的心靈契合；至於群體層面的有形效益包括經濟、科技與軍事，無形效益可再加上對台自信與兩岸自信，以及重要的民族復興載入史冊。

參考文獻

中文部分

丁致成，1997。《城市多贏策略——都市計畫與公共利益》，台北：創興出版社。

毛壽龍，2001。《政治社會學》，北京：中國社會科學出版社。

丘昌泰，1999。〈從公共政策過程的『中心論』到『邊陲論』：修憲後地方政府角色的變遷與調整〉，《空大行政學報》，第9期，頁1-26。

王文誠，2006。〈全球化趨勢下的都會治理：高雄的挑戰〉，《環境與世界》，第13期，頁35-56。

王彥霖，2013。《南台灣民間團體與平潭綜合實驗區合作發展策略之研究——以政治性團體為例》，國立中山大學公共事務管理研究所在職專班碩士學位論文，未出版，高雄市。

王秉安，2013。〈設立法法定機構：平潭台灣區域對接的路徑選擇〉，《福建行政學院學報》，2013年第3期，頁1-5。

王嘉州、謝旻臻，2014。〈學甲虱目魚契作之公私協力與政策過程分析〉，《展望與探索》，第12卷，第6期，頁49-65。

王建民，2017。「新形勢下對推進兩岸『南南合作』問題的認知與思考」，「首屆兩岸『南南合作』與發展論壇」，中國社會科學院台灣研究所全國台灣研究會主辦，2017年1月12日。

江大樹，2001。〈府際關係導論〉。載於趙永茂、孫同文、江大樹（編），《府際關係》（2-46），台北：元照。

江明修，1997。「再造公民性政府」，地方自治與國家發展研討會，台灣教授協會。

江明修、鄭勝分，2004。〈從政府與第三部門互動的觀點析探台灣社會資本之內涵及其發展策略〉，《理論與政策》，第17卷，第3期，頁37-58。

汪明生、辛玉蘭，1992。「都會管理與生活品質——試論高雄市的都市行銷」，國家政策與區域發展學術研討會，國立中山大學中山學術研究中心。

汪明生、古梅郁，1997。〈地區行銷策略對吸引白領人口之實證研究：以高雄—台北都會區為例〉，《公共行政學報》，第1期，頁285-318。

汪明生，1998。〈政府與地區企業性轉型與發展下的公共事務管理教育〉，《中國行政評論》，第7卷，第4期，頁55-76。

汪明生、馬群傑，1998。〈地方經濟發展與地區行銷——以高雄為例〉，《台灣土地金融季刊》，第35卷，第3期，頁97-11。

汪明生、張寧，2001。「地方發展策略規劃集體決策輔助之理論與模式」，海峽兩岸第

三屆公共事務管理及跨世紀發展研討會。

汪明生、馬群傑，2002。〈地方發展競爭趨勢下之行銷實證研究——以高雄市地區發展為例〉，《中國地方自治月刊》，第55卷，第2期，頁4-26。

汪明生、馬群傑、黃國良，2003。〈企業性地區競爭下之高雄行銷策略——互動管理（IM）模式之應用〉，《中國行政評論》。

汪明生、黃宗誠，2003。〈以公共事務管理整合參考架構對兩岸大學MPA課程之結構分析〉，《公共事務評論》，第4卷，第1期，頁1-68。

汪明生、陳碧珍，2003。〈風險資訊整合模式與風險知覺之研究——以石化業為例〉，《管理學報》，第20卷，第2期，頁251-287。

汪明生，2004。「公共事務與管理、理論、方法與應用」，國立中山大學公共事務管理研究所。

汪明生、馬群傑，2004。〈高雄地方發展課題之分析與比較〉，《研考雙月刊》，第28卷，第5期，頁76-88。

汪明生、馬群傑，2005。〈高雄地方發展課題與多元群體認知之實證研究——認知續線理論（CCT）的應用〉，《理論與政策》。

汪明生、馬群傑，2005。「結合公共事務管理架構之高雄地區行銷策略——互動管理之應用」，「首屆兩岸四地公共管理學術研討會」，中國北京人民大學。

汪明生、馬群傑、蕭元哲，2005。「多元社會下高雄地區行銷策略研究——公共事務管理整合參考架構的觀點」，2005年第三屆TASPAA年會暨「公共行政的變遷與挑戰」學術研討，台灣公共行政暨公共事務系所聯合會，國立台北大學。

汪明生，2005。《公共事務管理實用分析方法》，台北：五南圖書出版股份有限公司。

汪明生、黃國良、郭文俊，2005。〈酒後駕車風險知覺之實驗知覺之實驗研究：資訊整合理論之應用〉，《管理學報》，第22卷，第4期，頁429-447。

汪明生，2006。《公共事務管理研究方法》，台北：五南圖書出版股份有限公司。

汪明生、胡象明，2010。《公共管理實用分析方法》（21世紀公共管理系列教材），北京：中國人民大學出版社。

汪明生，2011。《互動管理與公民治理》，台北：智勝文化事業有限公司。

汪明生、邱靖蓉、楊俊傑，2012。〈從心理認知途徑探討政治領域之寬恕態度衡量——以選舉危機情境為例〉，《公共管理評論》，第13卷，頁3-16。

汪明生，2013。《公共價值與跨域治理》，台北：智勝文化事業有限公司。

汪明生、林國慶（2013）。〈南台灣與平潭綜合實驗區共同發展研究〉，《福建行政學院學報》，海峽兩岸關係法學研究會。

汪明生，2014。「兩岸大局的癥結與關鍵仍然是在南台灣」。發表於「南台灣與兩岸關係」研討會，台南：國立成功大學。

汪明生、張簡維典，2015。「社會發展階段與兩岸地區合作」，「第六屆台灣研究新跨越學術研討會——兩岸經濟制度化合作：成效與展望」，廈門。

汪明生、張維眞、高煜雄，2016。〈城市治理永續發展研究——以高雄地區貧窮循環跨域治理爲例〉，《海峽科學》，2016年第5期（總第113期），福建：福建省科學技術協會。

汪明生、許綿延，2017。〈跨域治理初探——以兩岸南南合作爲例〉，《台海研究》，第3期（總第17期），2017：18-30，上海。

宋興洲，2003。「網路民主式科幻小說」，第三屆政治與資訊研討會，佛光人文社會學院。

宋國城，2012。「習近平時期的對台政策」，台北論壇官網，http://140.119.184.164/view/04.php。

辛翠玲，2014。〈從藍綠政治到兩岸關係：區域發展觀點看南台灣的政治選擇〉，丁仁方、黃清賢（主編），《南台灣與兩岸關係》，時英出版社。

吳定，1993。〈公共政策研究的未來發展〉，《行政管理論文選輯》，第7輯，頁185-201。

吳欽杉、汪明生等，1995。《高雄市產業發展白皮書》，高雄市政府建設局。

吳定，1998。《公共政策辭典》，台北：五南圖書出版股份有限公司。

吳定，2000。《公共政策》，台北：華視。

吳惠林，2001。「知識經濟、科技與永續發展」，2001國家發展學術研討會。

吳濟華，2001。〈公私協力策略推動都市建設之法制化研究〉，《公共事務評論》，第2卷，第1期，頁1-29。

吳俐璠，2002。《台灣地區推動地方觀光行銷策略之研究——以鶯歌地方觀光發展爲例》，國立台灣大學建築與城鄉研究所碩士論文，未出版。

吳得源，2006。〈全球治理在公共政策理論之擴充〉，《行政暨政策學報》，第42卷，第1期，頁1-36。

張世賢，1991。〈直接民主制在政策制定上所衍生之問題〉，《法商學報》，第25期，頁287-303。

張世賢、陳恆鈞，1997。《公共政策：政府與市場的觀點》，台北：商鼎書局。

張四明，1998。〈府際間的協調：問題與解決途徑〉，《行政學報》，第29期，頁213-250。

張寧，2004。《社會判斷理論之集體決策程序對互動管理成果之驗證——兼論政策分析中集體決策方法之比較》，國立中山大學公共事務管理研究所博士論文，未出版。

張漢雲，2004。〈關於價值判斷與價值觀的幾個問題〉，《思想政治課教學》，第10期，頁20-21。

張成福、李昊城、邊曉慧，2012。〈跨域治理：模式、機制與困境〉，《中國行政管理》，2012（3）。

張執中，2015。〈九合一選舉後中共對台政策與兩岸關係展望〉，《全球政治評論》。特集001（2015），頁87-107。

楊日青、李培元、林文斌、劉兆隆等譯，Andrew Heywood著，1999。《政治學新論》，韋伯文化事業出版社。

鍾起岱，2000。〈從政府再造來看政策執行管理之變革〉，《空大行政學報》，第10卷，第1期，頁97-128。

趙永祥、白宗民、吳依正，2016。〈一帶一路對大陸經濟與台灣未來發展之影響〉，《華人經濟研究》，第14卷，第2期，頁111-130。

鄧中堅，2015。〈中國對拉丁美洲的資源外交：新殖民主義與南南合作之爭辯〉，《遠景》基金會季刊，第16卷，第3期，頁131-179。

許文傑，2000。《公民參與公共行政之理論與實踐──公民性政府的理想型建構》，國立政治大學公共行政學系博士論文，未出版。

許綿延、汪明生，2016。〈一帶一路下的兩岸城市創新合作〉，《海峽科學》，2016年第5期（總第13期）。福建省科學技術協會，學會雜誌社，國內刊號：CN35-1292N，國際刊號：ISSN1673-8683。2016：49-60。

許綿延、鄭彥信，2018。〈十九大以後兩岸「南南合作」的新機遇〉，《海峽科學》，2018年4月第4期（總第136期）。福建省科學技術協會，學會雜誌社，國內刊號：CN35-1292N，國際刊號：SSN1673-8683。2018：57-58。

許綿延，2020。《兩岸「南南合作」範式建構推進及跨域治理人才培養》。中國科學技術大學，公共事務學院，博士學位論文，未出版。

許綿延，2021。〈互動管理理論引介與應用〉，《中國行政管理》，2021-04-01，北京。國家社科基金資助期刊，CSSCI，2021年第3期（總第429期），頁147。

Coleman, J. S. 1990. *Foundations of Social Theory*. 李秋零編譯（2008年8月），《社會理論的基礎》，北京：社會科學文獻出版社。

John N. Warfield 1988. *Social System*. 張碧輝編譯（1989年12月），《社會系統──計畫工作‧政策與複雜性》，湖北科學技術出版社。

李宗勳，2001。從「新公共服務」及「組際學習」新視野檢視台北市社區、學區安全聯防行動方案，《國政研究報告》，憲政（研）090-043號，國家政策研究基金會。

李秉正、徐世勳、吳英明、劉孟奇，2003。《高雄市經濟發展白皮書》，高雄市政府建設局。

李宗勳，2004。〈公私協力與委外化的效應與價值：一項進行中的治理改造工程〉，《公共行政學報》，第12期，頁41-77。

李長晏、鄧怡婷，2004。《多重組織夥伴關係：治理模式與信任的建構》，行政院陸委會等單位主辦「第一屆地方治理與城鄉發展學術」研討會論文。

李長晏、陳衍宏，2006。《多層次治理架構下的市政管理——制度與結構觀點》。發表於「2006國際學術研討會——公共事務學組」學術論文。

李長晏，2007。《邁向府際合作治理：理論與實踐》，台北：元照。

李鴻階、單玉麗，2010。〈關於加快推進平潭綜合實驗區建設的建議〉，福建社會科學院科研成果選編，頁253，福州市：海峽文藝出版社。

李樑堅，2011。〈高雄市產業發展面對的挑戰及推動策略〉，《城市發展》半年刊，第12期。

李樑堅，2017。「第26屆海峽兩岸關係研討會（山西太原）心得簡報」，未出版，高雄市。

李重德，2012。「平潭實驗成敗的關鍵因素與現存問題之初探」，首屆共同家園論壇交流材料之二十八，頁231-241。

李非、林子榮，2015。〈閩南與台灣西部縣市經濟引力測算及閩台「南南合作」研究〉，《台灣研究集刊》，2015年第1期，廈門大學台灣研究院。

李非、林子榮，2015。「ECFA背景下台灣中南部經濟情勢——兼論ECFA在南台灣的成效」，第六屆「台灣研究新跨越學術研討會——兩岸經濟制度化合作：成效與展望」，廈門。

林水波、王崇斌，1999。〈公民參與與有效的政策執行〉，《公共行政學報》，第3期，頁175-202。

林水波、石振國，1999。〈以直接民主改革間接民主的論述與評估〉，《立法院院聞月刊》，第27卷，第3期，頁33-44。

林振春，1991。〈名義團體技巧與團體輔導〉，《輔導月刊》，頁27-32。

林國明、陳東升，2003。「公民會議與民主的遠景：全民健保的實踐經驗」，台灣社會學。

林鍾沂，1992。《公共事務的設計與執行》，台北：幼獅書局。

林本炫，1994。〈台灣南北文化差異的社會意義〉，《國家政策雙週刊》，第88期，頁4-5。

林宜蓉，2002。《地方政府舉辦節慶活動之經營策略與行銷活動研究》，國立中山大學傳播管理研究所碩士論文，未出版。

林斌，2004。《教師會集體協商制度之規劃研究——衝突管理途徑之應用》，國立台北大學公共行政暨政策學系博士論文，未出版。

林本炫、何明修，2004。《質性研究方法及其超越》，嘉義：南華大學教育社會學研究所。

林振春，2005。〈如何掌握讀書會溝通技巧〉，《書香遠傳月刊》，第23期，頁45-47。

林水波、李長晏，2005。《跨域治理》，台北市：五南圖書出版股份有限公司。

林文波，2006。《公民投票與公民會議》，台北市：五南圖書出版股份有限公司。

林永吉，2009。《跨域治理──理論與個案研析》，台北市：五南圖書出版股份有限公司。

林豐正，2013。「第五屆海峽論壇重要活動之一」、「第二屆共同家園論壇」，2013年6月17日，福建平潭。

邱靖蓉，2013。《跨域治理中互動結構及個體權重之研究──以高雄自由經濟示範區之地區觀點為例》，中山大學公共事務管理研究所博士學位論文，未出版，高雄市。

孫煒，2001。〈議題導向的環境決策架構──核四環境影響之個案分析〉，《公共行政學報》，第5期，頁47-66。

孫柏瑛，2003。〈全球化時代的地方治理：構建公民參與和自主管理的制度平台〉，《公共治理與制度創新論文集》，北京：中國人民大學，頁353-364。

孫柏瑛，2004。《當代地方治理：面向二十一世紀的挑戰》，北京：中國人民大學。

孫莉莉，孫遠大，2007。〈多中心治理：中國農村公共事務的治理之道〉，《中國發展》，第7卷，第2期，頁88-92。

孫榮平，2018。《兩岸南南合作之跨域治理》，中山大學公共事務管理研究所，博士論文，未出版，高雄市。

黃東益，2000。〈審慎思辯民調──研究方法的探討與可行性評估〉，《民意研究季刊》，1月號，頁123-143。

黃舒彥，2002。《從藝文活動探討城市行銷──以台北市為例》，國立中山大學傳播管理研究所碩士論文，未出版，高雄市。

黃于恬，2012。《台灣南北差異下當事人觀點之公平衡量與跨域分析──旗津海岸公園與淡水漁人碼頭之比較》，國立中山大學公共事務管理研究所博士論文，未出版，高雄市。

黃柏霖，2017。《社會交換與經濟交換的準理性：高雄作為兩岸合作試點城市的跨域治理》，中山大學公共事務管理研究所博士學位論文，未出版，高雄市。

黃玄政，2018。《高雄民間兩岸南南合作之體制建構與治理推進》，國立中山大學公共事務管理研究所碩士學位論文，未出版。高雄市。

余致力，2000。〈民意與公共政策：表達方式的釐清與因果關係的探究〉，《中國行政評論》，第4卷，第9期，頁81-110。

余致力，2002。《民意與公共政策：理論探討與實證研究》，台北市：五南圖書出版股份有限公司。

南雲，2001。「城市化與地區形象，2001年可持續發展與環保產業國際研討會」，澳門環境委員會。

姜莉蓉，2002。《地方觀光行銷與品牌策略——以屏東縣為例》，國立中山大學國際高階經營管理碩士班碩士論文，未出版，高雄市。

段樵、伍鳳儀，2002。〈企業評估城市競爭力：上海與香港（2001-2002）〉，《中華管理評論》，第5卷，第5期，頁121-140。

范姜群澔，2002。《都市觀光吸引力與媒體行銷關係之研究——以台中市都會區為例》，朝陽科技大學休閒事業管理系碩士論文，未出版。

徐秀英，2002。《從地方治理的觀點探討台灣鄉村發展的企業化策略——以桃園縣為例》，中國文化大學建築及都市計畫研究所碩士論文，未出版。

馬群傑，2001。「地方發展競爭趨勢下之策略性地區行銷」，兩岸研究生社會科學跨學科理論與發展研討會，國立東華大學。

陳東波，1996。〈政策分析與論證——兼論理性決策之失〉，《復興崗論文集》，第18期，頁149-161。

陳勇全，2001。《應用都市行銷概念於都市保存之研究——以台北市大稻埕為例》，國立台北大學都市計畫研究所碩士論文，未出版。

陳彥龍，2001。《電視媒介與台灣的民主化：民間全民電視台各案研究》，國立中山大學政治學研究所碩士論文，未出版。

陳碧珍，2001。〈集體決策中的社會決策基模及社會平均定理〉，《公共事務評論》，第2卷，第1期，頁183-207。

陳麗紅，2008。「跨域合作治理機制形式之探討——高高屏跨域合作治理」，高高屏區域永續治理研討會，高雄市都市計畫委員會主辦，高雄市。

陳先才，2012。「兩岸共同治理與平潭城市發展」，「首屆共同家園論壇」交流材料之六，頁45-50。

溫在春、汪明生，2015。〈論一帶一路大戰略及兩岸經貿科技管理創新合作〉，《公共事務評論》，高雄：中華公共事務管理學會／中山大學公共事務管理研究所。

溫在春，2019。《兩岸南南合作跨域治理之戰略與戰術研究》，中國科學技術大學公共事務學院，博士論文研究，未出版。

游振袋，2002。《從都市行銷的概念探討觀光產業發展之研究——以花蓮市為例》，國立台灣科技大學建築系碩士論文，未出版。

莊翰華，1998。《都市行銷理論與實務》，台北：建都文化。

葉俊榮，1999。《全球環境議題與台灣觀點》，台北：巨流。

劉大和，2002。《台灣發展文化創意產業的思考》，台北：台灣經濟研究院。

劉坤億，2002。〈全球治理趨勢下的國家定位與城市發展：治理網路的解構與重組〉，

《行政暨政策學報》，第34期，頁57-83，國立台北大學。

劉坤億，2003。〈地方治理與地方政府角色職能的轉變〉，《空大行政學報》，第13
期，頁233-268，國立空中大學。

劉孟奇，2005。「審議民主的實踐──NIF與Study Circles」，審議民主國際研討會，台
灣民主基金會。

謬全吉，1984。《理性政治的共識》，台北：黎明。

蕭元哲，馬群傑，2004。〈多元社會下高雄地區行銷策略研究──公共事務管理整合參
考架構的觀點〉，《公共事務評論》，第5卷，第1期，頁65-103。

駱焜祺，2001。《觀光節慶活動行銷策略之研究──以屏東縣黑鮪魚文化觀光季活動為
例》，國立中山大學公共事務管理研究所碩士論文，未出版。

柯三吉，1994。〈公共政策問題的診斷〉，《行政管理論文選輯》，第8期，頁135-
168。

高橋浩，1990。《突發奇想》，台北：卓越。

高永光，2004。〈地方民主與地方治理〉，《國政研究報告》，憲政研究093-008號，
國家政策研究基金會。

郭有橘，1992。《發明心理學》，台北：遠流出版社。

郭有橘，1997。〈情緒教育的目標與教略：情緒的了解、表達、管理與利用〉，《台灣
教育》，第559期。

南南合作金融中心，2017。《邁向2030：南南合作在全球發展體系中的轎色變化》，社
會科學文獻出版社，北京。

高雄市政府，2004。《高雄市政府施政目標》，高雄市政府編印。

高雄市政府新聞處，2004。《高雄市政府施政要領》，高雄市政府新聞處編印。

廖益興，1994。〈南北差距：政治文化面〉，《國家政策雙週刊》，第88期，頁2-3。

蔡碧芝，高雄港小檔案，2003。《生態中心季刊》，第12期，頁5-6。

鄭伯壎、張東峰編譯，Ernest R. Hilgard等原著，1982。《心理學》（*Introduction to Psy-
chology*），台北。

嚴伯和，2003。《地方媒體生存策略之研究──以中華日報、台灣新聞報個案分析比
較》，國立中山大學大眾傳播管理研究所碩士論文，未出版。

柯世興，2010。《南部各級政府事務官兩岸觀養成之研究》，國立中山大學公共事務研
究所碩士學位論文，未出版，高雄市。

單玉麗，2010。〈海峽兩岸經濟合作模式演進、影響因素與推動策略〉，《全國台灣研
究彙編：進一步開創兩岸關係和平發展新局》（論文集），2010年6月，頁194。

溫瑾婷，2009。《高雄市不同階層民眾在社會變遷下對經濟、社會、政治面的價值觀調
查》，國立中山大學公共事務管理研究所碩士學位論文，未出版，高雄市。

戴肇洋，2012。「平潭打造兩岸共同家園的結與解之研究」，首屆共同家園論壇交流材料之一，頁1-7。

謝明輝，2012。「兩岸如何共同推動平潭開放開發」，首屆共同家園論壇交流材料之十七，頁122-135。

羅海成，2013。〈平潭綜合實驗區兩岸共建組織機構設計構想〉，《福建行政學院學報》，2013年第3期，頁6-11。

黨朝勝，2013。〈從十八大報告涉台內容看兩岸關係發展前景〉，《中國評論》，第181期，頁38。〈對九二共識、一中框架在兩岸關係發展進行不同層次意涵與理論闡釋〉，參見李義虎，2013，〈以增量改革作為兩岸關係發展的路徑選擇〉，《中國評論》，第183期，頁4-7。

袁鶴齡、沈燦宏，2012。〈從全球治理的權力類型探究兩岸合作的可能模式〉，《中國大陸研究》，第55卷，第2期，頁75-103。

譚英俊，2009。〈公共事務合作治理模式：反思與探索〉，《貴州社會科學》，第3期（總231期），2009年3月。

譚謹瑜，2014。〈大陸經濟轉型趨勢與深化兩岸合作〉，《工總產業雜誌》，2014年2月號。

汪明生、黃燈清，2018。「禮運大同篇之跨域治理詮釋解讀——以兩岸南南合作為例」，「中華文化與政府治理模式轉型」論壇，北京。

首屆南南合作與發展論壇交流資料，2017。中國社會科學院台灣研究所、全國台灣研究會共同主辦，2017年1月12日，廣西柳州。

倪永傑，2021。〈武統或和統的第三條路〉，中時新聞網，2021年1月22日。

英文部分

Abdenur, AE (Abdenur, Adriana Erthal)(2014). China and the BRICS Development Bank: Legitimacy and Multilateralism in South-South Cooperation. *IDS BULLETIN-INSTITUTE OF DEVELOPMENT STUDIES*, 45/4, 85-101.

Abers, R. (1997). *Learning Democratic Practice: Distributing Government Resources Through Popular Participation in Porto Alegre*, Brazil, Michael Douglass & John Friedmann (eds.) pp.39-65.

Ache, P. (2000). *Vision and Creativity- Challenge for City*, Futures 32, pp.435-449.

Alford, J. (2002). Defining the Client in the Public Sector: A Social Exchange Perspective, *Public Administration Review*, 62 (3), pp.337-346.

Amanor, KS(2013). South-South Cooperation in Africa: Historical, Geopolitical and Political Economy Dimensions of International Development. *IDS BULLETIN-INSTITUTE OF*

DEVELOPMENT STUDIES, 44/4, 20-30.

Andersson, A. E. (1993). *Economic Structure of the 21st Century*, in Andersson, A. E., Battern, D. F., Kobayashi, K. and Yoshikawa, Y., the Cosmo-Creative Society- Logistical Networks in a Dynamic Economy, Springer-Verlag, Berlin.

Anderson, N. H. (1996). *A Functional Theory Cognition*, Hillsdale, NJ: Lawrence Erlbaum Associates.

Anderson, N. H. (2008). *Unified Social Cognition*, New York: Taylor and Francis Group.

Annis, S. and Hakim, P. (1988). *Direct to the Poor: Grassroots Development in Latin America*, Lynne Rienner Publishers, Boulder and London.

Aoki Inoue, CYA & Vaz, AC(2012). Brazil as 'Southern donor': beyond hierarchy and national interests in development cooperation? *CAMBRIDGE REVIEW OF INTERNATIONAL AFFAIRS*, 25/4, 507-534.

Ashworth, G. J. and Voogd, H. (1990). *Selling the City: Marketing Approaches in Public Sector Urban Planning*, London: Belhaven Press. Development Council: Cleveland State University Press.

Bache, I., & R. Chapman (2008). Democracy through Multilevel Governance? The Implementation of the Structural Funds in South Yorkshire. *Governance*, Vol.21 (No.3): 397-418.

Bache, I., & M. Flinders (2004). Multi-Level Governance and the Study of British State. *Public Policy and Administration*, Vol.19 (No.1): 31-51.

Bailey, J. (1989). *Marketing Cities in the 1980s and Beyond*, American Economic.

Barabas, J. (2002). *Virtual Deliberation: Knowledge from Online Interaction versus Ordinary Discussion, Paper for the Prospects for Electronic Democracy*, Sept. 20-21.

Barber, B. (1986). *Strong Democracy: Participatory Politics for A New Age*, Bakery: University of California Press.

Barke, M and Harrop, K. (1994). *Selling the Industrial town: Identity, Image and Illusion*, in John R. Gold and Stephen V. Ward, eds, Place Promotion: The Use of Publicity and Marketing to Sell Towns and Regions, Chichester: John Wiley and Sons.

Begg, I. (1999). Cities and Competitiveness, *Urban Studies*, Vol.36, pp.5-6.

Benveniste, G. (1977). *The Politics of Expertise*. 2d ed., San Francisco: Boyd and Fraser.

Bingham, L. B., et al. (2005). "The new governance: Practices and processes for stakeholder and citizen participation in the work of government." *Public Administration Review,* 65(5): 547-558.

Blakely, E. J. (1994). *Planning Local Economic Development-Theory and Practice*, SEGA Publications.

Bohman, J. and Rehg, W. (1997). *Deliberative Democracy*, Cambridge, Mass.: The MIT Press.

Boerzel, T. A. (2012). "Experimentalist governance in the EU: The emperor's new clothes?" *Regulation & Governance*, 6(3): 378-384.

Bovaird, T. (2004). Public-Private Partnerships: From Contested Concepts to Prevalent Practices, *International Review of Administrative Sciences,* 70 (2), pp.199-215.

Bozeman, B. (2002). Public-Value Failure: When Efficient Markets May Not Do, *Public Administration Review*, 62(2).

Braybrooke, D. (1996). *Changes of Rules, Issue-Circumscription, and Issue-Processing, In Social Rules: Origins; Character; Logic; Change*, ed., David Braybrooke. Boulder, Colo.: Westview Press.

Burgess, J. A. (1982). Selling Places: environmental images for the executive, *Regional Studies*, Vol.16, No.1.

Chen, D. S. (2005). *The Limitations of Deliberative Democracy: Cases of Citizen Conference in Taiwan. International Conference on Deliberative Democracy.* Taiwan Thinktank, the Taiwan Democratic Foundation and the Initiative and Referendum Institute-Asia. Taipei.

Cohen, J. and Rogers, J. (1983). *On Democracy*, New York: Penguin.

Calavita, N. and Caves, R. (1994). Planners' Attitudes Toward Growth: A Comparative Case Study. *Journal of the American Planning Association*, 60, 4, pp.483-500.

Camagni, R., Capello, R. and Nijkamp, P. (1996). *Managing Sustainable Urban Environments*. Handbook of urban studies. Sage. R. Paddison. London. pp.124-140.

Capon, N. (1981). Marketing Strategy. Differences Between State And Privately Owned Corporations: An Explanatory Analysis, *Journal of Marketing*, pp.45.

Chwe, M. S. Y. (2001). *Rational Ritual: Culture, Coordination and Common Knowledge*. Princeton: Princeton University Press.

Coser, L. A. (1990). The Intellectuals in Soviet Reform: On "Pluralistic Ignorance" and Mass Communications. *Dissent* 37, pp.181-183.

Cohen, J. and Rogers, J. (1992). Secondary Associations in Democratic Governance, *Politics and Society*, No.20, pp.393-472.

Crick, N. R. and K. A. Dodge (1994). "A REVIEW AND REFORMULATION OF SOCIAL INFORMATION-PROCESSING MECHANISMS IN CHILDRENS SOCIAL-ADJUSTMENT." *Psychological Bulletin*, 115(1): 74-101.

David, M. B. and Keith, M. (1982). Group Confidence Pressures in Iterative Decision, *Management Science*, 28(10).

Delbecq, A. L., Van de Ven, A. H. and Gustafson, D. H. (1975). *Group Techniques for Program*

Planning: A Guide to Normal Group and Delphi Processes, NJ: Scott, Foresman and Co.

Delp, P., Thesen, A., Motiwalla, J. and Seshadri, N. (1977). *Systems Tools for Project Planning, International Development Institute*, Indiana University, Indiana.

Denhardt, R. B. and Denhardt, J. V. (2000). The New Public Service: Serving Rather than Steering, *Public Administration Review*, Nov/Dec, Vol.60, No.6, pp.549-559.

Denhardt, R. B. and Denhardt, J. V. (2003). *The New Public Service: Serving, not Steering*, New York: Armonk.

de Oliveira, Henrique Altemani(2010). Brazil and China: a new unwritten alliance? *REVISTA BRASILEIRA DE POLITICA INTERNACIONAL*, 53/2, 88-106.

dos Santos, Theotonio(2011). Globalization, Emerging Powers, and the Future of Capitalism. *LATIN AMERICAN PERSPECTIVES*, 38/2, 45-57.

Desantis, M. (1993). *Leadership, Resources Endowments and Regional Economic Development*, Ph. D. Dissertation, George Mason University, Fairfax, VA.

DeSousa, S. B. (1998). Participative Budgeting in Porto Alegre: Towards a Redistributive Democracy, *Politics and Society*, 26(4), pp.461-510.

Do anay, Ü. (2003). *Democratic Inclusion and Public Deliberations in Turkey: The case of Local Agenda 21, 2003 Conference Proceeding*, Political Studies Association.

Dovers, S. R. (1995). A Framework for Scaling and Farming Policy Problems in Sustainability, *Ecological Economics*, 12, pp.93-106.

Dryzek, J. S. (1990). *Discursive Democracy: Politics, Policy and Political Science*. Cambridge University Press, New York.

Dunn, W. N. (1994). *Public Policy Analysis – An Introduction*, Scond Edition, New Jersey: Prentice Hall International, Inc.

Dunn, W. N. (2003). *Public Policy Analysis – An Introduction*, Third Edition, New Jersey: Prentice Hall International, Inc.

Elster, J. (1986). *Rational Choice*. New York: New York University Press.

Emerson, Kirk; Nabatchi, Tina; Balogh, Stephen(2012). An integrative Framework for Collaborative Governance. *Journal of Public Administration Research and Theory* . Volume 22, Issue 1, pp.1-29.

Faludi, A. (1987). *A Decision-centred View of Environmental Planning*, Oxford: Pergamon Press.

Faser, N. (1990). The Uses and Abuses of French Discourse Theories for Feminist Politics. *Boundary*, 2 (17), pp.82-101.

Fines, S. H. (1981). *The Marketing of Ideas and Social Issues,* New Youk: Praeger.

Fishkin, J. S. (1991). *Democracy and Deliberation: New Directions for Democratic Reform*. Harvard University Press.

Fishkin, J. S. (1995). The Voice of the People: Public Opinion and Democracy. Harvard University Press.

Figueredo, A. J., et al. (2006). "A Brunswikian evolutionary developmental theory of preparedness and plasticity." *Intelligence*, 34(2): 211-227.

Friedman, J. (1995). *Civil Society, Empowerment, and Political Practice*. Dr. Ralph R. Sachs Lecture, University of California, Berkeley, School of Public Health.

Frederickson, H. G. (1997). *The Spirit of Public Administration*, San Francisco: Jossey-Bass.

Friedman, J. and Mauricio, S. (1988). *The Barrio Economy and Collective Self-Empowerment in Latin America*. pp.3-37, in Power, Community and the City, edited by P. D. Smith. New Brunswick, N.J.: Transaction Books.

Gerry Stoker (1991). *The Politics of Local Governance*, London: Macmillan.

Glockner, A. and T. Betsch (2008). "Modeling option and strategy choices with connectionist networks: Towards an integrative model of automatic and deliberate decision making." *Judgement and Decision Making,* 3(3): 215-228.

Glassman, E. (1991). *Creativity Handbook: Shift Paradigms and Harvest Creative Thinking at Work*. Chapel Hill, NC: LCS Press.

Gold, J. R. and Ward, S. V. (1994). *Place Promotion: the Use of Publicity and Marketing to sell Towns and Regions*, John Wiley and Sons.

Goman, C. (1989). *Creative Thinking in Business*, London: Kogan.

Gosovic, B.(2016). The resurgence of South-South cooperation. *Third World Quarterly*, 37/4, 733-743.

Gordon, G. L. (1993). *Strategic Planning for Local Government,* Washington D. C.: ICMA.

Gordon, I. (1999). Internalization and Urban Competiveness, *Urban Studies*, 36(5), p.6.

Goulet, D. (1989). Participation in Development: New Avenues, World Development. 17 (2), pp.165-178.

Goymen, K. (2002). Tourism and Governance in Turkey, *Annals of Tourism Research*, 27(4), pp.1025-1048.

Grimm, S (2014). China-Africa Cooperation: promises, practice and prospects. *JOURNAL OF CONTEMPORARY CHINA*, 23/90, 993-1011.

Gruenfeld, D. H., et al. (1996). "Group composition and decision making: How member familiarity and information distribution affect process and performance." *Organizational Behavior and Human Decision Processes*, 67(1): 1-15.

Gualtieri, R. (1998). *Impact of the Emerging Information Society on the Policy Development Process and Democratic Quality*, Commissioned by the OECD.

Habermas, J. (1975). *Legitimation crisis*. Boston: Beacon Press.

Hammond, K. R. (2010). "Intuition, No! ... Quasirationality, Yes!" *Psychological Inquiry*, 21(4): 327-337.

Hammond, K. R., Adelman, L. (1976). Science, values, and human judgement. *Science*, 194(4263), 389-396.

Hammond, K.R., Hamm, R. M.,Grassia, J., & Pearson, T. (1987). Direct comparison of the efficacy of intuitive and analytical cognition in expert judgement. *IEEE Transactions on System, Man, and Cybernetics*, SMC-17, 753-770.

Harris, T. E. and Sherblom, J. C. (2002). *Group Process and Presentation Technique*s, in Small group and team communication (2nd ed.), Boston, MA: Allyn & Bacon, pp.204-224.

Hofmans, J. and E. Mullet (2013). "Towards unveiling individual differences in different stages of information processing: a clustering-based approach." *Quality & Quantity* 47(1): 455-464.

Huntington, Samuel P. (1971). The Change to Change: Modernization, *Development, and Politics. Comparative Politics*, Vol.3, No.3 (Apr., 1971), pp.283-322.

Haider, D. (1992) Place wars: new realities of the 1990's, *Economic Development Quarterly*, Vol.6, No.2.

Hefetz, A. and Warner, M. (2004) Privatization and Its Reverse: Explaining the Dynamics of the Government Contracting Process, *Journal of Public Administration Research and Theory*, 14 (2), pp.171-190.

Holcome, B. (1993). *Revisioning Place: De- and Re-constructing the Image of the Industrial City*, in Gerry Kearns and Chris Philo, eds, Selling Places: The City as Cultural Capital, Past and Present, Oxford: Pergamon Press.

Holcome, B. (1994). *City Make-overs: Marketing the Post-industrial City*, in John R. Gold and Stephen V. Ward, eds, Place Promotion: The Use of Publicity and Marketing to Sell Towns and Regions, Chichester: John Wiley and Sons.

Hwang, C. L. and Lin, M. J. (1987). *Group Decision Making Under Multiple Criteria: Methods and Applications*, Berlin, Springer-Verlag.

Hubbard, P. (1996). Urban design and city regeneration: social representations of entrepreneurial landscapes, *Urban Studies*, Vol.33, No.8.

Hammond, K. R. (2010). "Intuition, No! ... Quasirationality, Yes!" *Psychological Inquiry* 21(4): 327-337.

Hammond, K. R., Adelman, L. (1976). Science, values, and human judgement. *Science*, 194(4263), 389-396.

Hammond, K.R., Hamm, R. M.,Grassia, J., & Pearson, T. (1987). Direct comparison of the efficacy of intuitive and analytical cognition in expert judgement. *IEEE Transactions on System, Man, and Cybernetics*, SMC-17, 753-770.

Hofmans, J. and E. Mullet (2013). "Towards unveiling individual differences in different stages of information processing: a clustering-based approach." *Quality & Quantity*, 47(1): 455-464.

Huntington, Samuel P. (1971). The Change to Change: Modernization, *Development, and Politics. Comparative Politics*, Vol.3, No.3 (Apr., 1971), pp.283-322.

Inglehart, R. (1990). *Culture Shift in Advanced Industrial Society*, Princeton University Press, Princeton, New Jersey.

Inglehart, R. (1997). *Modernization and Post Modernization: Culture, Economic, and Political Change in 43 Societies*, Princeton University Press, Princeton, New Jersey.

International Institute for Management Development, IMD. (1999). *The World Competitiveness Yearbook*, Lausanne: IMD.

Ian Bache and Matthew Flinders(eds), (2004), *Multi-Level Governance*, New York: Oxford.

Jacobs, J. (1993). *The Death and Life of Great American Cities*, New York: Modern Library.

Jessop (2002). *Governance Failure*. In G. Stoke (ed.), the new Political of British Local Governance, pp.11-32, New York: St. Martine's Press, Inc.

Johnson, J. (1993). Is Talk Really Cheap? Prompting Conversation between Critical Theory and Rational Choice. *American Political Science Review*, 87(1), pp.74-86.

Johansson, B., Karlsson, C. and Stough, R. R. (2001). *Theories of Endogenous Regional Growth, Lessons for Regional Policies*, New York: Spring-Verlag Berlin Heidelberg.

Jorgensen, T. B. (1993). *Modes of Governance and Administrative Change. In Modern Governance: New Government-Society Interactions*, Newbury Park, UK: Sage, pp.219-232.

Kanter, R. M. (1995). *World Class Thriving Locally in the Global Economy*, Simon & Schuster, Inc.

Kearns, G. and Philo, C. (1993). *Selling Places: The City as Cultural Capital, Past and Present*, UK: PERGAMON PRESS.

Kelly, G., Mulgan, G. and Muers, S. (2002). *Creating Public Value: An Analytical Framework for Public Service Reform*, discussion paper prepared by the Cabinet Office Strategy Unit, United Kingdom.

King, T. (1987). *Minister for Local Government*, quoted in Duncan and Goodwin, pp.127.

Knight, R. (1995). Knowledge-based Development: Policy and Planning Implications for Cities, *Urban Studies*, 32(2), pp.225-260.

Kotler, P. (1986). *Principles of Marketing*, third edition, Englewood Cliffs, NJ: Prentice Hall.

Kotler, P., Haider, D. H. and Rein, I. (1993). *Marketing Places: Attracting Investment, Industry, and Tourism to Cities, States, and Nation*, New York: The Free, A Division of Macmillan, Inc.

Kotler, P., Hamlin, M. A., Rein, I. and Haider, D. H. (2002). *Marketing Asian Places: Attracting Investment, Industry, and Tourism to Cities, States, and Nations*, John Wiley & Sons.

Kotler, P., Jain, D. and Maesincee, S. (2002). *Marketing Moves: A New Approach to Profits, Growth, and Renewal, Publisher: Harvard Business School Pr*, 1st edition.

Kresl, P. K. (1995). *The Determinants of Urban Competitiveness: A Survey,* in Peter Karl Kresl and Gary Gappert (eds), North American Cities and the Global Economy: Challenges and Opportunities. Thousand Oaks: Sage.

Kuran, T. (1991). Now out of never: the element of surprise in the East European Revolution of 1989. *World Politics*, 44 (1), pp.7-48.

Kahneman, D. (2003). "A perspective on judgement and choice - Mapping bounded rationality." *American Psychologist*, 58(9): 697-720.

Lamont, M., & V. Molnar (2002). The Study of Bondaries in the Social Science. *Annual Review of Sociology*. No. 28: 167-195.

Loewenstein, G. F., et al. (2001). "Risk as feelings." *Psychological Bulletin*, 127(2): 267-286.

Leach, R. and Percy-Smith, J. (2001). *Local Governance in Britain*, New York: Palgrave.

Lee, I. W., et al. (2012). Competitors and Cooperators: A Micro-Level Analysis of Regional Economic Development Collaboration Networks. *Public Administration Review*, 72(2), pp. 253-262.

Lindblom, E. C. (1959). The Science of Muddling Through. *Public Administration Review*, 19(2), pp.79-88.

Lindblom, E. C. (1979). Still Muddling, Not Yet Through. *Public Administration Review*, 39(6), pp.517-526.

Lo, F. C. and Yeung, Y. M. (1998). *Globalization and the World of Large Cities*, Phr: the United Nations University, USA.

Logan, J. R. and Molotch, H. L. (1987). *Urban Fortunes: The political Economy of Place,* Los Angeles. University of California Press.

Lovelock, C. H. and Weinberg, C. B. (1984). *Marketing for Public and Non-Profit Managers*, New York: Wiley.

Luke, J. S., Ventriss, B. J. and Reed, C. M. (1988). *Managing Economic Development - A Guide To State And Local Leadership Strategies,* San Francisco: Jossey Bass Inc, Publishers.

Luo, XL & Shen, JF(2012). The making of new regionalism in the cross-boundary metropolis of Hong Kong-Shenzhen, China. *HABITAT INTERNATIONAL*, 36/1, 126-135.

Manin, B. (1987). *On Legitimacy and Political Deliberation in Political Theory*, 15, pp.338-68.

Marks, Gary (1992). *Structural Policy in the European Community*, in A. Sbragia(ed.). European Community, Washington D.C.: The Brookings Institute.

Matthew, J. (1962). Edited by Parnes, Sidney, J. *The Psychology of Creative Thinking Groups*, Source Book for Creative Problem Solving, NY: Creative Education Foundation, pp.33.

Milhorance, C.(2013). Brazilian cooperation policy with Sub-Saharan Africa on rural sector: transfer and innovation on the diffusion of public policies. *Revista Brasileira De Politica Internacional*, 56/2, 5-22.

Mintzberg, H. (1994). *The Rise and Fall of Strategic Planning*, Havard Business Review, Jan/Feb, pp.107-114.

Mishra, S., et al. (2012). "Framing effects and risk-sensitive decision making." *British Journal of Psychology*, 103: 83-97.

Mohammed, S. and E. Ringseis (2001). "Cognitive diversity and consensus in group decision making: The role of inputs, processes, and outcomes." *Organizational Behavior and Human Decision Processes*, 85(2): 310-335.

Moore, M. H. (1994). Public Value as the Focus of Strategy, *Australian Journal of Public Administration*, 53 (3), pp.296-303.

Moore, M. H. (1995). *Creating Public Value: Strategic Management in Government*, Harvard University Press, Cambridge, Massachusetts.

Moore, M. H. (1997). *Creating Public Value*, Replica Books October, Hardcover.

Moore, M. H. and Braga, A. (2004). Police Performance Measurement: A Normative Framework, *Criminal Justice Ethics*, 23 (1), pp.3-19.

Morse, R. S. (2010). Bill Gibson and the Art of Leading Across Boundaries. *Public Administration Review*, Vol.70 (No.3): 434-442.

Mullen, B. and Hu, L. (1988). Social projection as a function of cognitive mechanisms: Two meta-analytic integrations. *British Journal of Social Psychology*, 27, pp.333-356.

OECD, (2001). *Local Partnerships for Better Governance*, Paris: OCED Publication.

Olsen, M. (1965). *The Logic of Collective Action. Public Goods and the Theory of Groups.*

Cambridge, Mass: Harvard University Press.

O' Gorman, H. J. (1979). White and black perceptions of racial values. *Public Opinion Quarterly*, 43, pp.48-59.

O'Gorman, H. J. (1986). The discovery of pluralistic ignorance: An ironic lesson. *Journal of the History of the Behavioral Sciences*, 22, pp.333-347.

Ostrom, E. (1990). *Governing the Commons: The Evolution of Institutions for Collective Action*, Cambridge University Press.

Osborne, D. and Gaebler, T. (1992). *Reinventing Government: How the Entrepreneurial Spirit Is Transforming the Public Sector*, New York: Addison Wesley.

Osborn, A. (1993). *Applied Imagination, Creative Education Foundation*, pp.151.

Ostrom, E., Parks R.B. and Whitaker G. P. (1977). *Policing Metropolitan America*, National Science Foundation, Washington D.C. RANN Program.

Paddison, R. (1993). City marketing, image reconstruction and urban regeneration, *Urban Studies*. 30(2), pp.339-350.

Parsons, T. & Edward, S. eds, (1976). *Toward a General Theory of Action*. Cambridge, Mass., pp.80-88.

Perrott, B. (1996). Managing Strategic Issues in the Public Service, *Long Range Planning*, 29, 3, pp.337-345.

Pierre, J.(ed)(1999). *Debating Governance: Authority, Steering and Democracy*, New York: Oxford University Press Inc.

Pierre, John and B. Guy Peters (2000). *Governance, Politics and the State,* New York: St. Martins Press.

Poole, K. E. (1986). *Marketing Strategies for Local Economic Development-From Design to Implement*, National Council for Urban Economic Development.

Porter, M. E. (1990). *The Competitiveness Advantage of Nations*, New York: the Free Press.

Porter, M. E. (1995). The Competitive Advantage of the Inner City, *HARVARD BUSINESS REVIEW*, May-June, pp.55-71.

Porter, M. E. (1998). *On Competition*, London: Macmillan.

Rados, D. L. (1981). *Marketing For Non-Profit Organisations*, Boston: Auburn House.

Rawls, J. (1987). The Idea of an Overlapping Consensus, *Oxford Journal for Legal Studies*, 7(1), pp.1-25.

Schoemaker, P. (1995). Scenario Planning: A Tool for Strategic Thinking, *Sloan Management Review*, 36, pp.25-40.

Scoones, I., Amanor, K., Favareto, A. & Qi, Gubo(2015). A New Politics of Development Cooperation? Chinese and Brazilian Engagements in African Agriculture. *WORLD DEVEL-OPMENT*, 81,1-12.

Scott, J. (2016). The International Politics of South-South Trade, *GLOBAL GOVERNANCE*, 22/3, 427-445.

Schelling, T. C. (1980). *The Strategic Conflict. 2d ed.Cambridge*, Mass: Havard University Press.

Schudson, M. (1984). *Advertising, The Uneasy Persuasion: Its Dubious Impact on American Society*, New York: Basic Books.

Shamir, J. (1993). Pluralistic Ignorance Revisited: Perception of Opinion Distribution in Israel. *International Journal of Public Opinion Research*, 5, pp.22-39.

Shafritz, J. M., E. W. Russell, & C. Borick (2007). *Introducing Public Administration* (5th Ed.), New York: Pearson Education.

Shaw, T. M., Cooper, A. F., Chin, G. T. (2009). Emerging Powers and Africa: Implications for/ from Global Governance?. *Politikon*, Volume 36, Issue 36, pp.27-44.

Short, J. R. and Kim, Y. H. (1999). *Globalization and the City*, New York: Addison Wesley.

Southerland, Matthew; Rosier, Kevin (2014). "Taiwan's 2014 Local Elections: Implications for Cross-Strait Relations: U.S.-China Economic and Security Review Commission Staff Report," http://www.uscc.gov/Research/taiwan%E2%80%99s-2014-local-elections-implications-cross-strait- relations.

Shamir, J. (1993). Pluralistic Ignorance Revisited: Perception of Opinion Distribution in Israel, *International Journal of Public Opinion Research*, 5, pp.22-39.

Short, J. R. and Kim, Y. H. (1999). *Globalization and the City*, New York: Addison Wesley.

Simon, H. A. (1987). *Making Management Decision- The Role of Intuition and Emotion*, ACED Management Exec, 1.

Sinaceur, M., et al. (2010). "Accuracy and Perceived Expert Status in Group Decisions: When Minority Members Make Majority Members More Accurate Privately." *Personality and Social Psychology Bulletin*, 36(3): 423-437.

Skitka, L. J., et al. (2005). "Moral conviction: Another contributor to attitude strength or something more?", *Journal of Personality and Social Psychology*, 88(6): 895-917.

Slovic, P., & Lichtenstein, S. (1971). Comparison of Bayesian and regression approaches to the study of information processing in judgement, *Organization Behavior and Human Performance*, 6, 649-744.

Smyth, H. (1994). *Marketing the City:The Role of Flagship Developments in Urban Regeneration*, UK: E&FN SPOT.

Sorkin, D. L., Ferries, N. B. and Hudan, J. (1984). *Strategies for Cities and Countries: A Strategic Planning Guide*, NW: Public Technology, Inc.

Stanovich, K. E. and R. F. West (2000). "Individual differences in reasoning: Implications for the rationality debate?" *Behavioral and Brain Sciences*, 23(5): 645-+.

Starling, G. (2008). *Managing the Public Sector* (8th Ed.), M.A.: Thomson Higher Education.

Stevenson, D. (2002). *The Potential of Cultural Industries*, The Cultural Industries and Practices Centre (CIPS), University of Newcastle.

Stimson, R. J., Stough, R. R. and Roberts, B. H. (2002). *Regional Economic Development: Analysis and Planning Strategy*, New York: Spring-Verlag Berlin Heidelberg.

Stanovich, K. E. and R. F. West (2000). "Individual differences in reasoning: Implications for the rationality debate?" *Behavioral and Brain Sciences,* 23(5): 645-+.

Stoker, Gerry (1991). *The Politics of Local Governance*, London: Macmillan.

Stough, R. R. (1990). *Potentially Irreversible Global Trends and Changes: Local and Regional Strategies for Survival*, paper prepared for presentation at the meetings of the American Association for the Advancement of Science, New Orleans, Louisiana, February 17-20.

Stough, R. R. (1998). *Infrastructure and Technology in U.S. Metropolitan Regions, Paper presented at the Workshop on Infrastructure Policy*, The Tinbergen Institute, Amsterdam, The Netherlands, February.

Swyngedouw, E. (1997). *Neither Global nor Local: Globalization and the Politics of Scale*, in Kevin R. Cox, ed., Spaces of Globalization: Reasserting the power of the Local, New York: Guilford Press, pp.137-166.

Thomas, J. B. and Dooris, M. J. (1989). Strategic Issue Analysis: NGT + Decision Analysis for Resolving Strategic issues, *The Journal of Applied Behavioral Science*, 1989, 25, 2, pp.189-200.

Torgerson, D. (1986). Between Knowledge and Politics: Three Faces of Policy Analysis, *Policy Sciences*, 19, pp.33-59.

Turner, V. (1969). *The Ritual Process: Structure and Anti-structure*, Chicago: Aldine Publishing Co.

Varady, D. P. and Raffel, J. A. (1995). *Selling Cities,* State University of New York Press.

Vieira, MA&Alden, C(2011). India, Brazil, and South Africa (IBSA): South-South Cooperation and the Paradox of Regi nal Leadership, *GLOBAL GOVERNANCE*, 17/4, 507-528.

Von Neumann, J., & Morgenstern, O. (1947). *Theory of Games and Economic Behavior*, 2nd rev. ed. Princeton, NJ: Princeton University Press.

Ward, E. Robert & Rustow, A. Dankwart (1965). Political Modernization in Japan and Turkey.

Political Science Quarterly, Vol.80, No.4 (Dec., 1965), pp.677-679.

Ward, S. V. (1994). Time and place: Key themes in place promotion in the USA, Canada and Britain since 1870, in Gold, J. R. and Ward, S. V. (1994). *Place Promotion: The Use of Publicity and Marketing to Sell Towns and Regions*, John Wiley and Sons, pp.53-74.

Warfield, J. N. and Cárdenas, A. R. (1994). *A Handbook of Interactive Management*, Second Edition, Iowa State University Press.

Waston, S. (1991). *Gilding the Smokestacks: The New Symbolic Representations of Deindustrialised Regions*, Environment and Planning D, 9 (1).

Weber, Edward P. (1998). *Pluralism by the Rules,* Washington, DC: Georgetown University Press.

Weible, Christopher M.(2007). An advocacy Coalition Framework Approach to Stakeholder Analysis: Understanding the Political Context of California Marine Protected Area Policy, *Journal of Public Administration Research and Theory*, 17(1): 95-117.

Weber, M. (1958). *The Protestant Ethic and the Spirit of Capitalism*, New York: Scribners.

Weimer, D. and Vining, A. R. (1999). *Policy Analysis: Oncept and Practice*, 3rd ed., N. J.: Practice Hall.

Wells, L. T., & Wint, A. G. (2000). *Marketing a Country: Promotion as a Tool for Attracting Foreign Investment*, FIAS occasional paper No.13. Washington: The International Finance Corporation, the Multilateral Investment Guarantee Agency, and the World Bank.

Wildavsky, A. (1979). *Speaking the Truth to Power: The Art and Craft of Policy Analysis*, Boston, MA: Little & Brown.

Witschge, T. (2003). *Online Deliberation: Possibilities of the Internet for Deliberative Democracy*, Paper submitted to Prospects for Electronic Democracy Community Connections, Sept. 20-22.

World Economic Forum, WEF. (1999). *Global Competitiveness Report*, New York: Oxford University Press.

World Economic Forum, WEF. (2001). *Global Competitiveness Report*, New York: Oxford University Press.

Wright, Bradley E., ed. (2011). Reflections on Vincent Ostrom, Public Administration, and Polycentricity, *Public Administration Review*, 72(1): 15-25.

Zeleny, M. (1982). Multiple criteria decision making, New York, McGraw-Hill. participation in the work of government. *Public Administration Review*, 65(5): 547-558.

附　錄

親愛的先進您好：

　　首先謝謝您填寫此份問卷，本問卷的目的在對於「兩岸南南合作範式建構與推進可行性」之認知分析所作的問卷調查，本研究係以社會判斷理論（Social Judgement Theory, SJT）為理論基礎而設計；懇請您撥冗填答此份問卷，提供您寶貴意見。此問卷之填答方式與一般問卷略有不同，作答前請務必詳細閱讀問卷說明。

　　本問卷純做學術研究之用途，嚴守學術道德，您寶貴的意見將作為本研究有利的重要依據，請您放心作答，並請依您的實際狀況作答，再次感謝您的大力協助，敬祝

身體健康　萬事如意

中國科學技術大學公共事務學院

汪明生　　教授

許綿延　　博士研究生敬上

2018年4月2日

【問卷填答說明】

1. 本研究係在兩岸官方交流停滯、協商機制中斷的情況下，探討就南台灣產學團體推動「兩岸南南合作範式建構與推進可行性」之認知分析的調查問卷，以社會判斷理論（Social Judgement Theory, SJT）作為問卷設計依據，問卷中有三項決策參考變數，作為您判斷決策目標「兩岸南南合作範式建構與推進可行性」的評估依據。

2. 有關本問卷三項決策參考的事實函數（X）的設計是以公共事務管理（Public Affairs Management, PAM）架構，公共管理策略的Value（價值）、Capability（能力）、Support（支援）作為變數的線索（cue），說明如下：

X1：「價值」

主要指「兩岸南南合作範式建構與推進可行性」對於議題價值判斷的個體認知程度，由「權重」、「私公」、「道德」等，作爲三個屬性。

X2：「能力」

主要指「兩岸南南合作範式建構與推進可行性」對於議題事實判斷的個體認知程度，分爲「效用」、「信念」、「專業」等三個屬性。

X3：「支持」

主要指「兩岸南南合作範式建構與推進可行性」對於議題人際判斷的個體認知程度，分爲「態度」、「體制」、「倫理」等三個屬性。

3. 問卷填答實例，請仔細閱讀，將有助於您對本問卷填答的客觀性。

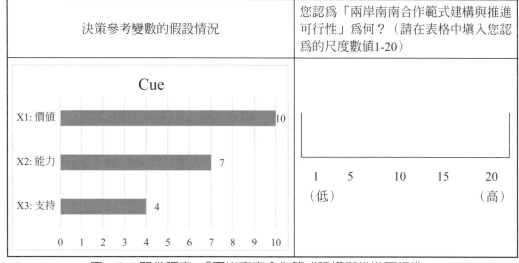

圖　SJT問卷調查　「兩岸南南合作範式建構與推進可行性」

(1) 上圖左欄是「決策參考變數的假設情況」，以1-10分爲權重，分爲1、4、7、10四個尺度：

「■」（尺度值1）表示重要、滿足、支持程度或效益很低；

「■■■■」（尺度值4）表示重要、滿足、支持程度或效益較低；

「■■■■■■■」（尺度值7）表示重要、滿足、支持程度或效益較高；

「■■■■■■■■■■」（尺度值10）表示重要、滿足、支持程度或效益很高。

(2) 上圖右欄數值的1-20是評準的尺度，分爲1、5、10、15、20等五個尺度，代表您認爲影響「兩岸南南合作範式建構與推進可行性」的高低：

[1]：代表您認爲三項決策參考變數的綜合權重設計，「兩岸南南合作範式建構與推進可行性」評估爲零。

[5]：代表您認爲三項決策參考變數的綜合權重設計，「兩岸南南合作範式建構與推進可行性」評估很低。

[10]：代表您認爲三項決策參考變數的綜合權重設計，「兩岸南南合作範式建構與推進可行性」評估普通。

[15]：代表您認爲三項決策參考變數的綜合權重設計，「兩岸南南合作範式建構與推進可行性」評估很高。

[20]：代表您認爲三項決策參考變數的綜合權重設計，「兩岸南南合作範式建構與推進可行性」評估非常高。

(3) 本問卷係爲綜合權重的概念，亦即受測者必須同時考慮3項決策參考變數的綜合權重後，對決策目標做出整體認知程度的價值判斷，避免僅考慮受測者個人偏好的單一決策參考變數的權重，即做出個人的價值判斷。

SJT的問卷設計變數是以線性表達低、中、高的心理認知實驗結果。有關X3的S「支持」線索，係以來自政府、社會、家人或朋友的支持作爲考慮。以上圖尺度對照受測者判斷爲例：

「價值」效益程度很高　　　對標的之評估　　　　「兩岸南南合作範
「能力」效益程度較高　　　　　　　　　　　　　式建構與推進可行
「支持」效益程度較低　　　　　　　　　　　　　性」

請您同時考慮圖中左欄「價值」、「能力」與「支持」等三項變數，可視爲一整體情境，仔細思考後，並於右欄「兩岸南南合作範式建構與推進可行性」填寫評準的尺度（1-20）。

以上圖實例中，受測者依左欄「價值」權重值爲10、「能力」權重值爲7、「支持」權重值爲4，三項變數思考後，對右欄「兩岸南南合作範式建構與推進可行性」做出判斷認知，受測者的評準值是15，表示受測者對「兩岸南南合作範式建構與推進可行性」是「較高」（尺度位置越往右，表示接程度越高）。

【正式問卷內容】

1. 現在請您仔細思考每一個決策個案狀況，並謹慎地在：您認為「兩岸南南合作範式建構與推進可行性」欄位中勾選您的評準值；決策個案狀況，共15題。

（決策個案1）

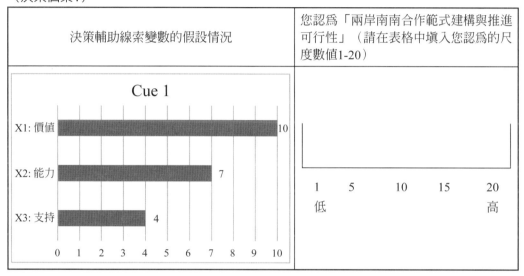

（決策個案2）

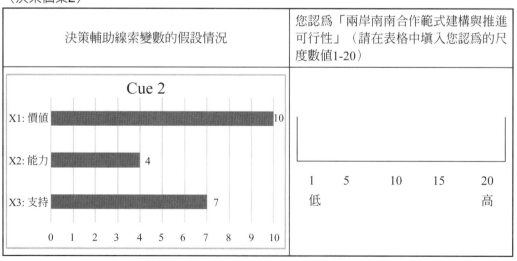

（決策個案3）

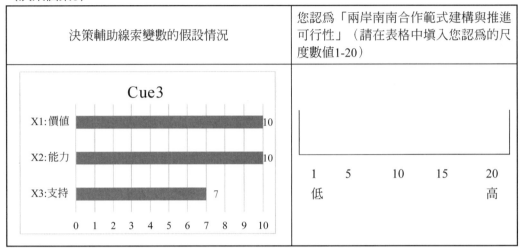

（決策個案4）

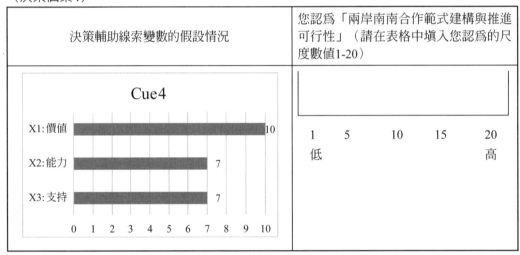

（決策個案5）

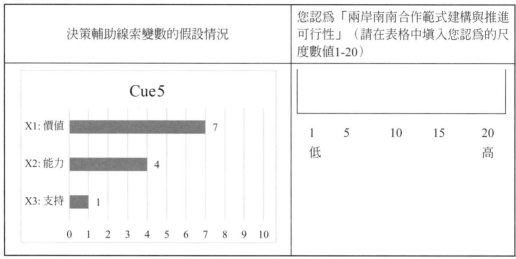

（決策個案6）

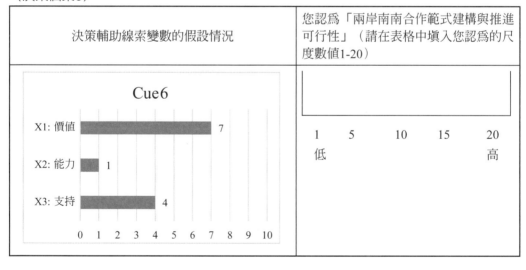

（決策個案7）

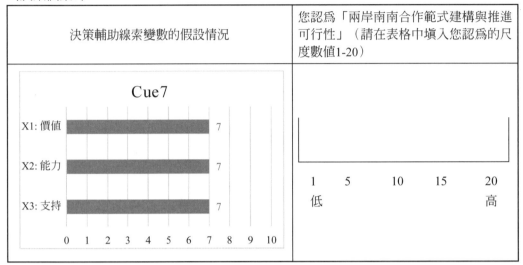

（決策個案8）

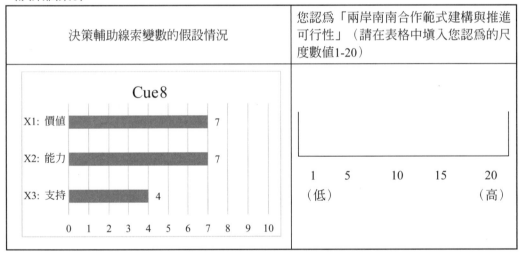

（決策個案9）

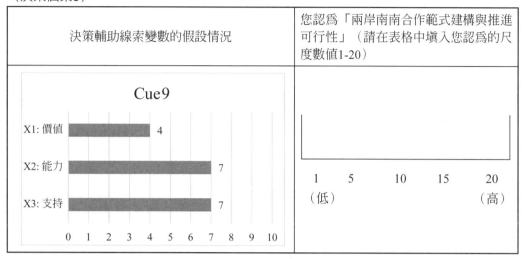

（決策個案10）

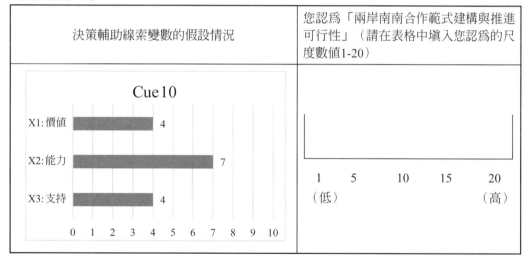

（決策個案11）

決策輔助線索變數的假設情況	您認爲「兩岸南南合作範式建構與推進可行性」（請在表格中填入您認爲的尺度數值1-20）
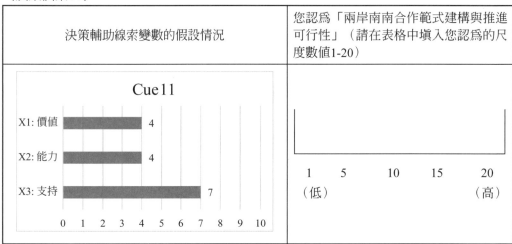	

（決策個案12）

決策輔助線索變數的假設情況	您認爲「兩岸南南合作範式建構與推進可行性」（請在表格中填入您認爲的尺度數值1-20）
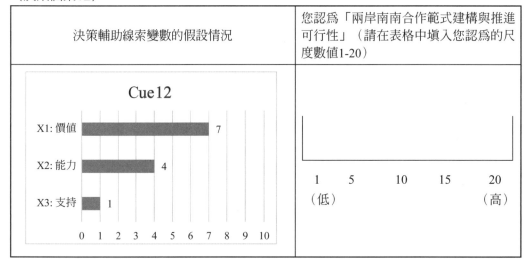	

（決策個案13）

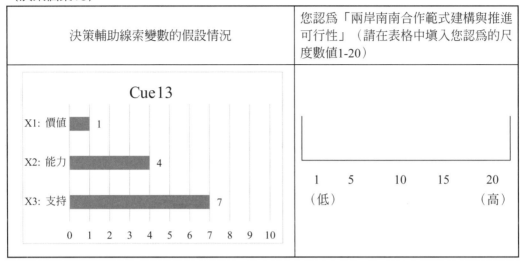

（決策個案14）

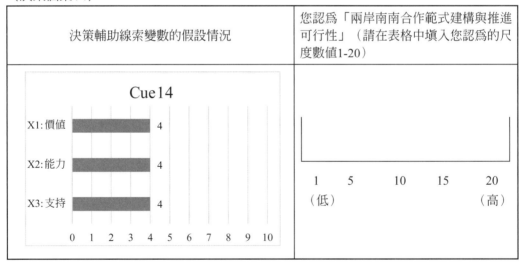

（決策個案15）

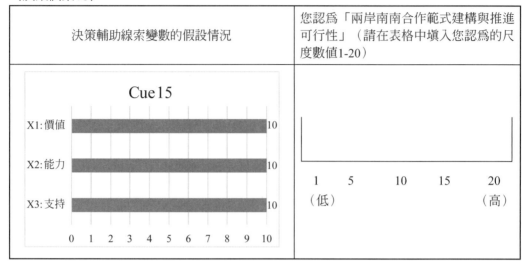

決策輔助線索變數的假設情況	您認為「兩岸南南合作範式建構與推進可行性」（請在表格中填入您認為的尺度數值1-20）

【基本資料】

1. 您的性別：□男　□女

2. 您的職業是：

　　□中央政府相關部會政務官／事務官（必塡，部會名稱：＿＿＿＿＿＿）

　　□地方政府相關局處政務官／事務官（必塡，局處名稱：＿＿＿＿＿＿）

　　□非營利組織（必塡，非營利組織名稱：＿＿＿＿＿＿）

　　□產學團體（必塡，產學團體名稱：＿＿＿＿＿＿）

　　□私企　□員工　□民衆　□學生　□其他

3. 您的學歷：□國中（含）以下　□高中職　□專科　□大學

　　□碩士　□博士　□其他

4. 您的年齡：□20歲（含）以下　□21-30歲　□31-40歲　□41-50歲

　　□51-60歲　□61歲（含）以上

5. 工作區域：＿＿＿＿＿＿市，＿＿＿＿＿＿區。

6. 居住區域：＿＿＿＿＿＿市，＿＿＿＿＿＿區。

7. 每月經濟收入：

　　□30,000元（含）以下　□30,000-35,000元　□35,000-40,000元

　　□40,000-45,000元　□45,000-50,000元　□50,000元（含）以上

本問卷到此結束，請檢查您的問卷有無遺漏答題，再次感謝您的協助！

第一階段

敬啓者：

　　謝謝您來參加「兩岸南南合作跨域治理人才培養」議題的互動研討會議，爲了了解您對各項問題的看法，下面的問卷敬請思考後惠予塡答。

　　由於想了解您在互動會議前後之想法，本問卷區分爲第一階段及第二階段；這是問卷的第一階段部分，請您留下姓名（或代號），並在第二階段問卷中留下相同的姓名（或代號），以供識別。

　　本問卷絕對尊重您個人的隱私權，我們都會保密，若有對外公布一律以研究團隊之名義處理。

主辦單位：廣西人文社會科學發展研究中心
孫文南院
協辦單位：廣西師範大學桂台合作研究中心
中華公共事務管理學會
華夏創意文化交流協會

2018年4月2日

一、個人基本資料

　　1. 姓名：＿＿＿＿＿＿＿＿

　　2. 性別：□男　　□女

　　3. 年齡：

　　　　□20歲以下　　　　□20-30歲　　　　□31-40歲

　　　　□41-50歲　　　　□51-60歲　　　　□61歲以上

　　4. 主要職業：

　　　　□私部門－服務業　　□公部門　　　　□民意代表

　　　　□學界　　　　　　　□媒體　　　　　□其他

二、下列問題，希望能了解您對「兩岸南南合作跨域治理人才培養」及目前所推動
　　相關策略的看法為何？

題目 \ 量度	非常不同意 1	不同意 2	不太同意 3	中等 4	稍微同意 5	同意 6	非常同意 7
1. 主辦單位於會議前所提供的白皮書，您認為有助於議題的討論？							
2. 根據白皮書的內容，您認為已了解「兩岸南南合作跨域治理人才培養」的內容及方式？							
3. 您認為相關資訊的獲得有助於「兩岸南南合作跨域治理人才培養」？							
4. 您認為「兩岸南南合作跨域治理人才培養」是可行的策略？							
5. 您認為「跨域治理人才培養」在「兩岸南南合作」條件中扮演重要角色？							
6. 您認為「第三部門」適用於當前兩岸區域發展與合作對接？							
7. 您認為「兩岸南南合作跨域治理人才培養」，所研擬的具體可行策略，可以提供兩岸政策業管機關參考？							
8. 您認為「兩岸南南合作跨域治理人才培養」，所研擬的具體策略，是有助於兩岸合作治理？							
9. 您認為「兩岸南南合作跨域治理人才培養」，是可提供未來兩岸合作治理的發展方向？							
10. 您認為「兩岸南南合作跨域治理人才培養」，所研擬的具體策略，可作為日後整合多方當事人共識及發展策略之應用模式參考？							
11. 經過此次互動研討會議對「兩岸南南合作跨域治理人才培養」議題，您會不斷地關心與注意。							
12. 您認為以後若再有不同議題的互動管理研討會議，你會再樂意參與、學習、提供意見。							
13. 您認為議題界定、釐清及解決方案，已經透過互動研討會議獲得明確的方向。							

三、了解程度與預期滿意度：

題目 ＼ 量度	非常不同意 1	不同意 2	不太同意 3	中等 4	稍微同意 5	同意 6	非常同意 7
1. 您個人對推動「兩岸南南合作跨域治理人才培養」議題的關心程度為何？							
2. 您個人對推動「兩岸南南合作跨域治理人才培養」內容的了解程度為何？							
3. 您個人對本研討會之整體預期滿意程度為何？							
4. 您認為其他參與者對本研討會之整體預期滿意程度為何？							

請記住您所使用的姓名！

第二階段

敬啓者：

　　謝謝您堅持到最後，我們要再一次請問您對「兩岸南南合作跨域治理人才培養」議題相關問題的看法，敬請思考後惠予填答。

　　由於這是第二階段的問卷，請您留下與第一階段問卷相同的姓名以供識別。本問卷絕對尊重您個人的隱私權，我們都會保密，若有對外公布，一律以研究團隊之名義處理。

主辦單位：廣西人文社會科學發展研究中心
　　　　　孫文南院
協辦單位：廣西師範大學桂台合作研究中心
　　　　　中華公共事務管理學會
　　　　　華夏創意文化交流協會

2018年4月2日

姓名：＿＿＿＿＿＿＿＿＿

一、下列問題，希望能了解您對「兩岸南南合作跨域治理人才培養」及目前所推動
　　相關策略的看法為何？

題目　　　　　　　　　　　　　　量度	非常不同意 1	不同意 2	不太同意 3	中等 4	稍微同意 5	同意 6	非常同意 7
1. 主辦單位於會議前所提供的白皮書，您認爲有助於對議題的了解與討論？							
2. 根據白皮書的內容，你認爲已了解「兩岸南南合作跨域治理人才培養」的內容及方式？							
3. 您認爲相關資訊的獲得有助於「兩岸南南合作跨域治理人才培養」？							
4. 您認爲「兩岸南南合作跨域治理人才培養」是可行策略？							
5. 您認爲「跨域治理人才培養」在「兩岸南南合作」條件中扮演重要角色？							
6. 您認爲「第三部門」適用於當前兩岸區域發展與合作對接？							
7. 您認爲「兩岸南南合作跨域治理人才培養」，所研擬的具體可行策略，可以提供兩岸政策業管機關參考？							
8. 您認爲「兩岸南南合作跨域治理人才培養」，所研擬的具體策略，是有助於兩岸合作治理？							
9. 您認爲「兩岸南南合作跨域治理人才培養」，是可提供未來兩岸合作治理的發展方向？							
10. 您認爲「兩岸南南合作跨域治理人才培養」，所研擬的具體策略，可作爲日後整合多方當事人共識及發展策略之應用模式參考？							
11. 經過此次互動研討會議對「兩岸南南合作跨域治理人才培養」議題，您會不斷地關心與注意。							
12. 您認爲以後若再有不同議題的互動管理研討會議，你會再樂意參與、學習、提供意見。							
13. 您認爲議題界定、釐清及解決方案，已經透過互動研討會議獲得明確的方向。							

二、了解程度：

題目 ＼ 量度	非常不同意 1	不同意 2	不太同意 3	中等 4	稍微同意 5	同意 6	非常同意 7
1. 現在您個人對研討會過程的了解程度爲？							
2. 現在您個人對「兩岸南南合作跨域治理人才培養」的了解程度爲何？							
3. 您認爲其他參與者現在對研討會過程的了解程度爲何？							
4. 您認爲其他參與者現在對「兩岸南南合作跨域治理人才培養」，兩岸如何以地區試點共同營造合作治理條件的了解程度爲何？							

三、預期滿意度：

題目 ＼ 量度	非常不同意 1	不同意 2	不太同意 3	中等 4	稍微同意 5	同意 6	非常同意 7
1. 您個人對問題的界定與釐清的滿意程度爲何？							
2. 您個人對研討會過程的滿意度爲何？							
3. 您個人對參與意見充分表達滿意度爲何？							
4. 您個人對意見受尊重的滿意度爲何？							
5. 您個人對會議結論的滿意度爲何？							
6. 你個人對研討會籌辦的滿意度爲何？							
7. 您個人對研討會整體的滿意度爲何？							
8. 您對「兩岸南南合作跨域治理人才培養」，問題意見改變的程度（未參加研討會前）爲何？							
9. 如果您對「兩岸南南合作跨域治理人才培養」議題或研討會程序有其他意見，歡迎您寫在以下空白處提供我們參考改進，非常感謝您的參與！							

國家圖書館出版品預行編目資料

南南合作與兩岸融合 / 汪明生，許綿延，溫
在春，孫榮平著. -- 初版. -- 臺北市：五
南圖書出版股份有限公司, 2022.09
　　面；　公分
　ISBN 978-626-343-174-4(平裝)

1.CST: 國際合作 2.CST: 兩岸關係

559.8　　　　　　　　　　111012364

4P11

南南合作與兩岸融合

作　　者 ― 汪明生　許綿延　溫在春　孫榮平

責任編輯 ― 唐　筠

文字校對 ― 許馨尹　黃志誠

封面設計 ― 賈效音　姚孝慈

發 行 人 ― 楊榮川

總 經 理 ― 楊士清

總 編 輯 ― 楊秀麗

副總編輯 ― 張毓芬

出 版 者 ― 五南圖書出版股份有限公司

地　　址：106台北市大安區和平東路二段339號4樓

電　　話：(02)2705-5066　　傳　　真：(02)2706-6100

網　　址：https://www.wunan.com.tw

電子郵件：wunan@wunan.com.tw

劃撥帳號：01068953

戶　　名：五南圖書出版股份有限公司

法律顧問　林勝安律師事務所　林勝安律師

出版日期　2022年9月初版一刷

定　　價　新臺幣650元